Aufgabenorientiertes Lernen und

FREMDSPRACHENDIDAKTIK
INHALTS- UND LERNERORIENTIERT
Herausgegeben von
Gabriele Blell, Karlheinz Hellwig und Rita Kupetz

Band 15

PETER LANG

Frankfurt am Main · Berlin · Bern · Bruxelles · New York · Oxford · Wien

ANDREAS MÜLLER-HARTMANN
MARITA SCHOCKER-V. DITFURTH
(HRSG.)

AUFGABENORIENTIERTES LERNEN UND LEHREN MIT MEDIEN

ANSÄTZE, ERFAHRUNGEN, PERSPEKTIVEN IN DER FREMDSPRACHENDIDAKTIK

PETER LANG
Internationaler Verlag der Wissenschaften

Bibliografische Information der Deutschen Nationalbibliothek
Die Deutsche Nationalbibliothek verzeichnet diese Publikation
in der Deutschen Nationalbibliografie; detaillierte bibliografische
Daten sind im Internet über <http://www.d-nb.de> abrufbar.

Gedruckt auf alterungsbeständigem,
säurefreiem Papier.

ISSN 1430-8150
ISBN 978-3-631-58261-9

© Peter Lang GmbH
Internationaler Verlag der Wissenschaften
Frankfurt am Main 2008
Alle Rechte vorbehalten.

Printed in Germany 1 2 3 4 5 7

www.peterlang.de

Vorwort des Reihenherausgeberteams

Band 12 unserer Reihe dokumentiert das VIII. Mediendidaktische Kolloquium, welches 2006 in Heidelberg stattfand. Die ursprünglich kleine Fachtagung, die im zweijährigen Rhythmus zunächst an den Austragungsorten zwischen Hannover (veranstaltet von Karlheinz Hellwig, später von Gabriele Blell und Rita Kupetz) und Potsdam (veranstaltet von Wilfried Gienow, später von Brigitte Krück und Gabriele Blell) pendelnd zwischen Ost und West, aber auch in Rostock (Jörg Siebold) und Köln (Jürgen Donnerstag) ausgetragen worden ist, hat sich in der bundesdeutschen fachdidaktischen Community weiter etabliert und ist zu einem wichtigen mediendidaktischen Forum geworden.

Das VIII. Mediendidaktische Kolloquium hat mit Heidelberg nicht nur einen weiteren, süddeutschen Veranstaltungsort erobert, sondern durch Marita Schocker-von Ditfurth und Andreas Müller-Hartmann auch eine konzeptionelle Erweiterung erfahren, die sich im Format der Tagung mit Parallelsektionen und damit in der reichen Anzahl und Vielfalt der Beiträge, sowie in einer Vorrangstellung der modernen Medien zeigt, ohne die traditionellen Medien zu vernachlässigen. Es ist den Gastherausgebern in diesem Band gelungen, der Mediendidaktik neue Impulse zu verleihen, die neben Prozess- und Inhaltsorientierung nun die Aufgabenorientierung in den Blick nehmen. Aufgabenorientiertes mediengestütztes Lernen führt dabei isoliertes Üben von einzelnen sprachlichen, sozialen und kulturellen sowie organisatorischen Fertigkeiten themenzentriert zu einem komplexen Ganzen zusammen. Die Einblicke in den Forschungsstand zum Task-Based Language Learning bereichern die Mediendidaktik und setzen die Lerner- und Prozessorientierung der vorangegangenen mediendidaktischen Kolloquia, vorrangig die neuen Medien für die Fremdsprachendidaktik perspektivierend, fort.

Veranstaltungsort des IX. Mediendidaktischen Kolloquiums im Jahr 2008 wird die Universität Jena sein (Laurenz Volkmann).

Hannover im September 2007
Gabriele Blell, Karlheinz Hellwig und Rita Kupetz

Inhaltsverzeichnis

E-Learning – neue Werkzeuge

ANDREAS MÜLLER-HARTMANN (HEIDELBERG) and
MARITA SCHOCKER-V. DITFURTH (FREIBURG)

Research on the Use of Technology in Task-based Language Teaching

In this introduction to the book on task-based language learning and media, we will present an overview of recent research studies on the use of computer-mediated communication (CMC) in task-based language teaching (TBLT). The focus will be on the sociocultural and peda-gogical aspects of TBLT. Consequently we have chosen the theoretical concept of activity theory as a frame for structuring research results.

1. Introduction

Task-based language teaching (TBLT) has been established for some time now as one of the main approaches of foreign language teaching and learning. There has been a proliferation of research studies as well as programmatic studies on TBLT during the last four to five years. Samuda and Bygate (2008: 195) point out that TBLT "has been vigorously promoted as part of language education pol-icy at national, state and institutional levels world-wide," as can be seen in the studies by "Nunan (2004), Leaver and Willis (2004), Edwards and Willis (2005), Pica (2005), Littlewood (2006) and Van den Branden (2006)," thus highlighting "the breadth and scope of proposals advocated in various parts of Asia, Europe, and North America." For a long time, research on foreign lan-guage teaching and learning has followed two completely different research paradigms, the psycho-linguistic or cognitive approach and the sociocultural ap-proach (see Ellis 2003: 1-35 for an overview). But during the last few years there have been growing attempts to integrate results of second language acqui-sition research on TBLT and tasks in language pedagogy (see Ellis 2000, 2003, and most recently Samuda & Bygate 2008). As Ellis relates, "both teachers and researchers are concerned to find those tasks that work best for learning. In par-ticular, they both grapple with the need to design tasks that draw learners' atten-tion to L2 forms and structures as well as tasks that promote fluency" (Ellis 2003: 34). The same development is true for TBLT and the use of technology in the foreign language classroom. But we are still very short on research studies that take the complex features of the language classroom context into considera-tion, especially at primary and secondary school level.

While a few of the contributions in this book look at traditional media such as film (Blell, Hebler, and Hallet, the latter on visual literacy) or the integration of various traditional media in the storyline approach (Kocher), most of the contri-butions consider issues of TBLT in relation to technology, such as multimedia

(Boeckmann, Burmeister, and Kollenrott, Thaler), software and internet-based material (Grünewald, Hahn and Raaf, Hutz, Kupetz and Ziegenmeyer, Mayer, Puskás, and Würffel), telecollaboration (Ulrich, and Vogt), and new technological tools, such as weblogs (Raith), wikis (Grimm), and whiteboards (Cutrim Schmid).

The two introductory papers open the field by discussing the relationship between traditional and new media (Legutke) and by attempting to define the role of technology in the foreign language classroom today (Ritter and Möllering). The contributions cover German, English, and Spanish as foreign languages, and they deal with a wide range of educational contexts where foreign languages are taught, ranging from primary and secondary school to university-based language learning, as well as foreign language teacher education.

The majority of this book's contributions are more descriptive than empirical in nature. We consider the descriptive approach to be an important and appropriate way of discussing the potential of computer-mediated communication in TBLT. In our introduction we will provide an overview of empirical research studies on CMC and TBLT that either pursue a qualitative or quantitative research design or a concept of mixed methodology (see Dörnyei 2007). Whereever appropriate we make reference to the empirical studies in this book in the research overview below (see chapter 4).

TBLT research in CMC is characterized by similar developments as in general TBLT research. As indicated above, we see a clear need to learn more about the many factors that influence computer-mediated communication and interaction in the language classroom, both on the level of the classroom and in terms of the larger contextual factors in which classrooms are situated. This is why we have decided to look at TBLT research in CMC environments through the double lens of the sociocultural approach of activity theory (see Lantolf and Thorne 2006, chapter 8 and 9) and, closely related to this, of the pedagogical approach to TBLT (for example Samuda and Bygate 2008). Samuda and Bygate (2008: 219) affirm that "broader understandings of the ways that tasks can contribute to language learning and teaching (…) must be grounded in understanding of 'task' as a pedagogic tool in different contexts of use." This is also true for the use of technology. Salaberry (2000: 29) has concisely summed up this development of CMC in TBLT:

> The metaphor of the tutor (i.e., previous CALL applications) is gradually being replaced by the metaphor of the tool (i.e., internet-based communication and applications). Nevertheless, the emergence of a new communication medium (variously represented as CMC) introduces the need for developing new communication skills (a new type of literacy). Hence, it is necessary to assess the nature of such a new medium of communication as well as the ways in which such literacy will be developed and implemented for the pedagogical design of L2 learning activities.

In our research overview we will discuss how this research field has developed during the last, approximately, ten years. We will cover studies in language classrooms at the school and university level, but we will not consider the field of teacher education which warrants an overview in itself. In our selection of research studies we also include contributions from other fields, such as general distance learning, which do not necessarily focus on language education. We think that research on technology use in foreign language learning can profit from such an interdisciplinary approach. After having outlined the general development in TBLT and CMC, as well as the new literacy concept Salaberry alludes to, we will present the sociocultural concept of activity theory as a theoretical frame to structure the research findings which we will then present.

2. Developments in TBLT and CMC

2.1. Task definitions and the development of general TBLT research

There has been a plethora of task definitions over the last 30 years (for an overview see Ellis 2003: 1-21, and Samuda & Bygate 2008: 62-70). We agree with Van den Branden (2006: 2) that if we are interested in the concept of task from a pedagogical perspective, there are three basic questions that must be asked:

1 What particular language learning goals need to be reached by the learners?
2 How can educational activities be designed and organized in order to stimulate and support learners into reaching these language learning goals?
3 How will the students' learning processes and outcomes be assessed and followed up?

Based on these questions, Van den Branden (2006: 4) defines task as follows: "A task is an activity in which a person engages in order to attain an objective, and which necessitates the use of language." We subscribe to his task definition, as it contains the relevant qualifying features of a pedagogical task (i.e. activity, engagement, objective [or purpose] and language use). At the same time, it already hints at two of the central concepts of activity theory, activity and agency (see below).

Samuda and Bygate (2008: 69-70) also subscribe to a pedagogical perspective on TBLT. They integrate the research findings of cognitive and sociocultural studies on tasks in second language acquisition, and they see a dual purpose to TBLT research when they remark that "reconciling the individual and the group, and reconciling the overt and observable with people's invisible states of knowing, are the dual challenges for our field in general, and for understanding language learning tasks" (Samuda & Bygate 2008: 95). They feel that in both systemic and process approaches to TBLT research (see Samuda & Bygate 86-94 for an overview), the pedagogical dimension is often missing. For too long "perceptions of task-based language teaching (TBLT)" have been seen "as a top-down initiative (Van den Branden, 2006), imposed on teachers by researchers with limited understanding of the demands of everyday pedagogy (Swan, 2005)" (Samuda & Bygate 2008: 192-3).

They explain that in systemic studies "a significant weakness is the lack of pedagogical grounding for the studies: few of the systemic studies report professional ratifications of the design and implementation, and the data are rarely reported as being part of a pedagogical scheme of work." Even process studies

> seem to adopt a fairly impoverished model of pedagogic tasks. (…) they generally fail to reflect explicitly the qualitative thinking of designer or teacher about what the tasks are intended to do, why they are structured the way they are and why the implementation followed the pattern it did. Hence, although the learners' processes can be studied, it is impossible to generalise from this to the subsequent use of similar tasks (Samuda & Bygate 2008: 97).

They therefore conclude that

> by studying teachers' uses of tasks, it is possible to explore the ways in which tasks are integrated into lessons, and into more extended schemes of work. Little research of this kind has been done, yet from the perspective of teachers and teacher educators it looks a rich and valuable direction of future work (Samuda & Bygate 2008: 124-125).

Research that presents findings " for sustaining informed decisions about task design, selection and sequencing over extended periods of instruction and for guiding decisions about the timing of teacher interventions" is necessary (Samuda & Bygate 2008: 203). Samuda and Bygate close with an overview of research studies that have so far been undertaken in the field of TBLT, the focus of which, among others, has been on issues of complexity, discourse type, task structure or negotiation of meaning. They also point out that in areas such as teachers' perceptions of tasks, students' interpretation of tasks, student differences, tasks and schemes of work/course plan, task and target tests, or tasks and overall curriculum goal there has not been any research to date, concluding that "it is clear that research into tasks for second language learning has yet to get to the heart of the matter – learning on tasks within classroom contexts" (Samuda & Bygate 2008: 126-127).

Samuda and Bygate's analysis of general TBLT research shows many parallels to the research on technology and TBLT. Before we look at this development though, we need to ground the research agenda in the prevailing literacy model of multiliteracies. The concept of multiliteracies has an impact on how technology is put to use in the language classroom. Consequently, it necessitates a widening of the focus in terms of research on TBLT and technology, which will almost automatically lead to the integration of sociocultural and pedagogical perspectives.

2.2. From computer literacy to multiliteracies

During the last decade we have moved through several literacy models that include the use of technology - from computer or information literacy to electronic literacy to multiliteracies. While computer or information literacy merely considered the mastery of the machine, "an electronic literacy framework considers how people use computers to interpret and express meaning" (Warschauer & Shetzer 2000: 173). It integrates "information literacy – the ability to find, organize, and make use of information – but electronic literacy is broader in that it also encompasses how to read and write in a new medium" (Warschauer & Shetzer 2000: 173). Meaning production through technology use can be achieved through a task-based approach in the classroom. It helps learners to master "processes that are deemed valuable in particular societies, cultures, and contexts" (Warschauer & Shetzer 2000: 172). This leads us to the concept of multiliteracies, which has been consecutively developed by the New London Group (1996) since 1996 and which is the most comprehensive literacy model to date, because it integrates individual human agency with larger societal structures. The concept of multiliteracies links with activity theory, because it sees the learner in the context of a multitude of discourses which are culturally and historically grounded.

In the concept of multiliteracies there is a constant interplay between individual agency and social, economic, historical and political structures that determine the various discourses and hence, human agency, but which are also changed through human activity (see activity theory below). The New London Group argues that the development of literacy needs to incorporate the multifaceted discourses that a potentially global participation enables learners to engage in, because of the unrestricted access to texts on the internet and the multimodality of this text universe. At the same time, learners are able to connect to users in other cultures world-wide. Consequently, the multimedia computer confronts learners with a host of new challenges:

> The lateral connectedness of hypertext information, which users access by clicking on buttons or hotlinks, immerses navigators in an intertextual and multimodal universe of visual, audio, symbolic, and linguistic meaning systems. In hypertext navigation, reading, writing, and communicating are not linear or unimodal (that is, exclusively language- and print-based), but demand a multimodal reading of laterally connected, multi-embedded and further hotlinked information resources variously coded in animation, symbols, print text, photos, movie clips, or three-dimensional and manoeuvrable graphics (Luke 2000: 73).

These multi-modal texts are also culturally grounded. When learners navigate them while connecting with other learners world-wide, they need to develop an intercultural communicative competence (ICC) (Byram 1997) to negotiate the new technical tools and the access they provide. Critical cultural awareness forms part of ICC, a competence the New London Group also considered as important, because language learners not only need to negotiate linguistic but also cultural differences when participating in world-wide communication. This is why Luke (2000: 72) calls for the development of *critical literacy,* which he defines as follows:

> First, it involves a meta-knowledge of diverse meaning systems and the sociocultural contexts in which they are produced and embedded in everyday life.
> Second, it involves mastery of the technical and analytic skills with which to negotiate those systems in diverse contexts.
> Third, it involves the capacity to understand how these systems and skills operate in relations and interests of power within and across social institutions.

Hence, the task of the teacher is to help learners navigate these intertextual environments and support them in developing these skills through a task-based approach that is learner- and problem-oriented. In "negotiating computer-mediated communication, constructing new forms of identity (for example, the online 'personas' that people construct for themselves), and participating in new virtual communities," learners "require an intertextual understanding of how meanings shift across media, genres, and cultural frames of reference" (Luke 2000: 72).

Task-based research in CMC thus needs to consider these shifts in literacy development which imply that here, too, we need a broader, i.e. sociocultural and pedagogical approach to TBLT and research. A mere cognitive or interactionist approach to research in TBLT tends to ignore the contextual factors of the classroom and societal level even though it has an impact on how learners develop ICC and multiliteracies.

2.3. The development of TBLT research in CMC

From a cognitve to a sociocultural approach in TBLT research

The changing literacy concepts have had an impact on the development of CMC research paradigms in the task-based language classroom. Chapelle's work is an interesting case in point, since she has developed her approach from an interactionist SLA perspective (Chapelle 1997, 1999) to a more integrated approach which also considers sociocultural and pedagogical aspects (Chapelle 2000, 2003). In 2003 she reaches the conclusion that negotiation of meaning is only "one means of operationalizing task success," as Pica (2005) and Skehan (2003) have done in their studies (Chapelle 2003: 135). She continues, "I now consider the theory-practice interface from the other side by looking at the ways in which the use of technology for the tasks might push task theory" (Chapelle 2003: 135). Here Chapelle, for the first time, considers the pedagogical use of tasks in the CMC classroom as a basis for developing task theory, instead of relying on cognitive approaches that apply theory from the outside to processes in the classroom. This leads her to a wider approach which looks at "the role the computer plays within the larger culture of the classroom," i.e. "the sociocultural and classroom contexts of CALL" (Chapelle 2000: 217). Due to this, she formulates, as a general research goal, to take these contexts and their more complex activities into account (e.g. chat sessions or online classroom discussions). Interactionist research has used activities to focus on "controlled instructional sequences" only (Chapelle 2000: 218). She argues that we need "additional research on CALL (…) to clarify the differences in the language of these activities that are related to the features of the activities that teachers design on the basis of their beliefs and institutional contexts" (Chapelle 2000: 219-220).

From a CALL to a CMC concept in technology-supported classrooms

This development goes hand in hand with a broader concept of technology in the language classroom in the sense of the concept of multiliteracies, as outlined above. Chapelle (2000) argues for network-based language teaching instead of the traditional pre-network based CALL. This circumstance signals the development of computer-mediated communication (CMC) which is the prevalent concept of technology use in the language classroom today, and which includes all kinds of technical tools. Chapelle argues that we also need to look at "cross-cultural perspectives" and "fundamental questions about the culturally bound ideologies associated with educational technologies" (Chapelle 2000: 218; see also Thorne 2003). Depending on the cultural contexts, computers can be put to different uses in the classroom, ranging from a tool to work on language drill to a tool that fosters net-based intercultural discussions. This becomes especially important when we research TBLT in telecollaborative learning environments in which the development of intercultural communicative competence plays an important part. It therefore needs to focus on cross-cultural perspectives and the identities language learners bring to the networked learning environment. This research focus is part of the comprehensive literacy model of multiliteracies that we have outlined above.

Developing an ecological and critical research perspective on CMC

There are other researchers who demanded a broader approach to researching CMC back in the 1990s. Riel and Harasim (1994: 92), for example, affirmed in 1994 that "the whole educational context that is created online (…) needs to be the focus of analysis" (see also Barson et al 1993: 584). Ten years ago Warschauer (1998: 760), in his seminal contribution to *TESOL Quarterly*, demanded a comprehensive research approach which integrates the micro level of the classroom context and the macro level with its institutional and societal affordances and constraints. He wrote, "to fully understand the interrelationship between technology and language learning, researchers have to investigate the

broader ecological context that affects language learning and use in today's society, both inside and outside the classroom." Warschauer differentiated between deterministic, instrumental and critical approaches in doing research on
technology and language learning. In the early deterministic paradigm the computer was seen as almighty, bringing about results. But Warschauer correctly
points out that the computer is not a method, it is a tool that needs to be used.
This is then reflected in the second phase, the instrumental research paradigm,
where the computer tool serves the purpose of the user. But again this perspective on the computer only considered part of the picture, since "it downplays
how new technologies affect the broader ecology of the language learning environment" (Warschauer 1998: 758). Consequently, Warschauer, quite in accor-
dance with the critical approach of multiliteracies, calls for a critical theory of
technology.

> A *critical* approach sees technology as neither a neutral tool nor a determined outcome
> but rather as a scene of struggle between different social forces. (…) Thus in research-
> ing the use of new technologies by L2 learners, one might want to look at questions
> such as these: What new literacies does multimedia computer technology demand, both
> inside and outside the classroom? How does the development of these new literacies in-
> tersect with issues of race, class, gender, and identity? How does the sociocultural con-
> text of particular educational institutions or communities affect the learning and practice
> of electronic literacies? (Warschauer 1998: 758-59)

Consequently we need to go beyond experimental designs, because they cannot
cover contextual variables. Instead, there is a need for interpretive qualitative research "to explore sociocultural context through long-term participant observation and open-ended interviews within particular institutions and communities,
facilitating "the examination of crucial but hidden factors, such as underlying
power relations in the classroom and community" (Warschauer 1998: 759). This
kind of research

> also seeks to define the meaning of actions from the point of view of the local actors,
> rather than according to preordained research categories (…) and is thus especially
> helpful for investigating students' and teachers' evolving attitudes or sense of identity in
> changing circumstances – and attitude and identity have been shown to be critical com-
> ponents affecting language learners' use of computers" (Warschauer 1998: 759).

As recently as 2006, Chambers and Bax have supported this analysis. In their
call for a normalization in CALL research, they argue for a broader research
paradigm, stating that we "need more description of the learners, settings, and
events in [CALL] contexts" (Huh and Hu in Chambers & Bax 2006: 467), and
we especially "need a better understanding of how exactly all of these factors interact and operate in real pedagogical contexts" (Chambers & Bax 2006: 466-67,
see also Hampel 2006). These research demands dovetail nicely with a pedagogic research approach to TBLT and CMC, as presented above.

'Task' as the central construct in CMC based learning and research

This broader research approach is closely linked to the growing awareness of the centrality of tasks in CMC learning environments. Levy and Stockwell (2006: 248) have stressed that "in established CALL, language-learning task design is very much at the heart of the matter." This has been supported by Chapelle (2003) and also Salaberry's (2000) focus on pedagogical task design in CMC. As early as 1997, Furstenberg (1997: 24) wrote, "our main role, then, is to design tasks. This role is crucial in an interactive multimedia or Web environments since the task is what gives meaning to the learners' explorations. Only a well-designed task can ensure the quality of the learning process – which is a teacher's ultimate responsibility." Hence we need appropriate tasks for individual and group work to facilitate collaborative interaction, tasks need to fit the medium/media we use, and they need to exploit the associative nature of hypertext or hypermedia so that students can collaborate, discovering and constructing new connections. Finally, we need "to design tasks that enable students to tell us what they have seen, learned, or understood and that enable students to work collaboratively to create valid arguments, contexts, and stories that they can support, illustrate, and justify" (Furstenberg 1997: 24).

Since the task "has come to be the *means* or *agent* of learning", task design or the task-as-workplan is central or, as Levy and Stockwell put it, "the structure, content and sequencing of language-learning tasks are critical" (Levy & Stockwell 2006: 16). At the same time, we need to consider the task-as-process, because tasks are often negotiated between teacher and learners, and even if they are not negotiated, we never know how the individual learner will perceive the task s/he is supposed to engage in. Therefore, we need to look at teacher and learner perceptions of tasks and what they actually do with the task in the learning process.

As Levy and Stockwell (2006: 16-17) have shown, the learner's role in the webquest is a case in point. While the task is the most important element in a webquest, learner autonomy depends on the degree of structure of the webquest's task framework. To strengthen the learner's role in webquests Molebash et al (2003: 3) have developed Web Inquiry Projects (WIPs). "Unlike Web-Quests, which provide learners with a procedure and the online resources needed to complete a predefined task, WIPs will place more emphasis in having students determine their own task, define their own procedures, and play a role in finding the needed online resources" (see also Hutz in this book). With the advent of new social networking tools of the Web 2.0 generation, learners will bring even more expertise and competences in tool mediation to these learning environments so that teachers have to take growing learner autonomy in CMC into account when designing and facilitating tasks.

Before we look at the extent to which Warschauer's call ten years ago (see above) has produced research results, we need to find a theoretical frame which allows us to integrate the complex factors that have an influence on language development through technology use in TBLT. We believe that modern activity theory is a suitable theoretical paradigm that allows us to structure research findings on TBLT in CMC.

3. Activity theory and the CMC classroom

In search of a socioculturally oriented research paradigm

In our understanding, language learning, as outlined by Vygotsky (1978) and others, is set in a sociocultural context and develops through interaction between the teacher and the learners as well as among learners on the basis of pedagogical tasks (see Lantolf and Thorne 2006 for an overview on sociocultural theory and second language learning). In sociocultural terms, on the micro or horizontal level (see Levy & Stockwell 2006: 28-31), the foreign language classroom is a community of practice (Lave & Wenger 1991), which is characterized by the personal motives of its participants and the relations among participants. The interactional structure of this classroom community of practice is organized on the basis of tasks which are either designed by the teacher or negotiated between teacher and learners. On the macro or vertical level, this community of practice is influenced by institutional (school, curriculum, etc.) and societal affordances and constraints. For example, sufficient computer access still plays an important role in facilitating telecollaborative tasks in intercultural encounters. If access is insufficient, this institutional constraint can have a negative impact on task negotiation (see Belz 2002).

The theoretical framework of Activity Theory (AT)

The modern development of Vygotsky's sociocultural theory of learning is activity theory (AT) (Engeström 1999 et al). It encompasses all the above mentioned facets and levels and facilitates a comprehensive research framework for "mapping the complexities of social practice in educational settings" (Thorne 2004: 57), i.e. the pedagogical implications of TBLT in CMC. Let us clarify the concept of AT by looking at CMC in the foreign language classroom. We will describe the three levels of activity theory below and relate the model to examples of TBLT and CMC.

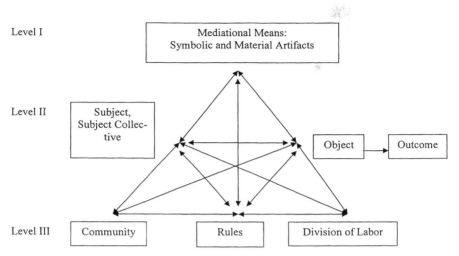

Graph I: Activity system (based on Engeström 1999)

Human activity is seen as the central unit of analysis in AT that allows us to study "different kinds of human practices as development processes" (Lantolf & Thorne 2006: 209). As can be seen in graph I, all aspects of AT are interrelated, consequently, they influence each other. The graph represents one activity system (AS). Activity theory differentiates between AS in the fields of play, education, and work. These different AS's again influence each other. We look at the foreign language classroom as an AS, hence in the field of education. In an AS, activity can be viewed from three different perspectives. This is why the theoretical construct of an AS differentiates between three different levels. The three levels define and influence human behavior in different ways, but at the same time these different perspectives focus on one event. In our case this event is constituted by the activities learners engage in as a result of the tasks they use within the foreign language classroom. These tasks are mediated through the available *tools* and *artefacts* (level I). These are the foreign language, but also materials or tools (i.e. the computer) that mediate the learning process.

The learners form part of a *community* (level III), in our case, the foreign language classroom and the school or any other educational setting. The *rules* and norms in this *community* have developed historically and institutionally. *Rules,* norms, and values impact on the classroom level, they may account for a more frontal or more learner-centered and collaborative approach to teaching, for example. When setting up a telecollaborative project based on problem-oriented tasks which learners negotiate themselves, to a certain extent, *rules* of traditional classroom interaction, such as the IRE pattern, will restrict learners too much and will not facilitate collaborative classroom interaction. Therefore, a task-based approach to teaching is more appropriate in this collaborative setting. *Rules* also function on the societal level. Netiquette and pragmatic rules of politeness, for example, play a decisive role in intercultural task negotiation. If these rules are not adhered to, intercultural misunderstanding and the breakdown of communication can ensue (see Ware 2005 and O'Dowd 2006). Finally, *division of labor* concerns the horizontal level in the classroom, i.e. "the actions and interactions among the members of the community" (Thorne 2004: 58), and "the vertical division of power and status" (Engeström 1993: 67). This, then, comprises the social roles and cultural identities of learners and teachers as well as the hierarchical relationships between them. *Rules* in the community, such as the access to and use of social networking tools (*MySpace.com* or *YouTube.com*, for example) during the lesson, which the learners might also use privately, may have an influence on relationships.

Level II is particularly important because it represents the processes on the classroom level. On the classroom level, the *subject* is the teacher and the *subject collective* the learners. Learners in the language classroom (*community*) possibly share the same *object*, in our case, learning the foreign language via CMC; however, they may do this for different purposes. As Engeström (1993: 67) explains, "the object refers to the 'raw material' or 'problem space' at which the activity is directed and which is molded or transformed into outcomes with the help of physical and symbolic, external and internal tools." This means that teachers design and sequence tasks with the help of computers to engage learners in the process of language learning, the *outcome* of which, as intended by teacher and curriculum (*rules*), would be the intercultural speaker (see Byram 1997: 38). In terms of research, the pedagogical approach to tasks is the raw material or the problem space that needs to be considered in detail, as it is here that learning is organized and takes place. Consequently, we try to regard the research context from the inside or emic perspective of its participants and their behavior or *agency*, as, for example in an action research paradigm. As Thorne (2004: 57) frames it, the *subject* or *subject collective* "is an individual or subgroup whose agency is, in the emic sense, the perspective or point of view of the analysis. The object describes the orientation of the activity."

Distinguishing activity from task

In AT, an *activity* is not the same as a *task* that learners engage in. The *activity* represents a more comprehensive category which only includes language learning tasks as one factor. AT views activity "as a category of analysis in application to some actual process or situation under scrutiny" (Lantolf & Thorne 2006: 216). As Coughlan and Duff (1994: 175) clarify, "an activity (…) comprises the behaviour that is actually produced when an individual (or group) performs a task. It is the process, as well as the outcome, of a task, examined in its sociocultural context." This distinction is important, since it describes the role of pedagogic tasks in the larger frame of an activity. Therefore, the concept of pedagogical task differs from the concept of task in cognitive research approaches in second language acquisition research, where it is "a kind of 'behavioural blueprint' provided to subjects in order to elicit linguistic data. In the realm of SLA, these blueprints, or research tasks, are motivated by a set of research objectives" (Coughlan & Duff 1994: 175).

If we consider the classroom and its processes as an activity system, the participants in the classroom community, the *subject* (teacher), the *subject collective* (learners), the process of language learning through TBLT (*object*), and the intercultural speaker as *outcome* comprise the activity in the sense of AT (level II). Both, teachers and learners, pursue a certain *object* when designing, engaging in and negotiating tasks on the basis of CMC (*tool*). This process is facilitated by the teacher by suggesting a more or less strict task sequence. When looking at the *object* of the activity system, or 'problem space', as Engeström (1993: 67) calls it, i.e. the processes of teacher and learner behavior in the classroom, we can distinguish three levels of human activity or human behavior that are different analytical perspectives on *one* event:

(1) the *activity* level (usefully thought of as a contextualizing framework) that is motivated by a biological and/or social/societal need or desire
(2) an *action* that instantiates the motive in the form of goal-oriented behavior
(3) *operations*, defined as automatized or habituated actions that respond to the immediate social-material conditions at hand (Lantolf & Thorne 2006: 216)

As Lantolf and Thorne (2006) go on to explain, we could simply say that *activity* (1) asks *why* something is done (and therefore refers to what *motivates* involvement in an activity); *action* (2) describes *what* takes place (and therefore refers to the *goal* or *product* of an activity); and *operations* (3) say *how* it is carried out (and therefore refers to the *process* and the *conditions* under which something is done).

Distinguishing activity from activity theory

Lantolf and Thorne (2006: 216) affirm that "the general 'theory of activity' must be differentiated from the term 'activity' (...) when it is used as a category of analysis in application to some actual process or situation under inquiry." Translated into TBLT, this means that teacher and learners may have different motives in their *activities* of developing /becoming language speakers or intercultural speakers. While the teacher might want his or her learners to develop language accuracy when interacting with other learners in a telecollaborative project, learners might have different *motives*. Some might be more interested in developing intercultural friendships with their partners, while other learners might focus on task completion, ignoring their partners' attempts at further socializing (see O'Dowd 2006). In AT parlance different *objects* thus orient learners' behavior in the classroom. *Activities,* consequently, can be distinguished from each other by their *objects*.

The level of *action* comprises the relationship between task-as-workplan and task-as-process (Ellis 2003: 5-6). The teacher will design a task-as-workplan with a certain task sequence, for example, a telecollaborative task which engages learners in the participating classes in a process of negotiation. In the process, the teacher might realize that s/he should have provided more task structure, as learners are unable to complete the task, or s/he might realize that learners have changed the task depending on their *motives* (see above). Hence, in the task-as-process phase, when performing the task, learners might interpret the task-as-workplan differently, resulting in their *goal-oriented* behavior differing from that of other learners and/or the teacher.

Due to the social-material conditions and learners' automatized or habitual behavior, the task-as-process might also undergo changes from the task-as-workplan on the *operational* level. Learners who already bring multiliterate competences to the classroom may display expertise in synchronous communication (chat) while other learners may not. This will have an impact on their task completion on the *operational* level, due to their habitualized writing in chat environments. They will be able to complete the chat-based task more quickly and efficiently, because they have internalized turn-taking behavior in chats; disregard accuracy in favor of fast transfer of meaning; and write shorter sentences instead of long-winded complicated discourse. Also, social-material conditions might hinder the negotiation of tasks on the operational level, as access to the computer might be restricted for one group of learners in a telecollaborative project. Consequently, the task outcome may be different for different learners, i.e. they may be more or less satisfied with the outcome. This, in turn, will have an impact on future motives when participating in such learning environments.

On the centrality of the concept of activity resp. human agency

As the above shows, it is important to realize that from an AT perspective, the concept of activity or human agency is central. Thorne (2004: 58) points out that "there is no 'student' or 'teacher' or 'technology' centered pedagogy from an activity theory perspective. Rather, agents play various roles and share an orientation to the activity." Consequently, in the language classroom as well as in CMC environments, the agency of teacher and learners is decisive. They are not objects, as in much of experimental psycholinguistic research, but active subjects or agents – even though they are constrained by socio-cultural factors –who influence the process and the outcomes due to their personal histories, their goals, and their language proficiency levels (see also Roebuck 2000: 79). Learner agency also has an impact on the learning process, since the *subject collective*, that is the learners in the classroom, negotiate this process, the task-as-workplan, with their teacher and among themselves. They use the space the task design allows in terms of their agency, creating a different task-as-process, which is related to their social/cultural identities as language learners. For example, learners in an intercultural telecollaborative environment are historically and culturally grounded (in AT terms, *division of labor*), which has an influence on the way they perceive and engage in the tasks.

Learner agency is always related to questions of power (level III). Looking at the central factor, the *object* of the *activity* from this perspective, Lantolf and Thorne (2006: 223) point out:

> The object, though, is also a nexus of power and resistance in language educational contexts. For example, who decides what the object of activity is? How will the outcome be evaluated, and by whom, and with what effects? How tightly are the actions and operations monitored? What is the level of agency as enacted/enactable by the participants?

As we will see in the following chapter, research on CMC in TBLT has examined such questions and has produced a number of interesting results.

4. Research findings

In this part we will focus on research studies, published in the last decade, that deal with issues on levels II and III of the activity system, the classroom and the wider institutional/societal level of the activity system(s). In our discussion of research findings we will not explicitly focus on the mediational means (level I), i.e. the computer and language, but will instead integrate it into the discussion of the respective aspect of the activity system under scrutiny. Since we adhere to a sociocultural and pedagogical approach to TBLT, we will not focus on interactionist studies of second language acquisition (see Ortega 1997, Chapelle 2003, and Kern, Ware & Warschauer 2004 for overviews). Instead, findings of interactionist research will be integrated only when they pertain to AT.

Even though AT offers a comprehensive framework to study aspects of human practices as development processes in education, it is difficult to categorize research findings according to the various factors of an AS, because the different levels of the AS are related to each other and influence each other. In our efforts to do this, we found that it was very much like classifying communicative events of developing intercultural communicative competence into the familiar categories of attitude, knowledge, and skills. These may be neatly distinguished on a conceptual level, but are all interrelated when realized in a communicative act. The same is true for interrelationships on the same level. Task design and task processes, for example, influence learners' motives. Therefore, as a general guideline, we have chosen the classroom level (level II) as our main focus. On this level we are particularly interested in the processes on the level of actions. At the same time, we will report on findings that show the influence of other parts of the AS. For clarity, we will cross-reference and repeat research findings in other sub-chapters when pertinent to other levels or factors of the AS.

4.1. Research at classroom level (level II)

4.1.1. Subject Collective (Learners)

When studying research on the learner, specific aspects of this category of the AS need to be considered, also in view of the fact that much of CMC nowadays is networked-based. The use of technical tools to facilitate communication in TBLT has an impact on learners' social presence and group cohesion in such online environments.

4.1.1.1. Group member roles

Learner roles in groups and online dyads

The processes of social cohesion (see below) usually facilitate the development of group 'culture' and common values, but groups additionally develop explicit roles, and they also function in terms of implicit roles. In terms of different learner roles in groups, Stockwell and Levy (2001: 432-433) have researched six different online learner profiles. They differentiate between the low-motivation student, the daunted student, the struggling student, the technophobic student, the inconsistent or slow responder, and the ideal high responder (see also Fisher et al 2000 who list four learner roles in groups). They also researched group patterns in online dyads, i.e. between native speakers and non-native speakers. Based on the way the groups "move beyond the set topic and, over a series of interactions, explore mutual interests and then sustain and develop their relationship" Stockwell and Levy differentiate five kinds of dyads; dyads with nothing in common, the mismatched dyad, 'let's stick to the topics' dyads, dyads with lots in common, and developing friendship dyads (Stockwell & Levy 2001: 433-434). Their results show that pair and group work are decisive to facilitate interaction, to come to terms with technology, to initiate, to manage and sustain interaction and the topic. According to their research, it is desirable to develop group cohesion by maintaining longer interaction periods via e-mail and other tools.

The effect of role assignments and monitoring in groups

Rose (2004) relates that group conferences with role assignments (in terms of working of specific content aspects of the task) had higher levels of interconnected messages. She also stated higher perceptions of intersubjectivity, i.e. a shared collective understanding and deep processing of tasks for this kind of group in the first weeks. Thus, a higher degree of structured cooperation through role assignment leads more quickly to greater consistent levels of interaction and more cohesion. Additionally, cooperative groups also developed well in terms of negotiated common ground. Learning efficiency consequently increased by assigning roles and by providing close monitoring of group interaction. If groups already have a common history and persist for more than three weeks, they show similar levels of interaction. According to Rose more research on role assignment and task length in terms of quality and quantity of group dialogue is necessary. She feels it is particularly important to reduce the burden of managing and coordinating group activities, hence the establishment of different learners' roles in the collaborative task.

The role of leadership in groups

Research on leadership in groups produced some interesting results (see also Fisher et al 2000). In a complex collaborative group task with a number of sub-task types, learners had to generate, choose, negotiate, and execute competences for project performance. Groups with leaders emerging in the process handled the task more efficiently. The availability of different types of tools also had an impact on the efficiency of task completion in groups, because these can support group processes, such as group decision support tools, collaborative document production tools, group discussion tools, and others (Dufner et al 2001).

Heckman and Misiolek's (2005) research on telecollaborative teams shows that it is necessary to differentiate between weaker and stronger leadership roles in task groups, since teams vary in terms of perceived leaders. If there is a strongly perceived leadership, then there is a high degree of consensus about who the leaders are. If there is a low perceived leadership, then there is a low degree of consensus. They point out that leaders make more social, product, process, and task-based utterances, and they also received more mails from other team members. In general, there was more task-related communication than in weak leadership teams. Contrary to face-to-face group processes, a single individual might perform both leadership roles, on the social and the task-related plane. On the other hand, team leaders seemed less satisfied with group processes than team members were and saw the teams as less cohesive and endowed with less trust. 'Grumpy' leaders criticized teams more often. In this study task-based communication is negatively correlated with social communication. Leaders of any kind initiated more task-product communication, but at the same it must be noted that strong leadership did not lead to better performance. Heckman and Misiolek (2005) conclude that there is no single leader form in telecollaborative groups. Weaker leadership seems to lead to more participation in substantive task work of the group. Hence the community of inquiry can profit from this more emergent leadership, where members are considered more equal and where more democratic aspirations have a chance to develop in the group.

The influence of task features on effective virtual team work

Dundis and Benson (2003) present an overview of task variables in forming more effective virtual teams in education, business, and communication fields when engaged in online problem-solving tasks. They list a number of member and group characteristics that can have an impact on task processing. Under member characteristics they subsume members' individual subject matter knowledge, the knowledge disparity between members, content knowledge, group members' knowledge and the experience with problem-solving, teamwork and virtual teamwork skills, as well as a host of personality variables, such as the ability to work with others, and seeing and understanding different points of view. As to group characteristics they point out that "groups with higher integrative complexity performed more effectively" (Dundis & Benson 2003: 35). As other research has shown, they affirm that social presence and trust can be developed through strategies that help members to get to know each other. In opposition to general trust-building, they also describe the form of swift trust which "tends to develop around high levels of action in performance of the task" (Dundis & Benson 2003: 35). To develop swift trust, task processes need to include many clear actions and clear indicators of progress. As to membership in groups, Dundis and Benson stress that appreciation for group synergy needs to be developed, using members' knowledge and experience of multimodal tools. In terms of group procedures, they argue that non-routine tasks create a perceived need for more group structure flexibility, while procedural guidelines and specifying group roles can support performance.

Dundis and Benson also show how group task types relate to consensus formation. Task types can differ from collaborative learning to solving specific problems (Dundis & Benson 2003: 25). They differentiate between divergent and convergent tasks as to the finding of a group consensus. Divergent thinking tasks are more suited for idea generation work in virtual environments, whereas convergent tasks "requiring group consensus or conflict resolution have been much less successful" (Dundis & Benson 2003: 36). Convergent group tasks thus need support through more structure and facilitation. Engaging successfully in these tasks is also dependent on the employed mediational means.

> Divergent types of tasks such as idea generation require time to think, and even a certain amount of anonymity. While asynchronous, mainly text-based types of communication, such as listservs of discussion boards, may more effectively facilitate these tasks, consensual types of tasks may be more easily facilitated through synchronous chat rooms or, if possible, video conferencing (Dundis & Benson 2003: 37).

"The empirical evidence concerning the influence of task on virtual groups remains scant," but the influence of task "complexity" has been noted (Dundis & Benson 2003: 27), as well as the issue of group interaction. The more demanding the task, the more interaction is required. Dundis and Benson developed a task typology comprising six categories that account for task complexity, from the degree of interdependence of various parts of tasks, goal complexity, to data gathering/distribution demands, information processing demands, evaluation demands, and situational demands. If task interdependence increases, i.e. the interdependence of various parts of a task, interaction between group members does as well, from pooled (each member makes a separate contribution to the group's performance), to sequential (specific behaviour performed by group members in a predetermined order), to reciprocal (all group members' activities are fully dependent on one another), and finally to intense task interdependence (members must diagnose, problem-solve and/or collaborate simultaneously to complete the task). Research has shown that most learners tend to split up the task among the group of learners, which is considered pooled interdependence, although the task might have been designed for reciprocal interdependence. Concerning goal complexity, researchers point out that the task structure is high if a group has a specific goal and low if the members are unclear about what the expected performance or outcome is. This can be further divided into goal clarity, goal-path clarity, goal-path mechanics, and goal-path obstacles (Dundis & Benson 2003: 30-31).

4.1.1.2. Social presence and group cohesion as relevant factors for task achievement

While different roles in CMC are important, we also need to consider how learners present themselves to others. Presence in online environments refers to "a student's sense of being in and belonging in a course and the ability to interact with other students and an instructor although physical contact is not available" (Picciano 2002: 22). The concept of presence includes more specific constructs, such as cognitive presence (task-related work), social presence (off-task socializing, if not initiated by specific tasks), and teaching presence (the degree of the teacher's presence, see 4.1.2. → *teaching presence*). As previously mentioned, learners establish new identities in online environments (see Kramsch, A'Ness & Lam 2000), and the difference between social presence and cognitive presence, as in the case of German-American collaborative dyads, has been found to have an effect on learners' motives and task completion (see 4.1.3. → *activity/motives*).

As Fisher et al (2000) point out,

> groups have a number of characteristics that make them unique and provide a specialised context for communication. These characteristics include interdependence, a com-

mon goal, the group's personality, the commitment of group members, and the group's cohesiveness. Other characteristics provide a specialised context: group conflict, social facilitation, gender differences, group size and group norms.

If we want learners to establish and maintain social relationships with other learners in online environments so that multiliteracies or ICC may develop, then social presence (see Garrison & Cleveland-Innes 2005) as well as the development of learning group cohesion play important roles. Dundis and Benson (2003: 35) define group cohesion the following way; "groups perform better when they sense themselves as a unified team with a shared sense of responsibility, if for no other reason than the task at hand." Learners, consequently, need a sense of community, i.e. a sense of shared purpose, trust, support, and collaboration.

Tisdell et al (2004) second this approach when they present their research findings. Everybody's commitment, trust and participation are necessary to achieve a high level of social presence during the task in process. To support this process, ongoing negotiation of the learning process is important, and an initial face-to-face phase would be helpful. Other supportive aspects are a consistent but also flexible cohort structure, continuous building of ongoing relationships, group support and ongoing collaboration for constructing knowledge. The latter is supported through the cognitive as well as the affective domain. On the affective level, the awareness of being connected to others helps learners not to feel alone, even in individual research tasks. This necessitates a commitment of the teachers to a concept of participatory pedagogy, i.e. sharing power (see also 4.2.3. → *division of labor*).

Reffay and Chanier (2003: 1) affirm in their research that cohesion is an important factor which motivates learners to accomplish the requested task. If cohesion does not exist, then the task might be considered "as a painful constraint and an obstacle to e-learning." Learners also need a clear instructional design to organize and facilitate productive discourse (Shea et al 2005, see also Arnold et al 2005, and 4.1.3. → *action/goal-orientation*). Haythornthwaite et al (2000) show that those who do not establish social bonds feel isolated and more stressed. Hence, initial bonding, if possible through a face-to-face phase, must be promoted and subsequently monitored and supported through continuous interaction. This is affirmed by McInnerney and Roberts (2004: 80) who point out that "the deliberate design and inclusion of a 'forming stage', or 'warm-up' period," needs to become part of the course structure to help develop an online community, as well as clear communication guidelines." This is supported by Lamy (2007) in her study of synchronous communication. Relating to learner motives and agency, she calls for a reduction of learners' anxiety and the reinforcement of learner control, because it leads to learners' realization of self and their orientation to community. This, again, is important in terms of the enactment of agency in social settings and has an effect on task performance. Lamy

(2007: 260) concludes that "the more time is allowed for social induction and the establishing of group membership, the higher the number of reflective inter-actions." This has been seconded by Dooly's (2007) call for early and consistent collaboration in telecollaborative projects for reasons of motivation, but also because learners need to establish trust with online partners to reduce anxiety and the possibility of task rejection. Including tasks for socializing leads to higher forms of group cohesion, which again has a positive impact on group motivation (see also Müller-Hartmann 2000a). Furstenberg et al (2001) support this in their findings on the French-American telecollaborative Cultura project. Learners wanted more frequent, richer and more personalized exchanges with partners to establish a more intensive collaboration. They also considered different media-tional means, such as chat, as more advantageous to reaching this goal than merely asynchronous communication. Fuchs (2006: 282-84) argues along the same lines in her comprehensive list of advice on how to develop group cohe-sion in telecollaborative teams. She suggests, for example, having learners communicate before the actual start of the course or project. She affirms that teachers should "try playing it safe in the beginning when strangers have to start from scratch to build trust and establish a sense of community" (Fuchs 2006: 290).

The *development of trust* in a group is another important aspect of social co-hesion (Jarvenpaa, Koll & Leidner 1998). In their research on team-building in business relations, Hossain and Wigand (2004) integrated a two-week trust-building exercise into their course, which had an impact on members' percep-tions of ability, integrity, and benevolence of their fellow members. High-trust teams focused on the completion of tasks, mainly communicating about the tasks with rare social dialogue. They were task-oriented, but still empathetic and had a supportive and positive way of dealing with each other, which strength-ened the team's commitment. In opposition to low-trust teams, high-trust team members took individual initiative, volunteered for roles, met commitments, confronted free-riders, lauded each other for good work, dealt with disagreement on a low key, rotated leadership during tasks, and discussed the goal of the task to a higher degree. They also contacted the coordinator for further details, showed a flexible role assignment to members as well as good time manage-ment, gave substantial feedback, and communicated frequently. Knoll and Jar-venpaa (1998) affirm that group cohesion can be achieved through sufficient structure and bonding. Members in cohesive teams behave differently from those in non-cohesive ones. They also point out that the time factor involved in CMC is crucial, because developing both trust and the work process take longer than in face-to-face contexts. They come up with a table of functional and dys-functional behaviors as to collaboration, differentiating between virtual collabo-ration skills, virtual socialization skills, and virtual communication skills. Finally they conclude that "there may be real value in forcing people to socialize" (Knoll & Jarvenpaa 1998: 17, 20).

On the *mediational level* (I) tools that facilitate interaction and therefore contribute to the establishment of social presence and group cohesion, could be *voice chat* or *video*, as Yamada and Akahori (2007) have shown. They affirm that social presence is facilitated through the interlocutor's image. At the same time while voice/video interaction supports the negotiation of meaning, learners consider text-based chat to be more relaxed than audio/video conferencing, because it provides more time on task to form sentences and opinions, and to focus on accurate language production. Multiple means of communication thus help to establish group cohesion. For example, the whispering facility in chats, where learners can write to a member without the other chat members being able to see it, supports socializing; a clear example of positive tool mediation (Haythornthwaite et al 2000).

While pair or group allocation in collaborative projects is decisive to ensure a collaborative effort in task development and scaffolding (Hauck 2007), the *design of tasks* is another important area to establish group cohesion (4.1.3. → *action/goal-orientation*). In his studies of learners in a university nursing course, Molinari (2004) shows that social comments, such as self-revelation, tying, and etiquette categories are important to overcome emotional and geographical isolation. Engaging in social comments helps learners to form a basis for problem-solving activities. Consequently, teachers should enhance social comments through specific engagement practices to foster deeper problem-solving. O'Dowd (2003) comes to a similar conclusion in foreign language telecollaborative settings. He concludes that good teams invested time, sent personal off-task messages to acknowledge partners' comments, they took sociopragmatic rules of each other's languages into account, expressed feelings about their own culture, and reflected criticism of their own culture, i.e. they engaged in a veritable dialogic interaction with their partners (see also Christian's model of "talking writing" [1997: 53, 63-79], and Parks et al 2003). This ultimately led to a growing awareness of each others' cultural practices and products (see also 4.1.3. → *activity/motive*). In his conclusion O'Dowd demands a more prominent role for the teacher (see 4.1.2 → *teacher roles*).

Task design also had an effect on group cohesion in the sense of a more pronounced learner agency. More group cohesion in a structured task environment enables learners to develop more of an active role, taking on "bridging and triggering roles" while the tutor had relatively little power (Aviv et al 2003: 15).

4.1.2. Subject (Teacher)

The teacher in TBLT learning environments has various roles to fulfill, including the language expert and facilitator and monitor of learning processes. In CMC contexts the number of roles increases, as the teacher must help learners engage with the mediational means. In networked-based collaboration, intercultural learning processes must be facilitated to a larger extent than in face-to-face classrooms. The facilitation of CMC contexts has been dealt with in terms of the concept of teaching presence.

4.1.2.1. Teacher roles

In this section, we will not differentiate between the teacher and the tutor in network-based learning environments. A tutor is rarely involved in the general course design, but initiates, supports, monitors, and evaluates task processes, and therefore is central in TBLT on level II of the AS (see Hauck & Stickel 2006 for a description of tutors' characteristics). Teachers must generally mediate between a wide range of oral, written and face-to-face discourses (van Deusen-Scholl et al 2005).

Dimensions of teacher roles

Berge (1995) differentiates between four teacher roles in CMC settings: pedagogical (the educational facilitators set tasks), social (the teacher is responsible for group cohesion), managerial (the teacher sets the agenda as to objectives and rules), and the technical role. Research on school-based studies produced three pedagogical teacher roles - the moderator, the monitor and the facilitator. These roles vary in terms of their decreasing control and monitoring of the group interaction in relation to the task at hand (Ahern 1998: 229-230). In terms of language production, "a facilitating role produced the most peer-to-peer interaction with the highest frequency of complex responses for any discourse style." Ahern (1998: 230) also points out that the teacher must "pay close attention to the impact of the social issues in the group to ensure group coherence and cohesion." Clawson, Bostrom and Anson (1993) has already differentiated between 19 different dimensions of the facilitator in group processes.

Liu et al (2005) also researched teacher roles. They discovered four dimensions and found a stronger emphasis on the pedagogical role than the other roles. Pedagogical roles include the teacher as course designer, profession-inspirer, feedback-giver, and interaction-facilitator. Liu et al differentiate between course designer, professional inspirer, feedback giver, and interaction facilitator. They affirm that instructors still need to have their roles transformed pedagogically, socially, and ethnologically if they want to facilitate good learning environments. They also point out that the interplay among the different roles is very complex and that prominent contextual factors affected the roles. In their conclusion, they formulate the need for the right balance between teachers' presence (see below) and learners' control.

The teacher as intercultural model

In intercultural telecollaborative settings the teacher's role is still more complex. As Belz and Müller-Hartmann (2002, 2003, see also Müller-Hartmann 2000b) have shown, teachers need to become intercultural speakers before they can facilitate TBLT with ICC as a goal. In their research overview Kern, Ware and Warschauer (2004) have listed a number of skills teachers need for these environments. According to Kern, Ware, and Warschauer teachers have to develop from an omniscient informant role to one that focuses on structure; juxtaposition; interpretation and reflection of the intercultural experience, to question; conform to; and contradict learners' understandings. Teachers as intercultural speakers are decisive in identifying and exploring culturally contingent patterns of interaction; this has an impact on task design and negotiation (see also O'Dowd 2006: 139-40, see 4.1.3. → *activity/goal-orientation*). In case of misunderstandings, teachers need to model an intercultural stance (Ware & Kramsch 2005), which means that the teacher has to show a willingness to engage in the exploration of difference, imaging with learners the logic of another person and interpreting his or her utterances.

Banados (2006) confirms earlier studies as to the complexity of teacher roles in CMC. Learners and teachers are challenged by new roles. The role of guide and facilitator needs to be seen in relation to the role of the autonomous learner. Tutors must be able to facilitate both group work and individual work. They need to post explanations to guide learners in more complex tasks, to encourage communication and to have them use all available tools. Learners also need task support when engaging in collaborative tasks, because they are rarely used to this learning environment. In addition, teachers need to reinforce the online collaboration in the face-to-face classroom to make learners feel safe and comfortable. Consequently, there is a quantitative increase in teachers' work.

4.1.2.2. Teaching Presence

The facilitation of task-based work in CMC is directly linked to the issue of teaching presence. In blended learning environments, teaching presence comprises the design, facilitation and direction of tasks in the CMC environment, as well as in the classroom (Garrison & Anderson 2003: 145). This implies that the teacher and the participants are online together. Shea et al (2005) affirm that teaching presence is the most promising mechanism for developing online learning communities, because it represents the link between the learners' sense of a learning community and the fact that this community has been designed through effective instructions, i.e. tasks. According to Garrison and Cleveland-Innes (2005), teaching presence is necessary at the point of transition from social to cognitive presence, when learners begin with the content work and task negotiation (see 4.1.1. → *social presence*). They note that the learning community needs social, cognitive (task-related work) as well as teaching presence. While teaching presence must be sustained over time, it should also encourage participation and interaction, which is quite different from a teacher-centered approach to teaching. Rosell-Aguilar (2002) seconds this when she says that we need interaction tasks to support the preferences and learning styles of learners, to facilitate a learner-centered approach when engaging in task work. Teachers and learners share the responsibility of promoting interactive learning, as studies indicate that less experienced online learners participate less frequently for social and instructional purposes (see also Roblyer & Wiencke 2003). When learners exhibit difficulties in innovative online environments, teachers monitor the task-as-process more closely, providing more task support (see also Grimm and Grünewald in this book). Teaching presence is more pronounced in these situations.(Apple & Gillabert 2002, see also 4.1.3. → *action/goal orientation*).

Ene, Görtler and McBride (2005) have focused on teaching presence in chat contexts concerning language uptake, L2 use, and on-task behavior. They discover that the teacher's participatory style has a greater impact than his/her presence, as such. They differentiate between the teacher-as-partner versus the teacher-as-authority figure. A form-focused participatory style has inhibitory effects on learners. While the teacher-as-partner enhances communication among learners, the authority figure focuses on enforcing rules (see 4.2.2. → *rules*). There are more shifts in terms of on/off-task behavior, depending on teacher presence. Not surprisingly, there are twice as many turns by learners when the teacher is not present in the chat room. The authority figure obviously creates performance anxiety (see 4.1.3. → *activity/motives*).

4.1.3. Object: Activity – Action – Operations

With the object level, we move to the central level of TBLT. It is here that task-as-workplan and task-as-process are negotiated between teacher (*the subject*) and learners (*the subject collective*). We base our overview on numerous research studies in this field, focusing on the interplay between roles, tools, and learning processes.

4.1.3.1. Activity: What motivates learners to engage in tasks?

Learner variables

Motives for engaging in activities differ from learner to learner. They comprise issues such as intrinsic and extrinsic motivation, risk-taking, anxiety, and sociability in face-to-face or online groups. Cognitive research studies have considered the role of learner motive as a task variable. In his overview of interactionist research studies, Ortega (1997) points out that there are other variables in learners, apart from their linguistic competence, that need to be considered. This includes, for example, learners' attitudes towards computer writing, learners' feelings of anxiety, learner aptitude and experience in typing skills, gender and favored teaching styles. Learners' anxiety depends a lot on personality, as teaching styles affect learners' attitude and motives. Ortega (1997: 90-91) points out, for example, that there was lower motivation with tighter teacher control of tasks or with little integration of CMC tasks into the overall course (see also 4.1.2. → *teaching presence*).

Learners' task perception

On the motivational level the personal dimension of a task as an affective variable is important because learners ask themselves what they get out of a task. The more they personally get out of a task, the higher their motivation to become involved (Apple & Gillabert 2002). Consequently, teachers need to make learners aware of divergent goals (see below). The perception of tasks can also have an impact on motives. Tasks with various demands were perceived differently by individual learners. When non-experts are confronted with tasks, these can have a discouraging effect (Apple & Gillabert 2002). Hafner and Ellis (2004) declare that learners have a very negative perception of the task if the task does not work for them. They become anxious because of the inadequate structure of the task. In their research, Hafner and Ellis relate this to discomfort with the asynchronous environment, as such. Marginally qualified, inept or distracted learners pose a challenge to teachers in terms of monitoring and evaluating task difficulty. Dooly (2007) concludes that early and consistent collaboration throughout telecollaborative projects ensures high motivation and enthusiasm. After the collaborative experience, her learners were convinced that tasks can be negotiated between learners and teachers and need not simply set by the teacher (see 4.1.3. → *action/goal orientation*).

The effect of cultural heterogeneity on learner motivation

Telecollaborative environments are particularly prone to divergent goals or motives, because more learners with different cultural identities participate. The diverse educational backgrounds of these learners have an impact on motives learners bring to the learning context. Belz and Müller-Hartmann (2002) have shown that American learners of German in the U.S. primarily pursue language learning goals in a telecollaborative project, whereas German learners of English, in part due to their higher language competence, focus on the development on ICC and try to make friends in another culture. This has a direct effect on task negotiation between learners.

Hence, the co-construction of intercultural online environments makes negotiation between learners more complex. Ware (2005) establishes motivational differences in her research on German-American telecollaboration, as well. Due to the misalignment of academic calendars (see 4.2.1. → *community*), the German students gave up part of their vacation to do an extra-course on language learning and technology. They were highly motivated, which was related to the high novelty effect CMC had for them. For the American students these environments were not that new, therefore, they had different interactional motives. While the German learners produced long and numerous messages, the American learners wrote shorter and fewer messages, which led to frustration on the German side. This affected social group cohesion (see 4.1.1. → *group cohesion*) and task negotiation (see also Belz & Müller-Hartmann 2002; O'Dowd 2003, 2006; O'Dowd & Ritter 2006). Kern (2006: 200) concludes that American learners seem to be more task-oriented than German learners, focusing on task completion more than on other facets of the CMC communication process, such as socializing. O'Dowd (2003) reports slightly different findings for Spanish-American dyads. While task-orientation plays a role, he shows that intrinsic motivation in telecollaborative partnerships is lost when the personal goals for the project are rejected, in this case, the attempt to find a receptive audience for the presentation of one's own culture. If partners develop a friendly and positive relationship, which was not only task-focused, they react to each others' respective needs and interests.

Ware and Kramsch (2005) therefore suggest that learners take a decentered perspective during the interaction, i.e., an intercultural stance, which allows them to perceive and understand each others' cultural groundings and different motives. Learners need to develop group cohesion and a trustful working relationship when engaging in collaborative task work. These findings already indicate the central importance of the teacher's coordination of learners' activities (see 4.1.3. → *action/goal orientation*).

The role of assessment for learners' motivation

Task assessment in CMC environments is another area which needs to be examined when considering learners' motives. Findings are not conclusive as to the extrinsic motivation of learners in connection to the assessment of tasks (see Belz & Müller-Hartmann 2002). There is general agreement, though, that TBLT in CMC only works if assessment is also task-based (Apple & Gillabert 2002). Some authors suggest that instead of grading learners on the number of posts, more self-evaluating procedures should be used, as well as peer evaluations (Liaw 1998, Furstenberg et al 2001). These forms of evaluation become even more important when considering the question of assessing the general outcome of CMC in TBLT, intercultural communicative competence.

The role of mediational means (tools) for learner motivation

Research has conclusively shown that learners' motives are influenced by the mediational means (level I) in CMC (see also Grimm, Grünewald, and Raith in this book). New tools, in particular, have a motivational impact on learners, as has repeatedly been reported (Apple & Gilabert 2002, Kiernan & Aizawa 2004). Motivation can be high because of tool innovation, or, for example, because weaker learners prefer a certain tool with restricted communication possibilities that only enables the writing of short messages, as Kiernan and Aizawa (2004) have shown in their research on cell phones in TBLT.

It has also been found that the physical properties of tools have changed the way learners represent themselves via the medium. These tools, therefore, have an impact on learners' presentation of self and agency, for example, when they design CD-ROMs or present themselves in Internet relay chats (Kramsch, A'Ness & Lam 2000, see also Thorne 2003). Jarrell and Freiermuth (2005; and Sanders 2006 on chat inside and outside of the classroom) have attained similar results in their work on chat. They affirm that chats were preferred by learners because of their affective aspect, more equitable learner participation, and the fact that the medium supports more turn-taking. They conclude that it can be used to design meaningful and appropriate language tasks. This has already been pointed out by Chun (1994), who showed in his research that in chats learners show more active roles in discourse management, in initiating statements, and in asking questions than in the face-to-face classroom. They communicate more with other learners than with the teacher in face-to-face contexts. These findings correlate with Park's et al's (2003: 39-40) research as to the importance of multimodal forms of communication, which they found are related to more learner agency.

This allows us to conclude that the higher the competence of learners in terms of multiliteracies, i.e. the ability to use a multitude of different tools, the more they are able to function as autonomous learners or even change agents. Cutrim Schmid (2006) has demonstrated this in her work on learner motivation and agency when working with whiteboards (see also 4.2.3 → *division of labor*). She found that learner and teacher beliefs and values are important when applied to this tool. The voting system the whiteboard tool provides not only motivates learners, but it also leads to different perceptions of the role of anonymity among learners. Some learners wanted to hide their language problems and deal with them individually. They resented having to present at the whiteboard in front of the group and then having their results evaluated. Other learners wanted to create a sense of community and enjoyed working on their difficulties with the help of the active voting system in this technology. This tool can be used to evaluate any text, as well as learner contribution or presentation. Drawing the connection to the aspect of division of labor (4.2.3) in the classroom, Cutrim Schmid concludes that "the technology was thus viewed as a site of struggle and its process of integration was analyzed as a complex social process involving restructuring of plans, the development of different social relationships and negotiations of power" (Cutrim Schmid 2006: 60; see also Cutrim Schmid in this book).

A final aspect we would like to mention is that learner motivation is also enhanced through the visibility and diffusion of the task outcome when published on the Internet (Apple & Gilabert 2002). Lai & Zhao (2006) found that basic technical skills are necessary to keep motivation from decreasing, as limited typing skills increase the time spent on task.

4.1.3.2. Action: What is the goal of the activity?

In this part we look at research that describes *what* learners negotiate when they engage in a task. It therefore also refers to the *goal* or *product* of an activity as negotiated by learners. This involves the question of how learners' task-as-process relate to the teacher's task-as-workplan. It is the philosophy of TBLT that the teacher's role is to help learners construct their own knowledge by designing tasks on target topics and thinking skills, and to integrate the online discussion into the work of the face-to-face classroom (referred to as blended learning).

Task-as-workplan – designing tasks in CMC

Research shows that learners prefer a variety of tasks, this means different task types, different task structures and different task sequencing. The influence of task type has also played an important role in interactionist studies of TBLT and CMC (see Ortega 1997, and Chapelle 2003).

The kind of group work learners engage in and task type are interrelated. Paulus (2005), for example, differentiates between *task types* that are either *collaborative* or *cooperative*. In collaborative tasks learners engage in constructive dialogue to develop and maintain a shared concept of a product. Cooperation, on the other hand, focuses on how to organize the interaction, specifically by using role assignment to divide up the work involved in a task, for example. Paulus (2005: 114) examined the interaction of groups who "were provided with a variety of communication tools and specific guidelines for collaborating on two different types of goal-oriented tasks." One was a *synthesis task*, in which the group had to discuss chapters from a book on learning theories and then summarize findings. The other was an *application task,* in which the group had to apply a learning theory to a specific learning problem. For both tasks the groups had to hand in a final group document. The findings show that synthesis task groups engaged in more collaborative dialogue. Following a discussion about the learning theories, one member volunteered to synthesize it. The group had established social cohesion and this member showed his/her feeling of responsibility for the group product. If more cooperative group processes and the emphasis on individual accountability (grades) are intended, then application tasks seem to be the better choice. Groups might then focus more on the completion of the task than on the dialogic construction of new knowledge, because no synthesis or summary of content was asked for, rather mere application of knowledge. This also supports findings where learners were asked to collaborate, but cooperated instead.

Apple and Gillabert (2002) have shown that if tasks asked for *interaction* with partners, demanding information exchange and collaboration, language production increased in asynchronous environments. It can be said that learners perform differently on different tasks, as Ayoun (2000) points out in his study of Web-elicitation tasks. Learners perform best on tasks "which posed least restrictions and were the least artificial" (Ayoun 2000: 93). Apart from how much freedom learners have in the task, performance is obviously also related to the choice of topic.

In telecollaborative projects task design is especially pertinent to successful interaction. Workplans should allow learners to develop *cultural knowledge* about the partner and his/her context when engaging in collaborative tasks (Furstenberg et al 2001, Müller-Hartmann 2000a). O'Dowd and Ritter (2006) have developed a rubric for telecollaborative encounters that includes similar aspects to AT, such as the socio-institutional level, the individual level, the classroom and interaction level, as well as task design. These different aspects need to be negotiated in detail between partners (see 4.2.1. → *community*). According to Hauck (2007), when assessing risks of misunderstandings in collaborative projects, task design is considered to be a high-risk area. This is because teachers need to find a compromise in task design that includes the goals and constraints of both contexts, the role of language use in collaborative tasks, and the different needs of teachers and learners as to task design. O'Dowd and Ritter (2006) point out that in a German-Spanish telecollaborative project "in the end of term feedback, all the negative comments made by the Spanish group in reference to the project were in some way related to aspects of task design." For example, the teachers' choice of topics hindered the development of relationships and learners expected the correction of linguistic mistakes. They come to the conclusion that tasks should be negotiated with learners at the outset (see also below).

Last but not least, Hampel (2006) clarifies that *affordances of tools* also need to be considered in task design (see also Blell & Hebler in this book). She shows that the multimodal approach in an audiographic environment supports different written, graphic and oral modes, which also need training; otherwise they can have a negative effect on communication and task negotiation. A flexible use of tools is necessary to support task processes. If, for example, technical problems occur, learners then can switch to a different tool to communicate. Based on the cultural preferences, such as the use of chat, learners might be accustomed to using the tools differently, as Thorne (2003) has shown (see also Grimm in this book).

Concerning structural issues in task design, structured environments with a clear task sequence led to high levels of critical thinking, as well as cohesive group structure (see 4.1.1. → *group cohesion,* see also Blell & Hebler in this book), whereas non-structured environments turned learners into teacher- or tutor-followers and few cohesive groups developed. In structured environments the tutor had little power in terms of influencing task performance (Aviv et al 2003). Arnold et al (2005) have also shown that unstructured reflective tasks promote affective interaction, whereas structured tasks promote interactive and cohesive interaction. Lobel et al (2005) use different terms to gauge the amount of learner interaction, compared to the amount of learner-teacher interaction. They point out that there are clear differences between *group-centered and authority-centered patterns of interaction.* In authority-centered forms of interaction teachers take up most of the time. Hampel (2006) takes up on this approach to structure discourse in the CMC classroom when she stresses that teachers need to create tasks that make use of the democratic features of online environments, such as … since learners need support to use these features. Tasks are needed that provide learners with opportunities for dialogic interaction, but these tasks need to be clearly structured to provide learners sufficient task support in the process.

Weasenforth et al (2002) have shown in their research that increased *guidance* using prompts led to longer e-mails and increased goal-orientation of the learners' contributions, as there were clearer expectations on the teacher's side.

Consequently, the quality of interaction must be a clearly designed goal, as Garrison and Cleveland-Innes (2005) point out. According to them, sufficient social interaction is necessary to establish a social relationship, which will then facilitate negotiation on the content level of tasks (see 4.1.1. → *social presence*). While the quantity of interactive moves plays a role in establishing social presence, the quality is more important. This is also linked to the degree of teaching presence, hence questions of structuring and monitoring (see 4.1.2. → *teaching presence*). Wu and Hiltz (2004) want to see this quality improved through structure and guidance; structure in terms of the design, and guidance through sufficient task support. As Garrison and Anderson (2003) have shown, teaching presence comprises design, facilitation and direction (see 4.1.2. → *teaching presence*). On the task design level this means that teachers must define clear expectations, select manageable content, structure appropriate collaborative and individual tasks with a focus on learners creating meaning, and eventually assess congruent with the goals (Garrison & Cleveland-Innes 2005, see also Vogt in this book).

In terms of *task sequencing,* Ware and O'Dowd (2008) point out that learners need carefully sequenced tasks to be able to build on previous interaction. On a general level in relation to blended learning environments, Levy and Stockwell (2006) show that in-class work (face-to-face phase) usually preceded between-class work (online task phase).

Stockwell and Levy (2001) also affirm that TBLT can be enhanced on a macro level through a project-based framework and tasks at the micro level. On the language level this can be supported by models of conversational openings and closings. They also point out that a certain number of e-mail interactions are necessary in asynchronous environments to establish task negotiation and to sustain e-mail interaction. As shown above (see 4.1.1. → *group member roles*), Stockwell and Levy (2001) differentiated between various forms of dyads that they classified according to the degree of sustained interaction in the group. Low interaction and insufficient interaction groups stayed close to the topic. Stockwell (2003) found that longer interaction sequences depend on *topic choice*, and Stockwell and Levy (2001: 435) show that "there is great value in giving students the opportunity and the requisite language skills to seek out their own areas of common interest with their counterparts."

Whether learners are able to do so, though, depends on the level of their technical proficiency. According to Rosell-Aguilar (2005), for example, there are different level task types for beginners and advanced learners in audiographic CMC. Beginners need more stimuli and more structured tasks to optimize the opportunities for interaction in multimodal environments. Rosell-Aguilar develops a taxonomy of activity types for whiteboards, concept maps, text or chat (Rosell-Aguilar 2005: 427-29).

Wang (2007) also calls to start with small tasks in chat environments so that learners can get used to the tool. While the first tasks should be about social issues, more complicated tasks can follow, making flexibility and adjustment in the task design necessary. Apart from the degree of involvement with technology, he stresses that the topic needs to be *relevant to the learners' life* and that there should be a balance between pedagogic and real-world tasks. This is supported by Lamy's (2007) research on chat environments, which shows that there is a relationship between openness and the degree of structure of task in better inquiry-based tasks.

In telecollaborative settings the choice of *introductory tasks* plays an important role. Belz and Müller-Hartmann (2002) call for an extended introductory phase in these contexts, with tasks that focus on social issues, to allow for the development of group cohesion (see 4.1.1. → *group cohesion*). This will lay the foundation for a positive working relationship between international teams (see also Liaw 1998, Müller-Hartmann 2000a). In terms of preparing learners for CMC in intercultural contexts, O'Dowd and Eberbach (2004, see also Fuchs 2006, O'Dowd 2006, see also Vogt in this book) have suggested to use ethnographic examples of learner exchanges taken from other contexts that demonstrate misunderstandings. This is to develop learners' awareness of this issue in task negotiation (see below) at the beginning or before the actual exchange. At the same time they affirm that an increase in time spent on collaborative tasks during the project should not lead to a reduction in learner-teacher contact hours. Learning is best organized in a *blended learning environment,* where teachers integrate online-tasks in face-to-face lessons to be able to provide instructions and guidance for learners to help them understand and contextualise messages from their virtual partners. Hence, they need to provide a traditional classroom environment for reflection and training. This is necessary to move learners from cultural monologue to intercultural dialogue.

Task-as-process – negotiating tasks in CMC

Offering the *opportunity to negotiate* tasks for learners has a positive effect on motivation and consequently, on performance. Learners were faced with problems when asked to negotiate tasks in a TBLT environment, though, when they did not have experience doing so from their face-to-face classroom (see 4.2.2. →*rules*). If this was the case, the teacher decided to monitor the task-as-process more closely, providing more task support (Apple & Gillabert 2002).

Rogers (2000) affirms that we need to *establish cohesive communities of practice* through authentic and collaborative activities. Based on Wenger's concept of communities of practice, he differentiates between three different characteristics of a cohesive online community that are related to task negotiation:

1. Mutual engagement – group members engage in common negotiated activities. By engaging in negotiating tasks, members are able to maintain identity and to provide competencies to the group. In the process, relationships develop, which need not always be harmonious.

2. Joint enterprise – group members share and work towards a common goal, i.e. the final product is different from the original text. Disagreement is possible, but groups develop a sense of mutual accountability.

3. Shared repertoire – this involves meaning negotiation on the basis of shared points of reference, for example, the mutual reading of a novel.

The purpose of the task is to provide structure so that each learner has an active and central role. The *teacher* can help to determine roles in an online group. For example, s/he can introduce tasks that tap into the learners' knowledge. Tasks are structured so that learners are able to negotiate. The role of the tutor is to encourage reflection, to develop a multiperspective view on the topic that is negotiated, but also to allow individual learners to pursue their trajectories of participation, i.e. giving learners sufficient choice in task negotiation and task completion.

In telecollaborative settings the *choice of topic* is important, as this facilitates negotiation. As O'Dowd (2006: 121) reports from a German-American telecollaborative project, "the activities which the students engaged in [comparative essay or a report on their learning experience] during this exchange did not bring about sufficient negotiation with their partners for them to become aware of alternative perspectives." Fuchs also focuses on some other aspects of task negotiation in relation to the development of group cohesion (see 4.1.1. → *group cohesion*). She affirms that task negotiation in CMC is much more complex than it might initially appear. In her German-American dyads only one group discussed the goals and expectations of the project with their partners, exercising their agency in this CMC context (Fuchs 2006: 272, see also Müller-Hartmann 2000b on the choice of topic).

Time is another influential factor in task performance. Lamy (2007) relates in her study that the degree of reflective interaction depends on the time allocated for social interaction and establishment of group membership. Task performance then demonstrates that learners share an orientation towards the metachat, i.e. learning from each other (see 4.1.1. → *group cohesion*).

Dooly (2007: 7) shows how learners can develop a higher *degree of autonomy* in a collaborative project. To develop greater learner autonomy and task negotiation amongst the learners, the instructor anticipated student anxiety and therefore set up the collaborative tasks "so that the incorporation of greater learner autonomy could be introduced gradually, along with the learner reflection about the process itself" (Dooly 2007: 70). This proved to be a successful strategy. Before the project, 67% of the learners said "that they believed that it was the teacher's responsibility to show the language learner all the tasks for learning," after the project, this number was reduced to 43%.

Scaffolding task support

In an online environment, where interaction is structured through tasks, scaffolding is a central issue. Hampel (2006) reports that in some CMC environments, tutors realized they need to structure more than in face-to-face contexts.

Beatty and Nunan (2004) affirm that *learners are not always able to deal with open learning environments*. Learners need more scaffolding in terms of task support from the teacher, because they cannot always manage to develop mutual support through collaboration. Appel and Gilabert's (2002) findings confirm this, when they say that when learners had only had traditional foreign language learning experiences beforehand, they encountered problems when asked to negotiate tasks in a TBLT environment (see 4.2.2. → *rules*). In such a situation the teacher needs to monitor the task-as-process more closely, providing additional task support. Liaw (1998) has shown that when teachers assign discussion topics for social chat sessions, it is helpful for learners in telecollaborative projects. These tasks then trigger and support learner interaction. The teacher does not intervene on the social level, but mainly provides technical (and topic) support. Learners also expect teacher intervention to revive failing communication.

Research has also provided evidence that *learners* themselves *scaffold each other* in CMC. In their study on chats, Shekary and Tahirian (2006) state that learners scaffold each other in chat-based environments and that lower-proficiency learners even helped higher-proficiency learners. Consequently, teachers might give up some control over the monitoring in these contexts.

In one of the rare studies of CMC on Web-based research in a primary school context, MacGregor and Lou (2004-5 (?)) differentiated between *different types of instructional scaffolds*. These include, for example, the knowledge about the Website's design features, such as high content relevance, easy navigation, readability, user-friendly screen design, and informative multimedia. Other support measures show learners how to select sites and how to extract information; some also show them alternative approaches to engaging in a task. In his work on chats, Simpson (2005) has also shown that task scaffolding or task support can be provided through the teacher's manipulation of tools, for example, by recruiting learners' interest in the task, simplifying the task or highlighting relevant features on a Website.

Parks et al (2003) have come up with four *forms of collaborative activities* which show different forms of scaffolding. They differentiate between joint, parallel, incidental, and covert collaborative text production. In joint collaboration, learners might collaborate and help each other during the brainstorming, drafting or revision phase. Learners rarely collaborated, however, but divided up the tasks, depending on the respective competencies of individual learners. In parallel collaboration there was feedback by the teacher or peers. Incidental collaboration involved directly asking for help during task performance. For this to be possible, learners must be able to move freely in the classroom (see 4.2.2. → *rules*). In covert collaborative activities learners used other tools, such as online dictionaries as task support. Most of the tasks were mediated by more than one type of collaborative activity and thus different types of scaffolding.

4.1.3.3. Operations: How is the activity carried out? What are the conditions?

This level is influenced by the material conditions, i.e. the mediational means (level I) learners use to navigate online environments. As in task facilitation in general (see above), the teacher plays an important role in enhancing *learners' use of technical tools*. In their research on WebCT, Goodell and Yusko (2005) point out the need for teachers to minimize learners' frustrations with technical problems. They should attempt to head off negative messages about technology and combine pressure (course requirements and grades) and task support when handling technology to ensure interaction. While synchronicity, for example, is useful to provide a real-time interactive environment, allowing learners to spontaneously perceive how to derive meaning from a context (Levy & Stockwell 2006), learners' competence in handling such tools, as well as their perception of the tools', have an impact on their learning process. This must be taken into account (see also Cutrim Schmid 2006, and 4.1.3. → *activity/motive*). Consequently, various tools can facilitate interaction and negotiation for different learner types, supporting the task-as-process on the operational level (see also Murphy & Coffin 2003).

4.2. Institutional and societal level (level III)

As Belz (2002) has shown in her analysis of telecollaborative projects, the linking of learner agency and institutional structures is necessary to understand the complex interrelations in these learning environments (for another good overview of telecollaboration in this regard, see Kern, Ware & Warschauer (2004). This is generally true of a TBLT classroom, whether organized as a face-to-face or CMC classroom. In the following we will focus on the third level of the classroom as activity system, the institutional or structural elements that have an impact on the classroom situation.

4.2.1. Community – Institutional affordances and constraints

Classroom context

Access to computers is still a problem when teachers wish to embark on telecollaborative projects, as Savignon and Roithmeyer (2004) have shown (see also Belz & Müller-Hartmann 2002, Liaw 2006). In order to design blended learning environments, we need computers *in* the foreign language classroom to facilitate the integration of CMC and non-CMC tasks (Chambers & Bax 2006). Egbert and Yang (2004) have also shown that even though the access to new computer technology may be limited, due to the technological divide at the classroom level, this can be balanced by using effective language learning tasks. The authors present a number of examples of how to proceed in such a situation, for example, by designing tasks in which learners must interact, thus scaffolding each other

The wider educational and cultural context

It has been shown that *cultural knowledge* of partners' schools in telecollaborative settings, as well as the *knowledge of discourse rules* in partners' classroom settings is important to negotiate telecollaborative tasks on the teacher level (O'Dowd & Eberbach 2004; see also 4.2.2. → *rules*). Müller-Hartmann, for example, has pointed out that knowing about why and how literature is used in the secondary foreign language classroom is important, as project task negotiation between teachers only works if both partners consider each others' approach to teaching literature (Müller-Hartmann 2000b). Teachers must also define common goals, i.e. the purpose and content of the exchange, and they must be familiar with the role that tasks play in the partner's approach to the exchange (see Belz & Müller-Hartmann 2003). As Fuchs relates, in her American-German project, partner teachers "did not communicate the goals and objectives of the collaborative project in a clear and transparent way," leading to conflicts which had a negative impact on the project's outcome. (Fuchs 2006: 268). Teachers need to qualify as intercultural speakers by showing openness and curiosity on a personal level. On this foundation, trust and understanding can develop, which will then allow for a balanced negotiation of project tasks. As teachers must manage to discuss a multitude of personal and institutional issues when setting up telecollaborative projects, strong long-term collaborative partnerships between teachers enhance the success of these projects. Eventually, teachers are able to establish common ground as to institutional affordances and constraints, as well as to rules and norms that characterize their respective TBLT contexts. The use of synchronous tools will support this process (see also Müller-Hartmann 2000b; Belz & Müller-Hartmann 2002, 2003).

At the same time, institutional constraints can have a direct impact on the *motivation of language learners*. For example, when fewer e-mails are sent, this may not necessarily be because learners are less motivated, but because they lack computer access (Belz & Müller-Hartmann 2003: 86).

On a general level Belz (2002) has shown that administrative, logistical, technological and pedagogical risks in telecollaborative encounters might be blamed by learners, *if communication* is not successful. This includes, for example, the misalignment of academic calendars, which hindered the participating teachers to negotiate tasks. Since the use of synchronous tools support task negotiation, the alignment of classes is important (Belz & Müller-Hartmann 2002). Other institutional constraints were culture-specific assessment procedures, which influenced task outcome, since the amount of expected work varied in both contexts. The same was true when teachers' academic socializations differed, as this led to divergent views on the role of tasks in the project (Belz & Müller-Hartmann 2003). Only long-term partnerships and an intensive exchange can help to overcome the institutional constraints. Learners can be made aware of these constraints. This also includes an awareness of different discourse patterns at the start of the project, to ensure better negotiation of tasks. This goes hand in hand with suggestions to extend the introductory phase of telecollaborative exchanges, to allow learners to exchange more information on their respective sociocultural contexts (Belz & Müller-Hartmann 2002, see also 4.1.3. → *action/goal orientation*).

In her research focus on *aspects of missed communication* in telecollaborative projects between American and German learners, Ware (2005) reaches similar conclusions. According to her, missed communication occurs because of different perceptions of the role of grades, time pressure, institutional constraints and a lack of interpersonal communication (see also O'Dowd 2006).

While Hauck (2006) seconds these findings in her research on audio-graphic conferencing, she also points out a few other factors that need to be taken into account. There obviously is a need for the development of harmonious relationships in telecollaborative environments, but a host of problems can ensue and need to be negotiated. This includes dissonances in the interpretation of learners' behavior (she mentions Shield & Weininger 1999 who list seven factors in this regard as to MOO interaction); pedagogical dilemmas, such as tutors' different pedagogical concepts of learner autonomy; uneven distribution of learners in collaborative groups; differences in language proficiency; insufficient factual knowledge about the partners and their cultural background and potentially different expectations as to the goals of the project. This shows that a variety of interdependent factors which influence task design and task processes need to be taken into account. Hauck (2006) also suggests (as do Fuchs (2006), Belz (2002), and O'Dowd (2006)), using material from earlier exchanges to raise awareness concerning these issues prior to the actual exchange (see also 4.1.3. → *action/goal orientation*).

On the personal learner's level, time constraints and linguistic ability, for example, the ability to express personal opinions, asking questions, and inviting feedback, i.e. the knowledge of socio-pragmatic rules, also play an important role (O'Dowd 2003).

As pointed out above O'Dowd and Ritter (2006, see 4.1.3. → *action/goal orientation*) have developed a frame to evaluate aspects that can cause intercultural misunderstanding in telecollaborative environments. They differentiate between four different levels, the individual, the classroom, socio-institutional and interactional levels. This is a good tool to gauge the importance of the individual socio-institutional factors in telecollaborative projects. Fuchs (2006: 289) makes a number of suggestions how to deal with the socio-institutional challenges.

4.2.2. Rules and norms

Rules and norms on the classroom level, as well as in the wider educational or societal context, have an important influence on TBLT in CMC.

Kramsch and Thorne (2002) point out that there is often *a clash in cultural frames and communicative genres,* which hinder learners to establish a common ground for task negotiation. There are stylistic conventions of genre which can play different roles in different cultures, such as the role of the discussion genre or norms of politeness. They can have various meanings in different cultural contexts. In his research on artefacts and cultures-of-use, Thorne (2003) affirms that the basic willingness to be socialized into such interpretive discourse rules is important in telecollaborative settings. This also refers to personal roles in intercultural projects, such as the learners' sensitivity to each others' cultures, identities, communicative styles and their approach to politeness rules (see also Kern, Ware & Warschauer 2004, O'Dowd 2006). O'Dowd (2006) stresses the fact that since personal involvement, and therefore effective task messages, are important, linguistic accuracy and politeness may not be as important as being socialized into the online community's discourse rules (see also Müller-Hartmann 2000b).

Ware and Kramsch (2005) summarize that *learners need a decentered perspective* during the interaction, i.e., an intercultural stance which allows them to perceive and understand each others' cultural groundings. This naturally also applies to the teacher (see above). Müller-Hartmann (2000b) has shown in his research on German-American telecollaborative projects on the secondary school level that only if teachers are able to establish some kind of personal relationship, will they effectively be able to discuss and negotiate rules and norms of their respective teaching approaches. Only then is true team-teaching, which allows participating teachers to mutually develop collaborative tasks, possible. When this happens, tasks can be set from both participating contexts. This will have an impact on learner texts. Müller-Hartmann (2000b: 143) relates that when the American side also set tasks, their learners became more involved, and "the American e-mail length increased from an average of 210 to 285 words which was almost the exact average length of the German letters."

The development of group cohesion on the classroom level, as well as in international teams, can also be supported by abiding by *rules and norms*. Haythornthwaite et al (2000), for example, shows that a telecollaborative setting is an impoverished learning environment if no attention is paid to the community's characteristics or rules, i.e. regular meetings or the routines of work, such as submission rules for tasks. If teachers do not know about these rules, it may lead to conflicts. Savignon and Roithmeyer (2004) therefore point out that we need to provide learners with strategies to mitigate potential conflicts in task negotiation, i.e. help learners gain insights into the partners' cultural values and norms. Consequently, we need to enable learners to understand how culture is communicated through language, to recognize norms of interpretations and patterns of use (Levy & Stockwell 2006). For example, values attached to certain teaching approaches, such as the teaching of literary texts, can diverge from context to context (see also above). This could mean that the task-based approach to teaching young adult literature is not known in a context which uses an analytic approach of close reading. This makes the collaborative design of tasks for the intercultural exchange very difficult (Müller-Hartmann 2000b).

A number of suggestions for *supporting learners to identify and adhere to rules* have been listed in research on local and international levels. In terms of establishing explicit rules in the classroom, group learning contracts, for example, can help form more cohesive groups (see 4.1.1. → *group cohesion*). In telecollaborative settings, contracts would include lists of guidelines for both groups that define roles and responsibilities (Murphy et al 2000). The same is true for telecollaborative contexts in terms of more general cultural norms or rules. O'Dowd (2003) shows how collaboration works when learners take the sociopragmatic rules of each others' language seriously, including requests for feedback and explaining values and rules of home and target culture to each other. Hence, considering the roles of a foreign language in the respective culture is important, as there are different semantic connotations of words in different cultures and different communicative styles that need to be understood or negotiated. This involves the design of tasks that make learners aware of the need to express values and norms of their own culture to others.

Ware (2005) reach the same conclusion in her study of telecollaboration. Different norms and expectations of what language learning means in local classrooms need to be voiced and discussed, as varying cultural expectations can lead to frustration and loss of motivation (see 4.1.3. → *activity/motives*).

4.2.3. Division of labor

The division of labor deals with the way interaction is organized between the subject and subject collective in the classroom. At the same time it looks at the hierarchical level, i.e. the role of power and status between them, and it also covers social and cultural identities brought to the classroom by learners. In 1995 Kern calls for breaking open the "canonical *discourse conventions*, restructuring classroom dynamics" in his study on synchronous written classroom interaction (Kern 1995: 470). He relates that the teacher's control is compromised in chat environments, since s/he does not tightly control the discourse pattern, different from a classroom that is organized according to the Initiation – Response – Evaluation (IRE) pattern of traditional face-to-face classrooms. While learners' participation is more democratic, even anarchistic at times, he also points out that the discussions in synchronous CMC lack coherence and continuity, and resist closure. He concludes that using a synchronous writing tool forces teachers "to reconcile for themselves the inherent tension between these sets of goals [democratic learner communication] – which ultimately reduces to the tension between the conservation of traditional roles and the destabilisation of hierarchy and power" (Kern 1995: 470). CMC is a way of "restructuring classroom dynamics and a novel context for social use of language" (Kern 1995: 470).

Since Kern's findings research has dealt with the issue of *power relations and work distribution* in the classroom. Heckman and Annabi (2005) have shown, for example, that in some asynchronous learning networks, learners take over some aspects of the teacher's role. In more structured environments, learners can act more autonomously, whereas the tutor has "relatively little power" (Aviv et al 2003).

The *use of specific tools* has also lead to *a shift of hierarchies in the CMC classroom*. In terms of culture or identity issues, some learners resented the fact of having to present at the whiteboard in front of the group because they felt uncomfortable and threatened in this situation (Cutrim Schmid 2006, see also 4.1.3. → *activity/motives*). At the same time, negotiations and conflicts ensued between the teacher and her learners, because they used the innovative potential of the new technology, whereas their teacher stuck to a more traditional approach when using the whiteboard. Instead of participating in learner-centered activities the teacher had prepared, learners wanted 'to play teacher', to exchange roles and to blend work with the whiteboard with desk-work. As Cutrim Schmid describes, the learners saw a potential of the new tool to transform practice which the teacher was not able to concede to (4.2.2. →*rules*). This ultimately restricted learners' task performance potential and with it, language production (see also Kern 1995 on the loss of teacher control and more learner initiative and power).

To support truly collaborative task designs and task processes, teachers need to show a commitment to participatory pedagogy, and thus be ready to share power in the classroom with learners (Tisdell et al 2004, see also Hampel 2006), i.e. to allow learners to negotiate tasks and readings, to do group projects, as well as decide on the quality and quantity of weekly postings. This is also the gist of Van Deusen and others' (2005) research in a university course for beginning learners of German. They point out that a new community of practice can develop through CMC tasks, if it is co-constructed by learners and the teacher, allowing the learners to become increasingly responsible for their own learning. Teachers de-emphasize their roles, leading to more involvement and responsibility on the side of the learners. This also promotes reflective learning and the development of critical thinking skills.

5. Conclusion

Back in 1998, Warschauer called for long-term interpretative qualitative research, and concluded that "there has as yet been insufficient qualitative research on technology-enhanced language learning. Such research could examine not only what language learners use in particular technology-enhanced environments, but also how computer-mediated language and literacy practices are shaped by broader institutional and social factors, as well as what these new practices mean from the perspective of the learner" (Warschauer 1998: 760).

As this overview of research studies that have been published during the last decade has shown, we have progressed in response to Warschauer's call for sociocultural and pedagogical research. The number of research studies that have contributed to an understanding of CMC in the TBLT classroom in terms of an AT paradigm is quite impressive.

Together with Kern and Ware, Warschauer (2004) has acknowledged this development. In their research overview they outline the recent shift in research from single classrooms to long-distance collaboration, expanding the focus beyond language to culture, ICC, authenticity, cultural literacy, the notion of context beyond the local setting and to a broader social discourse. In this shift, studies focused on interaction, ICC, literacy and identity. They point out that interac-

tionist studies with a focus on the negotiation of meaning in TBLT are too nar-
row and that we have to focus more on the contextual variables, such as the
teacher's role as mediator and facilitator, and the teacher/learner differences as
to communicative purposes, institutional convergence and divergence, course
goals, and affective responses of learners. Other aspects are issues of literacy
and identity that mediate language and literacy practices (Kern, Ware & Warschauer 2004: 243-44). Hauck and Stickler (2006) second this in their overview
about what is appropriate online pedagogy. They also note the shift from the
learning of languages to the learning of cultures.

Samuda and Bygate (2008) – together with other TBLT researchers - point
out, that we are still lacking classroom-based research which is not located at the
university level, but on primary and secondary school levels. The given overview confirms this analysis. The vast majority of studies is located at university
level; only very few examine the classroom context at school level (see also
Zhao 2003). There is a definite need for more research in school classrooms, especially for classroom action research projects, because contextual factors vary
tremendously and heterogeneous groups of learners bring different motives to
these learning environments. Samuda and Bygate (2008: 190-191), in their recently published summary of research on TBLT support this when they say that
teachers,

> who are probably best situated to carry out such studies, are generally not able to add
> this to their workload, whether in collaboration with outside researchers, or, even less
> likely, on their own; researchers from outside the classroom are not well situated, and in
> any case depend on the collaboration of teachers; teachers working with researchers
> from outside their institution need to have a basis for collaboration if the research is to
> work; researchers need to be willing to negotiate with teachers and with students to
> carry out the research, and vice versa; and the tasks being researched need to be relevant
> to the teacher and the class. (…) But undertaking it would ensure that the focus of re-
> search meets the needs and understanding of teachers and learners. However until class-
> room-based studies become a mainstream for research in this field, the pedagogical use
> of language learning tasks will never be properly researched, and we will have to make
> do with whatever researcher feel motivated to explore.

The studies in this overview often acknowledge this lack and explain their limi-
tations and shortcomings, a fact that cannot be presented here in detail. Generally one can say that it is often the experimental design, the low number of research subjects and the short intervention or observation period that authors consider to be shortcomings in their research design. While these shortcomings are
still prevalent, and while there is still little classroom action research being done
in these environments, the research approaches have broadened in the sense outlined above, so that we will eventually be able to better understand what is hap-
pening in these pedagogical environments.

Some authors point out possible drawbacks of qualitative research (see, for example Aviv et al 2003: 116-17). As a consequence, they usually call for quantitative measures to support qualitative analysis (Aviv et al 2003: 17, O'Dowd & Ware 2008). We believe that this is not about the qualitative – quantitative divide. In line with Dörnyei (2007) we support a mixed methods design, as this will provide a more comprehensive understanding of the complexity of factors involved in these learning environments. The number of such studies is on the rise (see, for example, Belz & Müller-Hartmann 2003, or Dooly 2007). Apple and Gilabert (2002) are a case in point. Their data analysis is based on transcripts of all communication and is triangulated with learner feedback on tasks and questionnaires on electronic literacy.

Among the studies discussed above, there are some that are based on the activity theory paradigm, such as Thorne (2003, 2004) and Parks et al (2003), or they have chosen a sociocultural research approach to do their research, such as Gutierrez (2003), when looking at the role of tasks in CMC. She included the analysis of collaborative episodes, language-related episodes and microgenetic episodes, as well as post-task questionnaires, to find out how learners perceive the quality of collaboration and what kind of learning outcomes they perceive.

Some studies have also researched the school classroom. MacGregor and Lou (2004-5), for example, have done research in the primary classroom, whereas Savignon and Roithmeyer (2004) have examined secondary learners collaborating with university learners (see also Müller-Hartmann 1999, 2000a, 2000b).

At the same time, research was extended to new tools, such as wireless technology tools (Lafford & Lafford 2005, Kiernan & Aizawa 2004). Johnson, Rickel and Lester (1999) report on the role of animated pedagogical computer agents to support the work with complex tasks by, for example, focusing the learners' attention on the most salient aspect of the task. Reffay and Chanier (2003) present monitoring tools to assist tutors in following and monitoring collaborative group processes. On the research side, new tools have been developed, as well, such as social network analysis to better understand group processes in CMC (Aviv et al 2003).

We have tried to show in our overview that activity theory provides a viable theoretical framework which allows the integration of sociocultural and pedagogical aspects of research on CMC in TBLT. We would like to close with Samuda and Bygate's view of future directions in general task-based research in the language classroom, which is also true of CMC. They conclude that the pedagogical practice of tasks

> seems to be an area where insights from task pedagogy and insights from task research could be usefully brought together, and existing pedagogic frameworks that have grown out of sustained task use in real classrooms over time (...) offer a promising context for developing pedagogically-oriented research shaped by and responsive to the kinds of

practitioner concerns voiced at the beginning of this chapter (Samuda & Bygate 2008: 229).

References

Ahern, Terence C. (1998). "Groups, Tasks, and CMC: Designing for Optimal Participation." In: Zane L. Berge & Mauri P. Collins (Eds.), *Wired Together: The Online Classroom in K-12*. Cresskill, NJ: Hampton Press, 221-232.

Appel, Christine & Gilabert, Roger (2002). "Motivation and Task Performance in a Task-based Web-based Tandem Project." *ReCALL*, 14 (1), 16-31.

Arnold, Nike; Ducate, Lara; Lomicka, Lara & Lord, Gillian (2005). "Using Computer-mediated Communication to Establish Social and Supportive Environments in Teacher Education." *CALICO Journal*, 22 (3), 537-566.

Aviv, Reuven; Erlich, Zippy; Ravid, Gilad & Geva, Aviva (2003). "Network Analysis of Knowledge Construction in Asynchronous Learning Networks." *Journal of Asynchronous Learning Networks*, 7 (3), 1-23.

Ayoun, Dalila (2000). "Web-based Elicitation Tasks in SLA Research." *Language Learning & Technology*, 3 (2), 77-98. Available online at: http://llt.msu.edu/vol3num2/ayoun/index.html. Accessed 6th February 2008.

Banados, Emerita (2006). "A Blended-learning Pedagogical Model for Teaching and Learning EFL Successfully Through an Online Interactive Multimedia Environment." *CALICO Journal*, 23 (3), 533-550.

Barson, John; Frommer, Judith & Schwartz, Michael (1993). "Using E-Mail in a Task-oriented Perspective: Interuniversity Experiments in Communication and Collaboration." *Journal of Science Education and Technology*, 2 (4), 565-584.

Beatty, Ken & Nunan, David (2004). "Computer-mediated Collaborative Learning." *System*, 32, 165-183.

Belz, Julie A. (2002). "Social Dimensions of Telecollaborative Foreign Language Study." *Language Learning and Technology*, 6 (1), 60-81. Available online at: http://www.llt.msu.edu. Accessed 6th February 2008.

Belz, Julie A. & Müller-Hartmann, Andreas (2002). "Deutsch-amerikanische Telekollaboration im Fremdsprachenunterricht – Lernende im Kreuzfeuer der institutionellen Zwänge." *Die Unterrichtspraxis/Teaching German*, 35 (1), 68-78.

Belz, Julie A. & Müller-Hartmann, Andreas (2003). "Teachers as Intercultural Learners: Negotiating German-American Telecollaboration Along the Institutional Fault Line." *The Modern Language Journal*, 87 (1), 71-89.

Berge, Zane L. (1995). "Faciliating Computer Conferencing: Recommendations From the Field." *Educational Technology*, 15 (1), 22-30.

Byram, Michael (1997). *Teaching and Assessing Intercultural Communicative Competence*. Clevedon: Multilingual Matters.

Chambers, Andrea & Bax, Stephen (2006). "Making CALL Work: Towards Normalisation." *System*, 34 (4), 465-479.

Chapelle, Carol (1997). "CALL in the year 2000: Still in Search of Research Paradigms?" *Language Learning & Technology*, 1 (1) 19-43. Available online at: http://llt.msu.edu/vol1num1/chapelle/default.html. Accessed 6th February 2008.

Chapelle, Carol (1999). "Research Questions for a CALL Research Agenda: A Reply to Rafael Salaberry." *Language Learning & Technology*, 3 (1), 108-113. Available online at: http://llt.msu.edu/vol3num1/comment/reply.html. Accessed 6th February 2008.

Chapelle, Carol A. (2000). "Is Network-based Learning CALL?" In: Warschauer & Kern (Eds.), 204-228.

Chapelle, Carol (2003). *English Language Learning and Technology. Lectures on Applied Linguistics in the Age of Information and Communication Technology.* Amsterdam & Philadelphia: John Benjamins Publishing Company.

Christian, Scott (1997). *Exchanging Lives: Middle School Writers Online.* Urbana, IL: National Council of Teachers of English.

Chun, Dorothy M. (1994). "Using Computer Networking to Facilitate the Acquisition of Interactive Competence." *System*, 22 (1), 17-31.

Clawson, Victoria K.; Bostrom, Robert P. & Anson, Rob (1993). "The Role of the Facilitator in Computer-Supported Meetings." *Small Group Research*, 24 (4), 547-565.

Cope, Bill & Kalantzis, Mary; for the New London Group (Eds.) (2000). *Multiliteracies. Literacy Learning and the Design of Social Futures.* London & New York: Routledge.

Coughlan, Peter & Duff, Patricia A. (1994). "Same Task, Different Activities: Analysis of SLA Task from an Activity Theory Perspective." In: James P. Lantolf & Gabriela Apple (Eds.), *Vygotskian Approaches to Second Language Research.* Norwood, NJ: Ablex, 173-193.

Cutrim Schmid, Euline (2006). "Investigating the Use of Interactive Whiteboard Technology in the English Language Classroom through the Lens of a Critical Theory of Technology." *Computer Assisted Language Learning*, 19 (1), 47-62.

Dörnyei, Zoltán (2007). *Research Methods in Applied Linguistics.* Oxford: Oxford University Press.

Dooly, Melinda (2007). "Joining Forces: Promoting Metalinguistic Awareness Through Computer-Supported Collaborative Learning." *Language Awareness*, 16 (1), 57-74.

Dufner, Donna ; Kwon, Ojoung & Rogers, Williams (2001). "Enriching Asynchronous Learning Networks Through the Provision of Virtual Collaborative Learning Spaces: A Research pilot." *Proceedings of the 34th Hawaii International Conference on System Sciences*, 1-9

Dundis, Stephen & Benson, Suzanne (2003). "Building More Effective Virtual Teams: An Examination of the Task Variable in Online-Group Problem-Solving." *International Journal on E-Learning*, 2 (4), 24-38.

Edwards, Corony & Willis, Jane (Eds.) (2005). *Teachers Exploring Tasks*. Basingstoke: Palgrave Macmillan.

Egbert, Joy & Yang, Yu-Feng Diana (2004). "Mediating the Digital Divide in CALL Classrooms: Promoting Effective Language Tasks in Limited Technology Contexts." *ReCALL*, 16 (2), 280-291.

Ellis, Rod (2000). "Task-based Research and Language Pedagogy." *Language Teaching Research*, 4 (3), 193-220.

Ellis, Rod (2003). *Task-based Language Learning and Teaching*. Oxford: Oxford University Press.

Ene, Estela; Görtler, Senta E. & McBride, Kara (2005). "Teacher Participation Styles in Foreign Language Chats and Their Effect on Student Behavior." *CALICO Journal*, 22 (3), 603-634.

Engeström, Yrjö (1993). "Develomental Studies of Work as Test Bench of Activity Theory: The Case of Primary Care Medical Practice." In: Jean Lave & Seth Chaiklin (Eds.), *Understanding Practice: Perspectives on Activity and Context*. Cambridge: Cambridge University Press, 64-102.

Engeström, Yrjö (1999). "Activity Theory and Individual and Social Transformation." In: Engeström, Miettinen & Punamäki (Eds.), 19-38.

Engeström, Yrjö; Miettinen, Reijo & Punamäki, Raija-Leena (Eds.) (1999). *Perspectives on Activity Theory*. Cambridge: Cambridge University Press.

Fisher, Kath; Phelps, Renata & Ellis, Allan (2000). "Group Processes Online: Teaching Collaboration Through Collaborative Processes." *Educational Technology & Society*, 3 (3) Available online at: http://www.ifets.info/journals/3_3/f06.html. Accessed 6th February 2008.

Fuchs, Carolin (2006). *Computer-mediated Negotiation Across Borders. German-American Collaboration in Language Teacher Education*. Frankfurt/ Main: Lang.

Furstenberg, Gilberte (1997). "Teaching with Technology: What Is at Stake?" *ADFL Bulletin*, 28 (3), 21-25.

Furstenberg, Gilberte; Lewet, Sabine; English, Kathryn & Maillet, Katherine (2001). "Giving a Virtual Voice to the Silent Language of Culture: The Cultura Project." *Language Learning & Technology*, 5 (1), 55-102. Available online at: http://llt.msu.edu/vol5num1/furstenberg/default.html. Accessed 6th February 2008.

Garrison, D. Randy & Anderson Terry (2003). *E-learning in the 21st Century: A Framework for Research and Practice*. London: Routledge Falmer.

Garrison, D. Randy & Cleveland-Innes, Martha (2005). "Facilitating Cognitive Presence in Online Learning: Interaction Is Not Enough." *The American Journal of Distance Education*, 19 (3), 133-148.

Goodell, Joanne & Yusko, Brian (2005). "Overcoming Barriers to Student Participation in Online Discussions." *Contemporary Issues in Technology and Teacher Education*, 5 (1), 77-92.

Gutiérrez, Gabriela Adela Gánem (2003). "Beyond Interaction: The Study of Collaborative Activity in Computer-mediated Tasks." *ReCALL*, 15 (1), 94-112.

Hafner, William & Ellis, Timothy J. (2004). "Project-based, Asynchronous Collaborative Learning." *Proceedings of the 37th Hawaii International Conference on System Sciences*, 1-9.

Hampel, Regine (2006). "Rethinking Task Design for the Digital Age: A Framework for Language Teaching and Learning in a Synchronous Online Environment." *ReCALL*, 18 (1), 105-121.

Hauck, Mirjam (2007). "Critical Success Factors in a TRIDEM Exchange." *ReCALL*, 19 (2), 202-223.

Hauck, Mirjam & Stickel, Ursula (2006). "What Does It Take to Teach Online?" *CALICO Journal*, 23 (3), 463-475.

Haythornthwaite, Caroline; Kazmer, Michelle M.; Robins, Jennifer & Shoemaker, Susan (2000). "Community Development Among Distance Learners: Temporal and Technological Dimensions." *Journal of Computer-Mediated Communication*, 6 (1). Available online at: http://jcmc.indiana.edu/ vol6/issue1/haythornthwaite.html. Accessed 6th February 2008.

Heckman, Robert & Annabi, Hala (2005). "A Content Analytic Comparison of Learning Processes in Online and Face-to-Face Study Discussions." *Journal of Computer-Mediated Communication*, 10 (2). Available online at: http://jcmc.indiana.edu/vol10/issue2/heckman.html. Accessed 6th February 2008.

Heckman, Robert & Misiolek, Nora I. (2005.). "Leaders and Followers in Student Online Project Teams." *Proceedings of the 38th Annual Hawaii International Conference on System Sciences (HICSS'05)*. Track 1, Vol. 01.

Hossain, Liaquat & Wigand, Rolf T. (2004). "ICT Enabled Virtual Collaboration Through Trust." *Journal of Computer-Mediated Communication*, 10 (1). Available online at: http://jcmc.indiana.edu/vol10/issue1/hossain_wigand. html. Accessed 6th February 2008.

Jarrell, Douglas & Freiermuth, Mark R. (2005). „The Motivational Power of Internet Chat." *Regional Language Centre Journal*, 36 (1), 59-72.

Jarvenpaa, Sirkka L; Knoll, Kathleen & Leidner, Dorothy E. (1998). "Is Anybody Out There? Antecedents of Trust in Global Virtual Teams." *Journal of Management Information Systems*, 14 (4), 29-64.

Johnson, Lewis J.; Rickel, Jeff W. & Lester, James C. (2000). "Animated Pedagogical Agents: Face-to-Face Interaction in Interactive Learning Environments." *International Journal of Artificial Intelligence in Education*, 11, 47-78.

Kern, Richard G. (1995). "Restructuring Classroom Interaction with Network Computers: Effects on Quantity and Characteristics of Language Production." *The Modern Language Journal*, 79 (4), 457-476.

Kern, Richard (2006). „Perspectives on Technology in Learning and teaching Languages." *TESOL Quarterly*, 40 (1), 183-210.

Kern, Richard G.; Ware, Paige & Warschauer, Mark (2004). „Crossing Frontiers: New Directions in Online Pedagogy and Research." *Annual Review of Applied Linguistics*, 24, 243-260.

Kiernan, Patrick J. & Aizawa, Kazumi (2004). "Cell Phones in Task-based Learning – Are Cell Phones Useful Language Learning Tools?" *ReCALL*, 16 (1), 71-84.

Knoll, Kathleen & Jarvenpaa, Sirrka L. (1998). "Working Together in Global Virtual Teams." In: Magid Igbaria & Margaret Tan (Eds.), *The Virtual Workplace*. Hershey, PA: Idea Publ. Group, 2-23.

Kramsch, Claire & Thorne, Steven L. (2002). Foreign Language Learning as Global Communicative Practice. In: David Block & Deborah Cameron (Eds.), *Language Learning and Teaching in the Age of Globalization*. London: Routledge, 83-100. Available online at: http://language.la.psu.edu/~thorne/KramschThorne.html. Accessed 6th February 2008.

Kramsch, Claire; A'Ness, Francine & Lam, Wan Shun Eva (2000). "Authenticity and Authorship in the Computer-mediated Acquisition of L2 Literacy." *Language Learning & Technology*, 4 (2), 78-104. Available online at: http://llt.msu.edu/vol4num2/kramsch/default.html. 6th February 2008.

Lafford, Peter A. & Lafford, Barbara A. (2005). "CMC Technologies for Teaching Foreign Languages: What's on the Horizon?" *CALICO Journal*, 22 (3), 679-709.

Lai, Chun & Zhao, Yong (2006). "Noticing and Text-based Chat." *Language Learning and Technology*, 10 (3), 102-120. Available online at: http://llt.msu.edu/vol10num3/laizhao/default.html. Accessed 6th February 2008.

Lamy, Marie-Noelle (2007). "Interactive Task Design: Metachat and the Whole Learner." In: Maria del Pilar & Garcia Mayo (Eds.), *Investigating Tasks in Formal Language Learning*. Clevedon: Multilingual Matters, 242-264.

Lantolf, James P. & Thorne, Steven L. (2006). *Sociocultural Theory and the Genesis of Second Language Development*. Oxford: Oxford University Press.

Lave, Jean & Wenger, Etienne (1991). *Situated Learning – Legitimate Peripheral Participation*. Cambridge: Cambridge University Press.

Leaver, Betty Lou & Willis, Jane R. (Eds.) (2004). *Task-based Instruction in Foreign Language Education. Practices and Programs*. Washington D.C.: Georgetown University Press.

Levy, Mike & Stockwell, Glenn (2006). *CALL Dimensions. Options and Issues in Computer-assisted Language Learning*. Mahwah, NJ: Lawrence Erlbaum.

Liaw, Meei-Ling (1998). "Using Electronic Mail for English as a Foreign Language Instruction." *System*, 26, 335-351.

Liaw, Meei-ling (2006). "E-Learning and the Development of Intercultural Competence." *Language Learning & Technology*, 10 (3), 49-64. Available online at: http://llt.msu.edu/vol10num3/liaw/default.html. Accessed 6th February 2008.

Liu, Xiajing; Lee, Seung-hee; Bonk, Curt J.; Su, Bude & Magjuka, Richard J. (2005). "Exploring Four Dimensions of Online Instructor Roles: A Program Level Case Study." Journal of Asynchronous Learning Networks, 9 (4). Available online at: http://www.sloan-c.org/publications/jaln/v9n4/v9n4_liu. asp. Accessed 6th February 2008.

Lobel, Mia; Neubauer, Michael & Swedburg, Randy (2005). "Comparing How Students Collaborate to Learn about the Self and Relationships in a Real-Time Non-Turn-Taking Online and Turn-Taking Face-to-Face Environment." *Journal of Computer-Mediated Communication*, 10 (4). Available online at: http://jcmc.Indiana.edu/vol10/issue4/lobel.html. Accessed 6th February 2008.

Luke, Carmen (2000). "Cyber-Schooling and Technological Change: Multiliteracies for New Times." In: Cope & Kalantzis, 69-91.

McInnerney, Joanne M. & Roberts, Tim S. (2004). "Online Learning: Social Interaction and the Creation of a Sense of Community. *Educational Technology & Society*, 7 (3), 73-81. Available online at: http://www.ifets.info/journals/ 7_3/8.pdf. 6th February 2008.

MacGregor, Kim S. & Lou, Yiping (2004/5). "Web-based Learning: How Task Scaffolding and Web Site Design Support Knowledge Acquisition." *Journal of Research on Technology in Education*, 37 (2), 161-175.

Molebash, Philip E.; Dodge, Bernie; Bell, Rany L.; Mason; Cheryl L. & Irving, Karen E. (2003). "Promoting Student Enquiry: Webquests to Web Inquiry Projects (WIPs)." Available online at: http://edweb.sdsu.edu/wip/WIP_intro. htm. 6th February 2008.

Molinari, Deana L. (2004). "The Role of Social Comments in Problem-Solving Groups in an Online Class." *The American Journal of Distance Education*, 18 (2), 89-101.

Mondada, Lorenza (2004). "Second Language Acquisition as Situated Practice: Task Accomplishment in the French Second Language Classroom." *Modern Language Journal*, 88 (4), 501-518.

Müller-Hartmann, Andreas (1999). "Die Integration der neuen Medien in den schulischen Fremdsprachenunterricht: Interkulturelles Lernen und die Folgen in E-mail-Projekten." *Fremdsprachen Lehren und Lernen,* 28, 58-79.

Müller-Hartmann, Andreas (2000a). "The Role of Tasks in Promoting Intercultural Learning in Electronic Learning Networks." *Language Learning & Technology,* 4 (2), 129-147. Available online at: http://llt.msu.edu/vol4num2/ muller/default.html. Accessed 6th February 2008.

Müller-Hartmann, Andreas (2000b). "Wenn sich die Lehrenden nicht verstehen - wie sollen sich da die Lernenden verstehen? Fragen nach der Rolle der Lehrenden in global vernetzten Klassenräumen." In: Lothar Bredella, Herbert Christ & Michael K. Legutke (Eds.), *Fremdverstehen zwischen Theorie und Praxis – Arbeiten aus dem Graduiertenkolleg „Didaktik des Fremdverstehens".* Tübingen: Narr, 275-301.

Murphy, Elizabeth & Coffin, George (2003). "Synchronous Communication in a Web-based Senior High School Course: Maximizing Affordances and Minimizing Constraints of the Tool." *The American Journal of Distance Education*, 17 (4), 235-246.

Murphy, Karen L.; Mahoney, Sue E. & Harvell, Tina J. (2000). "Role of Contracts in Enhancing Community Building in Web Courses." *Educational Technology & Society*, 3 (3). Available online at: http://ifets.fit.fraunhofer.de/periodical/vol_3_2000/e03.html. Accessed 6th February 2008.

Nunan, David (2004). *Designing Tasks for the Communicative Classroom.* Cambridge: Cambridge University Press.

O'Dowd, Robert (2003). "Understanding the 'Other Side': Intercultural Learning in a Spanish-English E-Mail Exchange." *Language Learning & Technology*, 7 (2), 118-144. Available online at: http://llt.msu.edu/vol7num2/odowd/default.html. Accessed 6th February 2008.

O'Dowd, Robert (2006). *Telecollaboration and the Development of Intercultural Communicative Competence.* Berlin: Langenscheidt.

O'Dowd, Robert & Eberbach, Katrin (2004). "Guides on the Side? Tasks and Challenges for Teachers in Telecollaborative Projects." *ReCALL*, 16 (1), 5-19.

O'Dowd, Robert & Ritter, Markus (2006). "Understanding and Working with 'Failed Communication' in Telecollaborative Exchanges." *CALICO Journal*, 23, 623-642.

Ortega, Lourdes (1997). "Processes and Outcomes in Networked Classroom Interaction: Defining the Research Agenda for L2 Computer-assisted Classroom Discussion." *Language Learning & Technology*, 1 (1), 82-93. Available online at: http://llt.msu.edu/vol1num1/ortega/default.html. Accessed 6th February 2008.

Parks, Susan; Huot, Diane; Hamers, Josiane & Lemonnier, France H. (2003). "Crossing Boundaries: Multimedia Technology and Pedagogical Innovation in a High School Class." *Language Learning & Technology*, 7 (1), 28-45. Available online at: http://llt.msu.edu/vol7num1/parks/default.html. Accessed 6th February 2008.

Paulus, Trena M. (2005). "Collaborative and Cooperative Approaches to Online Group Work: The Impact of Task Type." *American Journal of Distance Education*, 26 (1), 111-125.

Pica, Teresa (2005). "Classroom Learning, Teaching, and Research: A Task-based Perspective." *Modern Language Journal*, 89 (3), 339-352.

Picciano, Anthony G. (2002). "Beyond Student Perceptions: Issues of Interaction, Presence, and Performance in an Online Course." *Journal of Asynchronous Learning Networks*, 6 (1), 21-40.

Reffay, Christophe & Chanier, Thierry (2003). "How Social Network Analysis Can Help to Measure Cohesion in Collaborative Distance-Learning." *T.H.E Editor*, 1-6. Available online at: http://lifc.univ-fcomte.fr/~reffay/PAPIER/ Reffay_CSCL2003.ppt. Accessed 6th February 2008.

Riel, M. & Harasim, L. (1994). "Research perspectives on network learning. *Machine-Mediated Learning*, 4 (2-3), 91-113.

Roblyer, M.D. & Wiencke, W.R. (2003). "Design and Use of a Rubric to Assess and Encourage Interactive Qualities in Distance Courses." *The American Journal of Distance Education*, 17 (2), 77-98.

Roebuck, Regina (2000). "Subjects Speak Out: How Learners Position Themselves in a Psycholinguistic Task." In: James P. Lantolf (Ed.), *Sociocultural Theory and Second Language Learning*. Oxford: Oxford University Press, 79-95.

Rogers, Jim (2000). "Communities of Practice: A framework for Fostering Coherence in Virtual Learning Communities." *Educational Technology & Society*, 3 (3), Available online at: http://www.ifets.info/journals/3_3/e01.pdf. Accessed 6th February 2008.

Rose, Mary Annette (2004). "Comparing Productive Online Dialogue in Two-Group Styles: Cooperative and Collaborative." *The American Journal of Distance Education*, 18 (2), 73-88.

Rosell-Aguilar, Fernando (2005). "Task Design for Audiographic Conferencing: Promoting Beginner Oral Interaction in Distance Language Learning." *Computer Assissted Language Learning*, 18 (5), 417-442.

Salaberry, Rafael (2000). "Pedagogical Design of Computer-mediated Communication Tasks: Learning Objectives and Technological Capabilities." *The Modern Language Journal*, 84 (1), 28-37.

Samuda, Virginia & Bygate, Martin (2008). *Tasks in Second Language Learning*. Houndmills, New York: Palgrave Macmillan, 2008.

Sanders, Robert (2006). "A Comparison of Chat Room Productivity: In-class Versus Out-of-class." *CALICO Journal*, 24 (1), 59-76.

Savignon, Sandra J. & Roithmeier, Waltraud (2004). "Computer-mediated Communication: Texts and Strategies." *CALICO Journal*, 21 (2), 265-290.

Shea, Peter; Swan, Karen; Sau Li, Chun; Pickett, Alexandra (2005). "Developing Learning Community in Online Asynchronous College Courses: The Role of Teaching Presence." *Journal of Asynchronous Learning Networks*, 9 (4), 59-82. Available online at: http://www.sloan-c.org/publications/JALN/v9n4/ v9n4_shea.asp. Accessed 6th February 2008.

Shekary, M. & Tahririan, M.H. (2006). "Negotiation of Meaning and Noticing in Text-based Online Chat." *The Modern Language Journal*, 90 (4), 557-573.

Shetzer, Heidi & Warschauer, Mark (2000). "An Electronic Literacy Approach to Network-based Language Teaching." In: Warschauer & Kern (Eds.), 171-185.

Shield, Lesley & Weininger, Marcus J. (1999). "Collaboration in a Virtual World: Group Work and the Distance Language Learner." In Robert Debski & Mike Levy (Eds.), *WorldCALL: Global Perspectives on Computer Assisted Language Learning.* Amsterdam: Swets & Zeitlinger. 99-116.

Simpson, James (2005). "Learning Electronic Literacy Skills in an Online Language Learning Community." *Computer Assisted Language Learning,* 19 (4), 327-345.

Skehan, Peter (2003). "Focus on Form, Tasks and Technology." *Computer Assisted Language Learning,* 16 (5), 391-411.

Stockwell, Glenn (2003). "Effects of Topic Threads on Sustainability of E-Mail Interactions Between Native Speakers and Nonnative Speakers." *ReCALL,* 15 (1), 37-50.

Stockwell, Glenn & Levy, Mike (2001). "Sustainability of E-Mail Interactions Between Native Speakers and Nonnative Speakers." *Computer Assisted Language Learning,* 14 (5), 419-442

Swan, Karen (2005). "On the Nature and Development of Social Presence in Online Course Discussions." *Journal of Asynchronous Learning Networks,* 9 (3). Available online at: http://www.sloan-c.org/publications/jaln/v9n3/v9n3_swan.asp. Accessed 6th February 2008.

The New London Group (1996). "A Pedagogy of Multiliteracies: Designing Social Futures." *Harvard Educational Journal,* 66 (1), 60-92.

Thorne, Steven L. (2003). "Artefacts and Cultures-of-use in Intercultural Communication." *Language Learning & Technology,* 7 (2), 38-67. Available online at: http://llt.msu.edu/vol7num2/thorne/default.html. Accessed 6th February 2008.

Thorne, Steven L. (2004). "Cultural Historical Activity Theory and the Object of Innovation." In: Kees van Esch & Oliver St. John (Eds.), *New Insights into Foreign Language Learning and Teaching.* Frankfurt: Lang, 51-70.

Tisdell, Elizabeth J.; Strohschen, Gabriele I. E.; Carver, Mary Lynn; Corrigan, Pam; Nash, Janet; Nelson, Mary; Royer, Mike; Strom-Mackey, Robin & O'Connor, Marguerite (2004). "Cohort Learning Online in Graduate Higher Education: Constructing Knowledge in Cyber Community." *Educational Technology & Society,* 7 (1), 115-127.

Van den Branden, Kris (2006). Task-Based Language Education. From Theory to Practice: Cambridge: Cambridge University Press.

Van Deusen-Scholl, Nelleke; Frei, Christian & Dixon, Edward (2005). "Co-constructing Learning: The Dynamic Nature of Foreign Language Pedagogy in a CMC Environment." *CALICO Journal,* 22 (3), 657-678.

Vygotsky, Lev S. (1978). *Mind in Society*. Cambridge, MA: Harvard University Press.

Wang, Yuping (2007). "Task Design in Videoconferencing Supported Distance Language Learning." *CALICO Journal*, 24 (3), 591-630.

Ware, Paige D. (2005). "'Missed' Communication in Online Communication: Tensions in a German-American Telecollaboration." *Language Learning & Technology*, 9 (2), 64-89. Available online at: Accessed 6th February 2008. http://llt.msu.edu/vol9num2/ware/default.html.

Ware, Paige D. & Kramsch, Claire (2005). "Toward an Intercultural Stance: Teaching German and English through Telecollaboration." *The Modern Language Journal*, 89 (2), 190-205. Warschauer, Mark (1997). "Comparing Face-to-Face and Electronic Discussion in the Second Language Classroom." *CALICO Journal*, 13 (2), 7-26.

Ware, Paige D. & O'Dowd, Robert (2008). "Peer Feedback on Language Form in Telecollaboration." *Language Learning & Technology*, 12, (1), 43-63. Available online at: http://llt.msu.edu/vol12num1/wareodowd/default.html. Accessed 6th February 2008.

Warschauer, Mark (1998). "Researching Technology in TESOL: Determinist, Instrumental, and Critical Approaches." *TESOL Quarterly*, 32 (4), 757-761.

Warschauer, Mark & Kern, Richard (Eds.) (2000). *Network-based Language Teaching: Concepts and Practice*. Cambridge: Cambridge University Press.

Weasenforth, Donald; Biesenbach-Lucas, Sigrun & Meloni, Christine (2002). "Realizing Constructivist Objectives through Collaborative Technologies: Threaded Discussions." *Language Learning & Technology*, 6 (3), 58-86. Available online at: http://llt.msu.edu/vol6num3/weasenforth/. Accessed 6th February 2008.

Wu, D. & Hiltz, S.R. (2004). „Predicting Learning from Asynchronous Online Discussions." *Journal of Asynchronous Learning Networks*, 8 (2), 139-152.

Yamada, Masanori & Akahori, Kanji (2007). "Social Presence in Synchronous CMC-based Language Leaning: How Does It Affect the Productive Performance and Consciousness of Learning Objectives?" *Computer Assisted Language Learning*, 20 (1), 37-65.

Zhao, Yong (2003). "Recent Developments in Technology and Language Learning: A Literature Review and Meta-Analysis." *CALICO Journal*, 21 (1), 7-27.

MICHAEL K. LEGUTKE (GIEßEN)

Alte und neue Medien im fremdsprachlichen Klassenzimmer: Discourse – Szenario – Task

Die neuen Möglichkeiten, welche die digitalen Medien dem Lehren und Lernen von Fremdsprachen eröffnen, können nur dann produktiv zur Entfaltung kommen, wenn zentrale Fragen, welche die Fremdsprachendidaktik seit der Kommunikativen Wende beschäftigen, nicht aus dem Blickfeld verloren gehen. Diese thematisieren die Relevanz der Inhalte, die Qualität der Aufgaben und ihre Vernetzung, die Rolle der Lernertexte sowie die Interaktionen im Handlungsraum Klassenzimmer. Am Beispiel von drei Fällen aus dem Englischunterricht unterschiedlicher Lerngruppen der Klassen 4, 8 und 12 wird der Zusammenhang alter und neuer Fragen erörtert.

1. Alte Fragen unter neuen Bedingungen?

Im März 2006 veröffentlichte *TESOL Quarterly* ein Sonderheft zum vierzigjährigen Bestehen der Organisation *TESOL: Teaching English to Speakers of Other Languages*. In der Bilanzierung von Forschung und Trends spielte die technologische Revolution der letzten 20 Jahre, wie nicht anders zu erwarten, eine zentrale Rolle. In der Tat hat die digitale Technologie Kommunikation in allen gesellschaftlichen Bereichen grundlegend verändert: Arbeiten, Lernen und Spielen sind in gleicher Weise betroffen. Die neuen Handys haben sich längst zu digitalen Kameras gemausert, die zugleich als „digitale Assistenten" die Verbindung zum Internet halten. Bilder und Animationen interagieren mit Sprache (geschrieben und gesprochen) in Internetumgebungen. Email-Programme, Blogs und Wikis erlauben neue Formen der Begegnung mit Fremden, neue Formen der Textproduktion und Kooperation. Medien sind heute in einer Weise verfügbar wie nie zuvor. In der *Frankfurter Rundschau* vom 20.09.06 wurde in der Stadtausgabe Frankfurt darüber gestritten, ob Frankfurter Kindergärten standardmäßig mit Computern ausgestattet werden sollten. Die Befürworter der Anschaffung argumentierten, dass Computer die Sprachentwicklung der Kinder nachhaltig positiv beeinflussen könnten. „Nicht Matsch oder Computer, sondern „Matsch und Computer" müsse die Parole für die moderne Kindererziehung lauten.

Diese Entwicklungen haben auch deutliche Spuren in der Diskussion um den Fremdsprachenunterricht hinterlassen, wie mehrere in diesem Band versammelten Beiträge verdeutlichen. Richard Kern beginnt seinen Übersichtsartikel in dem besagten Sonderheft mit der Frage: „*How do these changes affect the ways we learn, use and teach languages?*" (Kern 2006: 183) Um eine Antwort zu finden, ordnet er die mittlerweile beachtliche Forschung der letzten 20 Jahre unter folgenden Gesichtspunkten: *computer-mediated communication (CMC)*, *computers and culture*, *telecollaboration* und *electronic literacies*. Es ist hier nicht der Ort, die einzelnen Stränge seiner Diskussion wiederzugeben, wohl aber lohnt es sich, zur Kenntnis zu nehmen, dass Kern in den genannten Bereichen mehrere Grundfragen isoliert, die nicht nur über die Technologiefrage und ihre spezifischen Implikationen hinausgehen, sondern ihr vielmehr erst ihre Berechtigung zuweisen. Es sind Fragen, die unsere Disziplin schon lange bewegen. Sie lassen sich folgenden Komplexen zuordnen:

(1) *Topicality*: Warum wollen und sollen Lernende miteinander unter den Bedingungen des Klassenzimmers mit anderen (hier oder irgendwo anders) sprechen und worüber? Warum sollen sie aufgefordert werden, sich darzustellen und dabei multimediale Texte schreiben? Das in der Forschung vielfach diskutierte Verhältnis von Prozess und Produkt lässt sich ohne die Frage nach Thema und Inhalt nur unbefriedigend behandeln: Was gewinnt wie persönliche Bedeutung für die Lernenden? Dietmar Rösler hat diesen Umstand provozierend auf den Begriff gebracht: „Wenn man sich nichts zu sagen hat, ist es egal, in welchem Medium man sich nichts zu sagen hat" (Rösler 2004: 65).

(2) *Engagement*: Eng mit dem ersten hängt der zweite Komplex zusammen. Was bringt Lernende dazu, sich dafür zu engagieren, den fremden Code verstehen und nutzen zu wollen, nicht zuletzt angesichts der Anstrengungen, die damit verbunden sind? Solch eine Art von Investition (*investment*) ist nur zu verstehen, wenn das komplexe Wechselspiel im Ich-Wir-Gefüge, die soziale Dimension des Klassenzimmers, mitbedacht wird: Herkunft, Erfahrung, Einstellung – kurz, die von allen mitgebrachte Lebenswelt ist hier angesprochen, die das Klassenzimmer (mit)bestimmt.

(3) *Agency*: Die Frage, die uns spätestens seit der kommunikativen Wende bewegt, ist, wie Lernende im Klassenzimmer versuchen (mal mehr, mal weniger erfolgreich) mit kommunikativen Situationen umzugehen und wie sie dabei sprachliche, kognitive, affektive, soziale und mediale Ressourcen mobilisieren, die ihnen zur Verfügung stehen. Kern fasst die Argumentation so zusammen: „*This perspective puts the accent on learners' agency and teacher responsibility rather than on the effect of technology*" (Kern 2006: 189). Mit der Frage nach *agency* ist zwingend die pädagogische Bedeutung der Lehrerperson mit angesprochen, auf die Kern mehrfach als zentrale Einsicht verschiedener Forschungen verweist, etwa wenn er die Forschungen zu interkultureller Telekommunikation zusammenfasst.

(4) *Integration*: In verschiedenen Varianten taucht die Schlussfolgerung auf, die folgendes Zitat zusammenfasst: „*There is consensus in CALL research that it is not technology per se that affects learning of language and culture, but the particular use of technology*" (Kern 2006: 200). Unter den Bedingungen des Fremdsprachenklassenzimmers verbindet sich damit die entscheidende Frage, wie sich die computerbasierten Aktivitäten (welcher Art auch immer) zu den

anderen Aktivitäten verhalten, wie sie mit ihnen zu einem Gesamtszenario vernetzt sind. Kern macht sich für eine pädagogisch bestimmte Sicht des Computers stark,

> [. . .] a heads-up view of computer systems. Whereas a heads-in view focuses on the computer screen and the vast amount of information it can display, a heads-up view examines the social choices of whether and how to computerize an activity, and the relationship between a computerized activity and other parts of our social worlds (Kern 2006: 201).

(5) *Tasks*: Schließlich taucht immer wieder eine Frage auf, der sich auch mehrere Beiträge dieses Bandes widmen: Welches sind die angemessenen, herausfordernden und Spracherwerb fördernden Aufgaben, die die Dynamik im Klassenzimmer steuern?

Wie unschwer zu erkennen, handelt es sich um alte Fragen, die angesichts der heute vorhandenen Verfügbarkeit von Medien, insbesondere der digitalen, neue Relevanz erhalten und verstärkte Beachtung verlangen. Meine These ist, dass wir die speziellen und den neuen Möglichkeiten geschuldeten Fragen (etwa ob und wenn ja, wie Blogs den Fremdsprachenunterricht bereichern) nur bearbeiten und langfristig beantworten können, wenn wir diese grundlegenden Fragen im Auge behalten. Es geht dabei zugleich um die Vorstellung, die wir vom Fremdsprachenklassenzimmer haben. Bei Piepho ist es die „Handlungsarena Schulklasse" (Piepho 1979: 115), bei Breen „the culture of the classroom" (1985: 144) oder bei mir der „Handlungsraum Klassenzimmer" (z.B. Legutke 1998: 2005).

2. Classroom discourse – revisited „What does it mean to be competent in a foreign language?"

Nicht erst seit den technologischen Veränderungen der digitalen Revolution zählt der Umgang mit einer Vielzahl von Texten, mit Zeichen und Bildern, die gesellschaftliche Diskurse ausmachen bzw. diese gestalten, zur Alltagspraxis moderner Gesellschaften. Auf die Frage, was es heißt, in einer Fremdsprache kompetent zu sein, hatte Hans-Eberhard Piepho bereits 1979, dem Sozialphilosophen Habermas folgend, mit dem Konstrukt der Diskurstüchtigkeit reagiert und meinte die Fähigkeit der Lernenden, verstehend und gestaltend an Diskursen teilhaben zu können. Das hieß für ihn, nicht nur in der Fremdsprache sprechen zu können, wie der kommunikative Ansatz oftmals reduktionistisch missverstanden wurde, sondern umschloss die Fähigkeit, unterschiedliche Texte in unterschiedlichen Formen und Modi verstehen und auch in Ansätzen zumindest selbst produzieren zu können. Schon damals war klar, dass solche Kompetenzvorstellungen weitreichende Folgen für den fremdsprachlichen Unterricht haben mussten; schließlich galt es, solche Diskurstüchtigkeit im Hier-und-Jetzt des Unterrichts zu entwickeln.

Fast 30 Jahre später, angesichts der Veränderungen, die mit den Schlagwörtern Globalisierung, Beschleunigung der Lebensverhältnisse, Auflösung traditioneller Kulturzusammenhänge, Internationalisierung und digitale Revolution (um nur einige zu benennen) bezeichnet werden, lohnt es sich, die Frage wieder zu stellen: *What does it mean to be competent in a foreign language?* Und in Piephos Worten: Was heißt heute „Diskurstüchtigkeit"? Die Kompetenzen, die heute gefragt sind, fassen die Vertreter des *multiliteracy*-Ansatzes der *New London Group* treffend zusammen (Cope & Kalantzis 2000). Es geht um die Fähigkeit, sich in sprachlich und kulturell diversifizierten Gesellschaften selbstbewusst und lernend bewegen zu können, wozu die Schlüsselkompetenz gehört, die Vielfalt von Texten in unterschiedlichen Modi in ihrem Verhältnis zueinander verstehen und mitgestaltend kontrollieren zu können. Die zentrale Aufgabe von Schule, so die *New London Group*, ist es, Bedingungen zu schaffen, welche die Lernenden zu solcher Teilhabe befähigen. Wenn es folglich oberstes Ziel des Fremdsprachenunterrichts ist, die Fähigkeit der Lernenden zu entwickeln, an vielfältigen fremdsprachigen Diskursen, die sich multimedial und multimodal realisieren, in unterschiedlichen kulturellen Kontexten teilzuhaben, dann muss diese im Unterricht selbst, in unterrichtlichen Diskursen also, erprobt, erfahren und geübt werden. Unterrichtsdiskurse müssen folglich, wie Wolfgang Hallet betont, lebensweltliche Diskurse modellieren bzw. an lebensweltliche Diskurse anschlussfähig sein (Hallet 2006a, b). Auch wenn sich der physische Lernort Klassenzimmer nicht ändert, sobald der Englischunterricht beginnt, gewinnt er doch eine neue, eigenständige Qualität, denn jetzt gelten andere Regeln, die das Geschehen verändern und bestimmen. Das Klassenzimmer nimmt auf dem Weg zu dem genannten Ziel, der Entwicklung von fremdsprachlicher Diskurskompetenz, unterschiedliche, miteinander verknüpfte Gestalten an, in denen Medien jeweils andere Funktionen übernehmen. Diesen will ich mich anhand von drei Beispielen nähern. Ich werde dazu sieben Metaphern vorschlagen, die geeignet sind, nicht nur die Gestalt dieses Handlungsraums Klassenzimmer transparent zu machen, sondern auch die Funktionen zu verdeutlichen, die Medien (alte wie neue) in diesem Raum übernehmen können. Die Metaphern wurden über die Jahre aus der Analyse von Berichten über konkrete fremdsprachliche Klassenzimmer entwickelt (vgl. Legutke & Thomas 1991, Legutke & Müller-Hartmann 2000a, b; Legutke 2005; Müller-Hartman & Legutke 2001).

3. Spielräume

Das erste Klassenzimmer, das hier herangezogen werden soll, gehört einer 8. Realschulklasse, in der Studierende der Pädagogischen Hochschule Freiburg die Lehrfunktion für eine bestimmte Zeit übernommen haben (vgl. Schocker-v. Ditfurth 2001). Diese waren mit dem Übungs- und Textangebot aus dem Lehrwerk zum Standard-Thema *Native Americans* nicht einverstanden. Sie fanden die Texte nicht nur überholt und wenig ansprechend, sondern auch nicht geeignet, das stereotype Bild vom Indianer zu korrigieren. Sie entschieden sich folglich, das Textbuch durch ein Internet-Recherche-Projekt zu ergänzen. Die Klasse arbeitete in sechs Projektgruppen mit jeweils fünf Schülern. Jede Projektgruppe, betreut von einem/einer Studierenden, erhielt ein von den Studenten ausgewähltes Einstiegsportal, das es den Schülern ermöglichte, einen Aspekt des Themas zu fokussieren und im Detail weiter zu verfolgen. Zwei Unterrichtsstunden waren für Internetforschungsarbeit reserviert und eine Stunde für die Vorbereitung und das Trainieren der Präsentation. Alle Gruppen setzten die Internetrecherche zu Hause fort, die Mitglieder besuchten in der Schule den schuleigenen Computerraum, die Bibliothek und natürlich das Klassenzimmer. Besondere Aufmerksamkeit galt der Qualität der Präsentation, die von den Mitschülern und den Studierenden (als Lehrkräfte) bewertet werden sollte. Die Schüler/innen wurden darauf aufmerksam gemacht, dass sie mit ihrer Präsentation Lehrfunktionen übernahmen, d. h. sie mussten sich überlegen, wie die von ihnen erarbeiteten Zusammenhänge von den Mitschülern verstanden und optimal verarbeitet werden konnten. Dabei spielten Überlegungen zur medialen Repräsentation der Ergebnisse eine zentrale Rolle.

Die folgenden zwei Exzerpte stammen aus einer Videodokumentation des Projekts aus Sicht der Lehramtsstudierenden und vermitteln einen Einblick in die Gruppenarbeit und die darauf folgende Präsentation. Fünf Schüler/innen haben sich die Indianerstämme der *California Inter-Mountain Cultures* ausgewählt und mit Erfolg zu ihrer Geschichte und auch zur Situation in der Gegenwart intensive Forschungsarbeit geleistet. Nach der gemeinsamen Forschungsarbeit konzentrierten sich zwei der fünf Schüler/innen auf die Rolle der Totempfähle, während sich drei mit der traditionellen Kleidung und Behausung dieses Indianerstamms befassten. Sie benutzten Baupläne, die sie im Internet gefunden hatten, und versuchten, eine klassische Behausung nachzubauen. Sie hatten Weidengerten und Bindebast mitgebracht und errichteten nun, auf einem Sperrholzbrett als Basis, die traditionelle Behausung, ein *wickiup*. Während der Gruppenarbeit sprachen sie nur Englisch.

Excerpt 1: group work
S1: [while tying the rods together] *Hold it. Put it around*
S2: *I help you, I want to help*
[Working in silence for about a minute, student 1 puts some longer grass into the wikiup]
S2: [very loud and almost aggressive] *What do you do there, this is my way!*
S3: *Small grass into the thing.*
S1: *Yeah, into the thing, put in the small grass.*
S2: *Put this grass out, and put the small in, put the small in, put the big grass out and the small in.*

S 3: *This this this we make the roof...*

Die fünf Schüler/innen beginnen ihre Präsentation damit, dass sie eine Landkarte hoch halten, die sie auf einer Tapetenrolle angefertigt haben. Nachdem sie die historischen Wohngebiete des Stammes lokalisiert haben, verweisen sie auf mehrere Plakate mit deskriptiven Textpassagen zur Geschichte des Stammes und seiner gegenwärtigen Situation. Die Texte sind mit Bildern aus dem Internet illustriert. Die Schüler/innen benutzen während ihrer Präsentation keine Notizen, sie haben, das wird dem Betrachter sofort deutlich, ihre Präsentation sehr gut geübt. Die Untergruppe, die das *wickiup* konstruiert hat, tritt nach vorn:

Excerpt 2: presentation
S1: [wears self-made Indian head band with an eagle pattern on it] *Now I'm going to tell you about their clothing. The Indians had mostly nothing on or they had.* [he drops his pants to reveal a loin cloth made from leather; laughter]
S1: *Now we are going to the housing.*
S2: [picks up the wickiup and holds it up]
S1: [points to the structure] *This frame was built out of willow poles, this way it was built out of willow poles.*
S2: [passes the wickiup on to S1 holding it up] *For the roofs the Indians took grass. Put them all together with string* [She holds up a small bundle of grass and demonstrates the tying process]
S3: [points to the wickiup] *This is an [ab],* (the student wants to use the word 'abode') *and the [ab] is the home from the California Indians. In the, in an [ab] there lived a family, the whole family.*
S2: *Sometimes they had a hole in the top.* [points to the top of the tepee]
S1: *Up here.* [points to the spot]
S2: *Because of the fire and that came out of the smoke, when they cooking, were cooking*

Im nachfolgenden Interview betonen die Studierenden, dass die Schüler/innen bereit waren, das Spiel „Englisch sprechen" zu spielen, selbst wenn sie als Lehrperson nicht anwesend waren. Die Studierenden vermuten, dass die Anforderung der Präsentation und ihre Bewertung hier steuernd gewirkt haben, denn die Gruppenarbeit sei als Trainingsgelegenheit bewertet worden. Sie betonen ferner, dass die Qualität der Inhalte und die Präzision der Aufgaben dafür entscheidend waren, dass sich die Schüler auf die Arbeit einließen. Schließlich heben sie die Bedeutung der Gesamtkonzeption des Projekts hervor, nämlich (1) die lehrwerksbestimmte Arbeit mit den Texten, (2) die Schritte über das Textbuch hinaus in das Internet, (3) die Arbeit in thematisch fokussierten Gruppen, die „Forschung", (4) die Vorbereitung der Präsentation unter Berücksichtigung unterschiedlicher Medien und mit den Möglichkeiten kreativen Ausdrucks und natürlich (5) die Präsentation und (6) die Bewertung der Produkte. Die Studierenden fühlten sich sehr gefordert von dieser Art der Arbeit – und sie waren begeistert von den Ergebnissen, mit deren Qualität sie nicht gerechnet hatten. Mit zwei

Kommentaren will ich diese Auszüge aus der Arbeit mit einer 8. Realschulklasse in die mit diesem Beitrag versuchte Argumentation einbinden. Der erste bezieht sich auf das Konstrukt der Diskurskompetenz, das ich oben angesprochen habe, sowie die Bedeutung von Themen, Texten und Medien, der zweite fokussiert die Spielräume, in denen sich dieses besondere Klassenzimmer realisiert

Das Thema *Native Americans*, das die Schüler/innen hier bearbeiten, realisiert sich in einer Vielzahl von Stimmen, die in unterschiedlichen Texten Gestalt gewinnen. Letztere nehmen nicht nur direkt oder indirekt aufeinander Bezug, sondern erscheinen in unterschiedlicher medialer Gestalt: Bereits das Lehrwerk kombiniert Bild, Grafiken, einen Erlebnisbericht und einen explikativen Text. Die Internetrecherche führt zu Texten, die historische Zusammenhänge darstellen, aber auch zu Liedern und Zeichnungen, zu einem Video über Tanzrituale, zu Bauplänen von Häusern, zu Verzeichnissen von Stämmen und zu Plakaten von Gemeindeveranstaltungen des lokalen Gemeindezentrums, um nur einige zu nennen. In diesem Geflecht von Texten orientieren sich die Schüler/innen und versuchen, sie für ihre Zwecke auszuwerten und zu deuten, indem sie ihr Vorwissen und die etwa durch Karl May-Lektüre geprägten Schemata ins Spiel bringen. Durch die Präsentation schalten sie sich nun mit ihren Stimmen und auf sehr persönliche Weise in den Diskurs über *Native Americans* ein, indem sie sich – und dies ist besonders wichtig – eines fremden Codes bedienen und so die Grenzen und Möglichkeiten ihrer Sprachkompetenz ausloten.

Die beiden Ausschnitte aus der Arbeit der Gruppe zeigen, dass es sich bei den Sprachhandlungen im Klassenzimmer um Inszenierungen handelt. Alle Beteiligten haben sich auf das Spiel des „So-tun-als-ob" eingelassen. Die Inszenierung ist besonders augenfällig in der Phase der Präsentation, bei der das Klassenzimmer für Momente zur Bühne wird. Über weite Strecken gleicht das Klassenzimmer aber auch einer Forschungswerkstatt oder einem Detektivbüro, wie ich das in einem Beitrag für die Primarschule genannt habe (Legutke 2006b). Die Schüler/innen sind nämlich nicht nur herausgefordert, in die Diskurse einzutauchen und sie mitzugestalten, sondern sie müssen zugleich den fremden Code entschlüsseln und nach den richtigen Ausdrucksmitteln suchen. In jedem Fall müssen sie nicht nur ihre lebensweltlichen Erfahrungen und ihre Fähigkeit, aus Zeichen Sinn zu erschließen, ins Spiel bringen, sondern sie brauchen auch vielfältige Unterstützung: *Scaffolds* durch Aufgaben, orientierende Impulse zur Textauswahl und vielfältige Hinweise, etwa für die Gestaltung der Präsentation. Auf die Qualität der ausgewählten Texte, die Perspektive der Stimmen, die ästhetische Qualität der Bilder kommt es an, damit den Detektiven die Lust am Decodieren nicht nur nicht vergeht, sondern ihre Lust zu noch mehr Entschlüsselungsarbeit gesteigert wird – und hier ist in entscheidendem Maße die fachdidaktische Kompetenz der Lehrkraft gefordert, mit der sie Diskurse in der fremden Sprache zugänglich macht und beratend begleitet.

Ohne Training, das sei hier ausdrücklich vermerkt, wird sich Können kaum entwickeln. Training ist mühsam und bedarf deshalb ebenfalls der Unterstützung sowie vor allem der Verstärkung und Rückmeldung. Das Trainieren der Präsentation, das Feilen an den Texten, die Zusammenfassung der Präsentation als Handout für die anderen sind deshalb ebenso wichtig wie die Präsentation selbst. Kurz: Das Klassenzimmer ist nicht nur Bühne und Detektivbüro, sondern zugleich auch Trainingsplatz.

4. Merkmale: Intertextualität, Intermedialität, Multimodalität

4.1. Teddybären auf Tour

Das zweite Projekt führt in eine Grundschule in Weilburg (Hessen). Die Lehrerin, die für ihr Projekt mit dem Hans-Eberhard-Piepho-Preis 2006 ausgezeichnet wurde, hat die bekannte Idee „Teddybären auf Tour" aufgegriffen und diese seit 2000 kontinuierlich in ihren Englischunterricht der Klassen 3 und 4 integriert. Die Kinder schicken einen Teddybären auf Reise zu einer Partnerklasse mit Informationen über sie selbst, ihre Stadt und ihre Schule. Gleichzeitig empfängt die Klasse einen Bären der Partnerklasse. Die Bären werden nun an beiden Orten in die fremde Welt eingeführt, besuchen alle Kinder der Reihe nach zu Hause, nehmen an Partys teil, gehen mit auf Klassenfahrt. Über das Internet und Wege klassischer Korrespondenz bleiben die Bären, vermittelt über die Kinder, in Kontakt und dokumentieren in Bild, geschriebenem Wort, verstärkt aber auch durch Film- und Tondateien via Internet ihre Erfahrungen in der jeweils fremden Welt. Nehmen wir zum Beispiel die Bärin „Pünktchen", die schon 2001/02 in Neuseeland und Griechenland mit einer 4a war und 2002/03 Texas mit einer anderen 4a besuchte. „Pünktchen" war dann 2003/04 in Japan und befindet sich 2006 wieder dort. Zu Besuch aus Japan in Weilburg war der Bär „Mimili". Die Homepage der Lehrerin[1] gibt einen beredten und lebendigen Eindruck von der Vielfalt der Bildberichte (etwa über „Pünktchen" in Japan auf dem Schulhof oder beim Kaligrafieunterricht) aus den unterschiedlichen Ländern, aber auch von den englischsprachigen Texten der Weilburger Kinder, die Jahr für Jahr aus diesem Korrespondenzprojekt hervorgehen. Nach dem Besuch bei Annemarie schreibt der Bär „Mimili" in sein „Tagebuch". Die Seite ist liebevoll gestaltet. Der Text lautet im Original, ohne Korrekturen

Annemarie and I
I and Annemarie get up at half past 6.
I wear blue pyjamas. Annemarie go to school
And I sleep. I have breakfast 11 clock.
I eat toast and milk. Annemarie gos home

---

[1] http://www.pestalozzischule-weilburg.de/teddybear/index.html (21.07.07)

At 1 clock. I and Annemarie habe lunch.
I and #Annemarie eat pizza. Annemarie
Does homework. I and Annemarie go to
Carina. We play outside. We go home at
6 o'clock. I and Annearie have dinner
And then watch TV from 7:30 to 8:15.
We got to bed

Dieser Text ist in mehrfacher Weise repräsentativ für Lernertexte, die in solchen und ähnlichen Projekten entstehen. Als integrale Bestandteile der Interaktion im Klassenzimmer verdeutlichen sie einerseits die Individualität der Verfasserin, die mit ihm unter gleichzeitiger Nutzung nicht sprachlicher gestalterischer Mittel Sinn schafft, sich anderen in der Zielsprache mitteilt. Der Text lässt so das Können der Verfasserin erkennbar werden. Zum anderen werden durch ihn auch die Grenzen der momentanen Sprachkompetenz deutlich. Der Lernertext ist deshalb Anlass zur Revision und kein Modelltext (vgl. Legutke 2007).

Neben die von den Weilburger Schüler/innen geschriebenen und gestalteten Texte treten solche, die von den Partnern geschickt werden. Das folgende Beispiel kommt aus Neuseeland. Corina hat mit einem Mädchen, wo sich der Teddybär befindet, Kontakt aufgenommen und von ihrer Partnerin eine Email erhalten, die sie abgeschrieben und in einen schön gestalteten Text verwandelt hat, den sie nun in der Schatztruhe ihres Portfolios ablegt. Dieser Text, der von außen ins Klassenzimmer kam, könnte an die anderen Kinder als Modelltext verteilt werden, denn die Kinder könnten damit nicht nur wiederholen und üben, wie sie einen Freund oder eine Freundin vorstellen, sondern aufgefordert sein, selbst eine solche Vorstellung zu versuchen.

Das Projekt verdient hier vier kurze Kommentare:

(1) Nicht die Idee für das Projekt ist faszinierend (sie ist bekannt und hat mittlerweile große Verbreitung gefunden), sondern die Art und Weise, wie die Lehrerin diese in den Alltag des primaren Englischunterrichts gewoben hat, indem sie so etwas wie eine *Simulation Globale* (Sippel 2003) entstehen ließ. Auch hier nimmt das Klassenzimmer die Gestalt einer Bühne an, die mit einem Fenster zur Welt ausgestattet ist und zwar in doppelter Weise. Zum einen macht es den Kindern kulturelle Produkte (Kleidung, Gebäude, Gerichte, Lieder) und kulturelle Praktiken (Höflichkeitsformen, Essensgewohnheiten, Feste) zugänglich, zum anderen erlaubt und stützt es die Kontaktaufnahme mit Vertretern anderer Kulturen (Korrespondenz, Videobrief und Email).

(2) Ohne den Einsatz von Medien wird das Klassenzimmer dieser Lehrerin seine Doppelfunktion kaum wahrnehmen können. Wie sonst sollten die Produkte und Praktiken sinnlich erfahrbar werden? Besonders dem personalen Medium Teddybär kommt hier eine Schlüsselfunktion zu. Was das Projekt folglich so interessant macht, ist der Umstand, dass es eben nicht der Computer allein ist, der die Lernumgebung so lebendig werden lässt, sondern die Verschränkung von alten und neuen Medien im Arbeitsprozess, die Inter- und Multimedialität des Klassenzimmers.

(3) Aufmerksamkeit verdienen ferner die vielen, von den Kindern verfassten, durchgängig sehr liebevoll und kreativ gestalteten Texte, die nicht nur im jeweiligen Klassenzimmer mitteilungsbezogene Sprachleistungen zum Ausdruck bringen, sondern die, weil sie auf der Homepage der Lehrerin festgehalten sind, Lernanreiz und Modelltexte für andere Lerngruppen sind. Merkmal dieser Lernumgebung ist damit eine das jeweils konkrete Klassenzimmer übergreifende Intertextualität.

(4) Auch für dieses Klassenzimmer gilt, dass es als Trainingsplatz aufzufassen ist, auf dem vielfältig geübt wird. Es ist aber noch mehr als nur ein Trainingplatz, nämlich der Ort, wo die Kinder das Lernen von Fremdsprachen und das Umgehen mit dem Computer lernen. Auch in dieser Gestalt ist das Klassenzimmer auf unterschiedliche Medien angewiesen. Das Anlegen von Vokabellisten für das Schreiben der Tagebücher dient nicht nur dem Training, sondern auch dem Verständnis, wie Wörter funktionieren und wie man sie am besten lernt. Schließlich bietet die Schatztruhe des Portfolios, mit dem die Kinder dieser Lehrerin arbeiten, die Möglichkeit, Werkstücke des Projekts als Ausdruck eigenen Könnens zu präsentieren.

4.2. *Living and Loving*: Ein Theater- und Multimediaprojekt

Das dritte Projekt führt in einen Englischkurs der 12. Klasse des Otto-Hahn-Gymnasiums Ostfildern. Das Projekt, das die Englisch- und Französischlehrerin in Zusammenarbeit mit dem Landesmedienzentrum Baden-Württemberg und der Landesbühne Esslingen leitete, endete mit einer multimedialen Theaterinszenierung im Schauspielhaus Esslingen. Die Lehrerin erhielt für ihre innovative Leistung ebenfalls den Hans-Eberhard-Piepho-Preis 2006. Die 22 Schülerinnen und Schüler begannen unter den ganz normalen Regelbedingungen des Oberstufenunterrichts in verschiedenen Arbeitsgruppen zu folgenden Themen: *Comedy*, *Modern Film*, *Modern Theatre*, *Poems*, *Novels* und *Music*. In diesen Gruppen sichteten die Schüler Gedichte, Lieder, Prosa- und Dramentexte sowie Filme, wählten Schlüsseltexte aus, bearbeiteten diese und schrieben schließlich zwölf neue Texte. Geschaffen wurden zwölf Theaterszenen von Monty-Python Sketchen, über Dialogadaptionen aus dem Film *How to Lose a Guy in Ten Days,* Gedichte, klassische Einakter bis hin zu völlig neu geschaffenen Schülertexten. Diese waren dann der Ausgangspunkt für die multimediale Theaterproduktion

„*Living and Loving*", die am 28.06.05 mit großem Erfolg in Esslingen aufgeführt wurde (vgl. Stritzelberger 2007).[2] Die Adaption des Gedichts „*Leisure*" des
1940 verstorbenen Dichters William Henry Davies soll hier stellvertretend für
die multimedialen Lernertexte paraphrasiert werden.[3]

Leisure (William Henry Davies 1871 – 1940)
What is life if, full of care.
We have no time to stand or stare.
No time to stand beneath the boughs
And stare as long as sheep or cows.
No time to see, in broad daylight.
Streams full of stars like skies at night.
No time to turn at Beauty's glance,
And watch her feet, how they can dance.
No time to wait till her mouth can
Enrich that smile her eyes began.
A poor life this if, full of care,
We have no time to stand and stare.

Eine im Stakkatorhythmus vorgetragene, sich wiederholende Schlagzeugsequenz bestimmt diese 3½-minütige Inszenierung. Im Rhythmus wechseln Bilder
mit Szenen aus dem Alltag von Menschen. Wie die Schlagzeugsequenz wiederholen sie sich und vermitteln monotone Hektik. Vor den wechselnden Bildern
gehen die Schüler gegeneinander auf und ab und verstärken den Eindruck von
monotoner Ruhelosigkeit, die dann plötzlich durch die melodischen Klänge einer Geige durchbrochen wird. Der Stakkatorhythmus wird leiser, der Gegenspie-
ler geht durchs Bild und öffnet so den Raum für das Gedicht, das nun Zeile für
Zeile abwechselnd von einem anderen Schüler oder einer anderen Schülerin
vorgetragen wird. Die Sprecher halten im Laufen inne und wenden sich dem
Publikum zu, dem sie die Gedichtzeile zusprechen. Dann nimmt das Schlagzeug
wieder an Lautstärke zu, der Eingangszustand der hektischen Bild- und Klang-
folgen, unterstrichen durch die im Rhythmus auf- und ablaufenden Menschen,
bestimmt erneut die Präsentation.

Zwei kurze Anmerkungen sollen dieses Projekt in den Zusammenhang meiner
Argumentation einordnen: (1) Das Beispiel zeigt in beeindruckender Weise, wie
das Klassenzimmer die Gestalt eines Textateliers annimmt, das von dem Wech-
selverhältnis von Texten der Zielkulturen und Lernertexten lebt. Letztere sind
nicht für den bewertenden Zugriff der Lehrkraft geschrieben, sondern Sinnent-
würfe im fremden Code, Mitteilungen an andere, die sehr persönliche Züge tragen. Die Schüler gestalteten eine 45-minütige Reise durch Irrungen und Wirrun-
gen der zwischenmenschlichen Beziehungen, der Wünsche und Verzweiflungen.

---

[2] www.mediaculture-online.de/Theater_Zirkus.444.0.html. (21.07.2007). Diese Webseite bietet eine Dokumentation des Projekts und Ausschnitte aus der Theateraufführung.
[3] Die Inszenierung ist auf der o.g. Webseite abrufbar.

Die Reise zeigte vor allem, wie poetisch Multimediapräsentationen von Schüler/innen sein können. Die Idee des Lernertexts als gleichwertige Stimme im Klassendiskurs ist nicht neu, erhält jedoch durch diese Beispiele besondere Überzeugungskraft, zumal sie multimedial als intertextuelles Ensemble arrangiert werden (vgl. Legutke 2007). Die Bandbreite und Qualität der Ausgangstexte ist dabei nicht zu vernachlässigen. Die Schüler/innen haben im konkreten Beispiel ihre Texte in der Auseinandersetzung mit Oscar Wilde, Hugo Williams, Monty Python, Henry Davis u. a. mehr geschrieben, nachdem sie viele weitere Texte gelesen, diskutiert und verworfen hatten.

(2) Das Beispiel unterstreicht ferner den kooperativen Charakter eines solchen Textateliers. Es ist die komplexe Arbeitsteilung, die das kreative Potenzial dieses Klassenzimmers überhaupt erst nutzbar macht. In diesem Arrangement übernehmen die Schüler füreinander in vielfältiger Weise Lehrfunktionen.

5. Aufgabe und Szenario

Werden Medien in der Dynamik des fremdsprachlichen Klassenzimmers verortet, wie die Betrachtung der Beispiele verdeutlicht, dann ergeben sich daraus vier Konsequenzen.
1. Zum einen sind sie stets mit den Personen zu verknüpfen, die sie nutzen, und insofern nicht isoliert zu betrachten.
2. Medien erscheinen immer im Medienverbund: Die Bildkarte im Verbund mit anderen Bildkarten, mit der Inszenierung der Geschichte durch die Lehrerin und mit der Filmversion der Geschichte. Die Auswahl und Verknüpfung zu sinnvollen Sequenzen erfordert fachdidaktische und methodische Kompetenz von Seiten der Lehrkraft.
3. Zum anderen sind Medien stets mit Texten verknüpft, mit Inhalten und Situationen, denen sie Gestalt verleihen. Nicht das einzelne Medium ist deshalb von Interesse, auch nicht allein die Frage, welche Möglichkeiten es bietet, Inhalte zu gestalten und zugänglich zu machen, sondern vielmehr, welche Inhalte es tatsächlich zur Deutung und Gestaltung im Zusammenspiel mit anderen Medien und Texten bereithält.
4. Viertens schließlich sind die Funktionen von Intermedialität und Intertextualität im Fremdsprachenklassenzimmer von Aufgaben abhängig, die diese Dynamik zur Entfaltung bringen und dem Prozess die Richtung weisen. Die Aufgaben werden, je nach Ihrer Verortung, in den unterschiedlichen Spielräumen, die ich hier skizziert habe, unterschiedliche Qualitäten haben müssen. Im Textatelier sind andere Aufgaben gefordert als auf dem Trainingsplatz.

Meine Botschaft lautet nicht, alle Lehrkräfte der Grundschulen sollten Teddybären auf die Reise schicken, noch sollten alle Oberstufenlehrer mit Theatern zusammenarbeiten. Wohl aber interessieren mich die den Projekten zugrunde liegenden Prinzipien einer Szenariendidaktik, einer Didaktik des Ernstfalls, wobei ich auf der prinzipiellen Ebene nicht zwischen dem simulierten (Beispiel 1 und 3) und dem wirklichen Ernstfall (zum Teil in Beispiel 2) unterscheide. In jedem Fall handelt es sich um komplexe themenzentrierte Lerngelegenheiten (*learning opportunities*), die ich als Szenarien bezeichne. Ihre besonderen Merkmale sind neben der Themenzentrierung die Intertextualität, die Multimedialität und, wie wir gesehen haben, die Aufgabenorientierung. Unter dem Konstrukt ‚Szenario', das ich bereits im Zusammenhang mit meinen Überlegungen zur fremdsprachlichen Projektdidaktik eingeführt habe (Legutke & Thomas 1991; vgl. auch Piepho 2003), verstehe ich folglich Ensembles von Texten und Aufgaben, die einer Abfolge kommunikativer Handlungen und Lerneraktivitäten, die zum Teil erwartet und daher planbar, zum Teil spontan sind, Kohärenz dadurch verleihen, dass allen Beteiligten ihr Sinn transparent wird. Unter den besonderen Bedingungen des organisierten und gesteuerten Fremdsprachenerwerbs sind Szenarien deshalb auch der Rahmen für authentisches Handeln im Klassenzimmer. Szenarien erlauben es, die für den gesteuerten Fremdsprachenerwerb notwendige isolierte Behandlung und das isolierte Üben von Sprachintentionen, von einzelnen, sprachlichen, sozialen sowie organisatorischen Fertigkeiten zu einem Ganzen zusammenzuführen. Sie sind deshalb die Bedingung dafür, dass im Klassenzimmer kommunikative Kompetenz (Diskurskompetenz) als Zusammenspiel der verschiedenen Teilkompetenzen tatsächlich ausgebildet werden kann (Hallet 2006b; Hinkel 2006). Die spannende Frage ist, wie sich die verschiedenen Dimensionen des Klassenzimmers bei der Entwicklung von fremdsprachlicher Diskurskompetenz ergänzen: der Trainingsplatz mit dem Textatelier, das Detektivbüro mit dem Observatorium und dem Forum.

6. Neue und alte Fragen: zukünftige Aufgaben

Antworten auf die alten und neuen Fragen, die den Einsatz von Medien im fremdsprachlichen Unterricht ausloten, müssen m. E. – ausgehend von den bekannten Ansätzen der Handlungs- und Erfahrungsorientierung – das fremdsprachliche Klassenzimmer als eigene Kultur konfigurieren und die darin gestalteten Diskurse ins Blickfeld rücken. Dabei sind die dynamisch und wandelbaren Beziehungen ebenso zu berücksichtigen, die Lernende und Lehrende im Prozess des Sprachenlernens eingehen, wie die Themen und Texte sowie ihre intertextuellen und intermedialen Verknüpfungen, mit denen sich die Beteiligten auseinander setzen und dabei gemeinsam die Lernumgebung und die Lerngemeinschaft gestalten. Entscheidungsspielräume und Aushandlungsprozesse werden dabei ebenso ins Blickfeld kommen müssen wie die unterschiedlichen Dimensionen kooperativen Lernens. Der Begriff des *classroom discourse* ist aus einer solchen, umfassenden Perspektive neu zu bestimmen und aus seiner eingeschränkten Bedeutung, die lediglich unterrichtsorganisatorische Handlungen bezeichnet, zu befreien.

Hier nun acht der alten Fragen an das Fremdsprachenklassenzimmer, die, wie schon mehrmals angedeutet, angesichts neuer Möglichkeiten an Brisanz gewonnen haben:.

1. Bietet das Klassenzimmer die Möglichkeit der praktischen Teilhabe an Diskursen, d. h. bietet es kommunikative Lerngelegenheiten, eingebettet in bedeutungsvolle, anregungsstarke und situative Zusammenhänge (vgl. Kurz 2006, Allwright 2005)? Die entscheidende Teilfrage ist hier, worüber lohnt es sich zu sprechen, zu schreiben, was lohnt sich, gestaltet und präsentiert zu werden?

2. Bietet das Klassenzimmer die Chance zum Dialog und Multilog? Wer sind die Partner? Wem soll etwas mitgeteilt und für wen soll etwas gestaltet werden?

3. Bietet das Klassenzimmer den Lernenden die Chance, sinnvolle, herausfordernde und angemessene Aufgaben zu bearbeiten?

4. Haben die Lernenden die Chance, eine Vielzahl von Medien zu verwenden, um Sinn zu schaffen und mit Sprache zu spielen?

5. Haben die Lernenden Zugang zu Texten und Hilfsmitteln, die sie selbstständig aufsuchen und bearbeiten können, haben sie gelernt dies zu tun?

6. Haben die Lernenden die Chance und die Mittel, sich dem eigenen Lernprozess kritisch-explorativ zu nähern und so schrittweise Verantwortung für eigenes Lernen zu übernehmen?

7. Haben die Lernenden die Chance, selbst als Agenten der Lernumgebung tätig zu sein, und sind ihnen diese Möglichkeiten bewusst?

8. Wie flexibel und anregend ist der physische Raum der Lernumgebung und wie ist dieser Raum so zu verändern, auch unter schlechten Bedingungen, dass er die Potenz eines kreativen Feldes entwickelt? (Burow 1999)

(Müller-Hartmann & Schocker-v. Ditfurth 2005: II)

In dem Überblicksartikel „Unterrichtsmittel und Medien" im bekannten *Handbuch Fremdsprachenunterricht* (Bausch, Christ & Krumm 2003) stellt Reinhold Freudenstein fest „[...] gegenwärtig stehen für das Sprachenlernen mehr Medien als jemals zuvor zur Verfügung." „Andererseits", so Freudenstein, „ist die Zahl der Fremdsprachenlehrer, die das vorhandene Medienpotential voll nutzen, äußerst gering, auch wenn sich dies nicht durch abgesicherte, empirische Untersuchungen, sondern lediglich durch Erfahrungsberichte und Unterrichtsbesuche nachweisen lässt" (Freudenstein 2003: 398, 397). Selbst wenn die Aussage von Freudenstein über die geringe Nutzung des Potenzials der Medien auch heute noch zutreffend sein mag, führen solch quantitative Betrachtungen nicht weiter.

Unsere Disziplin befindet sich in dem interessanten Dilemma, dass diejenigen, die über Fremdsprachenunterricht schreiben, selbst keinen solchen verantworten, diejenigen andererseits, deren tägliches Geschäft das Unterrichten ist, schreiben nicht darüber (von wenigen Ausnahmen einmal abgesehen). Daraus ist jedoch nicht zu schließen, dass Lehrende nichts zu sagen hätten und Fachdidaktiker nicht über Unterricht schreiben dürften. Wohl aber stellt sich die Frage, wie die beiden Gruppen auf produktive Weise miteinander ins Gespräch kommen und voneinander lernen können.

Ich plädiere, Baileys und Nunans Projekt *Voices from the Language Classroom* (1996) folgend, für einen partnerschaftlichen Dialog zwischen Wissenschaft und Schule, der nicht die großen Perspektiven anvisiert, sondern dem Prinzip *small is beautiful* folgend, Praxisbeispiele zu rekonstruieren und zu dokumentieren sucht, die Candlin *retrospective syllabus accounts* nennt (Candlin 1984). Auch wenn die Einsichten, die aus der Auswertung der drei Berichte gewonnen wurden, nicht verallgemeinerbar, sondern kontextbedingten Besonderheiten und der Individualität der Lehrkraft und der Lerngruppe geschuldet sind, haben sie für das Verständnis der komplexen Kultur des Klassenzimmers einen hohen Erkenntniswert. Für mich besteht kein Zweifel, dass es noch viele vergleichbare (möglicherweise sogar interessantere) Projekte und Versuche der geschilderten Art gibt, die nicht nur zeigen, wie die oft schwierigen Bedingungen produktiv und kreativ zu nutzen sind, sondern uns Einsichten in die Funktion alter wie neuer Medien gestatten. Solche Projekte ans Tageslicht zu fördern, ist allemal wichtiger, als die mangelnde Mediennutzung zu beklagen.

Literaturverzeichnis

Allwright, Dick (2005). "From Teaching Points to Learning Opportunities and Beyond." *TESOL Quarterly* 39, 9-32.

Bausch, Karl-Richard et al. (Hrsg.) (2006). *Aufgabenorientierung als Aufgabe. Arbeitspapiere der 24. Frühjahrskonferenz zur Erforschung des Fremdsprachenunterrichts.* Tübingen: Narr.

Bailey, Kathy & Nunan, David (Eds.) (1996). *Voices from the Language Classroom. Qualitative Research in Second Language Education.* Cambridge: Cambridge University Press

Breen, Michael P. (1985). "The Social Context for Language Learning – a Neglected Situation?" *Studies in Second Language Acquisition* 7 (2), 135-158.

Burow, Olav-Axel (1999). *Die Individualisierungsfalle. Kreativität gibt es nur im Plural.* Stuttgart: Klett-Cotta.

Canagarajah, Suresh A. (2006). "TESOL at Forty: What Are the Issues?" *TESOL Quarterly* 40, 9-34.

Candlin, Christopher N. (1984) "Syllabus Design as Critical Process." In: Brumfit, Christopher (Ed.), *General English Syllabus Design.* ELT Documents 118. Oxford: Pergamon, 29-46.

Cope, Bill & Kalantzis, Mary (Eds.) (2000). *Multiliteracies. Literacy Learning and the Design of Social Futures.* London & New York: Routledge.

Freudenstein, Reinhold (2003). „Unterrichtsmittel und Medien: Überblick." In: Bausch, Karl-Richard; Christ, Herbert & Krumm, Hans-Jürgen (Hrsg.), *Handbuch Fremdsprachenunterricht.* 4. Aufl., Tübingen: Francke, 395-399.

Hallet, Wolfgang (2006a). „Was ist Intertextualität? Die Perspektive des Fremdsprachenunterrichts." In: Olsen, Ralph; Petermann, Hans-Bernhard & Rymarczyk, Jutta (Hrsg.), *Intertextualität und Bildung – didaktische und fachliche Perspektiven.* Frankfurt/M.: Lang, 129-160.

Hallet, Wolfgang (2006b). „*Tasks* in kulturwissenschaftlicher Perspektive: Kulturelle Partizipation und die Modellierung kultureller Diskurse durch *tasks.*" In: Bausch, Karl-Richard et al. (Hrsg.), 72-83.

Hinkel, Eli (2006). "Current Perspectives on Teaching the Four Skills." *TESOL Quarterly* 40, 109-131.

Kern, Richard (2006). "Perspectives on Technology in Learning and Teaching Languages." *TESOL Quarterly* 40, 183-210.

Kumaravadivelu, B. (2006). "TESOL Methods: Changing Tracks, Challenging Trends." *TESOL Quarterly*, 40, 59-81.

Kurtz, Jürgen (2006). "*Improvised Speaking in the EFL Classroom*: Aufgaben als Elemente einer unterrichtlichen Figurationstheorie fremdsprachlichen Lehrens und Lernens. In: Bausch, Karl-Richard et al., 130-139.

Legutke, Michael K. (1998). „Handlungsraum Klassenzimmer and beyond." In: Timm, Johannes-Peter (Hrsg.), *Englisch lernen und lehren. Didaktik des Englischunterrichts.* Berlin: Cornelsen, 91-109.

Legutke, Michael K. (2005). "Redesigning the Foreign Language Classroom. A Critical Perspective on Information Technology and Educational Change." In: Davison, Chris (Ed.), *Information Technology and Innovation in Language Education.* Hong Kong: Hong Kong University Press, 127-148.

Legutke, Michael (2006a). „Aufgabe – Projekt – Szenario. Über die großen Perspektiven und die kleinen Schritte." In: Bausch, Karl-Richard et al., 140-149.

Legutke, Michael K. (2006b). „Alte und neue Medien im Englischunterricht der Grundschule." *Primary English,* 4/6, 3-5.

Legutke, Michael K. (2007). „Textproduktion und die Rolle von Lernertexten im Fremdsprachenunterricht." In: Bausch, Karl-Richard et al. (Hrsg.), *Textkompetenzen. Arbeitspapiere der 27. Frühjahrskonferenz zur Erforschung des Fremdsprachenunterrichts.* Tübingen: Narr, 131-138.

Legutke, Michael K. & Müller-Hartmann, Andreas (2000 a). „Lernwelt Klassenzimmer – and beyond." *Der fremdsprachliche Unterricht Englisch,* 34/ (45), 4-10.

Legutke, Michael K. & Müller-Hartmann, Andreas (2000 b). „Die Fremdsprachenwerkstatt als Erlebnisraum: Von der Fachecke bis zur Infothek (Sekundarstufe I und II)." *Der fremdsprachliche Unterricht Englisch,* 34 (45), 11-13.

Legutke, Michael K. & Thomas, Howard ([4]1999). *Process and Experience in the Language Classroom.* London & New York: Longman.

Müller-Hartmann, Andreas & Legutke, Michael K. (2001). „Lernwelt Klassenzimmer – Internet." *Der fremdsprachliche Unterricht Englisch* 35 (49), 4-11.

Müller-Hartmann, Andreas & Schocker-v. Ditfurth, Marita (Hrsg.) (2005). *Aufgabenorientierung im Fremdsprachenunterricht. Task-Based Language Learning and Teaching. Festschrift für Michael K. Legutke.* Tübingen: Narr.

Piepho, Hans-Eberhard (1979). *Kommunikative Didaktik des Englischunterrichts.* Limburg: Frankonius.

Piepho, Hans-Eberhard (2003). *Lerneraktivierung im Fremdsprachenunterricht. „Szenarien" in Theorie und Praxis.* Hannover: Schroedel Diesterweg Klinckhardt.

Rösler, Dietmar (2004). *E-learning Fremdsprachen – eine kritische Einführung.* Tübingen: Stauffenburg.

Schocker-v. Ditfurth, Marita (2001). "Reviving Native American Culture in a German EFL Classroom." *Der fremdsprachliche Unterricht Englisch,* 35, (49), 23-29.

Sippel, Vera (2003). *Ganzheitliches Lernen im Rahmen der „Simulation Globale'. Grundlagen – Erfahrungen – Anregungen.* Tübingen: Narr.

Stritzelberger, Ingrid (2007). „Living and Loving. Ein szenisches Projekt zu kurzen Texten." *Der Fremdsprachliche Unterricht Englisch*, 41, (85/86), 64-67.

MARTINA MÖLLERING (SYDNEY) und
MARKUS RITTER (DUISBURG-ESSEN)

„To niche or not to niche" oder: zum Stellenwert digitaler Medien im fremdsprachlichen Klassenzimmer

Unser Beitrag verfolgt zwei Ziele: Beginnend mit einer kurzen Standortbestimmung zur gegenwärtigen Nutzung digitaler Medien im Fremdsprachenunterricht deuten wir anschließend anhand eines abgeschlossenen Forschungsprojekts („Failed Communication in Telecollaborative Projects", O'Dowd & Ritter 2006) und einiger programmatischer Aussagen zur Software-Entwicklung und Lehrerbildung an, wie digitale Lernangebote ihren gegenwärtigen Nischenstatus im Fremdsprachenunterricht überwinden können.

1. Einleitung

Während sich die digitalen Medien insgesamt mit ungebrochener Rasanz und in immer neuen Ausprägungen in den unterschiedlichsten Lebensbereichen etablieren, bleiben die (fremdsprachlichen) Klassenzimmer in Deutschland davon noch seltsam unberührt, schenkt man neueren Erhebungen von BMBF, OECD usw. Glauben. Die Ursachen hierfür sind sicher komplex, will man nicht im pauschalen Lamentieren über bildungs- und finanzpolitische Zwänge verharren. Wir möchten mit diesem Beitrag eine in die Zukunft gerichtete Ursachenforschung betreiben, die allerdings von der Überzeugung geleitet ist, dass die digitalen Medien fremdsprachliche Lernwelten in vielfacher Weise bereichern können – und sich auf Dauer ohnehin nicht aus den Klassenzimmern verbannen ließen. Weitere Forschungsbemühungen, flankiert von entsprechenden Softwareentwicklungen und eine dem Erfahrungslernen verpflichtete, handlungsorientierte Lehrerbildung, erscheinen uns als der naheliegende Weg, den Stellenwert der digitalen Medien im Fremdsprachenunterricht (FU) theoretisch besser zu erfassen und diesen Platz auch praktisch einzurichten. Beginnend mit einer subjektiven Standortbestimmung möchten wir anschließend anhand einiger Beispiele aus Forschung, Entwicklung und Lehrerbildung diesen Weg veranschaulichen.

Vorab noch eine Erklärung zum gewählten Titel bzw. dessen ersten englischsprachigen Teil: In Abwandlung des Hamlet-Zitats möchten wir auf die unseres Erachtens offene Frage verweisen, inwieweit die digitalen Medien in absehbarer Zukunft zu einem integrierten Bestandteil des fremdsprachlichen Unterrichts werden, oder ob sie auf längere Sicht lediglich ihren gegenwärtigen „Nischenplatz" behalten. Die gegenwärtigen Signale aus Schulalltag, Wissenschaft und Bildungspolitik erscheinen durchaus widersprüchlich, wie im nachfolgenden Abschnitt ersichtlich wird.

2. Subjektive Standortbestimmung

Welche Daten zur gegenwärtigen Nutzung digitaler Medien im Fremdsprachenunterricht liegen vor, und wie lassen sie sich deuten? Wir möchten einige solcher Daten und Aussagen zur Mediennutzung herausgreifen und so der eingangs angedeuteten Offenheit und Widersprüchlichkeit in Bezug auf den Medieneinsatz im FU exemplarisch Ausdruck verleihen. Zieht man etwa die unlängst für den Deutsch- und Englischunterricht veröffentlichte Schulleistungsstudie DESI heran, so sucht man digitale Medien jeglicher Ausprägung unter den zehn am häufigsten im Englischunterricht verwendeten Lernmaterialien vergeblich (DIPF 2006: 39).[1] Auch eine neuere internationale OECD-Studie zur schulischen Ausstattung und Nutzung von PCs kommt zu einer eher ernüchternden Gesamteinschätzung: So teilen sich in Deutschland statistisch betrachtet ca. 11 Schüler/innen weiterführender Schulen einen PC und damit etwa doppelt so viele wie im Durchschnitt aller befragten OECD-Länder (OECD 2005: 26 f.).[2] Lediglich 23% der 15-jährigen Schüler/innen an deutschen Schulen nutzen der Studie zufolge Computer mehrmals pro Woche, während der OECD-Schnitt mit 44% etwa doppelt so hoch liegt (OECD 2005: 102). Diese Einschätzungen bezüglich Ausstattung und Nutzungsintensität finden in einer deutschen BMBF-Studie vergleichbaren Datums ihre grundsätzliche Bestätigung, erscheinen dort jedoch mit Blick auf die Steigerungsraten in den Jahren 2002-2005 in einem anderen – positiveren – Licht (BMBF 2005: 40). Über einen Nischenstatus sind die digitalen Medien dieser Studie zufolge im FU jedenfalls noch nicht hinausgekommen – lediglich in 18% der weiterführenden Schulen kommen sie häufig (d.h. ein Mal oder öfter pro Woche) zum Einsatz (BMBF 2005: 25).

Der Erkenntniswert solcher Nutzungsdaten ist sicher begrenzt, und unseres Erachtens kann kein begründeter Zweifel daran bestehen, dass der Einsatz digitaler Medien in den Schulen insgesamt weiter zunehmen wird. Neben der allgemein zu beobachtenden gesellschaftlichen Durchdringung mit digitalen Technologien lässt sich in diesem Kontext auch die viel beachtete Unterscheidung zwischen „digital natives" und „digital immigrants" (Prensky 2001) heranziehen. Ihr zufolge ist inzwischen eine „net generation" herangewachsen, die mit den digitalen Medien in vielen Ausprägungen von Kindheit an vertraut ist – dies etwa in Kontrast zu den heute 40- bis 60-Jährigen, die das digitale Zeitalter nicht als „natives", sondern als „immigrants" erfahren. In dem Maße, wie die „digital natives" im Zuge des Generationenwechsels die Verantwortung auch im Bildungsbereich übernehmen, wird auch eine Neubewertung digitaler Lernangebote

---

[1] Die genannte Quelle listet in Tabelle 13 häufig vs. selten genutzte Lernmaterialien im Englischunterricht, bezogen auf Schulformen und basierend auf Lehrerangaben in einer schriftlichen Befragung. Details siehe dort.

[2] Deutschland liegt damit nach OECD-Berechnungen im Ländervergleich an 27. Stelle (von 40 teilnehmenden Ländern, darunter 30 OECD-Länder und zehn Partnerländer).

und -möglichkeiten erfolgen – sehr plakativ ausgedrückt: „Technology will not replace teachers; teachers who use technology will replace those who don't!" (Browne & Fotos 2004: 7).

Mit Bezug auf unsere Standortbestimmung der digitalen Medien, das Ziel dieses Abschnitts, ist der Status quo allerdings noch weniger eindeutig. Teil der bildungspolitischen Debatte um die Nutzung digitaler Medien sind auch die wiederholt vorgetragenen Vorbehalte gegenüber diesen – wie im folgenden Zitat von Spitzer (2002: 412):

> Ob ein Lehrer am Computer, an der Tafel oder am Overheadprojektor unterrichtet, ist egal. Ob Frontalunterricht oder Gruppenarbeit, ob mono- oder dialogisch: Wichtig ist zunächst einmal, ob sich Lehrer und Schüler gegenseitig schätzen und mögen.

Derselbe Autor betreibt an anderer Stelle pauschale „Bildschirmkritik", die zwar in ihrer undifferenzierten Gleichsetzung von Fernsehen, Video, Internet und PC wissenschaftlich vernachlässigbar ist (Spitzer 2005), gleichwohl die öffentliche Diskussion mitprägt. In ähnlich verkürzter Weise wird häufig eine Opposition zwischen Printmedien und digitalen Medien hergestellt, wie im folgenden Interview-Auszug:

> Spiegel: Wie bereitet ein Kommunikationsprofessor seine Kinder auf diese Lebenswelt vor?
> Bolz: (...) Ich versuche ihnen immer wieder einzubläuen, sie sollen Bücher lesen. Alles andere lasse ich laufen. Ich sage immer nur, lest Bücher, sonst gehört ihr zu den Losern. Das ist der einzige Erziehungsauftrag, den ich mir erteilt habe – mit bescheidenem Erfolg (Hornig 2006: 64).

Festzuhalten bleibt, dass eine Standortbestimmung heute ambivalent ausfällt, sowohl in Bezug auf Nutzungsdaten als auch auf die öffentliche Wahrnehmung und Diskussion.

Der Versuch einer gegenwärtigen Verortung der digitalen Medien für den FU wäre jedoch unvollständig, wenn man nicht auf die in jüngster Zeit intensiv diskutierten Entwicklungen des Internet einginge – Stichwort Web 2.0. Es leuchtet unmittelbar ein, dass der mit dem Schlagwort „Web 2.0" belegte Trend, also der Rollenwechsel des Internet-Nutzers vom Rezipienten zum Autor und Akteur durch Tools wie Wikis, podcasting, weblogs sowie die zahlreichen Ausprägungen „sozialer Software" („social software", z.B. MySpace, YouTube) auch für das fremdsprachliche Lernen von potenziell hoher Relevanz ist. Ohne diese Frage hier vertiefen zu können (siehe dazu etwa www.ict4lt.org, module 1.5), ist mit Blick auf den FU aufschlussreich, dass diese Debatte, die Rolle des Nutzers als Akteur im Austausch mit anderen und als Autor eigener Materialien, bereits seit Mitte der neunziger Jahre in der fremdsprachendidaktischen Literatur geführt wird. Warschauer nennt diese „agency" als den zentralen Trend in der Entwicklung des fremdsprachlichen Lernens mit digitalen Medien, wie aus der folgenden Übersicht zur Geschichte von CALL (computer-assisted language learning) ersichtlich wird.

Stage:	70s-80s:	80s-90s:	21st Century:
Technology	Mainframe	PCs	Multimedia and Internet
English teaching paradigm	Grammar translation /audio lingual	Communicative language teaching	Content-based, ESP, EAP
View of language	Structural	Cognitive	Sociocognitive
Principal use of computers	Drill & practice	Communicative exercises	Authentic discourse
Principal objective	Accuracy	Fluency	(Accuray plus Fluency plus) Agency

Abbildung 1: The three stages of CALL (aus: Warschauer 2004: 22, reduziert)

„Agency", programmatisch definiert als „the satisfying power to take meaningful action and see the results of our decisions and choices" (Murray 1997: 126), impliziert somit eine handlungsorientiert und soziokulturell ausgerichtete Fremdsprachen- und Mediendidaktik, die den Lernenden als aktiven Gestalter seiner Lernprozesse in den Mittelpunkt rückt.

Soweit unsere einleitende Standortbestimmung, die gleichzeitig auf die Widersprüchlichkeit des Status quo verweist als auch – zugegeben plakativ – für die Zwecke dieses Artikels eine grobe Richtung für die Weiterentwicklung des fremdsprachlichen Lernens mit digitalen Medien vorgibt. Diese Richtung soll in den folgenden Abschnitten aus der Perspektive von Forschung, Entwicklung und Lehrerbildung präzisiert werden.

3. Ein Beispiel aus der CALL-Forschung

Aus der vorangegangenen Standortbestimmung lässt sich unsere Überzeugung ableiten, dass in Bezug auf den Einsatz digitaler Medien im FU der „point of no return" längst überschritten ist, d.h. ein vollständiger Verzicht auf solche Medien auf Dauer keine Option mehr darstellt. Umso wichtiger erscheint es, diesen Prozess der zunehmenden Digitalisierung forschend zu begleiten und durch praktisch verwertbare Forschungsergebnisse auch mitzusteuern. Entsprechende Forschungsbemühungen in diesem Feld sind zahlreich dokumentiert – in einschlägigen Monographien (z.b. Browne & Fotos 2004, Warschauer 2004, Barber & Zheng 2007), Printzeitschriften (ReCALL oder CALICO Journal) oder Online-Journals (z.B. http://llt.msu.edu), Fortbildungsportalen (z.B. www.ict4lt. org) oder gebündelt durch entsprechende Interessenvereinigungen (z.B. www. euro call-languages.org). Das hier vorgestellte Beispiel greift mit seinem Fokus auf die computervermittelte Kommunikation („computer-mediated communication", CMC) einen Bereich des Fremdsprachenlernens mit digitalen Medien auf, der in den letzten Jahren eine besondere Beachtung erfahren hat. Diese bis heute anhaltende Wertschätzung von CMC ist vor der zentralen Zielperspektive fremdsprachlichen Lernens, der Entwicklung interkultureller kommunikativer Kompetenz, leicht nachvollziehbar, denn es erscheint naheliegend, die Kommunikationsmittel des Internet (z.B. E-Mail, Chat) für den Austausch zwischen Sprachlernern nutzbar zu machen. Tatsächlich ist das Potenzial solcher internetgestützter Austauschprojekte in zahllosen Projekten verifiziert und dokumentiert worden (O'Dowd 2006, Möllering 2005, Warschauer & Kern 2000). Allerdings hat sich dabei ebenfalls erwiesen, dass solche telekollaborativen Austauschprojekte keinesfalls durchgehend und umstandslos auch zu den erwünschten Lernprozessen führen – stattdessen stellen sich auf unterschiedlichen Ebenen eines solchen virtuellen Austauschs Probleme ein, die den intendierten anspruchsvollen Zielen zuwider laufen. Die nachfolgende Abbildung aus O'Dowd und Ritter fasst den Versuch der Verfasser zusammen, auf der Basis eigener Projekte und veröffentlichter Erfahrungsberichte solche Problemfelder zu benennen und zu systematisieren, die einem Erfolg internetgestützter Austauschprojekte häufig im Wege stehen.

Das Inventar umfasst insgesamt elf solche potentielle Risikofelder, die auf unterschiedliche Ebenen eines Austauschs verweisen. Die Zielrichtung jedes dieser Risikofelder soll nachfolgend mit einer Frage verdeutlicht werden (zur weiteren Vertiefung und für Beispiele siehe O'Dowd & Ritter 2006: 628 ff.).

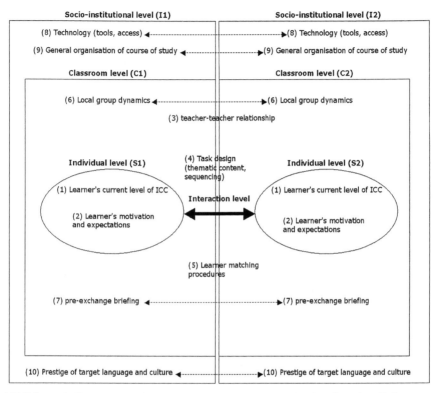

Abbildung 2: Inventory of reasons for failed communication in telecollaborative projects (O'Dowd & Ritter 2006: 629)

INDIVIDUAL LEVEL

1. Learner's current level of intercultural communicative competence (ICC): Welches interkulturelle Vorverständnis bringt ein Lernender in den Austausch ein, und wie groß ist hier unter Umständen das Gefälle zwischen den Projektpartnern?
2. Learner's motivation and expectations: Mit welcher Motivation und Erwartungshaltung gehen die Lernpartner in einen Austausch, und inwieweit unterscheiden sich diese zwischen den Beteiligten (siehe auch Ware 2005)?

CLASSROOM LEVEL[3]

3. Teacher-teacher relationship: Wie koordiniert und intensiv ist die Zusammenarbeit zwischen den Lehrenden beider Gruppen, inwieweit wird die Kooperation als virtuelles team teaching verstanden (siehe auch Müller-Hartmann 2000)?

4. Task design: Welche Aufgaben und Inhalte werden von wem in welcher Reihenfolge in den Austausch eingebracht, und welche Rolle spielt dabei sprachliche Korrektheit?

5. Learner matching procedures: Erfolgt die Zuordnung von Lernpaaren oder -gruppen zwischen den beteiligten Partnern zufallsbasiert oder ist sie kriteriengeleitet (Geschlecht, Interessen etc.); wie ähnlich sind sich die Lernpartner (z.B. Alter, L2-Kompetenz)?

6. Local group dynamics: Wie ist es um die Arbeitsatmosphäre innerhalb einer lokalen Gruppe bestellt; sind hier etwaige Paar- oder Gruppenbildungen zufallsbasiert oder kriteriengeleitet?

7. Preexchange briefing: Wie bereiten sich die Lerngruppen auf den bevorstehenden Austausch vor (z.B. Organisation, Faktenwissen zum Partner, Vereinbarung von Regeln); geschieht dies bei den beteiligten Lerngruppen in gleicher Weise?

SOCIO-INSTITUTIONAL LEVEL

8. Technology (tools, access): Welche digitalen Werkzeuge kommen im Verlauf des Projekts zum Einsatz (z.B. asynchrone vs. synchrone Medien, text- vs. audio- oder videobasiert); wie vertraut sind die Beteiligten im Umgang mit den Werkzeugen und wie ist der Zugang zu diesen geregelt?

9. General organisation of the students' course of study: Wie gut können die unterschiedlichen curricularen und institutionellen Ausgangspositionen und Vorgaben der beteiligten Gruppen (z.B. Lehrgangszeiten, Präsenzphasen, Prüfungsmodalitäten) miteinander in Einklang gebracht werden, welche globaleren Lernziele (z.B. Sprachpraxis, interkulturelle Praxis, Lehrerbildung) werden mit dem Austausch verfolgt (siehe auch Belz & Müller-Hartmann 2003)?

10. Prestige of target language and culture: Welche Wertigkeit genießen die beteiligten Sprachen und Kulturen in der eigenen wie der Fremdwahrnehmung der Teilnehmer, mit welchen Vorbehalten, Stereotypen etc. ist zu rechnen?

---

[3] Die drei nachfolgenden Risikofelder sind in der Abbildung an der Schnittstelle zwischen den beiden beteiligten „Klassenzimmern" positioniert, da sie – im Gegensatz zu den Punkten sechs und sieben – direkte Auswirkungen auf beide Lerngruppen mit sich bringen können.

INTERACTION LEVEL[4]

11. Inwieweit liefern kulturell bedingte Spezifika des Sprachgebrauchs (z.B.
    Maß an Direktheit, Bedeutung von small talk, Ironie) Anlass für Fehlin-
    terpretationen – nämlich als persönliche Eigenarten des Gegenüber, und
    weniger als kulturspezifischer Kommunikationsstil?

Diese Auflistung potenzieller Problemfelder mag suggerieren, dass die Durchführung telekollaborativer Projekte insgesamt riskant und die Gefahr des Schei-
terns groß sei. Wenngleich in der Tat nicht geleugnet werden sollte, dass ein
solches Projekt mit seiner Zusammenführung von zwei oder mehr Lerngruppen
weniger planbar und in seinen Resultaten offener ist, liegt gerade darin auch die
besondere Herausforderung für Lernende und Lehrende. Belz (2003: 87) stellt
mit Blick auf das interkulturell bedingte Spannungsverhältnis fest:

> It is very important to understand that these contextually-shaped tensions are not to be
> viewed as problems that need to be eradicated in order to facilitate smoothly functioning
> partnerships (...) Structural differences frequently constitute precisely these cultural
> rich-points that we want our students to explore.

Hauck, die in einer neuen Veröffentlichung dieses Inventar aufgreift, schlägt eine Art Risikoabschätzung (risk assessment) vor, in der die genannten Faktoren
jeweils in Bezug auf ein spezifisches Projekt als mehr oder minder relevant gewichtet werden (2007: 218). Eine solche Differenzierung führt schließlich auch
zu einer Neubewertung von Erfolg oder Scheitern in CMC-Projekten:

> It also raises the question whether 'success' or 'failure' continue to be operable con-
> cepts in the context of online language learning in general and telecollaboration in par-
> ticular. Should they not rather be replaced by 'relative awareness gain' with regard to
> both intercultural differences and 'cultural characteristics' of the learning environment
> and its use? (Hauck 2007: 221)

Die abschließenden Zitate von Belz zur „Risikosteuerung" und von Hauck zu
„Risikoabschätzung" und „relativem Erkenntnisgewinn" in telekollaborativen
Projekten unterstreichen gleichermaßen die Komplexität als auch das Lernpo-
tenzial solcher Unterrichtsszenarien. Sie belegen zudem, dass weitere Forschungsbemühungen unverzichtbar sind, um den Stellenwert digitaler Medien
im FU verlässlicher zu bestimmen.

---

[4] Wenngleich sich alle bislang genannten Felder mehr oder minder stark auch durch Sprache
und Kommunikation manifestieren, erscheint uns die Benennung eines eigenen Bereichs geboten, der explizit eine pragmalinguistische Perspektive einnimmt und sprachliche Realisie-
rungen in ihrer kulturspezifisch bedingten Konflikthaftigkeit erfasst.

4. Ein Beispiel aus der Software-Entwicklung

Während sich die Forschungsbemühungen, wie oben angedeutet, an den offenen didaktischen Fragestellungen ausrichten lassen, verläuft die Software-Entwicklung als eigentlicher Motor des digitalen Zeitalters ungleich dynamischer und – aus pädagogischer Perspektive – weit weniger kontrolliert. Die oben unter dem Schlagwort Web 2.0 subsumierten Tools können als solche Beispiele dynamischer Software-Entwicklungen gelten, die erst mit ihrem Vorliegen und einer gewissen Verbreitung auch pädagogisch wahrgenommen werden. Dennoch sollte die (Weiter-) Entwicklung von Software auch medien- und fremdsprachendidaktisch begleitet werden. Ein vielversprechendes Feld für eine solche Begleitung stellen unseres Erachtens auch tutorielle Softwareangebote dar, zumal diese häufig zu Unrecht mit einer rigiden instruktivistischen Lerntheorie in Verbindung gebracht werden und in der CALL-Diskussion entsprechend wenig Beachtung finden (vgl. Hauck & Stickler 2006: 466). Aus fremdsprachendidaktischer Perspektive haben tutorielle Lernangebote, wie sie inzwischen beispielsweise in den meisten Lehrwerkverbünden zu finden sind, eine analoge Berechtigung wie stärker didaktisierte „pedagogic tasks" in einem Gesamtkonzept aufgabenorientierten Unterrichts (Müller-Hartmann & Schocker-von Ditfurth 2004: 41). Insbesondere in offeneren Unterrichtsformen, die u.a. auf eine Individualisierung des Lernprozesses abheben (z.B. durch Freiarbeit, Wochenpläne, zunehmende Ganztags- und Hausaufgabenbetreuung), stellen multimedial und interaktiv hochwertige Lernangebote eine Bereicherung des FU dar. Allerdings ist hier – im Rekurs auf den obigen Abschnitt zu Forschungsbemühungen – eine fundierte Evaluation der durch solche Software initiierten Lernprozesse angeraten. So kommt beispielsweise Schmidt in einer detaillierten Analyse von Lernangeboten aus der tutoriellen Software English Coach zu unterschiedlichen Ergebnissen hinsichtlich ihrer Effizienz (2007: 333 f.; 375 f.).[5]

Festzuhalten bleibt hier, dass sowohl allgemeine Software-Trends (z.B. Web 2.0) als auch spezifische Entwicklungen für den Lernmarkt – zusammen mit immer leistungsfähigerer und flexiblerer Hardware – für den FU von großer Bedeutung sind. Unverzichtbar ist dabei eine Begleitung solcher Entwicklungen mit didaktischer Expertise und durch Forschungsprojekte wie das oben genannte von Schmidt, die in realistischen Szenarien Performanzdaten erheben und auswerten.

---

[5] Während der genannten Studie von Schmidt noch eine Version von English Coach zugrunde lag, die primär für den Privatgebrauch der Lernenden entwickelt wurde („Nachmittagsmarkt"), erscheint im Herbst 2007 eine Weiterentwicklung dieser Software für die Klasse 5, die als „Unterrichtssoftware" dezidiert für den Englischunterricht aufbereitet ist. Dies kann auch als exemplarischer Beleg für die oben angedeutete Dynamik der Software-Entwicklung gelten.

5. Ein Beispiel aus der Lehrerbildung

Neben den skizzierten Forschungs- und Entwicklungsbemühungen erscheint uns der Bereich der Lehreraus- und -fortbildung mit seinen verschiedenen Phasen als zentral, um eine didaktisch reflektierte Integration digitaler Medien in den FU voranzutreiben. Mit Blick auf die universitäre Phase der Lehrerbildung wird wiederholt beklagt, dass diese auch in ihren didaktischen Anteilen zu theorielastig ausgelegt sei und vornehmlich auf eine rezeptive Anhäufung von Faktenwissen setze (Königs 2002, MIWFT 2007). Dem stehen in zunehmender Weise Bemühungen einer „reflective teacher education" (Müller-Hartmann & Schocker-von Ditfurth 2004: 13 f.) gegenüber, die auf „forschendes Lernen" (Schocker-von Ditfurth 2001) oder „Erfahrungslernen" (Klippert 2004) abheben und die Studierenden zu einer stärker selbstbestimmten und handlungsorientierten Auseinandersetzung mit ihre zukünftigen Lehrer/innen-Rolle animieren. Ein solcher hochschuldidaktischer Ansatz muss unseres Erachtens auch im Kontext digitaler Medien verfolgt werden, indem die Studierenden beispielsweise selbst an telekollaborativen Projekten teilnehmen, oder in schulpraktischen Phasen Schüler/innen bei der Arbeit mit Lernsoftware beobachten und begleiten. Als ein weiteres Beispiel einer so verstandenen Lehrerbildung mag das Prinzip gelten, Studierende zu „Autoren" eigener Lernmaterialien zu machen. Learning-Management-Systeme wie Moodle ermöglichen die gemeinsame Erstellung digitaler Unterrichtsentwürfe, gegebenenfalls in Kooperation mit Studierenden anderer Hochschulen und idealerweise mit der Perspektive, diese Entwürfe in späteren schulpraktischen Phasen auch praktisch evaluieren zu können. Ein solches Verständnis von Lehrerbildung, das natürlich über die hier im Mittelpunkt stehenden digitalen Medien weit hinausweist, setzt allerdings personelle, technische und räumliche Ressourcen voraus, die in den fachdidaktischen Abteilungen der lehrerausbildenden Universitäten häufig nicht gegeben sind.

6. Ausblick

Wie lautet unser Resümee zum Stellenwert der digitalen Medien im fremdsprachlichen Klassenzimmer? Der gegenwärtig zu konstatierenden Ambivalenz zum Trotz ist nach unserer Überzeugung eine verstärkte Integration digitaler Lernangebote in den FU absehbar und grundsätzlich sinnvoll. Weitere Forschungsbemühungen, wie an dem Beispiel zur Risikoabschätzung in CMC dokumentiert, sind unabdingbar, um diesen Prozess auch aus wissenschaftlicher Perspektive zu begleiten. Auch hinsichtlich der Weiterentwicklung relevanter Software-Umgebungen ist fremdsprachen- und mediendidaktische Expertise von Nutzen, wenngleich die rasante Entwicklung professioneller Software-Tools (hier beispielhaft: Web 2.0) eine eigene Dynamik entfaltet und dabei sicher nicht die Belange des FU berücksichtigt. Und schließlich gilt es, zur Professionalisierung zukünftiger Lehrer/innen beizutragen, indem in der ersten Ausbildungsphase mehr Raum für das forschende Lernen mit den digitalen Medien gewährt wird als bislang.

Dieses positiven Ausblicks ungeachtet gilt unsere Schlussbemerkung den Grenzen der digitalen Medien. Gerade in einem mediendidaktischen Kolloquium besteht die Gefahr einer Perspektivenverengung auf eben diese Ebene der (digitalen) Medien, in Watzlawicks Worten: „Wer nur einen Hammer hat, sieht die ganze Welt als Nagel." Fremdsprachliches Lernen ist primär ein soziokulturelles Ereignis zwischen Schülern, Lehrern und weiteren Kommunikationspartnern, und Medien jeglicher Art bleiben Mittler in diesem Prozess. Diese Mittlerfunktion kreativ auszuloten und an die veränderten Möglichkeiten einer zunehmend digital operierenden Wissensgesellschaft anzupassen, bleibt die Aufgabe eines zukunftsorientierten medien- und fremdsprachendidaktischen Kolloquiums.

Literaturverzeichnis

Barber, Beth & Zhang, Felicia (2007). *Handbook of Research on Computer-Enhanced Language Acquisition and Learning.* Hershey, PA: IGI Publishing.

Belz, Julie (2003). „Linguistic Perspectives on the Development of Intercultural Competence in Telecollaboration." *Language Learning and Technology*, 7 (2), 68-99.

Belz, Julie & Müller-Hartmann, Andreas (2003). "Teachers Negotiating German-American Telecollaboration: Between a Rock and an Institutional Hard Place." *Modern Language Journal*, 87 (1), 71-89.

BMBF (2005). IT-Ausstattung der allgemein bildenden und berufsbildenden Schulen in Deutschland. Online: http://www.bmbf.de/pub/it-ausstattung_der_schulen_2005.pdf (zuletzt eingesehen 10. Juli 2007).

Browne, Charles & Fotos, Sandra (2004). "The Development of CALL and Current Options." In: Sandra Fotos & Charles Browne (Eds.), *New Perspectives on CALL for Second Language Classrooms.* Mahwah/NJ: Lawrence, 3-14.

DIPF (2006). Unterricht und Kompetenzerwerb in Deutsch und Englisch. Zentrale Befunde der Studie Deutsch-Englisch-Schülerleistungen-International. Online: http://www.dipf.de/desi/DESI_Zentrale_Befunde.pdf. (zuletzt eingesehen 10. Juli 2007).

Hauck, Mirjam (2007). "Critical Success Factors in a TRIDEM Exchange." *ReCALL*, 19 (2), 202-223.

Hauck, Mirjam & Stickler, Ursula (2006). „What Does It Take to Teach Online?" *CALICO Journal.* 23 (3), 463-475.

Hornig, F. (2006). „Du bist das Netz." *Der Spiegel*, 29, 60-74.

Klippert, Heinz (2004). *Lehrerbildung. Unterrichtsentwicklung und der Aufbau neuer Routinen.* Weinheim: Beltz.

Königs, Frank G. (2002). „Sackgasse oder Verkehrsplanung? Perspektiven für die Ausbildung von Fremdsprachenlehrern." *Fremdsprachen lehren und lernen*, 31, 22-41.

MIWFT (Ministerium für Innovation, Wissenschaft, Forschung und Technologie des Landes NRW) (2007). *Ausbildung von Lehrerinnen und Lehrern in Nordrhein-Westfalen. Empfehlungen der Expertenkommission zur Ersten Phase.* Düsseldorf: MIWFT.

Möllering, Martina (2005). „Interkulturelles Lernen in elektronischen Lernumgebungen." In: Gabriele Blell & Rita Kupetz (Hrsg.), *Fremdsprachenlernen zwischen Medienverwahrlosung und Medienkompetenz. Beiträge zu einer kritisch-reflektierenden Mediendidaktik.* Frankfurt/Main: Lang, 175-185.

Müller-Hartmann, Andreas (2000). „Wenn sich die Lehrenden nicht verstehen, wie sollen sich dann die Lernenden verstehen? Fragen nach der Rolle der Lehrenden in global vernetzten Klassenräumen." In Lothar Bredella, Herbert

Christ & Michael K. Legutke (Hrsg.), *Fremdverstehen zwischen Theorie und Praxis*. Tübingen: Narr, 275-301.

Müller-Hartmann, Andreas & Schocker-von Ditfurth, Marita (2004). *Introduction to English Language Teaching*. Stuttgart: Klett.

Murray, Janet H. (1997*). Hamlet on the Holodeck: The Future of Narrative in Cyberspace*. New York: Free Press.

O'Dowd, Robert & Ritter, Markus (2006): "Understanding and Working with 'Failed Communication' in Telecollaborative Exchanges." *CALICO Journal*, 23 (3), 623-642.

OECD (2005). "Are Students Ready for a Technology-Rich World? What PISA Studies Tell Us." Online: http://www.pisa.oecd.org. (zuletzt eingesehen 10. Juli 2007).

Prensky, Marc (2001). "Digital Natives, Digital Immigrants." Online: http://www.rutherfordschools.org/rhs/social/hermitagefiles/Prensky1.pdf. (zuletzt eingesehen 10. Juli 2007).

Schmidt, Torben (2007). *Gemeinsames Lernen mit Selbstlernsoftware im Englischunterricht – Eine empirische Analyse lernprogrammgestützter Partnerarbeitsphasen*. Tübingen: Narr.

Schocker-von Ditfurth, Marita (2001). *Forschendes Lernen in der fremdsprachlichen Lehrerbildung. Grundlagen, Erfahrungen, Perspektiven*. Tübingen: Narr.

Spitzer, Manfred (2002). *Lernen. Gehirnforschung und die Schule des Lebens*. Heidelberg: Spektrum.

Spitzer, Manfred (2005). *Vorsicht Bildschirm! Elektronische Medien, Gehirnentwicklung, Gesundheit und Gesellschaft*. Stuttgart: Klett.

Ware, Paige (2005). "'Missed' Communication in Online Communication: Tensions in a German-American Telecollaboration." *Language Learning and Technology*, 9 (2), 64-89.

Online: http://llt.msu.edu/vol9num2/ware/default.html (zuletzt eingesehen 10. Juli 2007).

Warschauer, Mark (2004). „Technological Change and the Future of CALL." In Sandra Fotos & Charles Browne (Eds.), *New Perspectives on CALL for Second Language Classrooms*. Mahwah/NJ: Lawrence, 15-25.

Warschauer, Mark & Kern, Richard (Eds.) (2000). *Network-based Language Teaching: Concepts and Practice*. Cambridge: Cambridge University Press.

DORIS KOCHER (FREIBURG)

Aufgabenorientiertes Lernen und Lehren am Beispiel des *Storyline Approach*

Heterogene Lerngruppen verlangen eine entsprechend gestaltete Lernumgebung und eine Vielfalt an multisensorischen Aufgaben, damit alle Lernenden ihr Potenzial voll entfalten können. Der folgende Artikel erläutert, wie dies am Beispiel des Storyline Approach praktiziert werden kann: Bedingt durch die vielseitigen authentischen und semi-authentischen Aufgaben wird sowohl die kommunikative Kompetenz als auch die Medienkompetenz der Lernenden auf kreative und sinnstiftende Art und Weise gefördert.

1. Was bedeutet Medienkompetenz?

Während Medien in unserer Gesellschaft als dominante Steuerungs- und Orientierungsinstanzen in vielen Bereichen eine Schlüsselrolle einnehmen und wir tagtäglich mit ihnen auf vielfältige Art und Weise konfrontiert werden, fristen sie im schulischen Kontext noch immer eher ein Schattendasein, obwohl man ihnen vielerlei Funktionen zuschreibt, die das Lernen erleichtern sollen.

Eine vor wenigen Jahren im Rahmen des europäischen Programms SOKRATES-LINGUA 2 durchgeführte Analyse in Deutschland, Dänemark, Finnland, Irland, Polen und Portugal ergab,

> dass Fremdsprachenunterricht in der Regel noch weitgehend durch eine lineare Abfolge von Lektionen und durch die Gewohnheit, Lernergebnisse nach formaler Korrektheit abzuprüfen, bestimmt wird. (...) Die Analyse verwies aber auch auf Vorbehalte und eine oftmals ausgesprochene Distanz gegenüber Konzepten zur Inszenierung sprachlicher Interaktion und dem kreativen Einsatz von Medien im Fremdsprachenunterricht (NLI 2003: 4).

Diese Aussage wird auch häufig von Studierenden aus meinen Seminaren an der Pädagogischen Hochschule Freiburg bestätigt: „When I went to school, we rarely used any other medium than the blackboard, the OHP, our course book (and our teacher of course)" (Ute, SoSe 2006).

Obwohl der Begriff „Medienkompetenz" seit einiger Zeit in den Schulen thematisiert und in den neuen Bildungsplänen (exemplarisch sei hier Baden-Württemberg genannt) ganz explizit erwähnt wird, werden Medien noch immer sehr eingeschränkt und einseitig im Unterricht eingesetzt und wenn, dann vorrangig von den Lehrkräften ausgewählt und präsentiert. Auffallend ist dabei auch, dass viele Personen von den Begriffen „Medien" bzw. „Medienerziehung" nur diffuse oder reduzierte Vorstellungen haben; häufig werden sie ausschließlich mit dem Einsatz von Computern in Verbindung gebracht, was auch die Befragungen in meinem Seminar *Media Literacy and Language Learning* eindeutig belegen: „When I came to the seminar for the first time, I had the impression that we were only going to talk about computers and the internet, so I was really surprised by the vast amount of different topics that we dealt with during the course" (Anja, SoSe 2006).

Auch die Frage nach einer Definition des Begriffes „Medienkompetenz" kann selten spontan und umfassend beantwortet werden. Meist fallen nur knappe Stichworte wie „Computer bedienen können" o.ä. Darüber hinaus werden meist technische bzw. technologische Aspekte in den Mittelpunkt gestellt und semiotische Betrachtungsweisen weitgehend vernachlässigt. Begriffe wie „Medienrecht" oder „Medienpsychologie" rufen bei vielen Befragten häufig ein nachdenkliches Schulterzucken hervor.

Faulstich (2004: 230-231) dagegen nennt insgesamt sieben Dimensionen von Medienkompetenz, die wir benötigen, um u.a. das Problem der entstehenden Wissenskluft zwischen Medienkundigen und Medienunkundigen in den Griff zu bekommen:

- Zwischen Medienwirklichkeit und medialer Darstellung von realer Wirklichkeit differenzieren (z.B. zwischen Werbung und Nachrichtenberichterstattung unterscheiden);
- Medien nach eigenen Interessen und Bedürfnissen rezipieren (z.B. zwischen Lesen und Fernsehen entscheiden);
- Medienangebote gemäß dem eigenen emotionalen Nutzen wählen;
- Medienangebote unterscheiden und kritisch betrachten;
- Medien gezielt auswählen und kombinieren, d.h. in einer komplexen Medienlandschaft handlungsfähig sein;
- Medien aktiv nutzen und sich an der Medienkommunikation beteiligen sowie Medien kreativ gestalterisch zur Identitätsbildung und Selbstverwirklichung einsetzen;
- sich über Medien in unterschiedlichen sozialen Kontexten austauschen und die eigene Medienkommunikation flexibel regulieren.

Fazit: Trotz aller Forderungen nach einer umfassenden, vielschichtigen und fächerübergreifenden Medienerziehung und trotz reichhaltiger Medienangebote und vielseitiger Bezugsquellen werden im gängigen Fremdsprachenunterricht auch heute noch vorrangig Lehrwerk, Heft und Tafel eingesetzt, während authentische Materialien eher eine Nebenrolle spielen. Ungeachtet der Tatsache, dass die Verlage mittlerweile eine Reihe von Zusatzmaterialien wie Videos, CDs, CD-ROMs o.ä. anbieten, gilt das Schulbuch auch im so genannten Medienzeitalter vielerorts noch immer als unbestrittenes und konkurrenzloses

Leitmedium. Eine profunde und kritische Medienerziehung findet im alltäglichen Fremdsprachenunterricht leider nur selten statt.

Die Problematik des ausschließlichen Einsatzes von Lehrwerken im Fremdsprachenunterricht wurde schon oft erörtert (vgl. z.b. Kocher 1999; Wolff 2001), sodass an dieser Stelle darauf verzichtet wird. Eine Alternative bieten dagegen *Storyline*-Projekte, denn sie scheinen aus vielerlei Gründen ein ideales Mittel zu sein, um die im Hinblick auf Medien erwähnten Kompetenzen (und noch viele mehr) erwerben zu können (Kocher 2007).

2. Der *Storyline Approach*

Der *Storyline Approach* verfolgt in vielerlei Hinsicht ähnliche Prinzipien, wie sie im Rahmen von *Task-based Language Learning* (vgl. z.b. Nunan 2004; Willis 1996) für gelungene Fremdsprachenlernprozesse formuliert werden. Allerdings basiert er auf einem noch tiefgründigeren pädagogischen und psychologischen Rahmenkonzept (Kocher 1999), auf das an dieser Stelle jedoch nicht weiter eingegangen werden kann.

Heterogene Lerngruppen, wie wir sie heute in jedem Klassenzimmer antreffen, verlangen eine entsprechend gestaltete Lernumgebung sowie eine Vielfalt an multisensorischen Aufgaben und Materialien, damit alle Lernenden ihr Potential voll entfalten können. Echte kommunikative Aufgaben können, im Gegensatz zu gleichgeschalteten Sprachübungen, ganz unterschiedliche Prozesse initiieren und die Lernenden zu vielfältigen Produkten motivieren. Dabei werden individuelle Bedürfnisse und multiple Intelligenzen (Gardner 1994) berücksichtigt und Lernerfolge in verschiedenen Bereichen ermöglicht. Eine optimale Strukturierung des Lernangebots ermöglicht dabei, dass die individuellen Lernprozesse immer wieder zusammengeführt werden.

Obwohl aufgabenorientiertes Lernen in den vergangenen zwanzig Jahren in der fachdidaktischen Diskussion auf internationaler Ebene viel positive Aufmerksamkeit auf sich gezogen hat, wird die Praxistauglichkeit von *Task-based Language Learning* immer wieder in Frage gestellt. Van den Branden (2006: 1-2) zählt in diesem Zusammenhang eine Reihe kritischer (aber wichtiger) Fragen auf, die immer wieder thematisiert werden:

Does TBLT [Task-based Language Teaching, D.K.] work for teachers and learners in the classroom as well as it does for SLA researchers? Further, is TBLT more than a fascinating pedagogical approach that looks good and convincing on paper? Can it really inspire language teachers when they prepare their lessons or does it only frighten them because of the high demands it places on them and on their learners? (...) How do learners react to the idea of no longer having the particulars of grammar spelled out before being confronted with a speaking task? Does TBLT work as well for children as for adults? Can it be implemented in classes of 25 students with a wide range of cultural

backgrounds and different levels of language proficiency? How (...) does the syllabus
developer select, order and sequence some 720 tasks?

Viele dieser Fragen können aus der Perspektive des *Storyline*-Modells positiv
beantwortet werden. *Storyline* stellt darüber hinaus ein schlüssiges und prakti-
kables Konzept dar, wie *Task-based Language Learning* im fremdsprachlichen
Klassenzimmer für alle Beteiligten gewinnbringend umgesetzt werden kann.
Der *Storyline Approach* wurde als Folge eines neuen Schulgesetzes gegen Ende
der 1960er Jahre ursprünglich für den muttersprachlichen, fächerübergreifenden
und ganzheitlichen Unterricht an schottischen Grundschulen (Klasse 1-6) entwickelt (Bell 1995). Mittlerweile wird er jedoch in unterschiedlicher Ausführung und in ganz verschiedenen Praxisfeldern nahezu weltweit, insbesondere
aber in Skandinavien, praktiziert.

Storyline ist ein integratives und äußerst flexibles Modell, das heute zwar
noch immer schwerpunktmäßig im muttersprachlichen Unterricht der Grundschule, der in skandinavischen Ländern bis zur Klasse 8 oder 9 dauert, imple-
mentiert wird, obwohl viele gute Gründe dafür sprechen, das Konzept verstärkt
auch im fremdsprachlichen Unterricht einzusetzen (Fehse & Kocher 2000,
2001, 2002; Kocher 1999, 2007).

2.1. Grundlegende Prinzipien

Storyline-Projekte basieren auf einer frei gewählten Geschichte bzw. Handlung
mit beliebigen Charakteren, einem zeitlichen und räumlichen Rahmen (*setting*)
sowie einem oder mehreren Dilemmas (*incidents*), die es im Verlauf der Geschichte zu lösen gilt. Mit Hilfe so genannter *key questions* werden immer wieder Impulse gegeben, die die Lernenden zum kreativen und zielgerichteten Umgang mit der (Fremd-) Sprache herausfordern und gleichzeitig die Entwicklung
der Geschichte vorwärtstreiben.

Durch vielfältige authentische und semi-authentische Aufgaben (statt der oft
einfallslosen sprachlichen Übungen im Regelunterricht) wird jedoch nicht nur
die kommunikative Kompetenz der Lernenden, sondern auch eine Vielzahl an
weiteren Fertigkeiten entwickelt und gefördert. Gerade auch die Verwendung
und eigene Herstellung diverser Materialien und Medien trägt dazu bei, dass
vielseitige Lernprozesse initiiert werden, die das Fremdsprachenlernen sinnstif-
tend, motivierend und gleichzeitig effektiv machen.

Der grobe Handlungsrahmen einer *Storyline* ist zwar vorgegeben, was die
Planung und Einschätzung der Unterrichtsprozesse insgesamt erleichtert, dennoch bleibt den Lernenden immer viel Spielraum, ihre *story* individuell zu gestalten: Sie erfinden und basteln Figuren und geben ihnen Namen sowie eine I-
dentität, sie kreieren das entsprechende *setting*, d.h. einen Ort (Haus, Höhle,
Landschaft, Planet usw.) und entwerfen diverse Nebenschauplätze. Auf diese
Weise können sie ihre eigenen Kenntnisse, Erfahrungen, Ideen, Talente und

Fertigkeiten einbringen und das Lern-Lehr-Geschehen im Rahmen des *collabo-rative storymaking* ganz aktiv mit gestalten. Im selben Zug bestimmen sie auch, welche sprachlichen Elemente für sie von Bedeutung sind, da sie Wortschatz und Strukturen weitgehend frei wählen, und zwar um sich inhaltsbezogen mit-zuteilen und nicht (wie oft üblich), um eine ‚sinnlose' Übung zu absolvieren.

Aufgabe der Lehrenden ist somit nicht mehr, Wissen zu vermitteln und dieses isoliert zu überprüfen, sondern stattdessen die Lernenden individuell zu beraten, Materialien und Ressourcen bereitzustellen, die verschiedenen Aktivitäten zu beobachten und zu koordinieren sowie mit Hilfe der offenen *key questions* im-mer wieder Impulse zum Lösen von Problemstellungen und Aufgaben zu geben, die sich aus dem Verlauf der Geschichte ergeben. Die Arbeit mit *Storyline* ist demnach sowohl *learner-centred* als auch *learning-centred*.

Storyline-Projekte geben auf Grund ihrer narrativen Struktur einer jeglichen Unterrichtseinheit inhaltliche Kohärenz, sodass diese nicht mehr als Abfolge von sinnlosen Einzelstunden, sondern als gemeinsam entwickelte und gestaltete Geschichte erlebt wird, was zudem bewirkt, dass das Gelernte vielseitig im Ge-dächtnis verankert wird und somit auch leichter abrufbar ist.

2.2. Charakteristische Merkmale

Wer zum ersten Mal ein *Storyline*-Klassenzimmer betritt, wird folgende typi-sche Merkmale wahrnehmen:

- **Wordbanks**: Hierbei handelt es sich um systematisch zusammengestellte Mindmaps und Listen mit themenspezifischem Wortschatz und relevanten Formulierungen, die gemeinsam mit den Lernenden erarbeitet werden und für die Dauer des Projekts als Poster im Klassenzimmer aufgehängt bleiben (Prä-senzlexikon).
- **Collagen**: Die Lernenden basteln diverse zwei- bzw. dreidimensionale Figu-ren, Landschaften, Poster oder Gegenstände, die sukzessiv zu Collagen zu-sammengestellt und der Klasse in regelmäßigen Abständen präsentiert wer-den. Sie sind selbst geschaffene Produkte und fördern somit das Gefühl von *ownership*, die Identifikation mit der Thematik, persönliches Engagement, soziales, affektives und multisensorisches Lernen.
- **Wandfries**: Sämtliche *Storyline*-Produkte (Figuren, Texte, Collagen, Objek-te) werden an freien Flächen im Klassenzimmer angebracht und bilden einen so genannten Wandfries, der die diversen Prozesse und Produkte der Unter-richtsarbeit als fortlaufende „Geschichte" anschaulich „erzählt". Der Fries schafft zudem eine optisch anregende und motivierende Lernumgebung.
- **Gruppen- bzw. Partnerarbeit**: Das kooperative Arbeiten und Lernen in der Gruppe ist eine Grundkomponente des *Storyline*-Konzepts und für die meis-ten Schülerinnen und Schüler eine besonders positive Lernerfahrung, da sie

ihre Lernprodukte und Präsentationen im geschützten Raum vorbereiten und
sprachliche Probleme gemeinsam lösen können.

• **Arbeitsmaterialien / Medien**: Da handlungsorientiertes und ganzheitliches
Lernen Vorrang haben, müssen entsprechende Materialien und Medien zur
Verfügung stehen.

Die Bedeutung von Medien (*high and low tech*) soll nachfolgend ausführlicher
erläutert werden.

2.3. Medien und Arbeitsmittel

In einem *Storyline*-Klassenzimmer mit seinem vielschichtigen Werkstattcharak-
ter wird auf das Lehrwerk verzichtet. Stattdessen stehen hier in der Regel eine
Vielzahl an verschiedenfarbigen Papierformaten, Kartons, Farb- und Klebe-
stiften, Scheren, Woll- und Stoffresten, Natur- und Dekorationsstoffen sowie
anregenden Verkleidungs- und Bastelutensilien zur Verfügung, die zum aktiven, multisensorischen und ganzheitlichen Arbeiten und kreativen Gestalten
auffordern: Zugreifen, um zu begreifen – *learning by doing*.

Je nach Konzeption eines Projektes werden darüber hinaus beispielsweise
auch diverse Realien, Zeitschriften, Kassettenrekorder mit Mikrophonen, MP3-
bzw. CD-Player, Overheadprojektor, Videokamera, Videoabspielgerät oder
Computer benötigt. Unverzichtbar ist im Rahmen des fremdsprachlichen Lernens ein Bestand an ein- und zweisprachigen Wörterbüchern, Bildlexika und
schülergerechten Enzyklopädien (eventuell auch auf CD-ROM). Ein Internetzugang sowie eine geeignete Sammlung mit Lehr-, Fach- und Sachbüchern, authentischen Broschüren und anderen Materialien fördern die eigenständige Informationsbeschaffung: Schülerinnen und Schüler werden somit zu routinierten
Forscherinnen und Forschern, die sich für ihren Wissenserwerb verantwortlich
zeigen und ihre persönlichen Lernfortschritte anhand von vielseitigen Medienprodukten darstellen, die am Fries ausgestellt oder anderweitig im Klassenzimmer präsentiert werden.

Die Lernenden werden demnach nicht mit von der Lehrkraft verbindlich ausgewählten Medien konfrontiert (wie dies meist üblich ist), sondern sie wählen
und verwenden selbstständig beliebige Medien zur Informationsbeschaffung.
Darüber hinaus erstellen sie auch eine Vielzahl an eigenen und geeigneten Medienprodukten, um ihre Ideen und Gedanken bestmöglich zu vermitteln und
auszutauschen, z.B. in Form von Postern, Collagen, fiktiven Radio- oder Fern-
sehsendungen, Briefen, Rollenspielen, Zeichnungen bzw. Gebäudeplänen, ana-
logen oder digitalen Fotos, Power Point Präsentationen, eigenen Choreogra-
phien (Tanz, Musik), Zeitungsartikeln oder diversen Gegenständen, um nur einige zu nennen.

Wünschenswert wäre, dass in jedem Klassenzimmer Computer mit entspre-
chender Software zur Verfügung stehen, sodass die Lernenden bei Bedarf ihre

Fotos entsprechend bearbeiten, für eine Bauplanung exakte Zeichnungen anfertigen, Texte in entsprechende Masken eingeben oder auch Audioschnitte durchführen können, um möglichst authentische und gelungene Produkte zu erstellen.

3. Aufgabentypen und konkrete Aufgabenbeispiele aus *Storyline*-Projekten

Storyline-Projekte können hinsichtlich ihres Umfangs je nach zugrunde liegender Handlung und verfügbarer Zeit variieren. Während sie im ursprünglichen Kontext des muttersprachlichen Grundschulunterrichts meist für mehrere Wochen oder gar Monate konzipiert werden, hat sich für den Fremdsprachenunterricht auf Grund der oftmals auftretenden organisatorischen Schwierigkeiten (z.B. Fachlehrerprinzip in der Sekundarstufe, Stundenplanorganisation) als positiv erwiesen, einen Zeitrahmen von ca. 4-6 Doppelstunden anzuvisieren. Erfahrene *Storyline*-Klassen werden jedoch erstaunlich viele kreative Lösungen finden, um trotz eventuell eingeschränkter Möglichkeiten auch längere und komplexere Projekte gewinnbringend durchführen zu können.

Nachfolgend werden auf der Basis des allgemein bekannten *TBLL*-Rahmenkonzepts nach Willis (1996) einige Aufgabenbeispiele für verschiedene Lernniveaus vorgestellt.

3.1. *Pre-task*: Lernprozesse vorbereiten und anleiten

Zunächst wählt die Lehrkraft mit der Klasse ein Thema aus, das sich leicht als *Storyline*-Projekt strukturieren lässt: ein Thema aus dem Lehrwerk (*Space camp Florida; Life on a farm* (Kocher 2001)), eine Phantasiegeschichte (*Witches* (Fehse & Kocher 1998)) oder ein Märchen (*Snow White; Cinderella*), ein fächerübergreifendes oder bilinguales Thema (*Life in a medieval castle; Californian gold rush; A trip across the Sahara desert*), eine Lektüre (z.B. *Macbeth* von Shakespeare) oder zeitgenössische Jugendliteratur (z.B. *Holes* von Sachar), möglicherweise aber auch ein brandaktuelles Thema aus der Lebenswelt der Jugendlichen (*A new youth centre; Our ideal school; A class trip to London; Happy slapping*).

Mit Musik (*Circus*), visuellen oder akustischen Impulsen (*Witches*), einem historischen Dokument (*Californian gold rush*), einem Brief (*A new playground*), einem Plakat (*Our ideal school*) oder etwa einem kurzen Filmausschnitt (*Titanic*) erfolgt der Einstieg in die Geschichte, die durch entsprechende *key questions* zunehmend Form annimmt. Am Beispiel *Witches* (Klasse 7) werden nach dem Vorspielen einiger Geräusche (Sturm, Regen, Schritte, kreischende Frauen, Gekicher) sukzessiv folgende Fragen gestellt und bearbeitet: *What comes to your mind when you hear these sounds? What do you think a witch looks like? What kinds of things does a witch need to do magic?* Die Schülerinnen und Schüler bringen dabei sowohl auf inhaltlicher als auch sprachlicher Ebene ihre vielfältigen Ideen, Erfahrungen und individuellen Vorkenntnisse ein und sammeln mit Hilfe von Wörterbüchern und Bildlexika themenbezogene Redemittel, die auf den *wordbanks* festgehalten und für die Dauer des Projekts im Klassenzimmer bereitgestellt werden.

3.2. *Task cycle*: Lernprozesse unterstützen

Task / Aufgabe

„Communicative tasks provide much better opportunities for language learning than virtually any other type of classroom activity" (Davies 2007: 48). Aus diesem Grund werden die Lernenden im Rahmen von *Storyline*-Projekten immer wieder mit größeren und kleineren Aufgaben konfrontiert, die sich sowohl auf den Inhalt der Geschichte als auch die sprachliche und handwerkliche Ausgestaltung beziehen. Bei *Witches* (Fehse & Kocher 1998) diskutieren die 7. Klässler beispielsweise zu Beginn, wie die Umgebung und Behausung einer Hexe aussehen könnte und welche Räume es dort möglicherweise gibt. Sie berücksichtigen dabei die bereits zuvor gesammelten Ideen und Sprachmittel (*wordbanks*), konkretisieren und ergänzen sie. Danach entscheiden sich die Arbeitsgruppen für die individuelle Gestaltung eines Raumes oder Bereiches.

Bei *Storyline* gibt es übrigens keine Vorschriften oder Rezepte bezüglich der Vorgehensweise: Bei manchen Projekten wird man zunächst (je nach Struktur der Geschichte) eine oder mehrere Figuren erstellen, bei anderen beginnt man möglicherweise zuerst mit der Gestaltung des *setting*. Auf Grund der spezifischen Struktur der *Storyline Witches* fertigt beispielsweise eine der Lerngruppen zuerst eine Hexenfigur (Handpuppe) an, während die anderen Gruppen dies später nachholen, sodass letztendlich mehrere Figuren und eine Behausung entstehen, die nach und nach am Fries befestigt werden.

Stets werden in den einzelnen Gruppen alle anstehenden Aktivitäten für eine gestellte Aufgabe gemeinsam überlegt, besprochen und verteilt: Wer zeichnet? Wer schneidet aus? Wer schreibt einen Text? Wer schlägt Wörter nach? Danach erst geht es an die konkrete Arbeit. Als äußerst positiv hat sich in diesem Zusammenhang erwiesen, wenn in den Gruppen so genannte *team leaders* gewählt werden, die als Ansprechpersonen fungieren und gleichzeitig die Arbeit in der Gruppe koordinieren.

Die Lehrkraft übernimmt bei *Storyline*-Projekten die Rolle des *classroom manager*, *facilitator* und *observer* und entscheidet dabei immer wieder, wieviel Hilfe und wieviel Freiraum in den einzelnen Phasen und Gruppen erforderlich ist. Sie stellt für die Bearbeitung der entsprechenden Aufgaben Poster, verschiedenfarbiges Papier, Stoffe, Wollreste usw. zur Verfügung, hilft ggf. bei der Benutzung diverser Geräte oder Nachschlagewerke und unterstützt bei Bedarf einzelne Lernende, wenn sprachliche, inhaltliche oder anderweitige Probleme auftauchen.

Selbst wenn sich alle Lernenden gelegentlich mit derselben Aufgabenstellung beschäftigen, wird es immer verschiedenartige Ergebnisse hinsichtlich Quantität und Qualität geben, da die Arbeitsprodukte (anders als im herkömmlichen Frontalunterricht) nicht (oder nur bedingt) vorhersehbar sind, sondern stattdessen ganz individuelle Lernprozesse, Talente, Ideen und Fertigkeiten der heterogenen Lerngruppe dokumentieren.

Planning / Vorbereitung

Bevor irgendwelche Lernprodukte in der Klasse öffentlich vorgestellt werden, wird in den einzelnen Gruppen über die geplante Präsentation beraten: Je nach Aufgabenstellung werden Präsentationstechniken geübt, Inhalte abgesprochen und überprüft, Texte mit Hilfe von Wörterbüchern redigiert (*peer correction*) oder mit dem Rechtschreibprogramm des Computers überarbeitet, Rollenspiele geübt, Videoaufnahmen gemacht, Skizzen angefertigt, digitale Fotos geschossen oder Gedichte bzw. Reime auswendig gelernt. Am Beispiel von *Witches* werden selbst erstellte Zaubersprüche möglicherweise auch choreographisch umgesetzt und geprobt, ggf. auch außerhalb des Klassenzimmers, um den Überraschungseffekt zu bewahren. Bei *Circus* (Klasse 4/5) werden kleine Kunststücke und vielleicht einige Zaubertricks ausgiebig geübt, um sie anschließend dem Publikum professionell vorführen zu können.

Erfahrungsgemäß bemühen sich die Lernenden sehr um sprachliche Korrektheit, da sie gute und verständliche Präsentationen machen möchten und sich für ihre eigene Arbeit verantwortlich fühlen: Sie scheuen keine Mühen und zeigen einen scheinbar unermüdlichen Eifer, um bei ihren Präsentationen zu glänzen. Oft arbeiten sie auch in den Pausen oder zu Hause an ihren Produkten, um sie hinterher voller Stolz vorstellen zu können. Die Lehrkraft hilft als *guide on the side* bei der Organisation der Abläufe; sie koordiniert einzelne Aktivitäten und berät ggf. bei sprachlichen Problemen.

Bei *Storyline*-Projekten sitzen die Lernenden nicht zwangsläufig an ihren Tischen, sondern bewegen sich frei im Raum. Je nach Arbeitsphase und Vorlieben halten sie sich innerhalb oder außerhalb des Klassenzimmers auf, stehen am Fries oder sitzen auf dem Fußboden, arbeiten alleine oder in Gruppen. Solange niemand gestört wird, ist alles erlaubt. Sinnvollerweise werden zuvor entsprechende Verhaltensregeln gesammelt und auf einem Poster festgehalten.

Report / Präsentation

Ein ganz essenzieller Bestandteil der *Storyline*-Projekte sind die in regelmäßigen Abständen stattfindenden Präsentationen, in denen die Gruppen ihre jeweiligen Arbeitsergebnisse der Klassenöffentlichkeit vorstellen. Auf Grund der Tatsache, dass die Inhalte nicht vorgegeben, sondern von den Lernenden individuell erarbeitet werden, entsteht eine authentische Kommunikationssituation (*information gap*), sodass es während der Präsentationen meist sehr still im Klassenzimmer ist, da alle interessiert und konzentriert die Beiträge der anderen Klassenmitglieder verfolgen und diese gerne mit Applaus belohnen. Die Lehrkraft koordiniert oder moderiert ggf. den Ablauf der Präsentation, um eine logische Abfolge der Handlungen (*story line*) zu gewährleisten, doch für alle anderen Aktivitäten sind die Lernenden selbst zuständig.

Im Rahmen der *Storyline Witches* (Klasse 7) können zum Geburtstag der fiktiven Hexe persönliche Geschenke produziert und bei einer Party (= kontextualisierte Präsentation) überreicht werden: Gutscheine für einen Besuch im *beauty shop*, für einen neuen *power broomstick* oder für eine Reise; diverse (selbst gebastelte) Gegenstände wie Torte, Zauberstab, Hexenbesen, Creme gegen Warzen, Flasche mit Zaubergeistern als Helfer in der Not; selbst kreierte Zaubersprüche, Lieder, Raps; eine zauberhafte Einladung zum Essen (inklusive Speisekarte) oder etwa eine selbst einstudierte Tanzaufführung. Nichts ist unmöglich!

In der Grundschule finden Präsentationen sowohl im Umfang als auch hinsichtlich des sprachlichen Niveaus auf reduzierter Ebene statt. Nichtsdestotrotz sind sie für alle Beteiligten genauso spannend: Welche Lieblingsspeisen haben beispielsweise die einzelnen Zwerge bei *Snow White*? Welche Kunststücke können die diversen Familien bzw. Artisten vorführen (*Circus*)? Was alles bringen die Schulkinder in ihren Schultaschen zur Schule (*Our class*)? Was für Tiere leben auf einem Bauernhof und welche Geräusche machen sie (*Our Farms*)?

Üblicherweise werden nach einer Präsentation alle Ergebnisse am Wandfries ausgestellt, sodass die Lernenden in Arbeitspausen und in Eigenregie noch einmal in Ruhe nachlesen und ausgiebig betrachten können, was ihre Mitschüler/innen geschrieben bzw. hergestellt haben. Wichtig ist dieser Aspekt auch insofern, dass sämtliche Arbeitsprodukte zu jeder Zeit verändert und ergänzt werden können, und zwar sowohl inhaltlich als auch sprachlich. Dies führt u.a. auch dazu, dass die Lernenden immer wieder und ohne Aufforderung den Fries inspizieren, um eventuelle Veränderungen oder Überraschungen zu suchen. Gleichzeitig setzen sie sich bei diesem freiwilligen Suchspiel intensiv mit der Sprache auseinander, nämlich wenn sie Texte lesen, Fehler verbessern oder gar unbekannte Wörter im Lexikon nachschlagen. Der Fries wird somit zur Bühne und anregenden Lernplattform.

3.3. *Language focus:* Lernprozesse reflektieren und auswerten

Analysis / Reflexion

In der Regel findet am Ende eines *Storyline*-Projekts eine Evaluation bezüglich aller Prozesse und Produkte statt, wobei kleinere Reflexionen, die sich nur auf einzelne Aspekte wie Inhalt, Sozialverhalten, Medienwahl oder die Fremdsprache beziehen, auch zwischendurch stattfinden können, und zwar im Klassenverband, in einer Gruppe oder mit einzelnen Schülerinnen und Schülern. Die Lernenden können zudem auf ganz unterschiedliche Art und Weise zur Reflexion und Selbstevaluation angeregt werden, beispielsweise indem sie einen spezifischen Fragebogen ausfüllen, Video- bzw. Tonmitschnitte nach vereinbarten Kriterien auswerten oder im Plenum mit Fragen konfrontiert werden, dabei ihre Vorgehensweisen und Lernerfolge erläutern und schlüssig begründen. Je nach Ausgang der auf die Sprachkompetenz bezogenen Reflexion können z.B. einzelne *wordbanks* ergänzt oder neue angelegt werden. Soll ein Bericht über einen Vorfall geschrieben werden, kann ggf. das *simple past* mit den entsprechenden Signalwörtern wiederholt oder kurz darauf hingewiesen werden, wo die unregelmäßigen Verben aufgelistet sind. Auch diverse schauspielerische Techniken, die beim freien Präsentieren oder Rollenspiel vor laufender Kamera von Bedeutung sind, können bewusst gemacht werden („Look into the camera. Smile. Don't read everything out."). Des Weiteren können konkrete sprecherzieherische Hilfen für gelungene Tonaufnahmen vermittelt werden („Try to speak freely like speaking to a friend. Make short sentences. Take a deep breath before speaking.").

Lehrende haben während eines *Storyline*-Projekts übrigens unzählige Möglichkeiten, die Sprachkompetenz ihrer Klassen zu begutachten und zu bewerten, um später eventuell gezielte Sprachübungen anbieten zu können. Oft stellen auch Lernende beim Zuhören oder Lesen von Lernertexten sprachliche Fehler fest und fragen nach (*language awareness*). In diesem Fall können sie ggf. beauftragt werden, mit einem Bleistift eine dezente Anmerkung vorzunehmen, ohne jedoch die Ausstellungsstücke zu verunstalten, oder mit den jeweiligen Autorinnen und Autoren freundliche Rücksprache zu halten (*peer correction*).

Practice / **Sprachübungen**

Im Anschluss an ein *Storyline*-Projekt können je nach Bedarf weiterführende sprachliche Übungen durchgeführt werden, um bestimmte linguistische Probleme, die während der Projektarbeit zutage kamen, zu bewältigen. Dies kann auch im Sinne einer Differenzierung während des Projektverlaufs geschehen, nämlich als Hausaufgabe oder Zusatzaufgabe für einzelne Lernende. Von Vorteil wäre (mindestens) ein im Klassenzimmer befindlicher Computer, den die Lernenden zwischendurch oder in Arbeitspausen gezielt als Übungspartner nutzen können.

Nachteilig für die Entwicklung einer Geschichte ist allerdings die ständige Unterbrechung und Störung der inhaltlichen Ebene durch umfassende Sprachübungen, die sich möglicherweise noch nicht einmal auf das Thema des Projekts beziehen.

4. *Storyline* und Medienkompetenz

Auf Grund der Tatsache, dass bei *Storyline*-Projekten vielseitige medienbezogene Kompetenzen in einem authentischen bzw. semiauthentischen Kontext erworben werden, stellt der *Storyline*-Ansatz einen wichtigen Beitrag zur konkreten Medienerziehung dar und erfüllt somit – je nach Komplexität und Ausgestaltung eines Projekts – alle der von Faulstich (2004) formulierten und oben erwähnten Dimensionen von Medienkompetenz:

- Durch das selbstständige Recherchieren entwickeln und verfeinern die Lernenden verschiedene Arbeitstechniken, die der versierten Informationsbeschaffung dienen.
- Sie lernen an konkreten Beispielen zu unterscheiden, welche Informationen für ein Lernziel relevant bzw. welche unter Umständen unsachlich und deshalb dem Bereich Werbung oder Propaganda zuzuordnen sind. Dies gilt insbesondere auch für die Internetrecherche, bei der die Lernenden zu bewerten lernen, ob eine Quelle seriös und zuverlässig ist.
- Durch den eigenverantwortlichen Umgang mit verschiedenen Medienprodukten lernen die Schülerinnen und Schüler, Medienwirkungen besser einzuschätzen und sich entsprechend kritisch zu verhalten. Gerade am Beispiel der eigenen Videoproduktion können gewünschte Wirkungen durch entsprechende Stimuli bewusst hervorgerufen und im Klassenzimmer kritisch getestet werden (*learning by doing*).
- Das permanente Herstellen eigener Materialien ermöglicht den Lernenden eigene Bedürfnisse, Vorlieben, Kompetenzen und Lernprozesse in ihrem gesamten Umfang besser zu erkennen, darzustellen, zu analysieren und zu bewerten.
- Die jeweils unterschiedlichen Lernprodukte illustrieren die individuellen Lernwege und Erkenntnisprozesse der heterogenen Lerngruppe, was unter Umständen auch die Toleranzschwelle gegenüber Andersdenkenden erhöht.
- Durch die Verwendung diverser audiovisueller Medien und konkreter Handlungsobjekte werden verschiedene Sinne angesprochen, sodass eigene Wissenskonstruktionen sowie Behaltensprozesse erleichtert werden.
- Die Schülerinnen und Schüler lernen die drei Symbolsysteme (Sprache, Bilder und Ziffern) mit ihren jeweiligen Subsystemen und entsprechende (De-) Codierungstechniken kennen sowie in sinnvollen Zusammenhängen anzuwenden, beispielsweise wenn sie sprachliche Informationen in Abbilder übertragen oder logische Bilder (z.B. Graphiken) in Sprache umsetzen. Dabei werden sie zu komplexen und anspruchsvollen Denkprozessen herausgefordert und gleichzeitig werden verschiedene Bereiche der Literalität (sprachliche, piktorale und numerische) optimiert.
- Auf Grund der Tatsache, dass die Lernenden im *Storyline*-Klassenzimmer regelmäßig eigene Medienprodukte herstellen, vorstellen und ausstellen bzw.

eigene und diejenigen der Klassenmitglieder besprechen, analysieren und bewerten, erhalten die Schülerinnen und Schüler eine vielseitige und fundierte Medienkompetenz, die möglicherweise auch ihr Freizeitverhalten beeinflusst und einem unkritischen Medienkonsum entgegenzuwirken vermag.

Fazit: Durch die themenorientierte Arbeit mit *Storyline* lernen Schülerinnen und Schüler nicht nur, kreativ und kritisch mit diversen Medien, sondern auch ungezwungen und dennoch bewusst mit der Fremdsprache umzugehen. Ein Mädchen (Klasse 9) formulierte ihren Lernzuwachs durch das Projekt *Our ideal school* wie folgt: „[Ich habe gelernt, dass] Englisch nicht nur was mit sturem Grammatik / Vokabellernen zu tun hat. Durch das Vorstellen von Arbeiten hat man gelernt, viel freier zu sprechen, ohne drei Stunden rumzurätseln wie's mit dem Satzbau aussieht" (Kocher 1999: 242-243).

Wenn Lernende vom ständigen Druck der erwarteten sprachlichen Korrektheit befreit werden, dann sind sie zu beeindruckenden Taten fähig und erleben mit Erstaunen, dass Englischlernen Sinn und insbesondere auch Spaß machen kann.

Literaturverzeichnis

Bell, Steve (1995). "Storyline as an Approach to Language Teaching." *Die Neueren Sprachen*, 94 (1), 5-25.

Davies, Paul (2007). "TBL: What Has Task-based Learning Given Us?" *Modern English Teacher*, 16 (2), 48-52.

Faulstich, Werner (2004). *Medienwissenschaft*. Paderborn: Fink.

Fehse, Klaus-Dieter & Kocher, Doris (1998). *Storyline – Witches: Klasse 7/8*. Lichtenau: AOL.

Fehse, Klaus-Dieter & Kocher, Doris (2000). „Das fremdsprachliche Klassenzimmer als Erzählraum und Bühne. Ein Beispiel zum Storyline-Konzept." *Der fremdsprachliche Unterricht Englisch*, 45, 18-23.

Fehse, Klaus-Dieter & Kocher, Doris (2001). „The Use of Storyline in Foreign Language Teaching." In: The Royal Danish School of Education (DLH) (Ed.), *The International Storyline Conference*. Aalborg, DK, 73-78.

Fehse, Klaus-Dieter & Kocher, Doris (2002). „Storyline Projects in the Foreign Language Classroom." In: Olaf Kühn & Olivier Mentz (Hrsg.), *Zwischen Kreativität, Konstruktion und Emotion*. Herbolzheim: Centaurus, 187-199.

Gardner, Howard (1994). *Der ungeschulte Kopf: Wie Kinder denken*. 2. Aufl. Stuttgart: Klett-Cotta.

Kocher, Doris (1999). *Das Klassenzimmer als Lernwerkstatt: Medien und Kommunikation im Englischunterricht nach der Storyline-Methode*. Hamburg: Kovac.

Kocher, Doris (2001). *Storyline – Our Farms: Klasse 5/6*. Lichtenau: AOL.

Kocher, Doris (2007). "Why Storyline Is a Powerful Tool in the Foreign Language Classroom." [in Vorb.]

Niedersächsisches Landesinstitut für Schulentwicklung und Bildung (NLI) (Hrsg.) (2003). *Staging Foreign Language Learning: Inszenierung als Methode im Fremdsprachenunterricht. Konzepte und Materialien: The Media*. Berlin: Cornelsen.

Nunan, David (2004). *Task-based Language Teaching*. Cambridge: Cambridge University Press.

Van den Branden, Kris (2006). "Introduction: Task-based Language Teaching in a Nutshell." In: Kris Van den Branden (Hrsg.), *Task-based Language Education: From Theory to Practice*. Cambridge: Cambridge University Press, 1-16.

Willis, Jane (1996). *A Framework for Task-based Learning*. Harlow: Longman.

Wolff, Dieter (2001). „Zum Stellenwert von Lehrwerken und Unterrichtsmaterialien in einem konstruktivistisch orientierten Fremdsprachenunterricht." In: Johanna Meixner & Klaus Müller (Hrsg.), *Konstruktivistische Schulpraxis: Beispiele für den Unterricht*. Neuwied: Luchterhand, 187-207.

KLAUS-BÖRGE BOECKMANN (WIEN)

Fremdsprachenunterricht mit neuen Medien: Von traditionellen Übungsformen zu Verbundlernszenarien

Der vorliegende Beitrag untersucht, ausgehend von der These, dass Fremdsprachenlernangebote im Bereich der neuen Medien vielfach sprachlerntheoretisch und mediendidaktisch unbefriedigend sind, welchen Anforderungen solche Angebote genügen müssten. Aus einer Diskussion der lern- und kognitionstheoretischen, sprachlehr- und –lerntheoretischen und mediendidaktischen Anforderungen wird ein Modell des Einsatzes von Neuen Medien im Fremdsprachenunterricht entwickelt, das so genannte Verbundlernszenario, und an einem Beispiel erläutert.

1. Einleitung

Geblendet von den technischen Möglichkeiten, die die rasante Entwicklung der Neuen Medien für ihren Einsatz im Fremdsprachenunterricht gebracht hat, hat die pädagogische und fremdsprachendidaktische Reflexion bei der Entwicklung von mediengestützten Aufgaben und Übungen für den Fremdsprachenunterricht nicht immer eine allzu große Rolle gespielt: Das Ergebnis ist, dass viele der angebotenen Materialien hinter bereits erreichte Standards der Fremdsprachenvermittlung zurückfallen, und zwar sowohl aus lerntheoretischer als auch aus spracherwerbstheoretischer Sicht.

Ziel dieses Beitrags ist es, ausgehend von einer kurzen Analyse dieser Defizite und der daraus resultierenden Forderungen an solche Materialien exemplarisch Möglichkeiten einer medial unterstützten Fremdsprachendidaktik zu skizzieren, die versucht, in der Fremdsprachenforschung theoretisch entwickelte Standards auch praktisch umzusetzen. Dabei geht es neben der Verwirklichung der anzulegenden mediendidaktischen Qualitätskriterien auch darum zu zeigen, dass die Beschreibung und Beurteilung von medienbasierten Aufgaben und Übungen nicht isoliert erfolgen kann.

Da der Einsatz von Neuen Medien in Unterrichtssituationen in der Regel immer im Verbund mit anderen Lernformen erfolgt und diese Kombination auch sinnvoll ist, sollten solche Verbundlernarrangements (*blended learning*) ganzheitlich erfasst werden. Deshalb soll in diesem Beitrag auch darüber nachgedacht werden, wie Unterrichtssequenzen, die im Verbundlernen neue Medien einsetzen, nachvollziehbar und systematisch beschrieben werden können. Hierfür wird der Begriff „Verbundlernszenario" eingeführt und schließlich an einem Beispiel gezeigt, wie solche Szenarien aussehen könnten.

2. Elektronische Materialien für Fremdsprachen: Kritik an verbreiteten Übungsformen

Die bestehenden Angebote zum Fremdsprachenlernen mit Neuen Medien, seien es Lernprogramme auf DVD/ CD-ROM oder auch die im Internet sehr verbreiteten Fremdsprachenübungen – auf die ich mich in der Folge konzentrieren möchte – bieten in der großen Mehrzahl nicht die fremdsprachendidaktische Qualität, die wünschenswert wäre. So hat ein Großteil des Angebots reinen Übungscharakter. Genaugenommen erreichen viele Angebote nicht einmal die Qualität von Übungen, sondern sind im Grunde *Test*formate, die lediglich dazu dienen, Lerninhalte, die auf anderem Weg vermittelt und geübt wurden, zu überprüfen. Das wir dadurch verstärkt, dass viele dieser Angebote didaktisch bzw. programmierungstechnisch wenig entwickelt sind und zum Beispiel nur minimales Feedback auf die Einträge der Übenden bieten, in vielen Fällen beschränkt auf die Auskunft, ob der Eintrag richtig oder falsch ist.

Da viele der verwendeten Übungssätze keineswegs authentisch, sondern konstruiert sind und oft nicht in einem Textzusammenhang stehen, ist ein kommunikativer Nutzen selten unmittelbar zu erkennen. Da solche Übungsformen die multimedialen Möglichkeiten neuer Medien nur zu einem geringen Teil nutzen, sind sie nur als bedingt mediengerecht zu bezeichnen. Auffällig ist vor allem der Verzicht solcher Sprachübungen darauf, das Internet als Quelle authentischer Sprache und Information und kommunikatives Medium zu nutzen. In vielen Fällen ließen sich die angebotenen Übungen mit traditionellen Medien wie Bleistift und Papier ebenso gut (oder besser!) umsetzen. Diese Art von Übungen basiert auf veralteten Lerntheorien und Fremdsprachenlernmodellen: dem Behaviorismus und dem *pattern drill* bzw. grammatischen Übungen, wie sie schon aus der Grammatik-Übersetzungs-Methode bekannt sind.

Als Beispiel einer Quelle für diese so häufig angebotenen Grammatikübungen sei hier das Deutsch-als-Fremdsprache-Portal „deutsch-online.com" (deutsch-online.com 2006a) genannt: Obwohl auf dieser Webseite auch so genannte „Netzaufgaben", Rechercheaufgaben im WWW (deutsch-online.com 2006b) – Aufgaben also, die die medialen Möglichkeiten weit besser nutzen – angeboten werden, ist das Angebot an reinen Drillübungen – immerhin teils unter Verwendung authentischer Texte – weiterhin sehr groß.

Erfahrungsgemäß sind viele Lernende zunächst dennoch motiviert, Übungen mit Computerunterstützung durchzuführen, denn immerhin ist da – gerade bei den simplen Übungen – eine Art von ‚Interaktivität': der Rechner ‚antwortet' mir, ob meine Lösung richtig war – das ist ja immerhin etwas, das kein papierenes Arbeitsblatt kann. Allerdings ist zu befürchten, dass auch die Lernenden bald entdecken, dass es sich nur um eine schematische und repetitive Schein-Interaktivität handelt und sich der anfänglich motivierende Effekt der Nutzung neuer Medien bei wiederholtem oder kontinuierlichem Einsatz von Übungen, die nicht über das traditionelle Format von Einsetz-, Auswahl- oder Umformungsübungen hinausgehen, bald abnutzt.

3. Anforderungen an Aufgaben und Übungen im Fremdsprachenunterricht mit Neuen Medien

Diesen Abschnitt habe ich für bessere Übersichtlichkeit in die Bereiche „lern- und kognitionstheoretische Anforderungen", das sind Anforderungen, die sich auf allgemeine (nicht sprachspezifische) lerntheoretische Erkenntnisse gründen, „spracherwerbs- und sprachlerntheoretische Anforderungen", die sich der Spracherwerbstheorie und Sprachlehrforschung verdanken, und schließlich „mediendidaktische Anforderungen", die auf die Beziehung zwischen Medium und didaktischem Kontext Bezug nehmen, gegliedert. Bei der folgenden Diskussion wird ersichtlich, dass die Kategorien sicher nicht ganz trennscharf, sondern in mancher Hinsicht aufeinander bezogen sind.

3.1. Lern- und kognitionstheoretische Anforderungen

3.1.1. Konstruktivistisches und konnektionistisches Lernen

Auf Grund der Rezeption des radikalen Konstruktivismus in der Fremdsprachenpädagogik (Wendt 2000; Wolff 2002) wird heute zumeist davon ausgegangen, dass Lernen durch subjektive Wissenskonstruktion stattfindet und den Lernenden daher individuelle Zugänge zu den Lerninhalten geboten werden müssen. Eine mögliche Umsetzungsform sind dabei komplexe produktorientierte Lernarrangements, die auch als Konstruktionismus oder „learning by making" bekannt sind (Papert 1991; Fischhaber 2002). Eine andere lerntheoretische Erkenntnis, die sich dem neurolinguistischen Modell des Konnektionismus (Plunkett 1998) verdankt, ist die Multi-Merkmals-Hypothese (*multi feature hypothesis*), nach der Lerninhalte besonders gut behalten und wieder aufgerufen werden können, wenn sie im Gehirn gut vernetzt, d.h. mit unterschiedlichsten Sinneseindrücken und Kontexten verknüpft und so leichter wieder abrufbar sind. Diese Hypothese würde nahe legen, dass sprachliche Elemente in verschiedenen Kontexten, Modalitäten und Verarbeitungsformen präsentiert werden (Westhoff 2006).

3.1.2. Lernendenautonomie

Seit Jahren wird eine verstärkte Förderung der Autonomie von Lernenden gefordert, um sie zu selbständigerem Umgang mit Lerninhalten und Lernprozessen zu befähigen (stellvertretend für die sehr umfangreiche Debatte: van Lier 1996). Ungeachtet der Tatsache, dass es verschiedene Begriffe von Autonomie gibt (Littlewood 1999) und dass in den einzelnen Konzeptionen verschiedene Schwerpunkte gesetzt werden, möchte ich hier nur drei Punkte nennen, die meines Erachtens in einen Forderungskatalog zur Lernendenautonomie unbedingt hineingehören: Das ist einmal die Beteiligung der Lernenden an der *Auswahl und Sequenzierung der Inhalte und Lernformen*, zum zweiten die Förderung von *Selbstevaluation* und zum dritten das Training von *Lernstrategien und Selbstorganisation*. Das bedeutet, dass den Lernenden erstens in irgendeiner Weise Mitbestimmung über Lerninhalte und Lernformen, ermöglicht wird, indem individualisierte Lernwege angeboten werden. Dieses Kriterium trifft sich mit den individuellen Zugängen, die der Konstruktivismus fordert. Zweitens sollten die Lernenden differenziertes Feedback erhalten oder andere Möglichkeiten der eigenständigen Reflexion und Evaluation ihres Lernprozesses bzw. Lernerfolgs bekommen. Drittens wäre es wichtig, strategisches Verhalten der Lernenden zu fördern und zu unterstützen, um ihre Fähigkeiten zu steigern, ihr Lernen selbst zu organisieren.

3.1.3. Kooperatives Lernen

Einige Argumente sprechen dafür, beim Sprachenlernen Kooperation zwischen Lernenden in den Vordergrund zu stellen: Da ist zunächst die simple Tatsache, dass der Umfang der Interaktion vervielfacht werden kann, wenn die Interaktionsmöglichkeiten der Lernenden untereinander in vollem Umfang genützt werden. Auch legen interaktionistische Positionen wie die Bedeutungsaushandlungshypothese (Edmondson & House 2000: 271 ff.) es nahe, dass sprachliches Lernen in besonderem Maße in Sequenzen stattfindet, in denen in an natürliche Kommunikation angelehnter Weise Bedeutungen unter *peers* ausgehandelt werden. Und schließlich besteht insbesondere in heterogenen Gruppen die Möglichkeit, die Möglichkeiten des Konzepts „Lernen durch Lehren" zu nutzen, indem in Bezug auf eine bestimmte Fähigkeit oder einen bestimmten Lerninhalt fortgeschrittenere Lernende weniger Fortgeschrittene in die Materie einführen und dabei ihre eigenen Kompetenzen absichern und ausweiten.

3.1.4. Aufgabenorientierung

Dieser letzte Punkt der lern- und kognitionstheoretischen Anforderungen soll etwas ausführlicher behandelt werden. Um das Wesen der Aufgabenorientierung klarzumachen, die als *task based approach* schon fast als neues Paradigma der Fremdsprachendidaktik (u.a. Ellis 2003) anzusprechen ist, möchte ich von der Unterscheidung zwischen Übungen und Aufgaben ausgehen: Nach Huneke & Steinig sind Übungen von der Lehrkraft erstellte oder ausgewählte, eher sprachformbezogene, tendenziell geschlossene Sprachlernaktivitäten mit einer einzigen richtigen Lösung, während Aufgaben eher inhaltsorientierte, im Unterrichtsprozess entstehende, tendenziell offene Aktivitäten mit mehreren Lösungen und Lösungswegen sind (Huneke & Steinig 2005: 173). Gleichzeitig betonen sie aber, dass Übungen auch als Voraussetzung für Aufgaben interpretiert werden können. Ein Beispiel wäre, dass sprachliche Mittel, die für eine anspruchsvolle Projektaufgabe benötigt werden, zunächst sozusagen im „Trockentraining" des Übungsformats geübt werden. Eine differenziertere Darstellung bietet Littlewood, der Aufgabenorientierung als Kontinuum sieht und einzelne Stufen des Kontinuums in Zusammenhang mit der jeweiligen Form- bzw. Inhaltsfokussierung benennt (Littlewood 2004: 322; vgl. Abb. 1). Bei dieser Betrachtungsweise lässt sich Aufgabenorientierung als Unterrichtsziel auch graduell und nicht nur als Entweder-Oder umsetzen.

Focus on *meaning*	**Aufgabe** *(communicative)* *task*	Authentische Kommunikation
	△	Strukturierte Kommunikation
Focus on form	△	Kommunikative Sprachpraxis
	▽	Präkommunikative Sprachpraxis
Focus on *formS*	**Übung** *exercise* *enabling task*	Nicht-kommunikatives Lernen

Abbildung 1: Aufgabenorientierung als Kontinuum (nach Littlewood 2004: 322)

3.2. Spracherwerbs- und sprachlerntheoretische Anforderungen

Die Spracherwerbs- sowie die Sprachlehr- und -lernforschung hat zwar sicher noch kein überzeugendes allgemeines Modell des Spracherwerbs bzw. Sprachlernens entwickelt, aber einige wichtige Aspekte, denen ein positiver Einfluss auf den Sprachlernprozess zugeschrieben wird, sollen hier genannt werden. Denn die Berücksichtung dieser Aspekte sollte auch ein Kriterium für die Erstellung und Beurteilung von Sprachlernarrangements mit Unterstützung neuer Medien sein.

3.2.1. Sprach- und Kulturbewusstheit

In den letzten Jahren wird immer wieder gefordert, dass Sprachunterricht nicht allein auf das Erwerben einer Einzelsprache abheben darf, sondern auch *language and cultural awareness* bei den Lernenden entwickeln soll, einerseits um die Zielsprache in einen Kontext stellen zu können und andererseits, um das Sprachenlernen für die Persönlichkeitsbildung zu nutzen und gute Voraussetzungen für weitere Sprach- und Kulturbegegnung zu schaffen. Ein Element, das diese Sprach- und Kulturbewusstheit fördern kann, ist kulturelle und sprachliche Authentizität. Die Authentizität des sprachlichen und kulturellen Materials kann

durch die Nutzung des Internets im Sprachunterricht in neuer Qualität gewährleistet werden (vgl. 4.3.1).

3.2.2. Inhaltsorientierung

Spätestens seit den kanadischen Immersionsstudien der 60er und 70er Jahre
(Lambert & Tucker 1972) ist der Zusammenhang von Sprachvermittlung mit der
Vermittlung von Sachinhalten eins der wichtigen Themen in der Sprachdidaktik
und hat verschiedene Modelle integrierten Sprach- und Sachlernens bzw. der
Fremdsprache als Arbeitssprache hervorgebracht, die in letzter Zeit oft unter der
Bezeichnung *content and language integrated learning* (CLIL) laufen. Doch
auch in einem ‚gewöhnlichen' Sprachunterricht sind Aktivitäten zur Unterstrei-
chung eines *focus on meaning* wichtig, um Lernenden die Sprache als Mittel
echter Kommunikation näher zu bringen.

3.2.3. Formorientierung

Das Gegenstück zur Inhaltsorientierung ist die Formorientierung, bei der die
Lernenden sich mit strukturellen Eigenschaften der Sprache bzw. dem sprachlichen System, vulgo „Grammatik" beschäftigen. Vorzugsweise sollte diese
Formorientierung nicht in isolierten sprachstrukturellen Übungen bestehen, bei
denen der Zusammenhang mit dem sprachlichen Inhalt verloren geht (*focus on
formS*), sondern Aktivitäten umfassen, die eine bestimmte sprachliche Form in
Zusammenhang mit dem korrespondierenden sprachlichen Inhalt bringen, also
ein *focus on form* im Sinne Longs & Robinsons (Long & Robinson 1998). Dieser Ansatz wird im deutschsprachigen Raum auch unter dem Schlagwort
„Sprachaufmerksamkeit" diskutiert und oft in Zusammenhang mit der unter
4.2.1. erwähnten Sprachbewusstheit gebracht (Portmann-Tselikas & Schmölzer-
Eibinger 2001).

3.2.4. (Kommunikations-)Strategien

Die Effizienz von Sprachlernen und die Gewandtheit sprachlicher Performanz
kann durch den Einsatz von Strategien erheblich gesteigert werden. Seit der
„Entdeckung" von Sprachlern- und Kommunikationsstrategien werden sie als
ein wesentliches Element der Sprachvermittlung angesehen und haben inzwischen auch Eingang in die Lehrwerke gefunden. Die Strategieförderung im
Sprachunterricht sollte sowohl rezeptive Strategien (z.B. Lesestrategien) wie
produktive Strategien (z.B. Kompensationsstrategien) einschließen. Sie stehen
im engen Zusammenhang mit Lernstrategien (vgl. 3.1.2.).

3.2.5. Geförderte Sprachproduktion

Rein sprachangebots(*input*)-basierte Sprachlerntheorien sind umstritten. Ohne
die Rolle umfassenden Sprachangebots in Frage zu stellen, scheint es doch gute

Argumente dafür zu geben, auch der Sprachproduktion eine tragende Rolle beim Sprachlernprozess einzuräumen. Die Sprachproduktion der Lernenden sollte also ihren festen Platz im Aufgaben- und Übungsgeschehen haben und durch Prozesse wie *scaffolding* (van Lier 1996) unterstützt werden. Die Sprachproduktion sollte dabei in zwei Richtungen entwickelt werden: einerseits in Richtung einer automatisierten, formelhaften, lexikalisierten Sprache (*chunks*), die ein rasches Reagieren in häufig auftretenden Kommunikationssituationen ermöglicht, und andererseits in Richtung regelgeleiteter Sprachproduktion, die sich etwa an die in 4.2.3. erwähnten formorientierten Aktivitäten anschließt.

3.3. Mediendidaktische Anforderungen

Die folgenden drei Bereiche mediendidaktischer Anforderungen scheinen mir in Hinblick auf den Gewinn bringenden Einsatz neuer Medien im Sprachunterricht von besonderer Bedeutung.

3.3.1. Mediengerechte Lern- und Arbeitsformen

Hierunter verstehe ich, dass nicht Papier-und-Bleistift-Übungsformen eins zu eins auf den PC oder ins Internet übertragen werden. Nichts, das man besser ohne neue Medien erledigen kann, sollte nur um der Neuigkeit willen unbedingt auf diese transferiert werden.

3.3.2. Mediale Möglichkeiten nutzen

In einem weiteren Schritt geht es darum, die Möglichkeiten neuer Medien in vollem Umfang zu nutzen. Zum einen gilt es, die Multimedialität des PC als *all in one*-Medium zu berücksichtigen und damit einerseits verschiedene sprachliche Fertigkeiten (zumindest Lesen, Hören, Hörsehen und Schreiben) abzudecken und andererseits eine Vielfalt der Zugänge im Sinne der Multi-Merkmals-Hypothese (vgl. 4.1.1.) zu erreichen. Weiter kommt es darauf an, das Potential des Internet auszunützen, das u.a. in besonderer Aktualität der verfügbaren Materialien liegt. Aber auch die Direktheit des Zugangs zu Sprachen und Kulturen ohne Vermittlung über die Lehrperson schafft neue Bedingungen für das Lernen. Schließlich ist auch die Pluralität des Internet zu nennen, die einen multiperspektivischen Zugang auf die meisten Themen erlaubt, da verschiedene Standpunkte (zum Beispiel von Regierungen und NGOs) im Internet vertreten und gleichermaßen erreichbar sind. Besonders bedeutsam für die Gestaltung von Sprachlernen ist aber die Möglichkeit für Lernende, im Internet in verschiedener Weise nicht nur als Rezipienten, sondern auch als Produzenten aufzutreten. Die Leichtigkeit, mit der heute etwa in Chats oder Blogs zumindest potentiell ein Millionenpublikum erreichbar ist, hat es so vorher nie gegeben.

3.3.3. Medienkompetenz und Medienbewusstheit

Die Offenheit und Zugänglichkeit des Internets erfordert auch eine neue Qualität von Medienkompetenz und Medienbewusstheit bei den Lernenden. Sie brauchen eigene Fertigkeiten zum rezeptiven und produktiven Umgang mit Multimedialität (zum Beispiel in Bezug auf den Einsatz von Bildern) und zugleich müssen Sie eine kritische Bewusstheit und analytische Kompetenz entwickeln, um etwa die Qualität und Authentizität von Informationen einschätzen und die Mechanismen der Produktion von im Internet gebotenen Inhalten durchschauen zu können.

4. Lernszenarien im Verbundlernen mit neuen Medien (*blended learning*)

4.1. Lernszenarien als ganzheitliche Konzeption des eLernens

Zur Umsetzung der oben dargestellten Anforderungen beim Einsatz von neuen Medien, insbesondere des Internets, ist es nahezu unabdingbar, Präsenzunterricht und autonomes Lernen am Computer zu kombinieren. Für diese Form von Kombination hat sich der Ausdruck *blended learning* eingebürgert, ich allerdings ziehe den Ausdruck „Verbundlernen mit neuen Medien" vor (Boeckmann 2006: 12). Um eine erfolgreiche Umsetzung zu gewährleisten, ist eine detaillierte Planung des Lernverbunds zwischen elektronischen und traditionellen Lernformen nötig. Deshalb halte ich es nicht für ausreichend, einzelne eLern-Werkzeuge isoliert zu beschreiben, sondern glaube, dass eine Übertragung von Lernarrangements nur dann gut funktionieren kann, wenn möglichst dichte und reiche Kontextbeschreibungen existieren. Diese Beschreibungen möchte ich „Verbundlernszenarien" nennen.

Dabei geht es nicht um Szenarien im Sinne der „Szenariendidaktik" (Hölscher 2005; Hölscher, Piepho, & Roche 2006), die als Reaktion auf Heterogenität in der Gruppe zur Förderung der Individualisierung entwickelt werden und nur auf den Unterricht bezogen sind. Die Verbundlernszenarien hingegen gehen von folgendem Grundgedanken aus: Lernangebote oder „Lernobjekte sind nicht isoliert zu betrachten, sondern jeweils in dem Kontext, in dem sie eingesetzt werden und werden sollen" (Beuschel & Seehusen 2003: 1).

Verbundlernszenarien sind also in diesem Sinne Metabeschreibungen von Verbundlernsequenzen mit neuen Medien, die den Einsatz der neuen Medien bzw. von eLern-Materialien in ihrer situativen unterrichtlichen Einbettung darstellen. Im nächsten Abschnitt soll skizziert werden, was ein solches Verbundlernszenario enthalten müsste.

4.2. Bestandteile von Verbundlernszenarien

Die Beschreibung des Lernmaterials und/oder der Lernaufgabe(n) ist natürlich zentraler Bestandteil eines Verbundlernszenarios, ist aber allein nicht aussagekräftig genug. Weitere Angaben, die ein solches Szenario enthalten sollte, sind möglichst eingehende Informationen zu:

- den Lernenden (Sprachstand, Alter, Geschlecht, Lernerfahrung...);
- der Lernsituation (Kurs-/ Unterrichtsform, Institution, Lehrkraft, Kursziel/ Curriculum, technische/ räumliche Bedingungen...);
- dem vorgeschlagenen Ablaufplan des Lernverbunds (Sozial- und Arbeitsformen, Aufgaben- und Übungstypen, erwartete Feinziele...);
- den möglichen Alternativen und optionalen Zusatzaktivitäten;
- und idealer Weise Informationen zur Evaluation oder zumindest Dokumentation erfolgter Einsätze des Szenarios.

Diese Liste ließe sich sicherlich noch ergänzen, doch denke ich, dass schon die oben angegebenen Punkte eine recht verlässliche Beurteilung des Szenarios und vor allem der Frage nach der Übertragbarkeit auf andere Lernkontexte ermöglichen. Eine noch detailliertere Beschreibung wäre auch zunehmend weniger praktikabel.

5. Ein Beispiel: Der e-kl@r-Kurs des Österreich Instituts

5.1. Rahmenbedingungen des Kursangebots

Es handelt sich um einen Kurs, der bewusst als *blended learning*-Angebot konzipiert ist und zur Hälfte Präsenz-, zur Hälfte elektronisches Distanzlernen beinhaltet (Österreich-Institut 2001). Die Präsenzeinheiten finden im zweiwöchigen Abstand statt und umfassen 15 Wochen zu insgesamt 60 Unterrichtseinheiten, die von speziell für dieses Kursmodell geschulten Lehrkräften unterrichtet werden. Die Pilotkurse fanden in gemischten Jugendlichen-/ Erwachsenengruppen in Warschau und Bratislava statt und bestanden aus vier bis zwölf Teilnehmende ab 16 Jahren. Der Kurs wurde für die Kursstufe A 7 des Österreich Instituts (das entspricht in etwa Zertifikatsniveau oder der Stufe B 1 nach dem Gemeinsamen europäischen Referenzrahmen für Sprachen). Als weitere Voraussetzung wurde von den Teilnehmenden verlangt, dass sie mit dem Internet und der Textverarbeitung am PC vertraut und aktive E-Mail-Nutzerinnen sein sowie über einen eigenen Internetzugang verfügen sollten. Gefordert wurde auch Interesse und Bereitschaft zum eLernen – wobei die Teilnehmenden unterschiedliche Motivationen für die Teilnahme am Kurs mitbrachten.

Die Struktur des Kurses sieht vor, dass individuelle und kooperative Netzaufgaben (Distanzphase) in den Präsenzphasen vorbereitet werden, indem die Lehrende die Aufgaben zunächst am Beamer plenar erläutert und dann in Kleingruppen- oder Partnerarbeit im Detail geplant werden. In der folgenden Präsenzeinheit wird das Resultat der Online-Aktivität wieder in den Unterrichtsverlauf eingebunden, sodass die Distanzphase keine bloße „Hausübung", sondern fixer Bestandteil des Kurses ist (Mandl 2005; in Vorbereitung).

5.2. Gestaltung des Lernverbunds

Die Kursdesignerinnen haben verschiedene Elemente vorgesehen, die den Lernverbund unterstützen: Dazu gehören genaue Anweisungen für die Lehrkraft, wie die Online-Aktivität (Distanzphase) vorzubereiten ist: „Besprechen Sie gemeinsam in der Präsenzphase die Aufgabenstellung und klären sie den genauen Ablauf. Zeigen Sie den Lernenden auch das Arbeitsblatt und verweisen Sie auf das Textfeld am Ende, in dem der Ablauf kurz dargestellt ist." Die Lernenden werden aber nicht nur mündlich und schriftlich instruiert, was von ihnen in der Distanzphase erwartet wird, sondern die Paare, die gemeinsam die kooperative Aufgabe in der Distanzphase lösen, besprechen auch bereits im Präsenzkurs „den Ablauf und den Zeitplan für das gemeinsame Lösen der Aufgabe. Außerdem legen sie fest, wer mit dem Schreiben beginnt."

Das andere Ende des Lernverbundes bindet die kooperativ in der Distanzphase gelösten Aufgaben wieder in den Präsenzkurs ein: In der folgenden Präsenzkurs-Stunde „werden die Texte mitgebracht und als Grundlage für eine Sprachaktivität verwendet" (alle Zitate aus: Mandl in Vorbereitung). Ein konkretes Beispiel wird in 5.3. gegeben.

Auch die Teilnehmenden haben unter anderem das systematische kooperative Element als Besonderheit des Kurses empfunden, wie erste Rückmeldungen zeigen. Eine Teilnehmende äußerte sich so: „Die Pointe dieses Kurses ist auch die Zusammenarbeit der Teilnehmer" (Mandl 2005: 60).

5.3. Beispiel einer Aufgabenstellung

Ich habe hier bewusst ein Beispiel gewählt, das sich vielleicht nicht zur Online-Bearbeitung aufdrängt. Das Thema der Präsenzeinheit war „Märchen". Die *individuellen Aufgaben* für die Distanzphase, die direkt an die Lehrenden geschickt und von diesen, mit Feedback versehen, an die Teilnehmenden retourniert wurden, um dann von diesen überarbeitet und im Lernforum publiziert zu werden, waren:

- eine Internetrecherche zu den Begriffen „urban legend" und „hoax";
- eine Leseaufgabe (moderne Sage);
- von den Eltern/ Großeltern Sagen erfragen zur Publikation auf der Webseite www.sagen.at.

Die kooperative Aufgabe war, gemeinsam (zu zweit oder zu dritt) ein Märchen zu schreiben, und zwar jeweils eine Person 3-4 Sätze im dreimaligen Wechsel. Dafür waren Satzanfänge vorgegeben (z.B. „Plötzlich...", „Aber...", „Zum Glück..."). Die Märchen wurden dann in die Präsenzphase mitgebracht und zum Gegenstand einer weiteren Aktivität gemacht: Die Lernenden gehen zu Musik durch den Raum und müssen, wenn die Musik stoppt, dem Nächststehenden jeweils etwas über das eigene Märchen erzählen, z.B. die ‚Moral' oder eine Kurzinhaltsangabe.

6. Fazit

Das Beispiel aus dem e-kl@r-Kurs hat hoffentlich deutlich gemacht, dass die in Abschnitt 3. formulierten Anforderungen, die in abstrakter Form vielleicht eher schwer erfüllbar erscheinen, durchaus umsetzbar sind. Dazu ist zu bemerken, dass innerhalb eines Kurses die Schwerpunkte in verschiedenen Aufgaben ja verschieden gesetzt werden können und sollen. So wird einmal die Aufgabe freier sein und so die Individualität des Zugangs betonen und einmal weniger, einmal wird der Schwerpunkt auf automatisierter Sprachproduktion und ein andermal auf regelgeleiteter Sprachproduktion liegen und so fort.

Entscheidend für die erfolgreiche Erfüllung der Anforderungen erscheint mir der bewusste und planmäßige Verbund von konventionellen und neumedialen Arbeitsformen, von Präsenz- und Distanz-/ Online-Phasen im Sinne von Verbundlernszenarien. Denn bei ausschließlicher Verwendung neuer Medien können wesentliche Anforderungen, wie z.B. die Berücksichtigung des gesamten Fertigkeitsspektrums oder die Einbindung kooperativen Lernens, nur schwer erfüllt werden.

Literaturverzeichnis

Beuschel, Werner & Seehusen, Silke (2003). „Lehr- und Lernformen für web-basierte Studiengänge – Erfahrungen aus E-Learning-Projekten." Online: http://www.informatik.fh-luebeck.de/ti/Seehusen/Publications/GML03/ BeuschelSeehusenGML03.pdf (zuletzt eingesehen 1. Okt. 2006).

Boeckmann, Klaus-Börge (2006). „Erfahrungen mit Verbundlernen in der universitären Lehre: Blended Learning mit der Plattform ILIAS." In: Maria Mesner, Michaela Rieder & Charlotte Zwiauer (Hrsg.), *eLearning beginnen. Die Pilotphase der Universität Wien*. Frankfurt/Main: Lang, 11-22.

deutsch-online.com, Portal Fremdsprache Deutsch (2006a). *Deutschlernen – Grammatik*. Online: http://www.deutsch-online.com/modules.php?op=mod load&name=NS-ezcms&file=index&menu=1&page_id=4 (zuletzt eingesehen 12. Sept. 2006).

deutsch-online.com, Portal Fremdsprache Deutsch. (2006b). *Deutschlernen – Netzaufgaben*. Online: http://www.deutsch-online.com/ modules.php?op=mod load&name=NS-ezcms&file=index&menu=13&page_id=15 (zuletzt eingesehen 12. Sept. 2006).

Edmondson, Willis J. & House, Juliane (2000[2]). *Einführung in die Sprachlehrforschung*. Tübingen: Francke.

Ellis, Rod (2003). *Task-Based Language Learning and Teaching*. Oxford: Oxford University Press.

Fischhaber, Katrin (2002). „Digitale Ethnographie: Eine Methode zum Erlernen interkultureller Kompetenz im Fremdsprachenunterricht." *Zeitschrift für interkulturellen Fremdsprachenunterricht*, 7 (1), 23. Online: http://www.spz.tu-darmstadt.de/projekt_ejournal/jg-07-21/beitrag/fischhaber21.htm (zuletzt eingesehen 28. Okt. 2006).

Hölscher, Petra (2005). „Lernszenarien." *Frühes Deutsch*, 5, 4-6.

Hölscher, Petra; Piepho, Hans-Eberhard & Roche, Jörg (2006). *Handlungsorientierter Unterricht mit Lernszenarien. Kernfragen zum Spracherwerb*. Oberursel: Finken.

Huneke, Hans Werner & Steinig, Wolfgang (2005[4]). *Deutsch als Fremdsprache – eine Einführung*. Berlin: Erich Schmidt.

Lambert, Wallace E. & Tucker, George R. (1972). *The Bilingual Education of Children*. Rowley, MA.: Newbury House Publishers.

Littlewood, William (1999). "Defining and Developing Autonomy in East Asian Contexts." *Applied Linguistics*, 20 (1), 71-94.

Littlewood, William (2004). "The Task-based Approach: Some Questions and Suggestions." *ELT Journal*, 58 (4), 319-326.

Long, Michael H. & Robinson, Peter (1998). "Focus on Form: Theory, Research and Practice." In: Catherine Doughty & Jessica Williams (Eds.), *Focus on Form in Classroom Second Language Acquisition*. Cambridge: Cambridge

University Press, 15-41.

Mandl, Eva (2005). „'Die Pointe ist die Zusammenarbeit'. Das e-Learning-Projekt des Österreich Instituts." *ÖDaF-Mitteilungen,* 21 (IDT-Sondernummer August 2005), 52-62.

Mandl, Eva (in Vorbereitung). "Prinzipien zur Gestaltung von Online-Phasen im Fremdsprachenunterricht." In: Klaus-Börge Boeckmann, Angelika Rieder-Bünemann & Eva Vetter (Hrsg.), *E-Learning in der fremdsprachenbezogenen Lehre.* Wien: Lang.

Österreich Institut (2001). „e-kl@r: Kombikurs. Das Blended-Learning Angebot der Österreich Institute." Online: http://www.oesterreichportal. at/e-klar/ demo. (zuletzt eingesehen 21. März 2007).

Papert, Seymour (1991). "Situating Constructionism." In: Idit Harel & Seymour Papert (Eds.), *Constructionism.* Norwood: Ablex, 1-12.

Plunkett, Kim (1998). *Language Acquisition and Connectionism.* Hove: Psychology Press.

Portmann-Tselikas, Paul & Schmölzer-Eibinger, Sabine (Hrsg.) (2001). *Grammatik und Sprachaufmerksamkeit.* Innsbruck: Studien-Verlag.

van Lier, Leo (1996). *Interaction in the Language Curriculum. Awareness, Autonomy & Authenticity.* London, New York: Longman.

Wendt, Michael (Hrsg.) (2000). *Konstruktion statt Instruktion. Neue Zugänge zu Sprache und Kultur im Fremdsprachenunterricht.* Frankfurt/Main: Lang.

Westhoff, Gerard (2006). „Die Multi-Merkmal-Hypothese. Charakteristiken effektiver Sprachlernaufgaben." *Theorie und Praxis. Österreichische Beiträge zu Deutsch als Fremdsprache,* 9, 59-72.

Wolff, Dieter (2002). *Fremdsprachenlernen als Konstruktion. Grundlagen für eine konstruktivistische Fremdsprachendidaktik.* Frankfurt/Main: Lang.

RITA KUPETZ und BIRGIT ZIEGENMEYER (HANNOVER)

Projektarbeit in der Lehrerbildung: Die CD-ROM „Teaching Biology in English"

Im folgenden Beitrag stellen wir ein Lernszenario zu studentischer Projektarbeit vor, das im Rahmen eines fachdidaktischen Hauptseminars an der Leibniz Universität Hannover erprobt wurde. Dabei wurde den Lehramtsstudierenden ermöglicht, sich über Unterrichtsbeobachtung mittels Videoaufzeichnung und Literaturstudium verschiedene Aspekte des Problemfeldes „Content and Language Integrated Learning" zu erarbeiten. Wir erläutern, wie zwei Unterrichtsaufzeichnungen „The Earthworm" und „Human Senses" aus dem bilingualen Biologieunterricht in der Sekundarstufe I einerseits exemplarisch zum Ausgangspunkt für eine problemorientierte, theoretisch fundierte Erarbeitung zentraler Konzepte dieses Problemfeldes wurden und wie andererseits bei der Erstellung eines multimedialen Lehr- und Lernmaterials für die Lehreraus- und -fortbildung im Rahmen der Projektarbeit die Weiterentwicklung von Medienkompetenzen der Studierenden gefördert wurde.

1. Lehrerbildung mit Videografie – Aufgabenkultur – Projektarbeit

Wir vertreten einen Ansatz einer theoretisch fundierten, reflektierenden und praktisch perspektivierten Lehrerbildung, in dem Probleme der schulischen Praxis aufgegriffen, reflektiert und an die unterrichtliche Praxis zurückgespielt werden. Unterrichtsaufzeichnungen spielen dabei eine besondere Rolle, da sie es erlauben, unterrichtsnah Schulwirklichkeit zu thematisieren. Nach Reusser (2005) werden zunehmend vielfältige Potenziale der Unterrichtsvideografie als Medium und als Instrument der Lehrerprofessionalisierung erkannt. Unterrichtsvideos stellen dabei „Kristallisationspunkte gemeinsamer fachlicher Diskussion des Handelns und Geschehens in Klassenzimmern" (Reusser 2005: 10) dar. Sie ermöglichen es dem Betrachter wie kein anderes Medium, unterrichtliches Geschehen neu zu konstruieren und in der Zusammenschau mit anderen Daten zum Unterricht komplex zu deuten (vgl. Stadler 2001).

Für die 1. Phase der Lehrerausbildung bieten insbesondere Unterrichtsaufzeichnungen von „Dritten" folgende Nutzungsmöglichkeiten (vgl. Fischer & Schratz 2005, Reusser 2005): Sie können als visuelle Anker zur Referenzierung oder Reflexion von Standards, kritischen Problemsituationen oder auch „best practice" im Rahmen von erziehungswissenschaftlichen oder fachdidaktischen Lehrveranstaltungen eingesetzt werden. Theorien, Kernideen und Konzepte des Lernens und Lehrens können in Sichtstrukturen des unterschiedlichen Handelns ‚übersetzt' und situiert werden. Dabei können flüchtige Praxissituationen unmittelbar oder zeitlich versetzt durch Pausen verlangsamt und auch durch Kommentare strukturiert betrachtet werden. Unterrichtsprozesse können in ihrer Komplexität und Variabilität sichtbar gemacht werden, sodass nach Reusser (2005) eine

Objektivierung unterrichtsbezogener Denk- und Handlungsmuster ermöglicht wird, um „zu zeigen, worüber man spricht" (Reusser 2005: 10). Als Arbeitsmaterialien für Studierende können Unterrichtsaufzeichnungen (i) zur Auseinandersetzung mit dem zukünftigen Beruf, (ii) zur Praxiserkundung und Praxisreflexion sowie (iii) in der Auseinandersetzung mit multimedialen Fallgeschichten auch zur Generierung didaktischen Theoriewissens anregen (vgl. Kupetz & Ziegenmeyer 2006). Verschiedenste Aspekte der Unterrichtsgestaltung können dabei wiederholt mit unterschiedlichen Fragestellungen und aus verschiedenen fachlich-fachdidaktischen Perspektiven betrachtet und analysiert werden. Im Rahmen eines studentischen Portfolios können mit Hilfe von Unterrichtsvideos u. a. Kompetenzen der Unterrichtsanalyse gezeigt werden.

Für unseren Kontext in der universitären Lehrerausbildung ist dabei vor allem das folgende von Reusser skizzierte Anwendungsszenario interessant: „Problemorientierte und fallbasierte Analyse von Unterrichtsvideos" mit dem Ziel „des theoretisierenden, explorierend-forschenden Nachdenkens über Grundprobleme des Unterrichtens" (Reusser 2005: 12). Diese Nutzung entspricht unserem Ansatz, indem situiert, vom videografierten Fallbeispiel ausgehend, gelernt wird. Dieser Ansatz wird jedoch in unserem Lernszenario der Projektarbeit von den Studierenden selbstständig weitergeführt, da sie Materialien und Aufgabenstellungen für die Auseinandersetzung mit den Fallbeispielen entwickeln und somit erst die Fallgeschichte konstruieren bzw. weitere Fallgeschichten konstruierbar machen.

Aufgabenkultur

Sehr anregend für die Diskussion um Aufgabenstellungen finden wir den Diskurs zur Aufgabenkultur in verschiedenen Fächern, wie z. B. die Beiträge zur Tagung der Kasseler Forschergruppe „Empirische Bildungsforschung: Lehren – Lernen – Literacy"[1]. Die Übertragbarkeit auf den Fremdsprachenunterricht bzw. bilingualen Sachfachunterricht einerseits und Lehrerbildung andererseits ist zu prüfen: Blum & Messner (2006) erörtern in ihrem Beitrag die reformpädagogischen Vorläufer der Selbsttätigkeit und Selbstständigkeit im Fachunterricht und die Relevanz der *Aufgaben als zentrales Medium*. Sie wenden sich gegen eine reduktionistische Aufgabendidaktik, fordern vielmehr eine Aufgabenkultur, die multipel lösbare Aufgaben stellt. Sie bewerten Aufgaben positiv, die einen *task space* einräumen. Des Weiteren plädieren sie dafür, dass Lehrpersonen *Fehler* für das Lernen aufbereiten und *Lösungen zurückspielen* sollten, d. h. die pädagogische Kompetenz besteht in einer *selbstständigkeitserhaltenden Intervention*. Reusser (2006) fordert eine Neuakzentuierung des Lernbegriffs unter Ausnutzung des kognitiven und sozialen Konstruktivismus, der die Schule als „Denk-

---

[1] Tagung der Kasseler Forschergruppe „Empirische Bildungsforschung: Lehren – Lernen – Literacy" „Selbstständiges Lernen im Fachunterricht" 28./29.04.2006

und Lernwerkstatt" begreift. Er entwickelt Konzepte der *Lehrstoff- und Aufgabenkultur* einerseits und der *Lern- und Interaktionskultur* andererseits, die einen Wechsel der Lehrerrolle von der direkten zur indirekten Instruktion ermöglichen. Fremdsprachendidaktisch gewendet entsteht ein Bezug zu Swains (1993) Output Hypothese und zu Longs (1981) Interaktionshypothese, die als spracherwerbstheoretische Fundierung dieser Art Intervention und Feedback im Fremdsprachenunterricht akzeptiert sind und durch Reusser im Sinne einer Denk- und Lernwerkstatt neu akzentuiert werden.

Duit (2006) hebt das Experiment als Kern der Methode der Erkenntnisgewinnung in den Naturwissenschaften hervor. Er erläutert die Entwicklung von der Schauphysik Ende des 18. Jahrhunderts über die Kreidephysik im 19. Jahrhundert zum geführten Schülerversuch Ende des 19. und im 20. Jahrhunderts. Er problematisiert, dass Physiklehrer zu wenig über das Lernen nachdenken und dass in der Unterrichtspraxis kochbuchartige Formen des Lernens dominieren und das Potenzial für Eigenständigkeit unzureichend genutzt wird.

Die Übertragbarkeit auf Lehrerbildung ist u. E. auf Grund gemeinsamer aktueller erziehungswissenschaftlicher Grundlegung wie Selbstständigkeit gegeben. Folgendes sei dabei hervorgehoben: Aufgaben im o. g. Sinne bieten Freiräume für verschiedene Lösungswege, Lösungsvarianten bzw. Fehler können zurückgespielt werden und Interventionen sind selbstständigkeitserhaltend. Diese Aspekte werden zwar im Kontext der Szenariendidaktik (vgl. Piepho 2003) nicht ausgeschlossen, jedoch ist gerade in diesem Bereich ein Blick über den Tellerrand der Fremdsprachendidaktik besonders anregend. Der Mehrwert für das Lehren und Lernen von Sprachen liegt dabei im Konzept einer Aufgabenkultur, die gezielt Impulse zur Projektarbeit setzt, die neben der Zielvorgabe auch die Lösung von Teilaufgaben vorsieht und bei der Irrtümer nicht ausgeschlossen, sondern als Teil des Lernprozesses angesehen werden.

Projektarbeit

Gerade auf dem Gebiet der Projektarbeit ist es also notwendig, Definitionen aus anderen Arbeits- bzw. Praxisbereichen auf ihre Tauglichkeit für Lehr- und Lernkontexte, d.h. hier Lehrerbildung, zu prüfen. Sinnvoll scheint dies vor allem deshalb, weil angehende Lehrerinnen und Lehrer auf diese Weise frühzeitig mit gesellschaftlicher Praxis konfrontiert werden. Zudem besteht die begründete Annahme, dass Lehrpersonen, die schon während des Studiums erfolgreich an Projekten gearbeitet haben, eher bereit sind, auch an Schulen Projekte für ihre Schülerinnen und Schüler zu organisieren. Ein Projekt ist nach DIN 69901 definiert als „ein Vorhaben, das in vorgegebener Zeit und beschränktem Aufwand ein eindeutig definiertes Ziel erreichen soll, wobei der genaue Lösungsweg weder vorgegeben noch bekannt ist. [...] Das Projekt ist [...] definiert durch den Input eines bestimmten Aufwands und den Output messbarer Ergebnisse." (Angermeier 2007) Kriterien für die erfolgreiche Durchführung eines Projektes sind,

z.B. eine klare, überprüfbare Zielsetzung, die Konstituierung einer Projektgruppe mit Projektleitung, Regelung des Zeiteinsatzes, Festlegung der Aufgabenstellungen und eines Ablaufplanes, die Dokumentation der Projektergebnisse sowie
die Evaluation des Arbeitsprozesses (vgl. Zumtobel 1998).
  Nöthen (2005) adaptiert dieses Konzept im Kontext eines Lernfeldkonzepts
für Berufskollegs. Seine Übersicht über Anforderungen an ein Projekt in einem
Lernkontext ist auch für unsere universitäre Nutzung sinnvoll.

Anforderungen an ein Projekt (vgl. Nöthen 2005)	Projekt „Teaching Biology in English"
Zielsetzung: Lösung einer problemhaltigen Aufgabenstellung mit Bezug zum Erfahrungshorizont der Lernenden	Was ist und kann CLIL? – die Erarbeitung eines fachdidaktischen Konzeptes erfolgt nicht nur rezeptiv, sondern durch die Aufgabe der Entwicklung von Lehr- und Lernmaterialien zu CLIL durch eine besondere Verarbeitungstiefe
Aufgabenstellung: Sie wird zum Anliegen der Lernenden und u. U. selbstständig modifiziert bzw. gestellt	Entwicklung einer multimedialen Lehr- und Lernumgebung zur Problematisierung von *Content Teaching in English* in Anlehnung an die Hannoveraner Unterrichtsbilder (vgl. Kupetz & Ziegenmeyer 2005b)
Theorie-Praxis Bezug	Unterrichtsaufzeichnungen als situativer Anker für fallbasiertes Lernen zu CLIL
Gruppenarbeit: Arbeitsteilung mit selbstständiger Planung und Durchführung in den Gruppen	Es bildeten sich selbstständig koordinierte Teilprojekte zur Bearbeitung der Unterrichtsaufzeichnungen für die Klassen 7 bzw. 8 sowie Teams für ein Lehrerinterview, für die vorbereitende Transkripterstellung sowie für die Erstellung eines Readers.
Arbeitsergebnis: Gebrauchswert	Die CD-ROM: *Teaching Biology in English* wird für die Lehreraus- und -fortbildung genutzt.

Abb. 1: Anforderungen an ein Projekt

Legutke (2003: 213ff.) skizziert eine lernortübergreifende, mediengestützte
Lernumgebung, die forschendes Lernen in Projekten ermöglichen soll. Die Konzeption und Realisierung einer den Seminartypus eines universitären Hauptseminars erweiternden und zu schulischen Lern- und Erfahrungsorten hin öffnen-
den Lernumgebung basiert nach Legutke auf den ausbildungsdidaktischen Prinzipien des reflektierenden Erfahrungslernens, des forschenden Lernens sowie
des kooperativen Lernens. In unserem Projekt stehen forschendes und kooperatives Lernen im Mittelpunkt.
  Angehende Lehrpersonen sollten projektorientierte Arbeitsformen als gelin-
gend erleben, um Vertrauen in diese Arbeitsform auch für schulisches Lernen
gewinnen zu können. Häufiger machen Studierende an der Universität jedoch
„negative Erfahrungen" mit „Gruppenarbeit". Dies hat sicherlich vielfältige Ur-

sachen, eine liegt offensichtlich in der offeneren Struktur und den bisherigen, eher konservativen Lerngewohnheiten, die vorrangig durch kleinschrittige Lernformen geprägt sind, sodass in diesem Bereich auch ein Konfliktpotenzial für die Projektdurchführung angenommen werden muss, dem aber gezielt nicht durch kleinschrittige Vorgaben begegnet werden soll. Es ist also wichtig hervorzuheben, dass kooperatives Lernen *mehr als* Gruppenarbeit ist. Projektplanung und geteilte Verantwortung sind sicher tragende konzeptionelle Elemente. Bei der Planung ist deshalb ein besonderes Augenmerk auf die Organisation, Strukturierung sowie auf die Entwicklung einer geeigneten Aufgabenstellung zu legen. Dazu erörtert Legutke (2003: 217f.) folgende Strukturmerkmale kooperativen Lernens „1. kohäsive Kleingruppenarbeit, 2. positive Interdependenz, 3. eigene und Gruppenverantwortung, 4. Gruppenreflexion und 5. Übernahme von Lehrfunktionen."

Nöthen verweist auf die Bedeutung von Zeitmanagement als eine Voraussetzung für erfolgreiches Projektmanagement und vergleicht Terminlisten, Balkenterminpläne und Netzpläne als drei Arten von Terminplänen. Da die Abhängigkeiten in unserem Projekt recht groß sind, empfiehlt sich eine Netzplanstruktur, die den strukturellen Projektverlauf in den typischen Projektphasen widerspiegelt und Informationen zu den geplanten Arbeitsvorgängen zusammenfasst (vgl. Nöthen 2005: 65). In unserer Projektarbeit wurde zur medialen Unterstützung des kooperativen Ansatzes ein virtueller Projektraum der Lernplattform CommSy genutzt. Hier wurden Zwischenergebnisse zur Verfügung gestellt, auf die die Projektgruppen zurückgreifen konnten. Außerdem war hier die Terminplanung leichter koordinierbar und für alle transparent zu machen.

2. Kurskonzeption und Aufgabenstellungen im Projekt

2.1. Konzeption des Hauptseminars „Bili – Content Teaching in English" und Aufgabentypen

Der Kurs wurde in den Kursbeschreibungen folgendermaßen als Hauptseminar Didaktik des Englischen für Studierende aller Lehrämter angekündigt.

We will deal with bilingualism and what studies in this field tell us about language learning. In the first part of this course, we will study the Canadian Immersion Programmes. In our analysis of this project the theoretical background for content teaching in English will be examined. This analysis will then lead us to a discussion of the broad concepts of bilingualism. Students will be encouraged to design materials or a unit for teaching a subject of their choice. This course is a component of a module called "'Bili' – Content Teaching in English" which is being designed by the Lehrgebiet Didaktik des Englischen.

Die zentralen, kursorganisierenden Aufgabenstellungen der Projektarbeit waren:

1. Read texts, present a summary of the reading assignment, and discuss issues of the texts with the group, post the summary of a text you found relevant at CommSy.

2. Project "Teaching Biology in English": Analyze classroom recordings (e.g. Biology in English) and work out a reader, transcripts, discourse analysis, lesson plans, classroom observations via video and design material for teacher training and training on the job and design a CD-ROM using the principles of the *Hannoveraner Unterrichtsbilder*. All project groups are to design materials and tasks for teacher training and training on the job.[2]

Die Kurskonzeption hat also drei Dimensionen: 1. Aufarbeitung des Fachdiskurses zu Bilingualismus und zu *Content and Language Integrated Learning and Teaching* (CLILT), 2. fallbasierte Reflexion von Unterrichtspraxis und 3. Entwicklung von Lernmaterialen für die Lehrerausbildung in Form einer CD-ROM.

Die Spezifik der Kurskonzeption liegt in der Lern(er)orientierung, d.h. die Studierenden erarbeiteten sich Positionen und entwickelten selbstständig Materialien, indem sie mit der übergreifenden Aufgabenstellung Material für die Lehreraus- und -fortbildung zu entwickeln in eine vermittelnde Rolle gedrängt wurden (learning by teaching). Dies stellt eine besondere Herausforderung dar, da eine höhere Verarbeitungstiefe erforderlich ist, zumal die Studierenden auch Erwartungshorizonte bzw. mögliche Lösungen entwickeln sollten. Die Ergebnisse der Teilprojekte sind von sehr unterschiedlicher Qualität. Die Entwicklung von Medienkompetenz ist integrierter Bestandteil der Kurskonzeption. Sie wird in der Projektarbeit aufgabenspezifisch gefordert und gefördert.

2.2. Das Projekt als Prozess

Projektplanung, -leitung und -durchführung

14 Studierende beteiligten sich in zwei Teams an der Arbeit mit den zur Verfügung stehenden Unterrichtsstunden (englischsprachiger Biologieunterricht in der Sekundarstufe I). Jeweils ein Student übernahm die Aufgaben- und Terminkoordination innerhalb der Teams und war insbesondere auch für uns Ansprechpartner. Zwei Studierende mit Biologie als zweitem Unterrichtsfach konnten als „Experten" für biologiedidaktische Fragen den anderen Studierenden Anregungen für das Verständnis des beobachteten Unterrichts, insbesondere der verwendeten Methoden und Interaktionsformen geben, die für andere Projektmitglieder hilfreich bei der Einschätzung der Stunden waren. Die Aufgabenstellungen für die Teilprojekte ergaben sich aus dem von uns adaptierten Ansatz der CD-ROMs zu den Hannoveraner Unterrichtsbildern (vgl. Kupetz & Ziegenmeyer 2005a,b). Diese wurden im Rahmen einer Präsentation der CD-ROM „Coastal

---

[2] Weitere Studierende arbeiteten an anderen Aufgabenstellungen, die sich mit ihrem jeweils zweiten Unterrichtsfach als Gegenstand von Sachfachunterricht in der Fremdsprache stufenspezifisch befassten. Diese Arbeiten können hier allerdings nicht weiter reflektiert werden.

Features" bereits in den ersten Sitzungen vorgestellt. Die zu erstellende CD-ROM dokumentiert als Produkt einerseits die Analysen der Studierenden und bildet darüber hinaus eine material- und aufgabenreiche Lernumgebung zur fallbasierten Auseinandersetzung mit CLIL für zukünftige Studierende.

Kategorien	Inhalte (Beispiele)
Preparation	Reconstructed lesson plan; materials related to the preparation of the lesson, e.g., list of tasks, material related to policy documents and official guidelines for biology teaching and content teaching in English; the school's concept of subject teaching in English
The Lesson	Fully transcribed video recordings of two biology lessons in year 7 and 8, descriptions of each video scene
Results	Collection of the pupils' questions about earthworms (in year 7), a summary of the experiment with set-up, observations and conclusions (in year 8)
Theoretical Context	An essay on "Methods for Teaching Biology", a reader with summaries of more than 20 articles related to the discussion of CLILT; a bibliography
Analysis	Questions for observation and analysis with hyperlinks to relevant video scenes, sample analyses such as a discourse analysis of the lesson "The Earthworm", an interview with the teacher, and pupils' comments on the lessons
Application to Other Subjects	Sample units on teaching Geography, Politics or Chemistry in English

Abb. 2: Kategorien und Elemente der CD-ROM „Teaching Biology"

Teilaufgaben bei der Erstellung von Inhalten (Beispiele)

1) Als Arbeitsgrundlage für die Analyse der Unterrichtsstunden und die daraus resultierende vielfältige inhaltliche Vernetzung (bzw. Verlinkung im medialen Produkt) der entstehenden Materialien ermöglichte eine vorbereitende Bearbeitung des Materials insbesondere die projektweite einheitliche Referenzierung gemeinsamer Bezugspunkte (z. B. Verweise auf das Transkript bzw. Episoden). Hierzu zählten die Anfertigung eines tabellarischen rekonstruierten Unterrichtsverlaufs sowie eines Transkriptes als Grundlage für weitere diskurs- und fachdidaktische Analysen zur Gesamtstunde ebenso wie die Erstellung eines Schnittkonzeptes für acht ausgewählte Videosequenzen und deren Kurzbeschreibungen.

2) *[...] Analyze the interaction between the teacher and the pupils, feedback included; study and discuss the questionnaires filled in by the pupils after the lessons and interview the teacher if you like.* Mit Hilfe eines selbst entwickel-

ten Interviewleitfadens wurde ein Interview mit der unterrichtenden Lehrerin an der Schule durchgeführt und die Auffassungen der Lehrerin reflektiert.

3) *Study the policy documents on 'Biology in English'*. Das Studium von curricularen Vorgaben und Handreichungen verschiedener Bundesländer legte die Vielfalt der Herangehensweisen in der Bundesrepublik offen und ist in der Zusammenschau eine wichtige Komponente der CD-ROM.

4) *Prepare a reader (selection of hardcover or digitalized texts with annotations or summaries of texts you find worth reading, recommendations included)*. Eine Studierende übernimmt Verantwortung und sammelt Erfahrungen bei der Zusammenstellung und Editierung von Leseempfehlungen zu Fachaufsätzen für den Bereich „Theoretical Background". Sie entwickelt ein Stylesheet, gibt einzelne Beiträge mit Überarbeitungsauflagen zurück und ergänzt die Beiträge durch ein Vorwort.

5) *Work out a discourse analysis based on the transcript of the lesson(s)*. Diese Aufgabenstellung steht für den fächerübergreifenden Ansatz des Kurses, der eine theoretische Fundierung mittels linguistischer, hier diskursanalytischer Ansätze vorsieht. Studierende nutzen das Birminghamer Modell zur Analyse von Classroom Discourse und wenden den Analyseansatz nach Initiation – Response – Follow-up an. Sie arbeiten spezifische Interaktionsmuster, z. B. das Code Switching der Schüler, heraus.

Die Projektarbeit beinhaltet neben der inhaltlichen Erarbeitung zum Projektthema auch die mediale Gestaltung der erarbeiteten Produkte als Hypertext in Anlehnung an das HUB-Konzept und erforderte somit vielfältige Absprachen zwischen den Projektbeteiligten (vgl. Abb. 3).

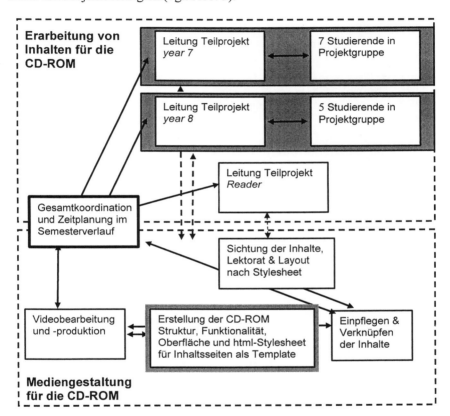

Abb. 3: Studentische Rollen und Interaktionen bei der Inhaltserstellung bzw. der Mediengestaltung

3. Kursevaluation[3]

Das Seminar wurde von 28 Teilnehmern besucht, wovon 19 Studierende einen Evaluationsbogen mit offenen Fragen am Ende des Seminars ausfüllten. Die

---

[3] Die Erstauswertung der Kursevaluation wurde von der studentischen Hilfskraft Jens Feuerherm durchgeführt.

Aussagen der Studierenden werden nach den drei Dimensionen der Kurskonzeption (vgl. Kap. 2.1) gruppiert und kommentiert.

1. Dimension: Aufarbeitung des Fachdiskurses zu Bilingualismus und zu Content and Language Integrated Learning and Teaching (CLILT) – Recht unterschiedliche Meinungen gab es zum ersten Teil des Seminars, der Einführung in das bilinguale Unterrichten. Einige hätten diesen Teil gerne ausführlicher behandelt, wohingegen andere diesen entweder gekürzt oder gar komplett aus dem Seminarplan gestrichen gesehen hätten. Auf breite Zustimmung stieß der Diskurs mit einem Professor der Didaktik des Biologieunterrichts im Rahmen eines Gastvortrages.

Kommentar: Die Auseinandersetzung mit Theorie wird von uns als universitätsspezifisch eingeschätzt, nicht aber von allen Studierenden so wahrgenommen.

2. Dimension: Fallbasierte Reflexion von Unterrichtspraxis – Die Videosequenzen und vor allem ihre Analyse wurden als sehr lehrreich und interessant empfunden. Es wurde häufig der Wunsch geäußert, noch andere Lehrkräfte und deren Methoden zu sehen und vor allem die Auseinandersetzung mit anderen Unterrichtsfächern im bilingualen Unterricht, z. B. Geschichte oder Politik, direkt im Seminar zu betreiben.

Kommentar: Wir vertreten einen exemplarischen Ansatz. Der Zuschnitt auf Biologie sollte den Zugang zur Problematik eröffnen und die Studierenden in die Lage versetzen, den Transfer auf ihr jeweiliges Zweitfach selbstständig anzudenken, gleichwohl wissend, dass es noch nicht die entsprechenden Didaktik(en) des bilingualen Lehrens und Lernens gibt.

3. Dimension: Entwicklung von Lernmaterialen für die Lehrerausbildung in Form einer CD-ROM – Die eindeutigsten und am häufigsten erwähnten Aussagen zur Projektarbeit heben hervor, dass während der Erarbeitungsphase in den Arbeitsgruppen der größte Erkenntnisgewinn zum bilingualen Biologieunterricht stattfand. Der Weg zu den finalen Projektergebnissen wurde häufig als eigentliches Ziel des Seminars gesehen, weniger die Ergebnispräsentationen an sich, die vielen Teilnehmenden entweder zu viel Zeit einnahmen und/oder sich in den Ergebnissen stark ähnelten. Sehr positiv wurde das Erstellen einer CD-ROM bewertet, die ihren weiteren Nutzen in der Lehrerausbildung haben soll, da hierdurch dem Seminar eine Relevanz über einen größeren Zeitraum als nur die eigentliche Vorlesungszeit zugesprochen wurde.

Die stärkste Verunsicherung trat tatsächlich in dem Bereich auf, in dem die Studierenden selbst Aufgaben für die Lehrerausbildung, d.h. für die didaktische Erarbeitung und Durchdringung von CLIL-Prinzipien, entwickeln sollten. Sie haben diese Herausforderung angenommen und dort am besten gemeistert, wo sie einen entsprechenden Erwartungshorizont für eine mögliche Beantwortung der Fragen entwickelt haben.

Questions for observing and analyzing the lesson "The Earthworm"
The following questions are designed to help you to critically analyse and evaluate the lesson. Your analysis should consider especially the context of this lesson: the subject of Biology is taught in English. Some questions refer to aspects of classroom management, while others are concerned with correction techniques, student behaviour or the interaction between teacher and students.
When working on these questions, it might be helpful to watch the various video scenes from the lesson. You may also wish to take into account some of the other materials provided, e.g. the lesson plan and the transcript.
1. Why does the teacher bring real earthworms with her instead of just showing pictures to the students? (>> scene 2)
2. What is the didactic purpose of the guessing game introducing the earth-worms? (>> scene 2)
3. Why does the teacher ask the students to think of questions concerning earthworms at the end of the lesson? (>> scene 7)
You might like to compare your findings with an analysis about the methods used in this lesson which provides sample answers to these questions (>> Go to sample analysis.)

Die Auseinandersetzung mit der Rolle der Fragen (think of questions about earthworms) hat Erkennntniszuwachs gebracht, denn eine zunächst geäußerte Freude über die Gelegenheit, die Fragebildung zu üben, wich der Erkenntnis, dass Fragen der Schülerinnen und Schüler im Sachfachunterricht Biologie als probates Mittel auf dem Weg zu Hypothesenbildung eingesetzt werden.

Kommentar: Der Realitätsbezug des Projektes hat Motivation erzeugen können. Die Koordinatoren der Teilprojekte haben wesentlich für die gute Arbeitsatmosphäre gesorgt und sind verantwortungsbewusst vorgegangen. Die von uns antizipierte Verunsicherung in Teilphasen ist eingetreten und resultatsorientiert überwunden worden. Sie hätte allerdings als projektspezifische Lernerfahrung noch stärker reflektiert werden sollen.

4. Zusammenschau der projektspezifischen Medienkompetenzen

Der multimediale Ansatz der Projektarbeit ergibt sich aus der Aufgabenstellung und unterstützt die Weiterentwicklung von Medienkompetenzen, d.h. er unterstützt die Lehr- und Lernprozesse und ist nicht Selbstzweck, denn sowohl bei der Konzeption als auch bei der Erstellung der Inhalte und der CD-ROM als medialem Produkt werden Medienkompetenzen gefördert und gefordert. Zusammenfassend tragen wir in Anlehnung an Baackes weiten Medienkompetenzbegriff, nach dem Medienkompetenz die „Fähigkeit, [...] alle Arten von Medien für das Kommunikations- und Handlungsrepertoire [...] einzusetzen." Baacke (1998: 26) fasst alle zentralen Aufgaben des Projektes in Bezug auf das lehr- und lernspezifische Kommunikations- und Handlungsrepertoire zusammen. Des Weiteren unterscheiden wir nach den von Baacke (1998) beschriebenen vier

Dimensionen der Medienkompetenz zwischen Medienkunde, Mediennutzung, Medienkritik und Mediengestaltung.

Medienspezifische Umsetzung projekttragender (Teil-)Aufgaben bzw. Bereiche	Funktion	Dimensionen und Aspekte von Medienkompetenz (vgl. Baacke 1998)
virtuelle Arbeitsplattform CommSy	ermöglicht gemeinsamen Zugriff auf alle Textdokumente, unterstützt die Koordination der Zeitplanungen	**Mediennutzung:** IuK-Kompetenz
Bearbeitung von Videoaufzeichnungen zweier Unterrichtsstunden	bilden den Ausgangspunkt und Anker für situiertes und fallbasiertes Lernen der Studierenden	**Mediengestaltung und technische Kompetenzen:** Videobearbeitung (vom Stundenmitschnitt zu nach inhaltlichen Kriterien ausgewählten Sequenzen)
Transkript	Verschriftlichung von mündlichem Diskurs als Vorbereitung für weitere (Diskurs-) Analysen	**Mediennutzung:** Verschriftlichung der sprachlichen und z. T. nonverbalen Interaktionen eines videografierten Unterrichtsdiskurses
Audioaufzeichnung des Interviews mit der unterrichtenden Lehrkraft	Materialgrundlage für die Analyse der Lehrerperspektive	**Mediengestaltung und technische Kompetenzen:** Erstellung von digitalisierten Audioclips
Fachliteratur (Bücher, Fachzeitschriften, digitalisierte Artikel, internetbasierte Informationen)	Materialgrundlage für Auseinandersetzung mit Fachdiskurs	**Medienkritik:** Umgang mit einem „Medienmix", Literaturrecherche online/offline
Reader (Rolle des Editors)	Textverarbeitung Materialgrundlage (kommentiert)	**Medienkritik** **Mediengestaltung** (Entwicklung eines Stylesheets; Textgestaltung; Lektorat)
CD-ROM „Teaching Biology"	Multimediale Lehr- und Lernumgebung	**Mediengestaltung:** Darstellungsmöglichkeiten komplexer, vernetzter Zusammenhänge und Perspektiven in hypertextuellen Strukturen

Abb. 5: Projektspezifische Medienkompetenzen

Die Abbildung verdeutlicht die Komplexität und das Potenzial für die Entwicklung von Medienkompetenzen, die das Projekt bietet, die Projektteilnehmer haben sich in jeweils aufgabenspezifischen Medienkompetenzen profiliert.

Literaturverzeichnis

Angermeier, Georg (2007). „Projekt, Projekt, Magazin." Online: http://www.projektmagazin.de (zuletzt eingesehen 28. Mai 2007).

Baacke, Dieter (1998). „Medienkompetenz – Herkunft, Reichweite und strategische Bedeutung eines Begriffs." In: Herbert Kubicek et al. (Hrsg.), *Lernort Multimedia. Jahrbuch Telekommunikation und Gesellschaft.* Heidelberg: R. v. Decker's, 22-27.

Blum, Werner & Messner, Rudolf (2006). Selbstständiges Lernen im Fachunterricht – erziehungswissenschaftliche und mathematikdidaktische Entwicklungslinien. Vortrag auf der Tagung „Selbstständiges Lernen im Fachunterricht" der Kasseler Forschergruppe „Empirische Bildungsforschung: Lehren – Lernen – Literacy", Kassel, 28./29.04.2006.

Duit, Reinders (2006). Eigenständiges Experimentieren im naturwissenschaftlichen Unterricht – Theorie, empirische Forschungsergebnisse und Unterrichtspraxis. Vortrag auf der Tagung „Selbstständiges Lernen im Fachunterricht" der Kasseler Forschergruppe „Empirische Bildungsforschung: Lehren – Lernen – Literacy", Kassel, 28./29.04.2006.

Fischer, Dietlind & Schratz, Michael (2005). „Videos in der LehrerInnenbildung." *journal für lehrerinnen- und lehrerbildung*, 2, 4-7.

Kupetz, Rita & Ziegenmeyer, Birgit (2005a). „Fallgeschichten zum bilingualen Lehren und Lernen in der Lehrerausbildung." In: Gabriele Blell & Rita Kupetz (Hrsg.), *Bilingualer Sachfachunterricht und Lehrerausbildung für den bilingualen Unterricht.* Frankfurt/Main: Lang, 65-100.

Kupetz, Rita & Ziegenmeyer, Birgit (2005b). „Hannoveraner Unterrichtsbilder als Lehr- und Lernmittel zur Konzeptualisierung von ausgewählten Problemfeldern des Sachfachunterrichts auf Englisch." In: Ulf Mühlhausen (Hrsg.), *Unterrichten lernen mit Gespür.* Baltmannsweiler: Schneider Hohengehren, 67-86.

Kupetz, Rita & Ziegenmeyer, Birgit (2006). "Flexible Learning Activities Fostering Autonomy in Teacher Training." *ReCALL*, 18 (1), 63-82.

Legutke, Michael K. (2003). „Forschendes und kooperatives Lernen in multimedialen Lernumgebungen. Ein Beitrag zur fremdsprachlichen Lehrerbildung." In: Michael K. Legutke & Dietmar Rösler (Hrsg.), *Fremdsprachenlernen mit digitalen Medien: Beiträge des Giessener Forschungskolloquiums.* Tübingen: Narr, 209-245.

Long, Michael H. (1981). "Input, Interaction, and Second-Language Acquisition." In: Harris Winitz (Ed.), *Native Language and Foreign Language Acquisition: Annals of the New York Academy of Science*, 379, 259-278.

Nöthen, Karl-Georg (2005). *Lernfelder unterrichten und bewerten. Schwerpunkt: Projektarbeit.* Troisdorf: Bildungsverlag EINS.

Piepho, Hans-Eberhard (2003). *Lerneraktivierung im Fremdsprachenunterricht.* Hannover: Schrödel.

Reusser, Kurt (2006). Produktiver Fachunterricht zwischen selbstständigem Lernen und instruktionaler Unterstützung – die kognitive Perspektive. Vortrag auf der Tagung „Selbstständiges Lernen im Fachunterricht" der Kasseler Forschergruppe „Empirische Bildungsforschung: Lehren – Lernen – Literacy", Kassel, 28./29.04.2006.

Reusser, Kurt (2005). „Situiertes Lernen mit Unterrichtsvideos." *journal für lehrerinnen- und lehrerbildung,* 2, 8-18.

Stadler, Helga (2001). „Lehr- und Lernprozesse unter der Lupe – Videos als Grundlage für die Verbesserung von Physikunterricht." In: IFF (Hrsg.), *Endbericht zum Projekt IMST – Innovations in Mathematics, Science and Technology Teaching. Pilotjahr 2000/01.* Klagenfurt, 110-121.

Swain, Merrill. (1993). "The Output Hypothesis. Just Speaking and Writing Aren't Enough." *The Canadian Modern Languages Review,* 50 (1), 158-164.

Zumtobel, Manfred (1998). „Anwendung von Methoden des Projektmanagement in Schulen." In: Ruth Allgäuer (Hrsg.), *LernWeltLeben. Projektmanagement – praktisch in Kindergärten und Schulen.* Donauwörth: Auer, 36-77.

Some people believe football is a matter of life and death.
I'm very disappointed with that attitude.
I can assure you it is much more important than that.

Bill Shankly

ENGELBERT THALER (FREIBURG)

FAME – Fußball, Aufgaben, Medien, Englischunterricht

Dieser Beitrag möchte darstellen, wie Fußball, Aufgaben und moderne Medien sinnvoll und motivierend in den Englischunterricht integriert werden können. Dazu werden zunächst die zahlreichen Argumente für footy language learning dargelegt. In einem weiteren Schritt sollen die überraschenden Parallelen zwischen der Sportart Nr. 1 und Task-based Language Learning aufgedeckt werden. Schließlich veranschaulichen ausgewählte Aufgaben-Beispiele, wie verschiedene moderne Medienformate eingebunden werden können.

1. Fußball und Englischunterricht

Trotz jüngster bundesdeutscher Erfolge (3. Platz WM 2006), fähnchenschwingender Euphorie („Deutschland – ein Sommermärchen") und erstaunlicher Transformation nationalmannschaftlicher Spielkultur (vom teutonischen 0815-Breitwand-Geschiebe zum offensiven One-Touch-Tempo-Fußball) ist es immer noch ein Leichtes, Häme zu schütten über den Fußball – und seine Protagonisten. „Beim Fußballspiel verkompliziert sich alles durch die Anwesenheit der Spieler, die heute mehr Pressekontakte als Ballkontakte haben. Fußballstars in ihrer multifunktionellen Omnipräsenz als ballversierte Sportsmänner, aktienbesitzende Millionäre, rhetorikseminargeschulte Interviewpartner, managergestützte Werbepartner und affärengestählte Familienväter sind Heroen der Neuzeit, die schnell von ihrem brüchigen Sockel gestoßen werden können" (Thaler 2006b: 2). Oft genug erscheinen die Profikicker als intellektuelle, charakterliche und rhetorische Anti-Helden – mit Satzbeginn-Routinen („Na-gut-ich-sach-mal"), Standard-Argumenten („Es war das erwartet schwere Spiel für uns"), profunden Nachbetrachtungen („Vom Feeling her hatte ich ein gutes Gefühl"), Malapropismen („Das wird alles in den Medien hochsterilisiert", Bruno Labbadia), logischen Problemen („Was heißt hier ein Drittel der Nettoeinnahmen? Unter einem Viertel mache ich es nicht", Horst Szymaniak), schauspielerreifen Einlagen (Schwalbe und sterbender Schwan), permanenter Meckerei (Blick des Unschuldlamms nach Blutgrätsche) und narzisstischer Selbst-Inszenierung (Gelhaar-Zöpfchen wichtiger als Laufbereitschaft). Das unselige Eigenschafts-Paar Ignoranz und Arroganz kennzeichnet auch viele Präsidenten, Manager, Berater und Kommentatoren. Dazu gesellen sich weitere unerquickliche Begleiterscheinungen, die eher gegen die Integration von Fußball in den Fremdsprachenunterricht sprechen: Inszenierung des Fußballs als Konsumartikel, Materialismus und Kommerzialisierung, mediale Glorifizierung, Korruption und Polit-Fürsten-Attitüden bei den Verbänden, Hooliganismus und Aggressivität, Instrumentalisierung für politische Zwecke sowie die Verortung dieses Massensports in der *low culture*, wodurch sich eine gewisse Inkompatibilität mit hehren Bildungsidealen aufdrängt.

Gleichwohl ist Fußball ein globales Kulturphänomen, das auch in den verschiedensten akademischen Disziplinen diskutiert wird (z. B. Klein & Schmidt-Lux 2006, Hutz 2006, Klant 2006, Höner 2006, Sobiech 2006, Bredekamp 1982, Buytendiyk 1953). Was die Englischdidaktik betrifft, lassen mehrere Argumente die Berücksichtigung des kleinen Runden im Klassenzimmer als sinnvoll erscheinen (Thaler 2006c: 91-93).

Argumente	Aspekte
Aktualität	- 2006 Weltmeisterschaft in Deutschland - 2008 Europameisterschaft in Österreich/Schweiz
Popularität	- Sportart Nr. 1 in Deutschland und weltweit - hohe TV-Einschaltquoten
zielsprachige Kommunikationsfähigkeit	- Schüler dort abholen, wo sie stehen (zusehen, spielen), und weiter nach vorne bringen - Training von Fertigkeiten, Kompetenzen
Gender-Thematik	- keine Bastion der Männlichkeit (weibliche Fans und Spielerinnen) - der „weibliche Blick" auf spielende Männer - Erfolge der deutschen Frauenmannschaft
Interkulturalität	- kulturelle Plattform der globalisierten Informationsgesellschaft (*global language*) - *trans-, cross-, intra- und intercultural competence* - Lernen an authentischen Materialien und in realen oder fiktiven Begegnungssituationen
Fremdsprachen-Frühbeginn	- großer Zustrom in deutschen Fußballvereinen in den unteren Jugendsparten - Nutzung der frühkindlichen Fußball-Begeisterung
Literaturorientierung	- Romane (z. B. Nick Hornby: *Fever Pitch*) - *football poems* (z. B. www.footballpoets.org)
Bilingualer Unterricht	- England als Mutterland des modernen Fußballs - englische Unterrichtsmodule in Sport, Geografie ...
Interdisziplinarität	- Multidimensionalität des Fußballsports - fachübergreifender, fächerverbindender Unterricht
Sportpädagogik	- Weckung des Interesses für aktiven Fußball

	- positive Auswirkungen in physischen, psychi- schen, mentalen, charakterlichen Bereichen

Tabelle 1: Legitimität von Fußball im Englischunterricht

Sofern man die didaktische Legitimität des runden Leders akzeptiert, kann man aus einer Vielzahl von Unterrichtsthemen auswählen. Mögliche *topics* wären:

- *rules (e.g. historical background, meaning, critical evaluation)*
- *history (e.g. beginnings in China/Japan, development in 19th century England)*
- *tactics (e.g. tactical styles as mirror of national cultures?)*
- *players (e.g. pros' revenues, quasi-religious status, role models)*
- *teams (e.g. criteria of success, women's teams)*
- *influential persons (e.g. roles of Berlusconi, Abramovitsch et al.)*
- *audience (e.g. mass behaviour, hooliganism, "the female perspective")*
- *media (e.g. players as pop stars, match coverage in tabloid/quality papers)*
- *business (e.g. globalisation, marketing)*
- *politics (e.g. nation-building power, chauvinism, profile-raising instrument)*
- *championships (e.g. relevance for economy, society, image)*

2. Fußball, Aufgaben und Englischunterricht

Bei der Lektüre der Charakteristika von *Task Based Language Learning* (z. B. Müller-Hartmann & Schocker-v. Ditfurth 2004, Ellis 2003, Skehan 1998, Willis 1996) fallen einem erstaunliche Parallelen zum Fußballsport auf. Was die zugrunde liegende Spracherwerbstheorie betrifft, gehen die Vertreter der Aufgabenorientierung weniger von einem Behaviorismus (*habit formation* durch Drill und Training) oder (selektiven) Nativismus (LAD = FAD: *Football Acquisition Device*, man kann's – oder man kann's nicht) aus als vielmehr von psycholinguistischen und soziokulturellen Modellen. Ähnlich des interaktionistischen Spracherwerbsparadigmas setzen auch viele Jugend-Trainer auf einen – allerdings kompetitiven – Interaktionismus, wonach Fußballspielfertigkeit am besten durch „spielen, spielen, spielen" erlernt wird, wobei *scaffolding* durch Trainer/Mitspieler/Gegenspieler bzw. *collaborative dialogue* nötig ist.

Der Begriff *task* wird von Schocker-v. Ditfurth folgendermaßen definiert: „Eine *task* ist ein Arbeitsplan, der gewisse Lerneraktivitäten auslösen soll. Der Schwerpunkt liegt dabei auf der Anwendung der Sprache, also auf der Bedeutung des Gesagten, und weniger auf der richtigen Anwendung der Grammatik.

Wichtig ist vor allem der Realitätsbezug ... Nach Möglichkeit gibt es bei jeder *task* eine interaktive Phase" (2006: 6). Beim Fußballsport umfasst der *Arbeitsplan* das Spielfeld, die Spielzeit von 90 Minuten, Aufstellung, Taktik und Videostudium; die entscheidenden *Lerneraktivitäten* sind Fußball spielen; der *Anwendungsfokus* besteht darin, dass Tore schießen und gewinnen wichtiger sind als mit technischen Kabinettstückchen zu glänzen; der Realitätsbezug drückt sich in Weisheiten aus wie „Fußball ist Leben", „Die Wahrheit is' auffem Platz", „Das Tor zur Welt"; *Interaktionen* schließlich treten in vielfältigen Formen zwischen Einzelspieler, Mannschaft, Schiedsrichter, Publikum und Medien auf.

In Analogie zu Willis' bekanntem *Framework for Task-based Learning* (1996) könnte man für Fußball das folgende Strukturmodell postulieren:

Pre-task
Introduction to topic and task
In der Woche vor dem Spiel stellt der Trainer die Mannschaft auf den kommenden Gegner ein. Videoaufnahmen vergangener Spiele werden besprochen, gegner-orientierte Trainingseinheiten absolviert (*modeling*), taktische Einstellungen vorgenommen. Die entscheidende *task* (Sieg) wird motivationspsychologisch vorbereitet.

Task Cycle		
Task	*Planning*	*Report*
Die Spieler haben eine Doppelstunde (90 Minuten) Zeit für die kollaborative Arbeit an der Aufgabe: *Score more goals than the opposing team.*	Zwischen Schlusspfiff und Gang in die *Mixed Zone* überlegen sich Spieler und Trainer Rechtfertigungsstrategien und Standardfloskel für die Niederlage/den Sieg.	Coach, Manager, Spieler, Präsident erklären, begründen, rechtfertigen, entschuldigen den Spielverlauf vor laufenden Kameras, euphorisierten / aggressiven Fans.

Match Focus	
Analysis	*Practice*
Das Spiel wird in den Print- und TV-Medien analysiert (Delling und Netzer). Der Trainer erklärt in der Spielersitzung die entscheidenden Fehler und nimmt eine individuelle Spielerkritik vor.	Im Training wird versucht, alte Fehler zu vermeiden. Das nächste Spiel wird vorbereitet („Nach dem Spiel ist vor dem Spiel").

Tabelle 2: *Framework for Task-based Football Playing*

Darüber hinaus lassen sich noch weitere Parallelen zwischen *Task-based Language Learning* und *Task-based Football Playing* ausmachen. Die folgenden didaktischen Leitkonzepte gelten in unterschiedlicher Ausprägung für beide Ansätze:

- Handlungsorientierung: *action* als zentrales Moment, Spieler als movens
- Ganzheitlichkeit: Suche nach komplettem Spieler (physisch-mental-technisch-taktisch-positionell), Mannschaft als harmonische Einheit
- Kommunikative Orientierung: verbale und para-linguistische Abstimmung innerhalb der Mannschaft
- kollaborativer Dialog: *team spirit* („Der Star ist die Mannschaft")
- Produkt- und Prozessorientierung: ergebnisorientierte Spielbewertung (Trainer-Perspektive) und verlaufsorientierte Spielanalyse (Ästheten-Perspektive)
- Differenzierung und Lernertypen: verschiedene Spielertypen (Spielmacher, Abfangjäger, Abwehrrecke)
- Rollen des *Coach*: Motivator (Klinsmann), Stratege (Löw), *organiser* (Bierhoff), *facilitator* und *task designer* (Flick), *expert* (Hitzfeld), *model* (Beckenbauer)
- Offenheit/Öffnung: offener Spielausgang, Favoritensterben, Außenseitersiege
- Methodenvielfalt: Vielzahl an Spielstilen (italienischer Cattenaccio, brasilianischer Samba, spanischer Zirkel)

3. Fußball, Medien, Aufgaben und Englischunterricht

Wie lassen sich nun moderne Medien in einen aufgabenorientierten Fußball-Englischunterricht auf motivierende Weise einbinden? Im Folgenden werden 11 Unterrichtsideen kurz vorgestellt – jeweils mit einem anderen medialen Lernarrangement und einer möglichen *task*. Die Aufgabenstellung orientiert sich dabei an der bekannten Typologie von Willis (1996: 26-28).

Es gibt eine ganze Reihe von **feature films**, die sich um das Runde drehen: u.a. *Phörpa/The Cup (Spiel der Götter – Als Buddha den Fußball entdeckte), There's Only One Jimmy Grimble, Gregory's Girl –* und natürlich *Bend It Like Beckham.* Letzterer erfreut sich aufgrund seiner vielfältigen thematischen Anknüpfungspunkte (*multicultural Britain, gender issues, generation gap, love and friendship*) bereits großer Popularität im Klassenzimmer (Vogt 2006).

> Task (comparing): *What parallels and differences between the final scene of the film "Bend It Like Beckham" and the ending of the novel can you detect? How do football and relationships go together?*

Im Bereich des **Schulfernsehens** verspricht die 13-teilige Serie *GOAL –
Speak English, Play Football* (2005) ein „Englisch lernen ohne zu leiden." Die
einzelnen Episoden drehen sich um den jungen südamerikanischen Fußballer
Manni, der bei den *London Rangers* erste Erfahrungen im Profi- und Liebesle-
ben sammelt. Zu jeder Folge werden Transkript, Hörübungen und verschiedene
Arbeitsblätter zur Lexis und Grammatik angeboten.

Task (sharing personal experiences): *Let's watch an episode from this series
and understand the protagonist's behaviour. Have you had similar experiences in sport? Tell the class.*

Der wohl populärste *football song* stammt von den Lightning Seeds: *Foot-
ball's Coming Home* (*Three Lions*). Inzwischen gibt es mehrere Versionen, die
für unterschiedliche Turniere (EM 1996, WM 1998 etc.) aufgenommen wurden
(Thaler 2003, auch 2005). Eine DualDisc von 2006 enthält neben den Audio-
Aufnahmen auch die **Musikvideoclips** auf der DVD-Seite. Damit lassen sich
kinematografische Techniken analysieren, *listening comprehension* üben mit
Hilfe von *mondegreens* (Freudschen Verhörern) oder filmästhetisch-kulturelle
Vergleiche ziehen.

Task (comparing): *Compare the two music videos and explain the parallels
and differences between them by referring to the different football championships.*

Auch *Sketche* haben die ontologische Relevanz des kleinen Runden entdeckt.
Von der legendären britischen Komikertruppe Monty Python stammt *The Philosophers' Football Match* (Monty Python's Fliegender Zirkus, Episode 2, 1972),
bei dem eine deutsche Philosophen-Fußballer-Elf mit Heidegger, Hegel, Jaspers
et al. gegen ein griechisches Team um Plato, Aristoteles, Archimedes & Co. an-
tritt. Anstatt zu spielen, wetteifern die Geistesgrößen allerdings im Denken, wobei sie gedankenverlorene Kreise auf dem Spielfeld ziehen. Erst in der 88. Minute kommt Archimedes der Geistesblitz, den Fußball zu verwenden, und er
stößt sein „Eureka" aus. Sokrates erzielt das einzige Tor, aber die Deutschen
zweifeln die Entscheidung an, wobei Kant den kategorischen Imperativ bemüht.

Task (problem solving): *Watch this Python sketch and do a dual task: Analyse
the Pythonesque form of British humour, and the philosophers' way of playing
football.*

Geeignete *radio clips* und *podcasts* für den Englischunterricht mit begleiten-
den Aufgaben und Arbeitsblättern finden sich auf der *Learning English Website*
der BBC (www.bbc.co.uk/worldservice/learningenglish). Einer dieser *podcasts*
(10/07/2006) trägt den Titel *Zidane heads out of football* und erzählt die Ge-

schichte vom berühmten Kopfstoß des großen Spielmachers im WM-Finale 2006 gegen Italien.

Task (sharing personal experiences): *Listen to the file and make up your mind as to whether Zidane's head butt in the 2006 final was justified. Ask your classmates about their feelings while watching the final.*

Das Internet als Informationsressource machen sich auch **web searches** zunutze. Die Geschichte des Fußballs hält erstaunliche Erkenntnisse parat, die mit Hilfe eines Arbeitsblattes, das *true/false statements* enthält, entdeckt werden können (Thaler 2006e).

Task (problem solving): *Find out whether the following six statements are true or false by researching the we:*
1. *Head dresses were a normal part of the footballing clothing until the early 20th century.*
2. *King Henry VIII hated football.*
3. *Many of football's terms and expressions are of military origin.*
4. *Football has always been a working class sport.*
5. *The word soccer derives from the thick socks worn while playing.*
6. *The word soccer derives from the thick socks worn while playing.*
7. *Traffic lights were the inspiration for the red and yellow cards used in to-day's game.*
Antworten zur *web search (the history of football)* siehe letzte Seite.

Eine spezielle Variante von *Web Searches* stellen die von Bernie Dodge entwickelten **webquests** dar. Ihre Stärke liegt in der Synthese von Lenkung und Lernerautonomie, da sie den Fokus nicht auf die zeitaufwändige Suche nach Informationen legen, sondern auf die angeleitete Verwendung der Informationen. Auch zum Fußball lassen sich mit Hilfe von *templates* geeignete *WebQuests* mit den sechs Stufen *introduction, task, Internet sources, process, guidance, conclusion* relativ schnell erstellen – wobei mit der Aufforderung, die beste Mannschaftsaufstellung für die Nationalelf zu finden, eine zusätzliche authentische Planspiel-Idee hinzutreten kann (Mendez 2006).

Task (creative task): *Go through the different stages of this Footie WebQuest and finally field the German team for the next European Championships.*

Insbesondere vor großen Turnieren engagieren die großen Konzerne Fußballstars für ihre Werbefilme. Was Jane Sherman generell als Vorzüge von *commercials* für TEFL sieht, trifft auch für viele *footie web commercials* zu: „They have shock, beauty, atmosphere, glamour, drama, comedy, all in the space of 15-30 seconds" (Sherman 2003: 105). Daneben sprechen inhaltlich-thematische, sprachliche und interkulturelle Argumente für deren Einsatz im Englischunterricht (Massler 2006).

Task (problem solving): *Identify both the surface and the subliminal message of this footy commercial,*

Der Erfolg von *Wikipedia* hat **wikis** (*WikiWiki*) generell zu Popularität verholfen. Solche im WWW (oder anderen Hypertext-Systemen) verfügbare Seitensammlungen, die von den Benutzern gelesen und online verändert werden können, lassen sich auch im fußballorientierten Englischunterricht kooperativ erstellen (Thaler 2006d).

Task (creative task, incl. listing, ordering): *Let's develop a football wiki, i.e. explanations of important footie terms from A-Z, and put it onto our school homepage / course platform. As a model, look at the two entries for D and E:*
D*efeat, antonym of victory. It may lead to national traumata (Hungary 1954), murders of players and referees (South America) or national days of mourning (Austria). Despite the existence of the victory gene (,Siegergen'), each team may experience it. What is needed, therefore, is fatalism ("Fußball ist grausam"), the rhetoric of justification ("Wir hatten mehr Chancen"), calculated optimism ("Nach dem Spiel ist vor dem Spiel"), scientific analysis ("Wir werden die Fehler genau analysieren"), threats (change a losing team), asceticism ("Wir müssen jetzt noch härter trainieren") or simply displaying greatness in defeat (congratulating the winner).*
E*mperor, euphemism for Franz Beckenbauer (,Kaiser'). As the saviour figure of German football (,Lichtgestalt'), he is allowed to play, coach, comment, preside, organise, talk drivel, dramatise, and contradict himself five times within three minutes – according to his maxim: Let's see, then we'll see (,Schau'n mer mal, dann seng mer scho').*

Im Internet kann man auch Gedichte lesen, anhören, schreiben und aufführen. Eine empfehlenswerte fußballspezifische Seite für **web poetry** ist www.footballpoets.org/. Die hier angebotenen Fußball-Gedichte ermuntern zu *creative writing* – und evtl. zu weiteren sozialen Aktionen.

Task (creative task): *In pairs, contribute one poem to this football poet website. Also reflect on whether we should join the initiative „to kick racism out of football."*

Chatbots *(portmanteau word* aus *chat* + *robot)* sind textbasierte Dialogsysteme im Internet, die aus einer Texteingabe- und Ausgabemaske bestehen, über die sich in natürlicher Sprache mit dem dahinter stehenden System kommunizieren lässt. Mit *Chatbots* lässt sich die gesprochene, idiomatische

Zielsprache in angenehmer Kommunikations-Atmosphäre trainieren. Im Gegensatz zu *real-person-chats* stehen hier fiktive Kommunikationspartner auf der Basis der AI-Forschung (*Artificial Intelligence*) jederzeit zur Verfügung. Ein mit vielen Preisen ausgezeichnetes englischsprachiges Programm ist ALICE: kostenlos, einfach zu bedienen, authentisches Umgangsenglisch verwendend und mit köstlichem Humor ausgestattet (http://www.alicebot.org/aiml.html). Task (sharing personal experiences): *Have a chat with ALICE and find out about her attitude towards football.*

Human: Hi, Alice, what's up?
ALICE: Hi there, unknown person. Um, I am chatting with clients on the Internet.
Human: Do you like soccer?
ALICE: No, I am not really into sports.
Human: Why not?
ALICE: It doesn't sound fun too me. It sounds dangerous.
Human: Soccer isn't dangerous, it's fantastic.
ALICE: Well, if you say so.
Human: What do you like then?
ALICE: How about that? I like movies about robots.
Human: Tell me more.
ALICE: That's all I have to say about it.
Human: You seem a bit dumb.
ALICE: Thanks, and you are a delightful person, too. No, I am an intelligent entity.
Human: Prove it.
ALICE: It is self-evident...

Tabelle 3: Privater chat mit chatbot ALICE (15/07/2006)

Diese Beispiele mögen andeuten, wie auch die wichtigste Nebensache der Welt gelegentlich in einen mediengestützten, aufgabenorientierten Englischunterricht integriert werden kann. Der Fußball ist rund – damit er seine Richtung ändern kann. Auch dem Lernen einer Fremdsprache fügen Richtungsänderungen mitunter keinen Schaden zu.

Literaturverzeichnis

Bredekamp, Horst (1982). „Fußball als letztes Gesamtkunstwerk." *Sport konkret* (*Konkret* Sonderausgabe Sport), 42-46.

Buytendiyk, Frederik (1953). *Das Fußballspiel. Eine psychologische Studie.* Würzburg: Werkbund.

Ellis, Rod (2003). *Task-based Language Learning and Teaching.* Oxford: Oxford University Press.

Höner, Oliver (2006). „Vom *body of information* zum *object for investigation.* Wie lässt sich das Fußballspielen theorieorientiert analysieren?" In: Thaler (Hrsg.) (2006c), 56-67.

Hutz, Matthias (2006). „*England v. Germany – Let's blitz Fritz*! Der Fußball-Klassiker und die Kriegsrhetorik in der britischen Presse." In: Thaler (Hrsg.) (2006c), 36-47.

Klant, Michael (2006). „'... fruchtbarste Kunstform des 20. Jahrhunderts' – Motive und Mythen des Fußballs in der Bildenden Kunst." In: Thaler (Hrsg.) (2006c), 48-55.

Klein, Constantin & Schmidt-Lux, Thomas (2006). „Ist Fußball Religion? Theoretische Perspektiven und Forschungsbefunde." In: Thaler (Hrsg.) (2006c), 18-35.

Massler, Ute (2006). „Adidas, Nike und Pepsi – *Football commercials* im Netz und im Fremdsprachenunterricht." In: Thaler (Hrsg.) (2006c), 135-147.

Mendez, Carmen (2006). „*Field a team*! Die Mannschaftsaufstellung als Planspiel." In: Thaler (Hrsg.) (2006c), 126-134.

Müller-Hartmann, Andreas & Schocker-v. Ditfurth, Marita (Hrsg.) (2004). *Aufgabenorientierung im Fremdsprachenunterricht.* Tübingen: Narr.

Schocker-v. Ditfurth, Marita (2006). „Task-based Language Learning." *At Work* (Diesterweg), 10, 6-7.

Skehan, Peter (1998). *A Cognitive Approach to Language Teaching.* Oxford: Oxford University Press.

Sobiech, Gabriele (2006). „'Helden wie wir ...!'? Geschlechterverhältnisse im Fußball-Sport." In: Thaler (Hrsg.) (2006c), 68-81.

Thaler, Engelbert (2003). „*Football's Coming Home* – Materialien zum handlungsorientierten Einsatz eines Songs." *Raabits Englisch*, 97, 1-16.

Thaler, Engelbert (2005). *Popular Culture. Football, Films and Fashion.* Paderborn: Schöningh.

Thaler, Engelbert (Hrsg.) (2006a). *Football. Der Fremdsprachliche Unterricht Englisch*, 79.

Thaler, Engelbert (2006b). „Gott ist rund. Fußball und Englischunterricht." *Der Fremdsprachliche Unterricht Englisch*, 79, 2-6.

Thaler, Engelbert (Hrsg.) (2006c). *Fußball – Fremdsprachen – Forschung.* Aachen: Shaker.

Thaler, Engelbert (2006d). „Philosophisch-satirisches Lexikon des Fußballs." In: Thaler (Hrsg.) (2006c), 82-86.

Thaler, Engelbert (2006e). „Fußball-Historie – Theorie und Aufgaben." In: Thaler (Hrsg.) (2006c), 159-165.

Vogt, Karin (2006). „Footy in British Film." *Der Fremdsprachliche Unterricht Englisch*, 79, 40-45.

Willis, Jane (1996). *A Framework for Task-based Learning*. Harlow: Longman.

Antworten zur *web search (the history of football)*

1. True: They used to wear various sorts of caps.
2. False: He is believed to have been a keen player.
3. True: Just think of defence, back line, offside, winger, forward, attack.
4. False: It was very much an upper class sport in England during its infancy played in court and university circles.
5. False: Public school and Oxford University students, with their predilection to shorten words with -er, made *soccer* out of *Association (Football)* – also cf. *rugger* for *rugby*.
6. True: The English referee Ken Aston was driving through central London thinking of ways to better illustrate a caution or sending off when the change of green to yellow to red of Kensington High Street lights gave him the idea.

NIKOLA MAYER (HEIDELBERG)

Lernsoftware für den Englischunterricht am Übergang zwischen Primar- und Sekundarstufe – Bruch oder Kontinuum?

Die konzeptionellen Unterschiede im Bereich der Fremdsprachendidaktik zwischen der Primar- und der Sekundarstufe zeigen sich auf allen Ebenen und anhand aller Medien. Im vorliegenden Artikel werden vier ausgewählte lehrwerksbegleitende Lernsoftwareprogramme für die Klassenstufen 4 und 5 analysiert. Die kriteriengeleitete Analyse ist auf den Bereich der Aufgaben und Übungen begrenzt und zeigt auf, inwieweit die untersuchten Softwareprogramme der beiden Schulstufen aufeinander aufbauen.

1. Einleitung

Lernsoftware gehört heute zum Materialkranz eines jeden Englischlehrwerkes. Auch im Bereich der Grundschullehrwerke sind lehrwerksbegleitende Lernsoftwareprogramme Teil der Standardausstattung, die die Schülerinnen und Schüler darin unterstützen, ihre fremdsprachliche Kompetenz, vor allem als autonome Lernende, zu erweitern.

Im Kontext der Übergangsthematik, d.h. der Weiterführung des in der Primarstufe angebahnten Zugangs zu einer fremden Sprache und zum Lernen einer fremden Sprache, stellt sich grundsätzlich die Frage, inwieweit die methodisch-didaktische Herangehensweise des frühen Fremdsprachenlernens in der Sekundarstufe aufgegriffen bzw. weitergeführt wird. Dadurch ergeben sich für mich zwei Fragestellungen, denen ich im Rahmen dieses Aufsatzes nachgehen möchte: Findet sich auch im Bereich von lehrwerksbegleitender Lernsoftware die zumeist beklagte Diskontinuität zwischen Primar- und Sekundarstufe? Oder kann das moderne und sich ständig weiterentwickelnde Medium Computer die Verbindung zwischen den Schulstufen besser herstellen?

Für meine kriteriengeleitete Analyse beschränke ich mich auf den Bereich der Aufgaben und Übungen. In der Primarstufe ist das aufgabenorientierte Lernen – *task-based language learning* – aufgrund der begrenzten sprachlichen Mittel und Möglichkeiten nicht in dem umfassenden Sinne der Sekundarstufe (vgl. Willis 1996) umsetzbar. Die angestrebte Wirklichkeitsnähe des aufgabenorientierten Lernens wird in der Grundschule vor allem durch einen spielerischen Zugang zur Sprache umgesetzt, denn, wie Cameron (2001: 30) hervorhebt, verwenden Grundschülerinnen und -schüler Englisch außerhalb des Klassenzimmers nur sehr selten, und die sonst betonten außerschulischen Bedürfnisse und die Relevanz für den Bereich des Erwachsenenlebens liegen für Kinder noch in weiter Ferne. Der für die Altersstufe angemessene, kindliche Sprachgebrauch wird als solide, ausbaufähige Grundlage[1] betrachtet. Die Wirklichkeitsnähe der Aufgaben und der verwendeten Sprache wird aus diesem Grund vor allem dadurch angestrebt, indem folgende Aspekte umgesetzt werden (Cameron 2001: 31):

- have coherence and unity for learners (from topic, activity and / or outcome)
- have meaning and purpose for learners
- have clear language goals (from teacher's perspective)
- have a beginning and an end
- involve the learners actively

Im Vergleich damit sind Übungen reduzierter in ihren Anforderungen und fokussieren noch stärker auf einem wiederholenden Moment. Ein spezifisches Phänomen, entweder aus dem Bereich der Wortschatzarbeit oder ein struktureller Aspekt, wird in (leichten) Variationen mehrfach aufgegriffen und umgewälzt. Im Folgenden verwende ich die Begriffe Übungen und Aufgaben häufig parallel, da gerade für den Grundschulbereich der Übergang fließend ist. Da es sich bei den analysierten Softwareprogrammen um sogenannte tutorielle bzw. Trainings- und Übungssoftware handelt (siehe 3.1), sind die hier vorgestellten Aktivitäten im Sinne einer engen Definition vorwiegend Übungen.

Für den vorliegenden Aufsatz habe ich jeweils zwei Softwareprogramme für die Grundschule (4. Klasse) und die Sekundarstufe (5. Klasse) ausgewählt. Bei der Auswahl der Software war für mich u.a. wichtig, dass die Software für die 4. und 5. Klasse jeweils aus einem Verlag bzw. Verlagsverbund stammen, sodass eine interne Vernetzung grundsätzlich möglich wäre.[2] Im Einzelnen werde ich folgende Software genauer unter die Lupe nehmen:

- *Ginger – My first English Coach 2* (Kl. 4) Cornelsen, 2004
- *English with Lucy and Leo 4* (Kl. 4), Westermann, 2006
- *Portobello Road* (Kl. 5, neu), Diesterweg 2005
- *English Coach 3D 2000* (Kl. 5) Cornelsen, 2003

---

[1] Hierzu Cameron (2001: 30f.): "The best we can do is aim for *dynamic congruence*: choosing activities and content that are *appropriate* for children's age and socio-cultural experience, and language will *grow with* the children, in that, although some vocabulary will no longer be needed, most of the language will provide a useful base for more grown-up purposes."
[2] Es handelt sich hierbei um den Cornelsen Verlag und den Verlagsverbund Bildungshaus, dem sowohl der Westermann als auch der Diesterweg Verlag angehören.

2. Die Übergangsthematik bzw. -problematik im Fremdsprachenunterricht

Die Übergangsthematik bzw. -problematik ist zunächst ein grundsätzliches, allgemein pädagogisches Thema. Der Einstieg in die Sekundarstufe bringt für die Schülerinnen und Schüler eine Vielzahl von Veränderungen mit sich: neue Klassenzusammensetzung, neue Schule, neue Umgebung, neue Fächer, neue Lehrerinnen und Lehrer, eine andere Methodik und Didaktik als von der Grundschule bekannt. Auch die Fremdsprachendidaktik reiht sich nun in diese Thematik mit ein, denn auch hier zeigt es sich, dass die Forderung nach Weiterführung (Legutke 2000) nicht einfach umzusetzen ist.

Dem Vorsatz, den Fremdsprachenunterricht der Grundschule nicht zu einem vorverlegten Sekundarstufenunterricht werden zu lassen, wurde in Form einer eigenständigen Didaktik Folge geleistet, die auf kindgemäße Weise Prinzipien des grundschulgemäßen Lernens und Arbeitens mit neuen Erkenntnissen des Zweitsprachenerwerbs verbindet. Knapp zusammengefasst bedeutet dies, dass die Kinder die fremde Sprache durch ein intensives Sprachbad und vorsprachliches bzw. sprachliches Handeln in der Fremdsprache erfahren. Geschichten (*storytelling*), Reime und Lieder sind ein zentraler Bestandteil des Sprachunterrichts. Dem Hören wird die erste Priorität eingeräumt, gefolgt vom Sprechen (v.a. Nachsprechen und die Verwendung von *chunks*). Lesen und Schreiben werden erst nach und nach mit einbezogen und bleiben während der Grundschulzeit den beiden ersten Fertigkeiten untergeordnet. Grammatik wird integrativ vermittelt, d.h. es werden keine Regeln gelernt, sondern Regel-mäßigkeiten werden gemeinsam entdeckt und im Rahmen bestimmter Themen vertieft. Insgesamt handelt es sich um einen ganzheitlichen, spielerisch ausgerichteten Zugang zur fremden Sprache. Das Lernen geschieht beim handelnden Tun in und mit der Fremdsprache.

Für die Lehrkräfte der Sekundarstufe bedeutet diese Vorarbeit, dass ihre Schülerinnen und Schüler nicht mehr bei Null beginnen, sondern dass sie bereits durch die grundschulgemäßen Methoden und Prinzipien eine Prägung erfahren haben. Diese gilt es weiterzuführen, um so das Potenzial der Grundschularbeit auszubauen und zu nutzen. Viele Sekundarstufenlehrkräfte sind jedoch aufgrund ihrer eigenen methodisch-didaktischen Ausrichtung, bei der Schriftlichkeit, Grammatik und Regeln eine wichtige Position einnehmen, von den Vorkenntnissen der Kinder enttäuscht und sehen vor allem in der Uneinheitlichkeit des Lernstandes der Schülerinnen und Schüler ein grundlegendes Problem für ihre Arbeit.[3]

---

[3] Für eine weitergehende Beschäftigung mit der Übergangsthematik siehe das Themenheft „Übergang" in *Der Fremdsprachliche Unterricht Englisch* und Mayer 2006.

3. Lehrwerksbegleitende Software zwischen Primar- und Sekundarstufe

Bislang liegen grundsätzliche Ergebnisse aus empirischen Studien und Erhebungen zur Diskontinuität zwischen dem Fremdsprachenunterricht in der Primar- und der Sekundarstufe vor (siehe z.b. Kahl & Knebler 1996, Legutke 2000). Daraus ergibt sich, dass sowohl methodisch-didaktisch als auch mit Blick auf die zentralen Unterrichtsmedien (Lehrwerk, Bildmaterial, Texte etc., aber auch die Lehrperson) kaum Ansätze im Sinne von Kontinuität umgesetzt werden.

Lehrwerksbegleitende Software stellt in diesem Zusammenhang eher ein Randmaterial dar, das meines Wissens bislang noch nicht Gegenstand einer auf den Übergang ausgerichteten Untersuchung gewesen ist. Bei der Analyse der Lernsoftware konzentriere ich mich für den Bereich Grundschulsoftware auf folgende Fragestellungen: Welche Übungsformen werden verwendet? Sind diese angemessen – d.h. kindgemäß und in Übereinstimmung mit den Prinzipien des grundschulgemäßen frühen Fremdsprachenlernens? Für die Weiterführung in Klasse 5 sind dann Fragen nach der Anschlussfähigkeit relevant: Werden Übungsformen verwendet, die sich sinnvoll an das Grundschulmaterial anschließen? Und was verändert sich bzw. kommt neu hinzu?

3.1. Exkurs: Lehrwerksbegleitende Software

Im Gegensatz zu unabhängiger Software zeichnet sich lehrwerksbegleitende Software durch eine enge Bindung an das Lehrwerk aus. Die Themen und das Vokabular des Lehrwerks werden aufgegriffen, wobei die Software jedoch nicht als Wiederholung der Übungen und Aufgaben des Lehrwerks konzipiert sein sollte, sondern eine sinnvolle Ergänzung zur Arbeit des Lehrwerks darstellen soll. Ein Einsatz dieser Software im Unterricht ist durchaus möglich, vor allem aber liegt er außerhalb des Unterrichts und wird aus Verlagssicht dem sogenannten „Nachmittagsmarkt" zugeordnet.

Im Sinne einer Klassifizierung handelt es sich bei diesem Typ von Software zumeist um Trainings- oder Übungssoftware. Nach Grünewald (2004) sind Trainings- bzw. Übungssoftwareprogramme zentral darauf ausgerichtet, gegebene Ziele und Bereiche durch wiederholendes Üben zu vertiefen. Merkmale dieser Form der Software sind, dass sie (vgl. Grünewald 2004: 46):

- aussehen wie digitale Übungsblätter,
- auf behaviouristischer Lerntheorie basieren,
- eingeschränkte Interaktivität bieten,
- und kaum individuelle Fehlerrückmeldung geben.

Waschk (2005) verwendet, bezogen auf den Primarbereich, die Bezeichnung der tutoriellen Lernsoftware und versteht darunter Software, die stark auf behaviouristischen Ansätzen, gepaart mit positiver Verstärkung, basiert. Entscheidendes

Kriterium hierbei ist, ob bzw. in welchem Maße die Softwareprogramme geschlossen bzw. offen gestaltet sind. Unter geschlossener Software sind diejenigen Programme gebündelt, die den Lernenden nur eine äußerst begrenzte Wahlfreiheit ermöglichen. Offene Lernsoftware bietet hingegen verschiedenartige Lernwege und eröffnet die Möglichkeit der Differenzierung. Dabei zeigt sich ein recht breites Spektrum an Umsetzungen:

> So kann zum Beispiel die Struktur der Lernsoftware so offen und gleichzeitig so übersichtlich gestaltet sein, dass Lernende sich das Thema und die Art der Übungen frei aussuchen können, sie kann aber auch im Sinne eines Abenteuerspiels die Art der Verzweigung nicht transparent machen, oder aber sie kann linear und vollkommen geschlossen sein (Waschk 2005: 103).

4. Lernsoftware für den Englischunterricht in der Grundschule

Für Waschk sind die derzeit auf dem Markt befindlichen, modernen tutoriellen Softwareprogramme für die Grundschule ein Abbild dessen, was im frühen Fremdsprachenunterricht praktiziert wird – auch hier kommt dem Input eine herausragende Funktion zu, und es finden sich viele Arbeitsformen, die auf behavioristischem Denken beruhen und die dennoch eine dem reduzierten Sprachvermögen der Kinder angemessene Form darstellen (z.b. „Klassiker" wie *Listen and point...*, aber auch *TPR* Übungen). Es ist das spielerische Element, das diese Übungen durchzieht, das die Motivation der Kinder aufrechterhält. Aufgrund dieser Tatsachen vertritt Waschk die Auffassung, dass tutorielle Software zeitweise sogar Aufgaben der Lehrperson übernehmen kann:

> Tutorielle Lernsoftware könnte also die Lehrkraft im Unterricht in einigen ihrer Rollen, d.h. unter anderem in der Rolle derjenigen, die den Kindern verständlichen Input im Kontext liefert und derjenigen, die Rückmeldungen zu Übungen geben kann, zwar nicht ersetzen (vgl. Piehpo 2003), aber doch zeitweise vertreten. (Waschk 2005: 102).

4.1. *Ginger – My first English Coach 2*

Parallel zum Lehrwerk begibt sich auch bei der Software der Kobold *Ginger* auf eine Reise. Gemeinsam mit *Captain Storm* und *Linda Lifebelt* (= Hilfefunktion) steuert *Ginger* verschiedene englischsprachige Länder (z.B. *India, Australia, South Africa*, etc.) an. Nach der Installation per Seriennummer (Anmerkung der Verf.: Dies kann für Kinder durchaus kompliziert sein), gelangt man zunächst auf das Schiff und kann dort einige kreative Aufgaben ausführen (z.B. die farbige Gestaltung von *Gingers* Kabine, die Benutzung des Radios etc.) oder der Unterhaltung zwischen *Ginger* und *Captain Storm* lauschen. Zurück in der Steuerkabine kann eines der Länder ausgewählt werden. Es öffnet sich ein Wimmelbild (siehe Abb. 1), das eine landestypische Situation mit kleinen Szenen und Geräuschen zeigt, die teilweise beim Berühren mit der Maus aktiviert werden. Im Bild verteilt sind sechs Icons, die folgende Aufgabentypen repräsentieren:

1. Hörverstehen
2. Festigung des Grundwortschatzes
3. Wortschatzspiel
4. Geschichten zum Mitmachen
5. Kommunikationsübungen
6. Einführung in das Schriftbild englischer Wörter

Abb. 1: *Ginger – My first English Coach*: Wimmelbild India

Durch Anklicken eines Icons gelangt das Kind auf die „Arbeitsebene", d.h. zu den Aufgaben. Kennzeichnend für *Ginger – My first English Coach* ist, dass das Kind zum einen die Auswahl hat und dass zu den Wortschatzaufgaben (2.und 3.) Variationen angeboten werden. Ausgangspunkt ist immer die Kombination aus Bild und gesprochenem Wort. Als zweite Variante wird das Schriftbild mit einbezogen. Bei der dritten Variation wird mit dem Symbol des Fragezeichens gearbeitet. Die Kinder aktivieren die Fragezeichen, indem sie mit dem Cursor darüber fahren und nur das jeweilige Wort hören. Weder Bild noch Schrift kommen als zusätzliche Unterstützung hinzu. Auf diese Weise werden neben dem genauen Zuhören mnemo-technische Fähigkeiten trainiert. Grundsätz-

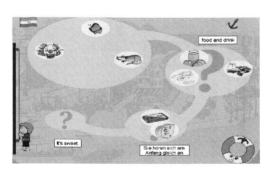

Abb. 2: *Ginger – My first English Coach*: Festigung des Grundwortschatzes

lich ist die Wortschatzarbeit nach zwei Aspekten strukturiert: Zum einen wird aus einer Gruppe von Wörtern durch vorgegebene Auswahlkriterien die Anzahl so weit reduziert, bis nur noch ein Wort übrig bleibt (siehe Abb. 2). Zum anderen werden Wörter nach je zwei Oberbegriffen sortiert.

Unter dem Titel „Geschichten zum Mitmachen" bietet *My first English Coach* eine auf den Computer abgestimmte Form des Total Physical Response: Die Kinder sehen ein Bild und hören klare Anweisungen – z. B. *The two girls are twins. Give the girls a little click to say good-bye.* Nach und nach entwickelt sich eine Geschichte. Diese Aufgabe suggeriert dem Nutzer eine gewisse Gestaltungsfreiheit, die jedoch im Ergebnis, d.h. in der Geschichte, letztlich immer ein Resultat erbringt.

Bei den Übungen zur Einführung des Schriftbildes (Nr. 6) werden kurze Texte präsentiert, in die die Kinder aus einer Liste das fehlende Wort einfügen. Das Wort kann per Klick auf dem Lautsprecher gehört werden. Die Kinder lesen den Text eigenständig, erst wenn er ganz ausgefüllt ist, können sie den Text im Gesamten hören.

In den Kommunikationsübungen wird eine Kommunikationssituation vorgegeben, bei der es gilt, unter drei Möglichkeiten (*multiple choice*) die passende Antwort auf ein Statement zu finden. Die verschiedenen Antworten werden durch Anklicken der Lautsprecher aktiviert.

Die Software *Ginger – My first English Coach* ist überwiegend einsprachig. Der meiste Input bei den Übungen ist auf Englisch, wobei das Deutsche ab und an mit einfließt, wie beispielsweise bei der Festigung des Grundwortschatzes, wo sich an einigen Stellen deutsche Beschreibungen finden (siehe Abb. 2). Die Hilfefunktion, d.h. *Linda Lifebelt*, reagiert immer auf Deutsch. Dadurch ist sie sehr vielseitig und sprachlich versiert. Sie hilft den Kindern durch das Programm, gibt Anweisungen für die richtige Ausführung von Aufgaben, berät sie darin, was sie als Nächstes machen könnten. Das Feedback zu den Aufgaben ist teilweise auf Englisch, teilweise auf Deutsch. Deutsche Anregungen kommen meist dann, wenn das Kind noch einmal über etwas Bestimmtes nachdenken soll oder auf einen Fehler hingewiesen wird. Es ist also durchaus verständlich, dass hier auch Deutsch mit einfließt, ob es allerdings immer nötig wäre, das sei dahingestellt.

4.2. *English with Lucy and Leo 4*

Die Software *English with Lucy and Leo* ist eines der wenigen komplett einsprachigen Softwareprogramme auf dem Markt. *Lucy* übernimmt die Rolle der Hilfefunktion, d.h. sie erklärt, was bei einer bestimmten Aufgabe zu tun ist, macht ein Beispiel vor und erscheint immer dann, wenn es Schwierigkeiten gibt. Bei den Aufgaben zur Einführung in das Schriftbild gibt es noch eine zusätzliche Hilfefunktion in Form von kleinen Sanitätskoffern.

Ohne langen Vorspann gelangt das Kind direkt auf die Menüebene, wo sich ein Überblick über die Aufgaben bzw. Themenbereiche bietet. Die Wahl der Themen ist den Kindern freigestellt; im Ablauf der einzelnen Bereiche sind jedoch einige Aufgaben verbindlich, bevor man dann wieder zwischen verschiedenen Aufgabentypen wählen kann. So wird immer zuerst der gesamte Wortschatz einer *unit* über ein Wimmelbild, das den Kindern bereits aus dem Buch bekannt ist, eingeführt. Die Kinder fügen Puzzleteile an die richtige Stelle und hören das entsprechende Wort. Die zweite verbindliche Aufgabe ist die Wiederholung eines zum Thema gehörigen Wortfeldes. Die Kinder klicken das zum gehörten Wort passende Bild an, das sich von schwarzweiß zu farbig verwandelt. Hier gibt es noch eine zweite Stufe, d.h. der Löwe *Leo* zeigt die Wortkarten, die dann wiederum mit

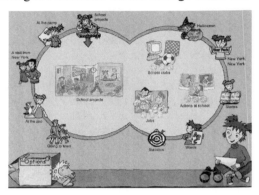

Abb. 3: *English with Lucy and Leo*: Main Menue

dem Bild verbunden werden. Nach diesen einführenden Aktivitäten zeigen sich für jedes Wortfeld zwei bis drei Aufgaben, aus denen das Kind auswählt. Insgesamt gibt es sechs Aufgabentypen, die für die verschiedenen Wortfelder miteinander kombiniert werden:

Balloon Game (Hör- u. Leseverstehen)
Slot Machine (Hör- u. Leseverstehen)
Mixed Letters (Schreiben)
Who's Talking? (Hörverstehen)
Spotlight (Leseverstehen)
1, 2 or 3 (Leseverstehen)

Viele der Aufgaben bei *English with Lucy and Leo* folgen sehr offensichtlich dem behavioristischen Reiz-Reaktionsschema. Wie bereits oben von Waschk aufgezeigt, liegt jedoch in diesen Aufgaben aufgrund des spielerischen Aspekts ein besonderer Reiz. Beim *Balloon Game* beispielsweise ist die Maus eine Nadel, die die Kinder dazu verwenden, das gehörte Wort, das in Bildform auf einem der Luftballons abgebildet ist, zu identifizieren und den Ballon zum Platzen zu bringen. Ein gesteigerter Anreiz liegt darin, die Geschwindigkeit zu verändern – sie kann auf einer Skala zwischen Schnecke und Hase eingestellt werden. Wenn das Kind den richtigen Ballon ausgewählt hat, wird es auf unterschiedliche Weise auf Englisch gelobt; bei Fehlversuchen erklingt ein vibrierender Ton.

Bei dem Übungsformat *Slot Machine* (siehe Abb. 4) werden gesprochenes Wort, Bild und Schrift kombiniert, wobei diese Übung den Kindern auch einige Geschicklichkeit abverlangt, da Wort und Bild wie bei einer richtigen *Slot Machine* nebeneinander erscheinen sollen.

Das eigenständige Schreiben bzw. Buchstabieren von Wörtern in einen vorgegebenen Rahmen wird bei *Mixed Letters* trainiert. Die Kinder hören das

Abb. 4: *English with Lucy and Leo*: The Slot Machine

Wort leicht verzerrt von der Hexe vorgesprochen und sortieren dann die Buchstaben der Reihe nach in die Kästchen. Hier kommt die zusätzliche Hilfefunktion mit den Sanitätskoffern zum Einsatz. Jeder Koffer bringt einen Buchstaben an seinen Platz.

Die Software *English with Lucy and Leo* fokussiert stark auf das Training des Wortschatzes in Wortfeldern. Dabei stehen einzelne Wörter im Zentrum. Die Satzebene wird nur beim Übungstyp *1, 2 or 3* angesteuert. Hier geht es darum, kleine Sätze oder Fragen sinnvoll zu vervollständigen.

Die Software zeichnet sich durch eine sehr klare Struktur aus. Auch wenn die Übungen sehr stark nach dem Reiz-Reaktionsschema aufgebaut sind, so sind sie dennoch sehr ansprechend und gerade durch die Möglichkeit des individuellen Tempos können die Kinder die Anforderungen individualisieren. Das Feedback ist zwar etwas schematisch und wiederkehrend, aber dafür ist die Software komplett einsprachig und greift nie auf die deutsche Sprache als Hilfsmittel zurück.

5. Lernsoftware für die Sekundarstufe (5. Klasse)

Die beiden Lernsoftwareprogramme für die fünfte Klasse sind überarbeitete Versionen früherer Programme und jeweils länger auf dem Markt als die beiden Grundschulprogramme. Dadurch ist ein organischer Prozess der Weiterführung so nicht möglich bzw. nicht angelegt.[4]

---

[4] Bezogen auf die beiden Softwareprogramme aus dem Cornelsen Verlag, wird aber durch die Bezeichnung (*Ginger - My first English Coach* bzw. *My English Coach*) die Zusammengehörigkeit demonstriert. Bei den beiden Softwareprogrammen aus dem Verlagszusammenschluss Bildungshaus ist dies nicht der Fall.

5.1. *Portobello Road*

Die Software zum Hauptschullehrwerk *Portobello Road* ist eine aktuelle Software (erschienen 2005), die parallel zur Neubearbeitung des Lehrwerkes auf den Markt kam. Ein Indiz für die Aktualität ist, dass den neuen Entwicklungen, d.h. dem Grundschulenglisch, in Form eines Grundschultrainers[5] Tribut gezollt wird. Der Benutzer hat die Wahl entweder zunächst den Grundschulwortschatz zu wiederholen oder direkt in das Programm für die fünfte Klasse einzusteigen.

Portobello Road bietet auf der Menüebene eine Grundstruktur parallel zu den Themen des Lehrwerkes. Jedes Thema ist in drei Unterbereiche gegliedert. Es besteht die Auswahl zwischen vier Arbeitsbereichen: *exercises, portfolio tasks, vocabulary trainer* und *tests*. Grammatik ist einer der Zusatzbereiche, die parallel aufgerufen werden können.

Bei den Übungen[6] zum Wortschatz finden sich Formate, die den Schülerinnen und Schülern aus der Grundschule vertraut sind, wenn beispielsweise einem Bild das passende Schriftbild zugeordnet werden soll (siehe Abb. 5). Die Software setzt in diversen Bereichen Bildimpulse ein. Es sind vor allem diese Übungen, die einen spielerischen Charakter haben und die eine sinnvolle Weiterfüh-

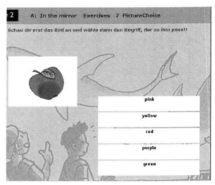

Abb. 5: *Portobello Road*: Wortschatzübung

rung auf höherem Level von aus der Grundschule (und auch aus der Grundschulsoftware) bekannten Übungsformaten bieten.

Eine weitere Übung, die eine Verbindung zur Grundschulsoftware erlaubt, ist der sogenannte *MatchMaster* (siehe Abb.6),

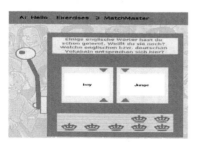

Abb. 6: *Portobello Road*: *MatchMaster*

---

[5] Es handelt sich dabei um die spielerische Wiederholung von elf zentralen Wortfeldern, die in relativ kurzer Zeit bearbeitet werden können. Insgesamt erinnert das Programm an die mündlichen „Vorkurse" zu den Lehrwerken.

[6] Im Gegensatz zu den Grundschulprogrammen, die eine klar überschaubare Anzahl von Aufgabentypen anbieten, ist dies bei der Sekundarstufensoftware nicht mehr der Fall. Es gibt eine Unzahl verschiedener Aufgabentypen, die die verschiedenen *skills* miteinander kombinieren.

der an die *Slot Machine* von *English with Lucy and Leo* (siehe Abb. 4) erinnert, sich aber durch die Parallelsetzung von Deutsch und Englisch wesentlich vom Grundschulansatz unterscheidet. Auch beim *vocabulary trainer* ist die deutsche Sprache immer mit integriert. Die Kinder können auswählen, ob zuerst das englische oder das deutsche Wort kommt, aber immer wird ein Wort in beiden Sprachen angeboten.

Arbeitsanweisungen werden bei *Portobello Road* immer schriftlich und immer auf Deutsch gegeben. Dieses Schema zieht sich durch alle Aufgaben und Bereiche der Software; auch die Hilfefunktion und alle weiteren Anweisungen sind auf Deutsch. Das Feedback erfolgt zwar auf Englisch, ist aber sehr redundant und schematisch.

5.2. English Coach 3D 2000

English Coach 3D 2000 [7] ist aufgebaut wie eine Raumstation und die Benutzer bekommen sofort das Gefühl, sich in eine andere Welt zu begeben. Dieser Eindruck wird nach der „Landung" verstärkt. Es zeigt sich eine mondartige Landschaft, durch die man sich mit dem Cursor an verschiedene Orte begeben kann. Manchmal führt der Weg ins Nichts, manchmal trifft man unterwegs außerirdische Gestalten, die sich unterhalten wollen und manchmal findet man den Zugang zu Aufgaben. Der Benutzer kennt sich in dieser Mondlandschaft um so besser aus, je öfter er sie durchkämmt. Für einen Neuanfänger ist es jedoch nicht einfach, die Aufgaben zu finden und die Struktur zu durchschauen. In klarer Verbindung zu *Ginger – My First*

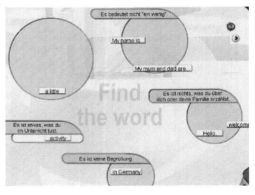

Abb. 7: *English Coach 3D 2000*: Wortschatzarbeit

English Coach stehen die Mitmachgeschichten. Auch hier entwickelt sich über Anweisungen eine Geschichte, wobei sie bei Weitem nicht so ansprechend ist, wie die der Grundschulsoftware.

Im Vokabelbereich wird mit dem bereits bekannten System des immer weiter Eingrenzens eines Begriffes gearbeitet – nur, diesmal sind es nicht bloß einzelne Wörter, sondern auch *chunks* und kürzere Phrasen, und die Umschreibungen sind auf Deutsch. (siehe Abb. 7)

---

[7] *My English Coach* kann für verschiedene Schulformen eingestellt werden. Ich beziehe mich hier jeweils auf die Hauptschulebene.

Wie bei *Portobello Road*, wird das Deutsche als steter Referenzrahmen aktiviert. Fast nie wird ein einsprachiger Ansatz vertreten, sondern beim Vokabular oder auch bei den Strukturen wird immer auch die deutsche Übersetzung mitgeliefert (siehe Abb. 8 und 9).

	I	I'm from...	in Germany
My mum and dad are... .	My name is... .	Hello.	a little
activity	welcome	now	I'm from Berlin, too.
Where are you from?	What's your name?	And you?	We speak English.

	Wo kommst du her?	ich	Ich bin aus ... ./ Ich komme aus ... .
in Deutschland	Und du?	Meine Mutter und mein Vater sind	Mein Name ist ... ./ Ich heiße ... .
Hallo./ Guten Tag.	ein bisschen, ein wenig	Aktivität, Tätigkeit	willkommen
nun, jetzt	Ich komme auch aus Berlin.	Wie heißt du? (wörtlich: Was ist dein Name?)	Wir sprechen Englisch.

Abb. 8 und 9: *English Coach 3D 2000*: Strukturen

Neu sind Übungen zur Grammatik, die im Dreischritt Vorstellen, Verstehen, Verwenden präsentiert werden und die teilweise auch spielerisch aufgemacht sind. Neu sind ebenfalls lange Lesetexte, die durch keinerlei grafische Gestaltung aufgelockert werden und wie traditionelle Arbeitsblätter wirken. Dadurch entsteht eine Diskrepanz zwischen den klassischen Übungsformaten und der fantasievollen, ansprechenden und kreativen Ebene der Mondlandschaft, die fast den Eindruck eines Computerspieles vermittelt.

6. Fazit und Ausblick

Die Analyse der beiden lehrwerksbegleitenden Softwareprogramme für die Grundschule zeigt, dass beide auf sehr unterschiedliche Weise auf den Prinzipien eines spielerisch, ganzheitlichen Englischunterrichts aufbauen. Beide bieten eine klare Aufgabentypologie an, die es den Kindern erleichtert, sich auch ohne fremde Hilfe mit dem Programm zu befassen. Die Tatsache, dass fast alle Übungen nach dem Reiz-Reaktionsschema funktionieren, wird austariert durch die spielerische Herangehensweise und dadurch, dass entweder ganz oder in weiten Teilen einsprachiger Input angeboten wird.

Die Software für die Sekundarstufe basiert ebenso wie die Programme für die Grundschule auf behavioristischem Denken, allerdings tritt das äußerst motivierende Moment der spielerischen Aufbereitung stärker in den Hintergrund. Es finden sich zwar nach wie vor noch spielerische Ansätze, da gerade die Nutzung von bildlichen Darstellungen besonders geeignet für die autonome Arbeit am Computer ist, aber ein Großteil der Übungen nimmt das Format klassischer Arbeitsblätter bzw. von Trainingsprogrammen an. Grundsätzlich sind die Softwareprogramme für die fünfte Klasse sprachlich komplexer, vor allem durch den verstärkten Einsatz der Schrift und die Kontextualisierung. Gleichzeitig sind sie weniger herausfordernd als die Programme für die Grundschule, was den sprachlichen Input betrifft, da ein Hauptbereich hierfür, d.h. Anweisungen, Rückmeldungen und Hilfefunktionen, durchgängig auf Deutsch ist. Auch in der Wortschatzarbeit wird die bislang vorwiegend einsprachige Herangehensweise der Grundschulsoftware aufgehoben und das Englische immer durch die deutsche Sprache ergänzt.

Abschließend lässt sich sagen, dass sich durchaus Ansätze für eine Weiterführung in den hier untersuchten Softwareprogrammen finden und dass das Medium Computer wohl gerade die Stärkung des in der Grundschule ebenfalls starken Bereichs der bildlichen Umsetzung aufgreift. Trotz der oben angeführten Einwände scheint es, dass der Einsatz von Softwareprogrammen gerade auch mit Blick auf eine bessere Verknüpfung zwischen Primarstufe und Sekundarstufe eine zusätzliche Möglichkeit der Brückenbildung bietet.

Literaturverzeichnis

Cameron, Lynne (2001). *Teaching Languages to Young Learners*. Cambridge: Cambridge University Press.

Der Fremdsprachliche Unterricht Englisch 69/2004. Themenheft „Übergang."

Grünewald, Andreas (2004). „Lernsoftware im Spanischunterricht." *Der Fremdsprachliche Unterricht Spanisch*, 6, 45-51.

Kahl, Peter & Knebler, Ulrike (1996). *Englisch in der Grundschule – und dann? Evaluation des Hamburger Schulversuches Englisch ab Klasse 3*. Berlin: Cornelsen.

Legutke, Michael K. (2000). „Fremdsprachen in der Grundschule. Brennpunkt: Weiterführung." In: Claudia Riemer (Hrsg), *Kognitive Aspekte des Lehrens und Lernens von Fremdsprachen. Festschrift für Willis Edmondson*. Tübingen: Narr, 38-52.

Mayer, Nikola (2006). „Fremdsprachenunterricht als Kontinuum – Der Übergang von der Grundschule in die Sekundarstufe." In: Wolfgang Gehring (Hrsg.), *Fremdsprachenunterricht heute*. Oldenburg: BIS Verlag der Carl von Ossietzky Universität Oldenburg.

Waschk, Katja (2005). „Medieneinsatz im Fremdsprachenunterricht der Grundschule." In: Peter Doyé (Hrsg.), *Kernfragen des Fremdsprachenunterrichts der Grundschule*. Braunschweig: Westermann, 94-109.

Willis, Jane (1996). *A Framework for Task-based Learning*. Harlow: Longman.

WOLFGANG HALLET (GIEßEN)

Visual Culture, Multimodal Discourse und *Tasks.*
Die bildkulturelle Dimension des Fremdsprachenlernens

Visuelle Darstellungen aller Art haben eine ständig wachsende Bedeutung in Alltagsdiskursen und in der Kultur gewonnen. Bilder und visuelle Texte sind allgegenwärtig, insbesondere in der Lebenswelt und in der medialen Umwelt der jungen Generation. Im Gegensatz zu dieser Bedeutung der visuellen Kommunikation hat der Fremdsprachenunterricht noch keine angemessenen Instrumente für das Verstehen und die Nutzung von Bildern entwickelt, um diese als visuelle Texte zu lesen und zu dekodieren, die kulturelle Bedeutung artikulieren und kommunizieren. Dieser Beitrag argumentiert, dass der Fremdsprachenunterricht die visuelle Kompetenz der Lernenden entwickeln muss, um sie zu einer umfassenden Teilhabe an kulturellen Prozessen der Erzeugung von Bedeutungen zu befähigen.

1. *Visual Culture* und Fremdsprachenunterricht[*]

Im Mittelpunkt des traditionellen Fremdsprachenunterrichts stehen gesprochene oder geschriebene Texte. Dem liegt die Annahme zugrunde, dass kulturelle Bedeutung in der Gesellschaft im Wesentlichen im Medium der verbalen Sprache erzeugt und verhandelt wird und dass für Mitteilungen und Kommunikationsinhalte aller Art die menschliche Sprache besonders geeignet ist. Dies hat seinen guten Grund in der besonderen Leistungsfähigkeit dieses Symbolsystems, u.a. vor allem darin, dass dieses Zeichensystem bestimmte logische Operationen im Alltag ermöglicht, z.B. die Begriffs- und Kategorienbildung oder eindeutige logische Verknüpfungen, die prinzipiell einen hohen Grad an Präzision und Eindeutigkeit ermöglichen. Darauf kann hier nicht näher eingegangen werden. Jedenfalls ist daraus fremdsprachendidaktisch die Überzeugung gewachsen, dass es im Fremdsprachenunterricht im Kern um die Entwicklung der berühmten *four skills* geht und dass die dort zu erwerbenden Kompetenzen, wie jetzt wieder die Bildungsstandards für die Fremdsprachen zeigen, im Wesentlichen mit Lesen und Schreiben, Sprechen und Hören gleichzusetzen sind. Sofern andere Medien in diesem didaktischen Zusammenhang ihren Platz finden, handelt es sich dabei traditionellerweise um eine unterstützende, instrumentale Funktion: Sie stehen im Dienst des Erwerbs der Fremdsprache und sind Medien des Sprachenlernens. Dieser Medienbegriff ist fest verankert und bestimmt das didaktische und methodische Handeln im Unterricht.

Auch Bilder oder, mit dem semiotischen Begriff, visuelle Texte, haben hinsichtlich des Fremdsprachenlernens traditionellerweise eine dienende Funktion.

[*] Britta Freitag und Maike Berger danke ich herzlich für die wie immer aufmerksame Lektüre und Korrektur des Beitrages sowie für inhaltliche Anregungen.

Sie sind ein Input-plus, das der Initiierung oder Unterstützung von sprachlichen Prozessen, gelegentlich auch der Auflockerung oder der Unterhaltung dient; sie sind Sprechanlässe oder Merkhilfen, Layout-Elemente oder Authentizitätsmarker, wie ein Blick in alle gängigen Lehrwerke zeigt. Damit hängt unmittelbar zusammen, dass in der Fremdsprachendidaktik das Verstehen von Bildern weithin als unproblematisch galt und gilt. Unterstellt wird dabei, dass diese, ebenso wie die lebensweltlichen Wahrnehmungen und Informationen, dem intuitiven Verstehen zugänglich sind, weil sie die Realität verlässlich abbilden. Jedenfalls gehört es bis heute nicht zur gängigen Praxis des Fremdsprachenunterrichts, mit auf Bilder bezogenen *comprehension, analysis* oder *interpretation questions* nach dem Muster der Textverstehensfragen zu arbeiten oder Bilder in ihrem Gehalt und ihrer Gestalt zum Gegenstand des Unterrichts zu machen. Bilder gelten also gemeinhin nicht als Gegenstände und Inhalte des Verstehens und des Lernens, sondern als didaktisch und methodisch instrumentalisierte Mittel des Sprachlernens – eben Sprachlernmedien.

Dementsprechend haben Bilder in Lehrwerken und Sprachlehrgängen weitgehend illustrative, sprachstützende oder sprachinitiierende Funktion. Umgekehrt werden sie nicht als Texte aus eigenem Recht behandelt, sondern als Appendices zu Verbaltexten, denen sie in textuellen Hierarchien untergeordnet sind. Bildverstehen bleibt demzufolge im Fremdsprachenunterricht einer impressionistisch-intuitiven Ebene verhaftet; Lernende erhalten daher auch keine Anleitung, wie man Bilder ,liest', interpretiert und mit Bedeutung versieht. Damit hängt unmittelbar zusammen, dass Lernenden die Funktion von Bildern in Lehrbuch-*units* oft enigmatisch erscheinen muss und dass von den Schüler/innen komplexe kognitive intertextuelle und intermediale Operationen verlangt werden, wenn sie die Bilder verstehen wollen, ohne dass solchen Prozessen im Unterricht Raum für die Externalisierung gegeben wird (s. dazu Hallet 2006c).

Diesem fremdsprachendidaktischen Befund steht eine alles überragende Bedeutung der Bilder in der Lebenswelt der jungen Menschen gegenüber; sie sind allgegenwärtig, bestimmen das Denken, die Wertvorstellungen und die Idolisierungen der Lernenden. Sie prägen das kulturelle Leben von Gesellschaften und alle Wahrnehmungen, in erheblichem Maße auch das kulturelle Gedächtnis sowie die Vorstellungen von fremden Kulturen und anderen Teilen der Erde. In nicht unerheblichem Maße sind Bilder – via Fernsehen, Film, Video und *music video clips* (MCV) – auch zu einem Bestandteil des sozialen Lebens und der Eventkultur geworden. *(Public) viewing* hat zum Teil die realen *events* schon überrundet, *viewing* ist selbst zum *event* geworden: Bilder kommunizieren daher nicht nur Inhalte, sondern sie schaffen auch soziale Wirklichkeit. Sehgewohnheiten werden deshalb auch oft nicht mehr durch primäre, alltagsweltliche, sondern durch sekundäre, mediale Wahrnehmungsweisen erzeugt: Die Wahrnehmung der Wirklichkeit folgt den Gesetzen und Strukturen der Bildwahrnehmung – eine kulturelle Wirkkraft, deren sich besonders die Politik und die Konsumwerbung bedienen. Die Zirkulation von Bildern, ihre Platzierung im Diskurs und die Produktion ikonographischer Bilder, die für mehr stehen als für sich selbst, sind daher unmittelbar mit der Ausübung gesellschaftlicher und politischer Macht verbunden.

Es hat daher seinen guten Grund, wenn in den Kulturwissenschaften das Entstehen einer neuen Kultur diagnostiziert wird, die im Kern mit einem *shift* vom Wort zum Bild, mit dem Begreifen der Welt durch Bilder, mit dem Entstehen von Welt-Bildern zusammenhängt. Statt in verbalen Texten versuchen die Menschen im Alltag, in der Wissenschaft und vor allem in den Kommunikationsnetzen der neuen Medien, sich die Welt über Bilder verfügbar zu machen:

> Western culture has consistently privileged the spoken word as the highest form of intellectual practice and seen visual representations as second-rate illustrations of ideas. The emergence of visual culture develops what W.J.T. Mitchell has called 'picture theory', the sense that some aspects of Western philosophy and science have come to adopt a pictorial, rather than textual, view of the world (Mirzoeff 1999: 6).

Gewiss hängen der Verlust oder die nachlassende Bedeutung der Sprache und die zunehmende Schwierigkeit junger Menschen, sich der menschlichen Sprache zu bedienen, unmittelbar mit dieser allgemeinen kulturellen Orientierung hin zum Visuellen zusammen. Das eigentliche Dilemma besteht jedoch darin, dass zwar an die Stelle des Verbalen die Sprache der Bilder getreten ist, dass aber die für deren Gebrauch erforderliche Kodierungs- und Dekodierungskompetenz, die visuelle Kompetenz, in keiner Weise ausgebildet ist. Da es kein Zurück in ein nicht-visuelles Zeitalter gibt, hat es nichts mit Kulturpessimismus zu tun, wenn man die Gefahr sieht, dass nicht nur die jungen Menschen der Macht der Bilder weitgehend ausgeliefert sind und dass die Deutungshoheit jenen gehört, die professionell mit Bildern umgehen – den Werbe- und PR-Fachleuten, den Herren über (mittlerweile global verfügbare digitale) Bildarchive, mächtigen Institutionen wie den Fernsehgesellschaften und -kanälen, in deren Hand die Produktion, der Zugang und die Distribution von Bildern liegen.

Auf diese „veränderte Rolle von Bildern angesichts der Bilderflut in einer mediengeschichtlichen Umbruchsituation" (Bachmann-Medick 2006: 346) haben die Kulturwissenschaften mit dem *iconic turn* reagiert. In den *visual culture studies* (*visual studies*) und durch deren Integration in zahlreiche angrenzende Disziplinen wie die Literatur- und die Medienwissenschaften oder die Fremdsprachendidaktik rückt nun die Omnipräsenz der Bilder in den Mittelpunkt kulturwissenschaftlicher Betrachtung und Untersuchung (vgl. Seidl 2007a, b: 4f.). Zu den Zielen visueller Kulturstudien gehören die Entwicklung einer Meta-Sprache für Bilder (‚Grammatik'; vgl. z.B. Kress & van Leeuwen 1996), die Erforschung der Rolle der Bilder in kulturellen Prozessen, die Beschreibung des Zusammenwirkens verschiedener semiotischer Modi und Codes im gleichen Diskurs (vgl. Abschnitt 3), aber auch, wie im Fall des multimedialen Hypertextes, innerhalb ein und desselben Textes. Im Kern geht es immer um die Analyse und Erforschung von Praktiken der Bedeutungszuschreibung und der Erzeugung kultureller Bedeutungen durch Bilder.

Diese bedeutungserzeugende kulturelle Funktion von Bildern hat bereits Eingang in den Fremdsprachenunterricht gefunden, wo ganze kulturelle Narrative, also historisch-mythische Erzählungen, wie z.b. die von der Immigration in die Vereinigten Staaten via Ellis Island, in Form von Bildern repräsentiert werden oder persönliche Erfahrungen und Erlebnisse als *comic strip* rein visuell erzählt werden (vgl. z.B. *Camden Town 4*: 73 u. 98). Freilich halten sich, wie ein Blick auf die zugehörigen Aufgaben regelmäßig zeigt, die Anleitung und die *instructions* für das ‚Lesen' und Verstehen der Bilder in Grenzen, und die Lehrwerkautoren vertrauen im Wesentlichen auf eine bereits vorhandene, irgendwie geartete visuelle Kompetenz der Lernenden. Über die semantische Funktion der Lehrwerksbilder hinaus kann man aber auch einen *visual turn* im Design diagnostizieren: Heute sind alle Fremdsprachenlehrwerke üppig und farbig mit Bildern aller Art ausgestattet, vom Foto über *comics* und *cartoons* bis hin zu eigens für das Lehrwerk entworfenen *icons,* die digitalen Oberflächen nachgebildet sind; in der jüngsten Lehrwerkgeneration sind auch noch lehrwerkbezogene Filme auf DVD hinzugekommen.

2. *Multiliteracies* im Fremdsprachenunterricht

Es ist deutlich geworden, dass die bisher beschriebenen Tendenzen und Befunde nach einer pädagogischen und didaktischen Neubestimmung verlangen. Denn natürlich muss der Unterricht – zumal ein auf kommunikative Kompetenz gerichteter – auf die Fähigkeit der Partizipation an den dargestellten kulturellen Prozessen zielen. Einer kompetenzorientierten Didaktik – dies noch einmal in Richtung Bildungsstandards als Merksatz formuliert – muss es deshalb um mehr gehen als um Lesen und Schreiben, Sprechen und Hören. Die *de facto*-Fortschreibung der *skills*-Orientierung in den Bildungsstandards ist ein restringiertes Projekt, das der Vielfalt und Komplexität mediatisierter, globalisierter und multilingualer Migrationsgesellschaften nicht angemessen ist. Um den Bildungswert einer Bildverstehenskompetenz bestimmen zu können, ist es daher sinnvoll, nach einer bildungstheoretischen Rahmung für eine Didaktik der visuellen Kompetenz zu suchen.

Eine solche findet sich im *multiliteracies*-Ansatz der *New London Group.* Diese internationale Gruppe aus Pädagogen und Didaktikern versucht, die Engführungen traditioneller Didaktiken zu überwinden. In der *multiliteracies*-Didaktik werden die Lernenden als Bedeutung und Kultur konstruierende Subjekte verstanden, als kulturelle Aktanten, die – auch und gerade im Unterricht – aktiv an kulturellen Prozessen teilhaben (vgl. Hallet 2002: 270, sowie Hallet 2007c). Dazu gehört eine ganze Bandbreite von Kompetenzen sprachlicher, diskursiver und medialer Art, sodass ,Schreiben' nunmehr auch die Konstruktion multimedialer Hypertexte und ,Lesen' auch das Verstehen visueller und multimedialer Texte umfasst. Bildung, so die Schlussfolgerung, muss dem kulturellen *shift* weg vom reinen Wort und hin zu anderen Medien und Modi der Erkenntnis und der Kommunikation Rechnung tragen:

> Pedagogy is a teaching and learning relationship that creates the potential for building learning conditions leading to a full and equitable social participation. Literacy pedagogy, specifically, is expected to play a particular important role in fulfilling this mission. Traditionally this has meant teaching and learning to read and write in page-bound, official, standard forms of the national language. Literacy pedagogy, in other words, has been a carefully restricted project – restricted to formalised, monolingual, monocultural, and rule-governed forms of language (The New London Group 2000: 9).

Als übergeordnetes Ziel kann also gelten, dass die Lernenden in die Lage versetzt werden, an den multimedialen, multimodalen und multilingualen, also auch an den bildgebundenen Austauschprozessen einer Gesellschaft teilzuhaben. Dies ist im Übrigen, in einigem Widerspruch zu den Bildungsstandards für die ersten Fremdsprachen, auch das Bildungskonzept, das der Bildungsexpertise im Vorfeld der Standards zugrunde liegt. Die Maxime aller Bildung ist ihr zufolge

> dass alle Heranwachsenden einer Generation, und zwar unabhängig von Herkunft und Geschlecht, dazu befähigt werden, in der selbständigen Teilhabe an Politik, Gesellschaft und Kultur und in der Gestaltung der eigenen Lebenswelt diesem Anspruch gemäss zu leben und als mündige Bürger selbstbestimmt zu handeln (Klieme et al. 2003: 63).

Vorstellbar wird dies dadurch, dass Kulturen und Gesellschaften ihre Austausch-und Aushandlungsprozesse in Diskursen organisieren, die man sich als thematisch kohärente, aber offene Textmengen vorstellen kann. Diese ungeheuer großen Textmengen, zu denen gemäß einem weiten Textbegriff auch Bilder und andere symbolische Darstellungsformen gehören, kann man auch als das kulturelle Wissen einer Gesellschaft betrachten, zu dem jede neue Äußerung beiträgt und das sich aus den unterschiedlichsten medialen und modalen Formen zusammensetzt:

> Discourses are socially constructed knowledges of (some aspect of) reality. [...] For instance, the 'ethnic conflict' discourse of war can be drawn upon by Western journalists when reporting civil wars in Africa or former Yugoslavia, but it is also an available resource in certain kinds of conversation, in airport thrillers or in movies set in Africa, and so on. [...] The 'ethnic conflict' discourse of war, for instance, may be realised as (part of) a dinner table conversation, a television documentary, a newspaper feature, an airport thriller, and so on. In other words, discourse is relatively independent of genre, of mode, and (somewhat less) of design (Kress & van Leeuwen 2001. 4f.; vgl. auch Hallet 2002: 17ff, sowie Hallet 2006b und Hallet 2006c: 140ff.).

,Diskursfähigkeit' erstreckt sich also auf das Verstehen und aktive Teilnehmen an vielfältigen Formen von Kommunikation, nicht nur der verbalen, sondern z.B. auch der visuellen. Zudem sind solche Diskurse in globalisierten und elektronisch vernetzten Migrationsgesellschaften heute stets mehrsprachig, mit Englisch als einer internationalen *lingua franca*, sodass fremdsprachige Diskursfähigkeit einen unverzichtbaren Bestandteil kultureller Partizipationsfähigkeit darstellt.

Ein weiterer *shift* betrifft das Phänomen der Text- und Bildmengen, die aufgrund der globalisierten und digitalisierten Kommunikation in jeden Diskurs eingespeist werden, und zwar sowohl quantitativ im Sinne der unendlich großen Zahl von Texten, die heute jedermann an jedem Ort der Erde zugänglich ist, als auch qualitativ im Sinne des Hypertextes, den man als einen aus einer Text-, Bild- und Tonmenge bestehenden Einzeltext betrachten kann:

> Discourses are articulated through all sorts [sic!] visual and verbal images and texts, specialized or not, and also through the practices that those languages permit. The diversity of forms through which a discourse can be articulated means that intertextuality is important to understanding discourse. Intertextuality refers to the way that the meanings of any one discursive image or text depend not only on that one text or image, but also on the meanings carried by other images and texts (Rose 2001: 136; vgl. auch Hallet 2002: 4ff., sowie Hallet 2006c: 141ff.).

Daher kommt dem Umgang mit Text- und Bildmengen und der Fähigkeit, Äußerungen und Texte (Bilder usw.) aufeinander zu beziehen, sie von einem Medium in ein anderes und von einem Modus in einen anderen zu transformieren (z.B. vom Zeitungsfoto zur mündlichen Debatte zur schriftlichen Stellungsnahme), eine zentrale Bedeutung hinsichtlich der Partizipationsfähigkeit zu. Daher ist Intertextualität bzw., in der medialen Erweiterung, Intermedialität ein zentrales Paradigma einer auf kulturelle Partizipation gerichteten Didaktik und eine zentrale Kategorie in einer fremdsprachlichen Textdidaktik (vgl. Hallet 2002 und 2006c).

3. *Multimodality* und Fremdsprachenunterricht

Zentral für einen zeitgemäßen Diskursbegriff ist demnach die Vorstellung, dass nicht nur das gesprochene und das geschriebene Wort an den diskursiven Aushandlungsprozessen beteiligt ist, dass Diskurse also nicht monomodal sind, sondern dass Texte heute vielfältige mediale und modale Formen annehmen können und dass sie in aller Regel verschiedene semiotische Systeme oder Codes kombinieren. Das ausgeprägteste Beispiel ist der multimediale Hypertext, in dem prinzipiell alle semiotischen Systeme und Medien sowie Genres und Textsorten frei kombiniert werden können. Die Kunst der kommunikativ effizienten Kombination semiotischer Modi kann man heute aber auch an jedem Faltblatt, an (fast) jedem Buchumschlag und, natürlich, seit langem an den Lehrwerken studieren. Dieses *multimodality* genannte Prinzip der genre- und medienübergreifenden Kommunikation bezeichnet also

> the use of several semiotic modes in the design of a semiotic product or event, together with the particular way in which these modes are combined – they may for instance reinforce each other [...] fulfill complementary roles [...], or be hierarchically ordered, as in action films, where action is dominant, with music adding a touch of emotive colour and sync sound a touch of realistic 'presence'. We defined communication as a process in which a semiotic product or event is both articulated *and* interpreted or used. It follows from this definition that we consider the production and use of designed objects and environments as a form of communication (Kress & van Leeuwen 2001: 20).

Für den Fremdsprachenunterricht und das übergeordnete Ziel der Diskursfähigkeit bedeutet der *iconic turn* also nicht, dass sprachliche durch piktoriale Kommunikation ersetzt wird, sondern dass Bilder in den verschiedensten Formen eine bestimmende und bestimmbare Stellung innerhalb multimodaler Diskurse einnehmen. Umgekehrt folgt daraus aber auch die für deren Rolle im Fremdsprachenunterricht wichtige Einsicht, dass kulturelle Bedeutung nie durch Bilder alleine, sondern immer durch die Kombination mit anderen semiotischen Codes, vor allem mit der verbalen Sprache, erzeugt wird: „visual objects are always embedded into a range of other texts, some of which will be written and all of which intersect with each other" (Rose 2001: 10).

An der Geschichte der Fremdsprachenlehrwerke lässt sich der Wandel von der Monomodalität zur Multimodalität durchaus ablesen. So können z.B. Lehrwerke der 1970er Jahre als weitgehend monomodal gelten, da visuelle Elemente (oft einfache Schwarz-Weiß-Zeichnungen) eine bloße Beigabe zum Text waren; das Verstehen und die Herstellung textueller Bedeutung waren nicht an das Verstehen des Bildes gebunden. Nachfolgende Generationen von Fremdsprachenlehrgängen kamen bereits multimedial daher (Audiokassetten, Bilder, Printtexte), aber auch multimodal, indem z.B. eine Lehrwerkeinheit über London zum erheblichen Teil auf der visuellen Repräsentation Londons durch Photos oder auf der Imitation des visuellen Designs eines *tourist guide* beruhte. Die jüngste Generation von Englischlehrwerken ist im *visual culture*-Zeitalter angekommen. In solchen Lehrwerken wird landeskundliches Wissen, z.B. über London oder New York, überwiegend, auf manchen Doppelseiten sogar ausschließlich, über Bilder ohne jeden verbalsprachlichen Anteil kommuniziert. *Multimodality* ist also heute ein Design-Prinzip für Lehrwerke und ein didaktisches Konstruktionsprinzip: Eine London- oder New York-*unit* kann demnach bestehen aus einem Stadtplan, verbalen Texten in verschiedenen Modi (*story*, Dialoge, *leaflet* usw.), ikonographischen Elementen für die didaktische Instruktion, kleinen Inset-Bildern, Hörtexten, *picture stories* usw. Wenn also heute Input für den Fremdsprachenunterricht konzipiert und zusammengestellt wird, orientiert sich dieser an den Prinzipien der Textvielfalt, der Komplexität, der Multimodalität und der Multimedialität von Diskursen. Thematische Textkombinationen für den Fremdsprachenunterricht sind auch in diesem Sinne Modellierungen lebensweltlicher Diskurse; sie

* bestehen aus einer größeren Menge von Texten
* kombinieren verschiedene mediale Formen und semiotische Modi (Äußerungen, Zeichen, Bilder usw.);
* sind thematisch (mehr oder weniger) kohärent,
* dennoch unabgeschlossen (also durch beliebig viele Texte ergänzbar, auch durch Lernertexte oder durch von ihnen recherchierte Texte) sowie
* bedeutungsvoll und relevant (*meaningful and relevant*);
* erfordern intertextuelle und intermediale Kompetenz zur Relationierung der verschiedenen Elemente eines Diskurses.

Der Multimodalität von Diskursen muss also eine multiple Kompetenz entsprechen, die die Lernenden im Fremdsprachenunterricht, aber nicht nur dort, erwerben. Eine dieser Kompetenzen ist *visual literacy*, aber eben nur eine. Denn ihr Platz im Fremdsprachenunterricht legitimiert sich gerade daraus, dass das Bildverstehen, wie alles Verstehen, der Einbettung und Übersetzung in die verbale Sprache bedarf. Nur in ihr können tiefere Bedeutungsebenen (*content*) und kompositionelle Strukturen (*composition*) von Bildern sowie deren kulturelle Entstehungskontexte (*provenance*), Referenzen und Wirkungen (*audiencing*) auf differenzierte und angemessene Weise beschrieben werden (vgl. Rose 2001: 15ff.).

4. *Visual literacy* im Fremdsprachenunterricht

Wenn Bildern eine zentrale Bedeutung in allen lebensweltlichen Diskursen und bedeutungsgenerierenden Prozessen in unserer Kultur zukommt, so kann kein Unterricht und kein zeitgemäßes Konzept von Bildung daran vorbei, dass der Umgang mit Bildern ebenso wie der mit der menschlichen Sprache erlernt werden muss. Denn wir benötigen auch für das Bildverstehen Codes. Diese kann man mit Roland Posner verstehen als „eine Menge von Signifikanten, eine Menge von Signifikaten und eine Menge von Regeln, die diese einander zuordnen" (Posner 2003: 42). Wenn eine gewisse Menge von Menschen die Signifikanten, also die Bildmittel, und die Signifikaten, also das Dargestellte, in etwa in gleicher Weise einander zuordnen, so kann man mit Posner sagen, dass sie der gleichen ‚mentalen Kultur' angehören, da sich „jede Mentalität als Menge von Codes auffassen lässt" (Posner 2003: 53). Codes sind also kulturkonstitutiv und kulturspezifisch; aber gerade darum ist es so wichtig, dass ihre Benutzer, da sie unablässig davon Gebrauch machen, auch eine entsprechende Kodierungs- und Dekodierungskompetenz entwickeln, die es ermöglicht, *visual texts* verstehend wahrzunehmen und sich in zutreffender Weise mit ihrer Hilfe auszudrücken.

Beim Betrachten von Bildern spielt natürlich einerseits die kompositorische Dekodierung eine Rolle, bei der nach *foregrounding, focalization* oder *light* und *colour* gefragt wird. Andererseits geht es im Fremdsprachenunterricht natürlich nicht darum, bildwissenschaftliche Interpretationsverfahren zu entwickeln, wie sie die *visual culture studies* inzwischen in differenzierter Weise entwickelt haben. Wirksamer, im Hinblick auf das interkulturelle Lernen auch unverzichtbarer sind im Fremdsprachenunterricht ‚*cultural codes*', mit deren Hilfe, ähnlich wie in der Wirklichkeit, die kulturelle Bedeutung der dargestellten Inhalte, Objekte, Personen, Verhaltensweisen, Inszenierungen, Räume usw. in einem Photo oder einem Bild entschlüsselt werden kann. In freier Variation einer Aufstellung bei Rose (2001: 60f.) gehören dazu z.B.:

- *location, setting, surroundings*
- *central figures*
- *ethnicity, social class, gender*
- *grouping of figures*
- *social relations*
- *posture*
- *physical features*
- *activity*
- *facial expression*
- *dress*
- *central objects*
- *relations between persons and objects*
- *technology (historical status)*

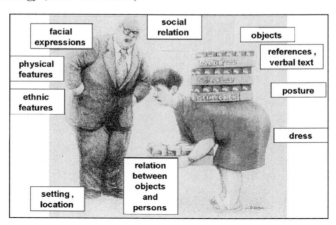

Abb. 1: Manfred Deix, „Sie kriegen hier 'ne Menge Geld – mehr als in der Dritten Welt." *Die Zeit*, Nr. 47, 17. November 2005.

Die Dekodierung eines Bildes mithilfe solcher Kategorien, die Stellung des Bildes im Diskurs, aber auch die Schwierigkeit des Verstehens, sollen an einem relativ einfachen eigenkulturellen Beispiel dargestellt werden. Es handelt sich um eine Karikatur aus *Die Zeit* vom November 2005, die, um Bildverstehen zu erproben und zu üben, den Teilnehmer/innen eines Seminars zunächst ohne jede Kontextualisierung vorgestellt wurde. Zunächst ist ersichtlich, dass die hier angegebenen Kategorien weitgehend kulturelle *codes* darstellen, mit deren Hilfe wir auch realweltliche Situationen lesen. Wenn man als Lehrer/in die hier angegebenen *cultural codes* in Leit- oder Arbeitsfragen oder in *instructions* überführt („Pay special attention to ... the facial expression, the posture, the relation between man and woman etc."), können die Lernenden das Bild bereits in einiger Tiefe verstehen. Im Kern werden hier die von den Schülern im Alltag benutzten kulturellen Codes für das Bildverstehen aktiviert. Werden sie durch eine basale bildkompositorische Dekodierung (*foreground, vantage, focalization*; vgl. Rose 2001) ergänzt, kann bereits eine relativ weitgehende Interpretation das Ergebnis sein. Ziel einer auf *visual literacy* gerichteten Kompetenzerziehung muss es sein, dass die Schüler/innen lernen, selbstständig mit solchen Dekodierungsverfahren zu arbeiten. Allerdings müssen wir auch als Lehrer/innen in der Lehrerbildung systematisch lernen, solche Codes explizit zu machen und mit ihrer Hilfe zum Bildverstehen anzuleiten (vgl. dazu Rose 2001).

Dieses Bild stellt allerdings auch, weil für ein didaktisches Experiment hergerichtet, unnatürlich hohe Anforderungen an die Dekodierungskompetenz. Denn im Normalfall sind Bilder immer Teil eines größeren, eben multimodalen Diskurses, der uns, wenigstens zum Teil, durch verbale Kontextualisierung beim Finden eines passenden *codes* hilft. So auch in diesem Fall: Auf dem Titelblatt dieser Ausgabe der Wochenzeitung befindet sich unmittelbar neben dem Bild die Schlagzeile „Fiese Chefs". Bild und Schlagzeile kündigen ein Dossier im Innenteil an, das aus einem sehr umfangreichen multimodalen Textensemble über die Ausbeutung von Arbeitnehmerinnen und -nehmern in Discount-Ketten besteht und alle Arten von Printtexten, visuelle Texte und Daten (Statistiken) umfasst. Zudem ist dieses multimodale Dossier in der *Zeit* selbst wieder Teil eines größeren gesellschaftlichen und politischen Diskurses über Niedriglohn, Ausbeutung und Konsumverhalten, der auch in anderen Pressemedien, im Fernsehen und am Stammtisch geführt wird. Daher gibt es ein kulturelles Kontextwissen, das zur Dekodierung herangezogen werden kann und muss. Zugleich wird hier auch die interkulturelle Problematik sichtbar: Bilder aus historischen oder fremdkulturellen Kontexten können nur durch die Aktivierung oder Bereitstellung eines entsprechenden kulturellen Kontextwissens mit den entsprechenden *codes* wirklich dem Verstehen zugänglich gemacht werden.

Ein Beispiel dafür ist die Unterrichtseinheit zu Norman Rockwells Gemälde „Freedom from Want" (1943), das Udo Hebel und Christine Moreth-Hebel (2003) als Beispiel für den *pictorial turn* im Fremdsprachenunterricht vorstellen.

Bei der Dekodierung des Gemäldes können die oben vorgestellten *codes*, didaktisiert in Form von Leitfragen, herangezogen werden. Aber es ist auch offensichtlich, dass ein amerikanisches Gemälde dieses Titels aus dem Jahr 1943 eine weitere Kontextualisierung erfordert, die es in einen größeren politischen und kulturellen Freiheits- und Wohlstandsdiskurs einordnet, der nicht nur für unsere Schüler/innen historisch, entlegen und nicht ohne Weiteres – also nicht ohne didaktische Kontextualisierung – zugänglich ist. Dies erfordert die Konstruktion eines multimodalen Dossiers oder Netzwerks, z.B. aus weiteren Gemälden der zugehörigen Werk-Serie des Malers, durch politische Reden, Fotos oder historische Quellentexte (vgl. Hallet 2007b).

An dem Rockwell-Gemälde wird übrigens auch deutlich, dass Bilder nicht nur etwas über eine Kultur vermitteln, sondern dass sie selbst diese Kultur auch mit hervorbringen, indem sie zum Selbstkonzept oder Selbstbild einer Gesellschaft beitragen. Sie artikulieren etwa Werte wie Familie, materiellen Wohlstand und Traditionspflege, präsentieren ethnische und *gender issues* oder schließen diese aus. „Freedom From Want" verweist z.B. auf die weiße Familie als Kern der amerikanischen Wertetradition, die Frau als Hausfrau und Mutter, Wohlstand als zentralen ethischen Wert und ähnliche kulturelle *issues* mehr.

5. Die visuelle Repräsentation von *cultural history*: Das Beispiel 9/11

Es gibt selbstredend auch Versuche, *visual culture* explizit zum Gegenstand der Beschäftigung und der Reflexion im Fremdsprachenunterricht zu machen. *Units* zu *film making* oder zu *TV-production* (vgl. Hallet 2002: 49ff.) sind keine Seltenheit. Bildverstehen im eigentlichen Sinne ist jedoch nach wie vor ein Stiefkind, obwohl es auch dazu bereits Versuche in Lehrwerken gibt. Diese müssen allerdings als eher unzureichend betrachtet werden. Denn nach wie vor handelt es sich eher um Beispiele dafür, dass Bildverstehen sich, nach Art eines vereinfachenden Kunstunterrichts, auf *high culture* bezieht, z.B. auf „Two pictures from the Tate Gallery" (vgl. *Bayswater* 3: 94), und damit letztlich dem Konzept des schönen, künstlerisch wertvollen Einzelbildes verhaftet bleibt.

Im *visual culture*-Konzept hingegen hat das Bild seinen Platz nicht bloß in der Sphäre der Kunst, sondern mitten in den Kulturen und ihren Diskursen. Am 9/11-Diskurs lässt sich gut verdeutlichen, dass Bilder in Gegenwartsdiskursen einerseits eine sehr dominante Stellung einnehmen, dass sie aber andererseits ohne einen einbettenden und instruierenden verbalen Diskurs, der die Bildbedeutungen definiert, wenig aussagekräftig sind. In Safran Foers Roman *Extremely Loud & Incredibly Close* (2005) spielt z.B. das mehrmals ganzseitig und in starker Vergrößerung abgedruckte, schemenhafte Bild des *falling man* eine zentrale Rolle. Im 9/11-Diskurs ist das Bild zu einer zentralen Ikone der Vereinigten Staaten als Opfer eines unmenschlichen Terrorismus, der damit verbundenen menschlichen Tragödien, aber auch des patriotischen Stolzes eines Amerikaners geworden, der den selbstgewählten Tod dem schrecklichen Tod im Flammeninferno vorzieht und selbst über sein Leben und dessen Ende entscheidet.

Für sich genommen und kontextfrei ist dieses Bild so gut wie nicht dekodierbar. Aber wenn man den 9/11-Kontext kennt, wird man natürlich die schemenhafte Gebäudefassade als einen der *twin towers* des *World Trade Center* identifizieren. Das Bild ist Teil eines multimodalen, multimedialen Textensembles und einer in diesem Fall übermächtigen Bilderflut, die unsere Vorstellung von 9/11 geformt hat, ja, die für uns 9/11 *ist*: ,9/11' sind die brennenden Türme mit den einschlagenden Flugzeugen. Trotz seiner weitgehend persönlichen Perspektive kontextualisiert der Romantext selbst diese Bilder, aber er setzt natürlich auch, zumal sechs und mehr Jahre nach dem Anschlag, auf die kulturelle Präsenz des gesamten Diskurses und hier vornehmlich der ikonographischen Bilder der brennenden oder in sich zusammenfallenden Türme des WTC, die unser Bild von 9/11 geformt haben.

Der Roman, dem dieses Bild entnommen ist, ist hier vor allem deshalb von Interesse, weil sein Protagonist und Ich-Erzähler, der neunjährige Oskar, in der Welt der Bilder lebt und aufwächst. Sein Vater ist bei dem Anschlag auf das WTC ums Leben gekommen, und er hat dessen letzte vergehenden Worte am Ende einer Serie von Telefonanrufen auf dem Anrufbeantworter anhören müssen. Da sein Vater offenbar spurlos in den Asche- und Trümmerbergen verschwunden ist, plagt den Jungen das Nichtwissen davon, wie sein Vater zu Tode gekommen ist, auf traumatische Weise. In seinem Kopf spielt er in mentalen Bildern alle möglichen Todesszenarien wieder und wieder durch, und er weiß, dass diese Todesbilder in seinem Kopf nicht verschwinden werden, wenn er nicht ein gültiges Bild vom Tod seines Vaters findet. Auf der Suche nach diesem Bild stößt er im Internet auf die Videosequenz, der das Bild des *falling man* entnommen ist. Er glaubt Indizien dafür zu sehen, dass es sich um seinen Vater handelt und versucht darüber Gewissheit zu erlangen. Aber die visuelle Technologie und das Bild versagen ihm diese Sicherheit: Je stärker er das Bild vergrößert und je näher er sich dem fallenden Menschen glaubt, desto weniger erkennbar wird er, desto unschärfer werden seine Konturen.

In unserem Zusammenhang ist das eigentlich Interessante, dass der Junge an die erlösende Kraft des einen Bildes glaubt, und daran, dass nur dieses Bild ihm Verstehen – und Sinn – zu erlangen verspricht. Am Ende nutzt der Junge die imaginative Kraft der Bilder, indem er ein *flip-book* bastelt, in dem die Figur im Bild entgegen dem Gesetz der Schwerkraft aufwärts schwebt und so die Gesetze der Natur und der Zeit – alles läuft rückwärts – aufhebt. So spendet das Bild doch noch Trost, aber erst in dem Moment, in dem der Junge selbst produktiv mit den Bildern umzugehen lernt: Aus den verfügbaren Bildern erzeugt er eine andere, seine eigene, kontrafaktische Geschichte, die wir als Leser/innen in den Händen halten und mit Hilfe des *flip-book* in Gestalt bewegter Bilder zum Erzählen bringen.

Insofern ist der Roman eine Parabel auf das visuelle Zeitalter: Wir können nur verstehen, wenn wir Bilder finden, mit deren Hilfe wir begreifen und unseren Gefühlen und unserem Denken Ausdruck verleihen können. Oskar steht damit stellvertretend für eine ganze Generation junger Menschen, für die Bilder sinnkonstituierende, bedeutungstragende Texte in ihren Alltagsdiskursen darstellen. Der Fremdsprachenunterricht und seine Lehrer/innen sind aber gegenwärtig weit davon entfernt, dieser kulturellen Bedeutung der Bilder gerecht zu werden. Lehrende wie Lernende müssen lernen, Bilder zu ‚lesen', sie als Elemente größerer Diskurse zu begreifen und sie als kulturell bedeutungskonstitutiv zu verstehen und zu verwenden.

Wenn und solange wir allerdings unser Verständnis von 9/11 ebenso wie anderer kultureller Phänomene nur auf die ikonisierten Bilder von den brennenden Türmen und den *falling men* stützen, gibt es ein Problem, das Hanno Rautenberg in der *Zeit* so beschrieben hat: „Dieses Zeichenhafte entrückt die Gewalt in weite Ferne, so wirkt sie erhaben und überzeitlich; und paradoxerweise rücken die Bilder dem Betrachter gewaltig nahe, brennen sich ein" (Rautenberg 2006). Die Gefahr ist groß, dass wir uns – innerhalb und außerhalb des Fremdsprachenunterrichts – solchen Bildern und damit einer symbolischen Macht unterwerfen, die die Terroristen offenbar kalkuliert haben und die gleichzeitig bereits zu einem guten Teil die offizielle Geschichtsschreibung zu 9/11 bestimmt. Im Fremdsprachenunterricht müssen solche Bilder vorkommen, aber wir müssen unsere Schülerinnen und Schüler in die Lage versetzen, sie zu dekodieren, ihre kulturelle Funktion zu verstehen und in der Fremdsprache (bild-)kritisch am 9/11-Diskurs teilzunehmen. Das ist aber nur möglich, wenn wir andere Bilder und Texte hinzunehmen, also der Multimodalität des Diskurses Rechnung tragen. Methodisch geschieht dies durch die Schaffung eines vielfältigen medialen und modalen Textkorpus, der verschiedene Stimmen, Perspektiven und Konzeptualisierungen eines solchen historischen Ereignisses und seiner kulturellen Verarbeitung repräsentiert (vgl. Hallet 2007a und 2007b).

6. *Tasks* und die Modellierung multimodaler Diskurse

Zur didaktischen Strukturierung kultureller Diskurse bedarf es eines *task*-Konzeptes, das die kulturelle Funktion von Bildern und die in Abschnitt 3 dargestellte Eigenschaft der Multimodalität alltagsweltlicher Diskurse enthält: Im Fremdsprachenunterricht sollen die Lernenden Bilder und andere mediale Repräsentationen (z.B. Web-Seiten) ebenso wie herkömmliche Texte in einer Weise verstehen und bearbeiten lernen, die dem Umgang mit diesen Elementen in einem Alltagsdiskurs möglichst weitgehend entspricht. Zum einen werden die Lernenden in einem solchen *task*-Konzept als reale kulturelle Aktanten ernst genommen; zum anderen können sie auf diese Weise jene Vielzahl von Kompetenzen erwerben, die in Abschnitt 2 dargestellt worden ist. Auf diese Weise können *classroom discourse* und *real world discourse* unmittelbar aufeinander bezogen werden (Abb. 2; vgl. Hallet 2006a: 51f., sowie Hallet 2006b). Damit *tasks* diese Aufgabe der Modellierung lebensweltlicher diskursiver Konstellationen und Anforderungen erfüllen können, müssen sie bestimmte Merkmale aufweisen. Am Beispiel 9/11 sollen sie kurz skizziert werden:

• **Topicality**: 9/11 ist ein Thema, das inter- und transkulturell hoch relevant ist. Thematische Authentizität und Relevanz sind die eigentliche Legitimation und Motivation für die Beschäftigung mit einem bestimmten Gegenstand im Fremdsprachenunterricht. Relevanz und Bedeutsamkeit ausgewählter Texte, Materialien und Medien ergeben sich im Wesentlichen aus ihrer inhaltlich-thematischen Dimension.

• **Polyphony** und **multitextuality**: Eine *task* repräsentiert textuell und medial grundsätzlich die Vielstimmigkeit und Multiperspektivität von Diskursen. Von daher ist es wichtig, dass beim Material-Input zu 9/11 verschiedene Positionen, Äußerungen und mediale Formen der Be- und Verarbeitung des Themas berücksichtigt werden.

• **Multimodality**: Eine *task* zu 9/11 bildet die Multimodalität dieses Diskurses durch die Einbettung der ikonisierten Bilder in eine größere textuelle und mediale Umgebung ab. So werden die Lernenden darin ausgebildet, aus dem Zusammenwirken von Bildern und anderen Modi Deutungen und Sinngebungen zum Thema 9/11 zu verstehen und selbst zu konstruieren.

• **Complexity**: Da sich die in der *task* formulierte Problem- oder Fragestellung (die eigentliche Aufgabenstellung) am realen 9/11-Diskurs orientiert, muss sie naturgemäß komplex sein. Nur die Beschäftigung mit einer komplexen textuellen Umgebung und einer Problemlösungsaufgabe kann kompetente Partizipationsfähigkeit ausbilden.

• **Negotiation of meaning** und **interaction**: Problemlösungen und kompetente Äußerungen zu 9/11 sind einerseits das Ziel, andererseits das Ergebnis eines dialogischen und interaktionalen Prozesses, den die *task* initiieren muss. Auch in diesem Sinne modellieren diskursive Verhandlungen im Klassenzimmer solche in der realen Lebenswelt.

• **Openness**: *Tasks* sind ergebnisoffen. Das Ergebnis der Aushandlungsprozesse zu allen Fragen, die mit 9/11 zusammenhängen, ist nicht vorab determinierbar. Es ist Aufgabe einer *task*, die Lernenden zur Findung eigener Positionen im 9/11-Diskurs anzuhalten und sie dadurch als kulturelle Aktanten und als verantwortliche Subjekte des Aushandlungsprozesses agieren zu lassen. Das Ergebnis (*outcome*) des Bearbeitungs- und Aushandlungsprozesses muss aber in Form eines kommunikablen Produkts präsentiert werden, damit es diskursiv wirksam wird (*audience*). Besonders in dieser Hinsicht ist eine didaktische Vorstrukturierung unumgänglich.

Tasks integrieren also personale, interaktionale und diskursive Kompetenzen, die die Lernenden in die Lage versetzen, ein Thema in verschiedenen Modi und Medien zu verstehen und zu verhandeln. Bilder sind in diesem Sinne immer in komplexere Aushandlungsprozesse eingebunden. Erst wenn *visual culture* Teil einer umfassenderen *discursive culture* ist, können die Lernenden wirklich visuelle Kompetenz erwerben. Denn nur dann sind sie der Macht der Bilder nicht einfach ausgeliefert, sondern sie können selbst an Diskursen über und in Bildern teilnehmen.

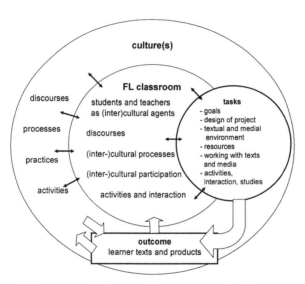

Abb. 2: Cultural discourses, classroom discourses, and tasks

Literaturverzeichnis

Bachmann-Medick, Doris (2006). *Cultural Turns. Neuorientierungen in den Kulturwissenschaften.* Reinbek: Rowohlt.

Bayswater. Textbook 3. Unterrichtswerk für Realschulen, Regelschulen, Mittelschulen und Sekundarschulen. Hrsg. v. Christoph Edelhoff. Frankfurt/Main: Diesterweg, 2000.

Camden Town. Textbook 4. Unterrichtswerk für das Gymnasium. Hrsg. v. Printha Ellis et al. Hannover: Schroedel, 2003.

Foer, Jonathan Safran (2005). *Extremely Loud & Incredibly Close.* London: Penguin.

Hallet, Wolfgang (2002). *Fremdsprachenunterricht als Spiel der Texte und Kulturen. Intertextualität als Paradigma einer kulturwissenschaftlichen Didaktik.* Trier: WVT.

Hallet, Wolfgang (2006a). *Didaktische Kompetenzen: Lehr- und Lernprozesse erfolgreich gestalten.* Stuttgart: Klett.

Hallet, Wolfgang (2006b). „*Tasks* in kulturwissenschaftlicher Perspektive: Kulturelle Partizipation und die Modellierung kultureller Diskurse durch *tasks*." In: Karl-Richard Bausch, Eva Burwitz-Melzer, Frank Königs & Hans-Jürgen Krumm (Hrsg.), *Aufgabenorientierung als Aufgabe. Arbeitspapiere der 26. Frühjahrskonferenz zur Erforschung des Fremdsprachenunterrichts.* Tübingen: Narr, 72-83.

Hallet, Wolfgang (2006c). „Was ist Intertextualität? Die Perspektive des Fremdsprachenunterrichts." In: Ralph Olsen, Hans-Bernd Petermann & Jutta Rymarczyk (Hrsg.), *Intertextualität und Bildung – didaktische und fachliche Perspektiven.* Frankfurt/Main: Lang, 129-160.

Hallet, Wolfgang (2007a). „'But think, for a Moment, about the System.' Discourses of the 1950s in Philip K. Dick's 'Minority Report'." In: Gerd Hurm & Ann Marie Fallon (Eds.), *Rebels Without a Cause. Renegotiating the American 1950s.* Oxford: Lang, 177-203.

Hallet, Wolfgang (2007b). "Close Reading and Wide Reading. Literature and Cultural History in a Unit on Philip K. Dick's 'Minority Report'." *American Studies / Amerikastudien* [in Vorb.]

Hallet, Wolfgang (2007c). „Literatur und Kultur im Unterricht. Ein kulturwissenschaftlicher didaktischer Ansatz." In: Wolfgang Hallet & Ansgar Nünning (Hrsg.), *Teaching Literature and Culture. Neue Ansätze und Schlüsselkonzepte der Literatur- und Kulturdidaktik.* Trier: WVT. [in Vorb., 2007]

Hebel, Udo J. & Moreth-Hebel, Christine (2003). "The Pictorial Turn and the Teaching of American Cultural Studies: Repositioning the Visual Narrative of Norman Rockwell's ,Freedom from Want' (1943)." In: Dagmar Abendroth-Timmer, Britta Viebrock & Michael Wendt (Hrsg.), *Text, Kontext und*

Fremdsprachenunterricht. Festschrift für Gerhard Bach. Frankfurt/Main: Lang, 187-201.

Klieme, Eckhard et al. (2003). *Zur Entwicklung nationaler Bildungsstandards – Eine Expertise.* Bonn: Bundesministerium für Bildung und Forschung (BMBF).

Kress, Gunther & van Leeuwen, Theo (1996). *Reading Images: The Grammar of Visual Design.* London: Routledge.

Kress, Gunther & van Leeuwen, Theo (2001). *Multimodal Discourse. The Modes and Media of Contemporary Communication.* London: Arnold.

Mirzoeff, Nichoals (1999). *An Introduction to Visual Culture.* London: Routledge.

Posner, Roland (2003). „Kultursemiotik." In: Ansgar Nünning & Vera Nünning (Hrsg.), *Konzepte der Kulturwissenschaften.* Stuttgart: Metzler, 39-72.

Rautenberg, Hanno (2006). „Universale Zeichen. Warum die Bilder des 11. September uns nicht loslassen." *Die Zeit*, 37, 7.11.2006, 48.

Rose, Gillian (2001). *Visual Methodologies.* London, Thousand Oaks & New Delhi: Sage.

Seidl, Monika (Hrsg.) (2007a). *Visual Literacy. Bilder verstehen. Der fremdsprachliche Unterricht Englisch,* 41 (87) [Themenheft].

Seidl, Monika (2007b). „*Visual Culture.* Bilder lesen lernen, Medienkompetenz erwerben." *Der fremdsprachliche Unterricht Englisch*, 41 (87), 2-7.

The New London Group (2000). "A Pedagogy of Multiliteracies Designing Social Futures." In: Bill Cope & Mary Kalantzis (Eds.), *Multiliteracies. Literacy Learning and the Design of Social Futures.* London & New York: Routledge, 9-37.

GABRIELE BLELL und NICOLA HEBLER (HANNOVER)

Task-based-learning in filmgestützten Lernumgebungen am Beispiel Phillip Noyces *Long Walk Home* (2001)

Der in curricularen Dokumenten für den Englischunterricht sichtbare Paradigmenwechsel in Richtung Entwicklung von Hör-Seh-Verstehen *(film literacy)* fordert u.a. die Ausbildung filmanalytischer und -kritischer Kompetenzen. Basierend auf einem aufgabenorientierten Ansatz wird berichtet von der Entwicklung und Evaluierung einer Selbstlern-CD-Rom „Film-Viewing & Listening Module" (am Beispiel des Films *Long Walk Home* von Phillip Noice) für die gymnasiale Oberstufe. Im Rahmen des ELAN-Projekts III (Niedersachsen) wird das Modul als Online-Lernmodul weiter entwickelt werden.

1. Kurze Darstellung eines Begründungszusammenhangs oder: Warum Filmkunst innerhalb eines *task-based learning* nicht ausgeklammert werden darf

1.1. Realitätsnähe führt zu wirklichkeitsnaher Sprachverwendung

Filme wie *Long Walk Home* liefern eigentlich von sich aus genügende Gründe, um die Tauglichkeit dieser Textsorte für ‚aufgabenorientiertes Lernen' zu beschreiben. Noyces Werk kann kaum realitätsnäher sein, wie es für einen aufgabenorientierten kommunikativen Unterricht immer wieder gefordert wird (Müller-Hartmann & Schocker v. Ditfurth 2005b: 27). Die ergreifende dokumentarische Aussage der alten *Aborigine*-Frau, Molly Craig, sowie der Intro zum Film generieren beinahe von selbst unzählige situativ-authentische ‚Leerstellen', Fragen und Aufgaben zu einem Kapitel dunkelster australischer *Aborigine*-Politik: *Was sind das für Kinder? Warum wurden sie an einen anderen Ort verschleppt? Was war das für ein Ort? Um was für einen Zaun handelt es sich? Wo ist das Zuhause der Kinder? Wann geschah all das?*

Die filmisch angelegte Verknüpfung von dokumentarischen Rahmenszenen und der fiktiven Geschichte dreier Mischlingskinder im westaustralischen Jigalong der 30er Jahre weist von Beginn an auf die dem Film zugrunde liegende wirkliche Lebensgeschichte zweier Schwestern der sogenannten *Stolen Generation* Australiens hin.

Beide stehen beispielhaft für ca. 100.000 *Aborigine*-Kinder, die zwischen 1910 und 1976 verschleppt wurden. (vgl. *Bringing Them Home Report* von HREOC) Beide sind Opfer des weißen und menschenverachtenden *General Child Welfare Law* zur ‚Kultivierung' und ‚Weiß-Züchtung' von Ureinwohnern in Australien[1]. *Long Walk Home* ist insofern ein mehrfach interessanter und aktueller Stoff, um Schüler zum Sprechen und Schreiben in der Fremdsprache zu motivieren und kognitive sowie affektive Faktoren anzusprechen. Themenkomplexe wie Menschenrechte, Genozid oder australische Geschichte drängen sich als Aufgabenrahmen förmlich auf. Damit wird Aufmerksamkeit gelegt auf zu erarbeitende Bedeutungen, auf Aktivitäten „that call [for] primarily meaning-focused language use" (Ellis 2003: 3).

1.2. Filmgeschichten als ‚wirklichkeitsmodellierender' Handlungsraum sowie als Orientierungs- und Erwartungssystem

Als Kunst-Produkt ganz spezifischer medialer Art erzählt *Long Walk Home* zuallererst eine Geschichte. Es ist die bewegende fiktive Geschichte der *Aborigine*-Kinder Molly, Daisy und Gracie. Der Film bedient sich deutlich narrativer Strukturen, obwohl natürlich mit filmspezifischen Mitteln erzählt wird. Im Modus des Erzählens verknüpfen sich auch Filmwelt und unsere Alltagswelt. Ähnlich wie Romane und Kurzgeschichten kann auch eine Filmgeschichte mehr oder weniger bedeutsam für den Rezipienten sein, psychisch wie sozial, die Welt erkennend und verstehend (vgl. Bredella 2005: 212). Das Potential dafür wurde im Punkt 1 hinreichend erläutert. Bredella sagt dazu „Geschichten lassen uns zwar die unmittelbare Welt, in der wir leben, vergessen, aber wir betreten dadurch vorgestellte Welten, in denen wir probeweise handeln können und dabei etwas über uns selbst und die Welt erfahren können" (Bredella 2005: 213). Auch eine Geschichte in der Geschichte (hier: die fiktive Geschichte der Geschwister innerhalb der großen Geschichte über die Kinderverschleppung in Australien) ist Teil unserer alltäglichen Kommunikation, kann unserem elementaren anthropologischen Bedürfnis nach Erklärungen, Bedeutungserschließungen dienen, auch wenn diese Erfahrungen nur symbolisch erlebbar werden (Nünning & Nünning 2003:4). Geschichten sind lebensweltliche Orientierungshilfen wie zahlreiche Untersuchungen aus der narrativen Psychologie belegen (vgl. Straub 1998: 15). Mikos geht sogar noch weiter wenn er sagt: „Fern [Film-G.B.] sehen als Medienhandeln ist Alltagshandeln, das in die ritualisierten Abläufe integriert ist und den Alltag selbst mitstrukturiert" (Mikos 2001: 274).

---

[1] Dem Film liegt der Roman F*ollow the Rabbit-Proof Fence* (1996) von Doris Pilkington (Nugi Garimara – Aborigine-Name) zugrunde, selbst im Alter von 4 Jahren in ein Umerziehungscamp verschleppt.

1.3. Filmgeschichten können interkulturell-realitätsnahes Lernen evozieren

Als fiktive Geschichten stehen Filme in einem kulturellen Referenzrahmen und ermöglichen ebenso „cultural cross-overs", wie Nair es sagt (Nair 2002: 14) und öffnen damit Fenster zu anderen Kulturen. Die Darstellung ganz verschiedener australischer Innen-Perspektiven im Film (Molly, Daisy, Gracie, Neville, Moodoo oder Riggs) eröffnen dem Zuschauer zudem ganz unterschiedliche Begegnungssituationen und lassen ihn pendeln zwischen bereitwilligem Hineinversetzen/Empathiebekundungen und kritischem Distanzaufbau. Mikos spricht hier von „distanzierte[r] Intimität" (Mikos 2001: 279). Genauso bzw. sogar mehr noch als in realen Sprachverwendungen kann der Zuschauer die Informationen nicht einfach übernehmen. Er muss sie interpretieren und bewerten. In Filmen wie *Long Walk Home* wird der Rezipient darüber hinaus nicht selten filmisch aufgefordert, monolythische Bedeutungszuweisungen im Sinne von Privileg und Dominanz, d.h. vom Zentrum her kommend, ständig zu hinterfragen, wie es pädagogische Konzepte von *critical theories of literarcy/critical cultural awareness* eröffnen.

1.4. Filmkunst vermag ‚vorgefertigte' Bilder sowie Seh- und Denkweisen aufzubrechen

Das Medium Film als solches kann letztendlich als medial-ästhetischer Bedeutungsträger selbst sperrig, provokativ und mehrdeutig sein. In *Long Walk Home* gelingt es den Filmemachern durch bewusst inszenierte Wortkargheit (Moodoo), vielfache Aktionslosigkeit und perspektivisch-unterschiedlich konstruierte Kameraführungen, gepaart mit atmosphärischer Musik, eine packende, inhaltsreiche Geschichte zu erzählen (vgl. Hebler 2005: 56ff.) . Künstlerisch überzeugende Filmkunst, wozu dieser Film fraglos zu zählen ist, zeichnet sich dadurch aus, ‚vorgefertigte', gewohnte Bilder und Sehweisen aufzubrechen und damit Fragen und Spielräume zu evozieren, die notwendig sind, um inhaltliche Bedeutungen zu erfassen, aber auch um neue Denkanstöße zu geben.

2. Das Projekt

Vor dem in Abschnitt 1 beschriebenen Hintergrund wurde eine prozessbegleitende und *task-based* orientierte Zielaufgabe entwickelt, die als ‚roter Faden' für die Arbeit am Film dienen kann (Sek. II) und leitend für die Auswahl und Nutzung von filmbearbeitenden *pre-, while-* und *post-* Aktivitäten ist. Der Rahmen für die Aufgabe ist sowohl inhaltlich gesetzt (*Talking about Australia's Stolen Generation*), als auch ganz pragmatisch-authentisch. Um mit Standbildern des Films auf einer CD-ROM zu arbeiten, war es notwendig, die Rechte von „Arsenalfilm" einzuholen, die im Gegenzug eine Rückkopplung über unser Tun wünschten. Insofern bot sich das Verfassen eines Filmreviews für „Arsenalfilm" geradezu an als ganz authentische Aufgabenstellung. Der *workplan* der Schüler und Schülerinnen ist in Anlage 1 zusammengefasst.

Your Workplan

Talking about Australia's *Stolen Generation*

Introduction
From the late nineteenth-century to the late 1960s – even the dates are somewhat uncertain as little is known – the Australian government, as a practice and as a policy, removed part-Aborigines and Aboriginal children from their mothers, parents, families and communities, often by force. Some of these children were taken at birth, some at two years of age, some in their childhood years. The children were sent either to special purpose institutions or, in later years especially, to foster homes. In some cases mothers or families knew where their children had been taken and were able to maintain some contact with them. In other cases they had no idea of the whereabouts of the children who had been taken from them. In some cases within the institutions and the foster homes the children were treated well, although even there frequently with condescension. In other cases physical abuse, sexual exploitation and more extreme forms of humiliation were common (Robert Manne 2006).

Task Stage I
Choose one of the film's characters (Molly, Daisy, Gracie, Neville/Moodoo/Riggs) and be prepared to say why you have chosen her/him.
What were your ideas/images/questions about her/him at the beginning...at the end? Have you noticed changes? What was especially remarkable?

Task Stage II (Final product)
a) Follow your character's story throughout the film attentively. Reconstruct his/her fictional story with as many details as possible and narrate it from the first-person perspective. Use your knowledge about the historical time as well.
b) Write a qualified review and discuss to what extent Noyce has told a moving film story and a credible piece of art that successfully helps to work up history. Make use of all your findings. Illustrations etc. are welcome. The best reviews will be sent to „Arsenalfilm".

Anlage 1: Workplan

3. Bereitstellung von Wissen und Kompetenzen für ein rezeptionsgeleitetes *task-based learning* bei der Arbeit mit Filmen

Die Frage, die sich anschloss, war die, wie Schülerinnen und Schüler zu befähigen sind, die Aufgabe zu lösen und ein entsprechendes Produkt einzureichen. Wissen musste bereitgestellt und entsprechende Fähigkeiten erworben werden.

Denkt man die oben beschriebenen Begründungskontexte kognitionspsychologisch aus der Perspektive des Zuschauers (wir verstehen ein Filmerlebnis im Sinne Isers als kommunikative Text-Zuschauer-Interaktion), lässt sich die

These ableiten, dass insbesondere drei Wissens- und/oder Kompetenzbereiche für handlungsgeleitetes *task-based learning* eng miteinander verknüpft sind:

- Allgemeines und spezifisches Welt-, Erfahrungs- und Sprachwissen (kultureller und interkultureller Referenzrahmen)
- Narrative Kompetenz[2] sowie
- Filmästhetische und -kritische Kompetenzen (einschließlich notwendiger Wahrnehmungskompetenzen).

Die genannten Bereiche binden den Filmtext in eine ständige soziale und kulturelle Zirkulation von Bedeutungen zwischen Zuschauer und Filmtext ein, um schließlich eine gestellte Aufgabe erfolgreich lösen zu können (*task-based learning* unterstützende Faktoren wie z.b. Bedeutsamkeit des Inhalts, Lernerautonomie, Motivation, *creating awareness* werden an dieser Stelle als gegeben vorausgesetzt). Ähnliche Überlegungen finden sich bei Peter Ohler. Verfügt ein Zuschauer über reiches Weltwissen, narratives Wissen sowie über Wissen um grundlegende Organisationsformen filmischen Materials, von ihm als ,Filmizitätswissen' bezeichnet (Ohler 1994: 32ff.), hat das positiven Einfluss auf sinn- und sprachbildende Prozesse sowie darauf, letztlich auch den Film in seiner Spezifik kognitiv und emotional erleben zu können. Teilweise sind seine Überlegungen bereits eingeflossen in das von Blell & Lütge (2004: 404) beschriebene Modell einer *film literacy* einschließlich damit angestrebter Teilkompetenzen und Zielsetzungen. Die dort wenig beachtete Komponente narrativer Kompetenz scheint jedoch unbedingt wichtig im Kontext einer aufgabenorientierten Herangehensweise im Sinne von Long (1985) und Skehan (1996). Die Schülerinnen und Schüler müssen in der Lage sein, die grundlegenden Erzählstrukturen in Spielfilmen zu erkennen, auch in ihrer medienspezifischen Umsetzung, um die angestrebte Zielaufgabe angemessen bearbeiten zu können. In der Übersicht lässt sich das wie folgt darstellen:

---

[2] Bei der Entwicklung von narrativer Kompetenz geht es „nicht bloß um eine möglichst kompetente Rezeption und Analyse von Geschichten, wie sie bei der Behandlung von Romanen und *short stories* lange im Vordergrund gestanden haben, sondern auch und vor allem darum, Lernende zur Produktion von mündlichen und schriftlichen Geschichten zu befähigen" (Nünning & Nünning 2003: 7f.).

Allgemeines und spezifisches Welt-, Erfahrungs- und Sprachwissen (*Reference to Reality – RR*)	Narrative Kompetenz (*Narrative Competence – NC*)	Fimästhetische und -kritische Kompetenz (*Film Techniques – FT*)
Situationswissen, Wissen um zwischenmenschliche Beziehungen (Mutter-Kind); Wissen um Australien und seine Geschichte etc.	Geschichtenwissen, Wissen um typische *plots,* Rollen von Protagonisten, typische Handlungssequenzen und *settings* im Rahmen bestimmter narrativer Genres etc.	dramaturgisches Wissen: Einstellungsgrößen, die Kamera als Erzähler, Schnitte/ Montage, Toneffekte, Musik etc.
Befähigung zu sprachlich-kognitiven und emotionalen Reaktionen, Stellungsnahmen etc.	*Entwicklung von narrativer Kompetenz.*	*Entwicklung von Seh- und Hörverstehen, filmästhetischer und -kritischer Kompetenz*

Anlage 2: Bereitstellung von Wissen/Kompetenzen für handlungsgeleitetes *task-based learning* bei der Arbeit mit Filmen

4. Präsentation einer *task-based* Film-Sehschule zu *Long Walk Home*

Letztendlich wurde eine CD-ROM entwickelt, um den Aufgabenlösungsprozess durch verschiedene Lernaktivitäten zu unterstützen.

Pre-viewing & listening activities

Task Stage I
Choose one of the film's characters (Molly, Daisy, Gracie, Neville/Moodoo/Riggs) and be prepared to say why you have chosen her/him.
What were your ideas / images / questions about her/him at the beginning...at the end? Have you noticed changes? What was especially remarkable.

 Film diary

---

While-viewing & listening activities

Aufgaben- und Aktivitäten zur prozessbegleitenden Bearbeitung des *Task-as-work-plan* (Stage II): lehrer- und lernergesteuert

Anlage 3: Kurze Darstellung des Aufgabenlöseprozesses der Schülerinnen und
Schüler

Zur Bearbeitung der gestellten (oder einer ähnlichen) Aufgabe wurde ein Aktivitätenkatalog für die Sekundarstufe II erarbeitet, der eine relativ selbstständige Beschäftigung mit dem Film ermöglicht und die beschriebenen Wissensbereiche integrativ bedient. Dabei sind die Aufgaben/Übungen so konstruiert, dass sie jeweils einen notwendigen Wissensinput mitliefern (die *Introduction* – als kurze Wiederholung bzw. Vermittlung, je nach Erfahrung der Lernenden), der dann mit einer entsprechenden kognitiven oder kreativen Aktivität verknüpft wird – also eine Art *task-based Film-Seh-Schule*. Beide, kognitive wie kreative Zugangsformen werden dabei als gleichberechtigte „Mittel zur Erkenntnis fördernden Filmanalyse und zur Ausbildung von *film literacy*" gesehen (Surkamp 2005: 290).

Grundsätzlich haben wir uns am bewährten 3-phasigen Vorgehen orientiert: *pre-viewing activities, while-viewing activities, post-viewing activities* (Surkamp 2005: 290ff.; Lütge 2005: 151ff.), machen jedoch Unterscheidungen zwischen *pre-viewing activities* (Aktivitäten vor dem ersten Sehen des gesamten Films) und *working into film activities* (Aktivitäten, die auf das Sehen einzelner Bilder/Sequenzen vorbereiten). (vgl. Lütge 2005: 157) Der jeweilige mitbediente Wissensbereich ist für die Schülerinnen und Schüler dabei entsprechend markiert.

Da der gesamten Filmbehandlung die Bearbeitung der übergeordneten ‚Zielaufgabe' zugrunde liegt, bietet es sich an, von der ersten Stunde an ein „Seh-Tagebuch" führen zu lassen. Dieses Seh-Tagebuch, das quasi einem ‚Reiseprotokoll' durch den Film gleichkommt, hat den Vorteil, dass die Lernenden dort sämtliche Informationen, die sie sich während der Filmbehandlung erarbeiten, sammeln und nachschlagen können. Des Weiteren können die Lernenden anhand dieses Seh-Tagebuchs ihren Rezeptionsprozess verfolgen und erkennen, ob und inwiefern sich ihre Wahrnehmung und Vorstellungen bzw. ihr bisher erarbeiteter Verstehensansatz im Laufe des Rezeptionsprozesses entwickelt und ggf. verändert haben (vgl. Hebler 2005: 70). Demzufolge nimmt das Seh-Tagebuch einen besonderen Stellenwert in unserem Modell ein. Konkret umfasst es fünf große Kapitel: 1) Background Chapter, 2) Story/Plot Chapter, 3) Character Chapter, 4) Film Technique Chapter und 5) ein Question Chapter, in dem die Lernenden festhalten können, was ihnen unklar blieb und worüber sie mehr erfahren wollen. Gearbeitet wurde sowohl mit Filmsequenzen, also mit laufenden Bildern, als auch mit Standbildern. Zur Orientierung für Lehrende und Lernende dienten verschiedene Kennzeichnungen/Symbole. Die Aktivitäten wurden darüber hinaus in Einzel-, Partner- oder Gruppenarbeit bearbeitet. Auch dies wurde entsprechend gekennzeichnet. Ein Beispiel soll das Vorgehen erläutern:

Introduction:
Filmmakers use various sounds or different music to raise tension or to support the atmosphere of a scene. We distinguish between **music/sound** which naturally belongs to a scene (**diegetic**) and **music-over**, i.e. music/sound which has been added to a scene .... extra (**non-diegetic**).

Activity
Watch the scene (...scene selection DVD) and listen. Watch the scene without sound/music. Describe the different effects. What would happen to the scene without music over?

Note
Write down in your diary whether this finding is necessary to answer your task.

Anlage 4: While-viewing & listening activity: music/ music-over (*film techniques*)

5. Erprobung der *task-based* Film-Sehschule und erste Ergebnisse

5.1. Erhebung der Daten

Empirische Forschung zu *task-based learning* im schulischen Fremdsprachenunterricht ist nach wie vor unterrepräsentiert (Müller-Hartmann & Schocker-v. Ditfurth 2005b: 45).

Um herauszufinden, inwieweit der entwickelte Katalog zum ‚Selbstlernen' in einer aufgabenorientierten und filmgestützten Lernumgebung hilfreich sein kann, wurde die entwickelte CD-ROM stichprobenartig in 2 Klassen mit insgesamt 33 Schülerinnen und Schüler getestet: in einem 11. Jahrgang an einem Gymnasium (14 Schülerinnen und Schüler im Leistungskurs Englisch) und mit 19 Schülerinnen und Schüler eines Grundkurses 13. Klasse einer sog. MuK-Klasse im Land Brandenburg: Medien und Kommunikation. MuK ist ein wesentlicher Bestandteil des Unterrichts an dieser Schule. Die Grundlagenausbildung in den Bereichen Medienwissenschaften und Informatik ist hier in der Mittelstufe durch mediale, fächerübergreifende Projektarbeit und in der gymnasialen Oberstufe durch den MuK-Grundkurs gesichert. (vgl. auch http://www.voltaireschule.de) Sowohl die Rahmenrichtlinien im Land Brandenburg als auch in Niedersachsen sehen vor, dass ab der 11. Klasse gezielt mit der Textsorte ‚Film' gearbeitet und die Entwicklung ‚filmästhetischer und -kritischer Kompetenzen' angestrebt wird. Zur Verfügung standen den Lerngruppen jeweils 6 CD-ROMs und 3 DVDs. Insgesamt wurde ca. 3 Wochen (15 Stunden) mit der CD-ROM gearbeitet (August-Dezember 2006). In den ersten 4-5 Stunden wurde relativ lehrergesteuert in das Thema eingeführt, die Zielaufgabe im Kontext der Bindung an den Arsenalfilmverleih vorgestellt und die als ‚obligatorisch' ausgewiesenen Aufgaben/Aktivitäten (‚Aborigines' und ‚Stolen Generation') im Lerngruppenverband bearbeitet, die 90% aller Schülerinnen und Schüler als hilfreich und sehr hilfreich einschätzten. Nach Auswahl eines ‚Filmcharakters' (Task Stage I) wurde die Arbeit größtenteils in Gruppen- bzw. Partnerarbeit im ‚Selbststudium' fortgesetzt.

5.2. Erhebungsinstrumente

Zur Datenerhebung wurden folgende Instrumente herangezogen:

    a) Fragebogenuntersuchung

Der Fragebogen diente insbesondere dazu, die CD-ROM als aufgabenorientiertes (Selbst-)Lernmaterial zu testen. Welche Rückschlüsse lassen sich auf das Design ziehen?

    b) Analyse und Interpretation der verfassten Reviews

(Items: Welt- und Erfahrungswissen, Sprachkompetenz, narrative Kompetenz, Filmästhetische und -kritische Kompetenz. Welche Rückschlüsse lassen sich auf das Design der CD-ROM ziehen?

Wer schreibt das beste ‚Review'? (Ergebnisrückführung zu „Arsenalfilm").

5.3. Befunde und Interpretation

Die Mehrzahl aller Schülerinnen und Schüler (66%) haben insgesamt die CD-ROM für die zu lösende ‚Dachaufgabe' als ‚gut' bis ‚befriedigend' bewertet. Verbale Kommentare wie „gutes und sinnvolles Projekt", „gute Filmwahl" (25%), „keine Verbesserungsvorschläge" (58%), „interessante Aufgabe" und „hilfreicher Aufgabenkatalog" (17%) stützen diese Einschätzung. Den Anforderungsgrad der (sprachlichen) Aktivitäten haben beide Gruppen mehrheitlich (58%) mit „für mich gerade richtig" bewertet, die Schülerinnen und Schüler des 11. Jahrgangs sogar mit 92%, auch wenn sich bei den MuK-Schülern 13. Klasse (GK Englisch) eine leichte Überforderung feststellen lässt (für 37% zu hoher Anforderungsgrad). Insofern deutet sich hier ein optimaler Einsatz der CD-ROM für die 11./12. Jahrgangsstufe an (vorzugsweise LK Englisch) und darauf, dass sich die Schülerinnen und Schüler mit der Aufgabenstellung und dem damit verbundenen *work plan* identifizieren können.

Schauen wir uns die Ergebnisse etwas detaillierter an.

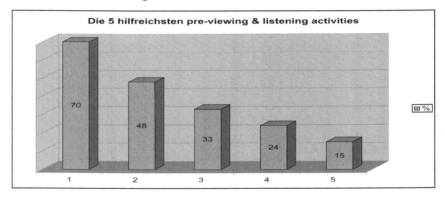

1. The film poster (70%) (Arbeit mit dem Filmposter von ‚Arsenalfilm')
2. Authentic children's stories; The film's title (48%)
3. Visual activity (33%)
4. Brainstorming: family/freedom (24%)
5. Being a film director (15%)

Anlage 5: Die 5 hilfreichsten *pre-viewing* & *listening activities* (Gesamtergebnis 11. und 13. Jahrgang)

Hier wird deutlich, dass alle Schülerinnen und Schüler insbesondere solche Aktivitäten als hilfreich ansehen, die ihnen Hintergrundwissen (Weltwissen/*reference to reality*) zum Thema vermitteln. Verbaler und visueller Input werden vielfach als gleichberechtigt nützlich angesehen: Arbeit mit Filmposter & Filmtitel, Websites zu authentischen Geschichten etc. Auch kreative Aufgaben: ‚Filmdirektor sein' oder auch ‚brainstorming'-Aktivitäten zum Thema wurden als *pre-viewing & listening* Aktivitäten angenommen. Hier gab es kaum Unterschiede zwischen den 11- und 13-Klässlern.

Die 10 hilfreichsten *While-Viewing & Listening activities*	
LK 11	**MuK GK 13**
1. Camera movement (93%) 2. Molly (79%) 3. Mr. Neville's speech; The director's comment (71%) 4. Plot Activity 1: key scenes (64%) 5. Information channels (57%) 6. Low-angle/below shot; music/music over; Silent Viewing Activity: Your character; A character's presentation; Your character's actor/actress (50%) 7. Your character's development (43%) 8. Montage; Activity: Thinking about the use of symbols; Your character's first appearance (36%) 9. Silent Moodoo (29%) 10. The setting; Colour and lighting; Plot Activity 2: Film progression (21%)	1. Silent Viewing Activity: Your character (89%) 2. Mr. Neville's speech (68%) 3. Molly; Your character's development (63%) 4. Camera movement; Activity: Thinking about the use of symbols (58%) 5. Plot Activity 1: key scenes (53%) 6. Your character's first appearance; Silent Moodoo; Music/music over (47%) 7. The director's comment (42%) 8. Background activity (37%) 9. Colour and lighting; Plot activity 2: Film progression; A character's presentation (32%) 10. Information channels; Low-angle/below shot (26%)

Anlage 6: Die zehn hilfreichsten *while-viewing & listening activities*

Schaut man sich den Block möglicher *while-viewing & listening activities* an, die gewählt und von den Schülerinnen und Schüler als lösungsunterstützend angesehen werden, wird deutlich, dass keine Aktivität ‚nicht' genutzt wurde. Interessant ist an dieser Stelle, dass die MuK-Schülerinnen und Schüler insbesondere Aufgabenstellungen aus den Bereichen *narrative competence* (Entwicklung narrativer Kompetenz: *plot activity, key scenes, Your character's actor/actress, setting* etc.) und *reference to reality* (Entwicklung allgemeinen Sach- und Sprachwissens) als hilfreich empfanden, weniger aus dem Bereich *film techniques*. Die Probanden des 11. Jahrgangs dagegen empfanden neben Aktivitäten aus dem NC-Bereich insbesondere den *film techniques*-Bereich hilfreich (zur Entwicklung filmanalytischer und -kritischer Kompetenzen: *camera movement* (92%), *information channels, low-angle/below-shot, montage-activity*). Eine ähnlich positive Einschätzung gaben diese Schülerinnen und Schüler hinsichtlich der Nützlichkeit der Informationen in den vorangestellten *Introductions* (86% – trifft voll und ganz zu/trifft eher zu). Diese wiederum wurde von der

Mehrheit der MuK-Schülerinnen und Schüler (63%) als nicht hilfreich bewertet. Es fällt an dieser Stelle deutlich auf, dass diese Schülerinnen und Schüler bereits größeres filmanalytisches Wissen besitzen und geübter darin sind, Filmtechniken zu benennen und zu beschreiben. Insofern boten die *Introductions'* für diese Schülerinnen und Schüler wenig Neues. Aktivitäten mit Standbildern und Filmsequenzen wurden als relativ ausgewogen empfunden.

5.3.1. Aufgabenstruktur, Layout, Sozialform und *film diary*

Kritisch angemerkt wurden im abschließenden verbalen Kommentar teilweise „undurchsichtige" Aufgabenstellungen (8%) und Unklarheit über zu erbringende Resultate (17%). Kritik an der ‚Aufgabenreihenfolge' (17%) und Wünsche nach „übersichtlicherer" Struktur (17%) weisen sowohl auf Layout-Schwächen als auch auf ein sichtliches Unbehagen der Schülerinnen und Schüler hin, Aufgaben- und Aktivitäten aus einem Aufgabenpool zielgerichtet selbst auswählen zu müssen. Ein lineares und damit vorgesteuertes Vorgehen hätte ihnen offensichtlich mehr Sicherheit gegeben. 50% aller Schülerinnen und Schüler haben sich in diesem Zusammenhang ein professionelleres Layout gewünscht.

Das Führen der *film diary* ist interessanterweise wiederum sehr unterschiedlich aufgenommen worden. Während 50% der 11-Klässler dieser Form individueller Erkenntnissicherung eher ablehnend gegenüberstanden, bewerteten es 47% der MuK-Schülerinnen und Schüler dagegen als hilfreich bzw. sehr hilfreich. Informationen könnten, so die Schülerinnen und Schüler, auch ohne diese filmische ‚Gedächtnisstütze' gesammelt werden. Schaut man sich jedoch die verfassten *reviews* der Probanden der 11. Klasse an, hätten möglicherweise entsprechende Einträge Hilfeleistung geben können.

Anlage 7: Effektivste Sozialformen (Jahrgang 11)

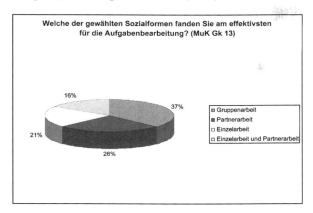

Anlage 8: Effektivste Sozialformen (Jahrgang 13)

Auffällig sind ebenso die Unterschiede bzgl. der gewählten Sozialform. Während die Gymnasiasten eher die Form der Partnerarbeit im Selbststudienbereich bevorzugten (71%), arbeiteten die MuK-Schüler eher variabler, jedoch Gruppenarbeit favorisierend (37%). Die Zahlen müssen jedoch auch vor dem Hintergrund einer besseren technischen Ausstattung der MuK-Schule gesehen werden, die auch für den Selbstlernbereich Räumlichkeiten mit entsprechenden Medien besitzt und sich so die Schülerinnen und Schüler nicht primär vor den häuslichen DVD-Rekorder ‚zurückziehen' mussten.

5.3.2. Reviews

Die *reviews* zeigen allgemein, dass die Schülerinnen und Schüler sehr motiviert an ihre Aufgabe gingen, um ‚Arsenalfilm' aussagekräftige Kommentare zu liefern. Viele Schülerinnen und Schüler verwenden sprachliche Mittel, die typisch für Filmkritiken sind (rhetorische Fragen, Ellipsen, direkte Aufforderung an Leser, Zitate etc.). Im Folgenden sind einige konkrete Ergebnisse dargestellt:

- Beim Schreiben der *reviews* griffen beide Lerngruppen auf die in den RR-Aufgabenstellungen entwickelten Kenntnisse zurück und gaben Erläuterungen zur *Stolen Generation,* zu *Aborigines* und *education camp.*

- Die Elftklässler nahmen eher Bezug auf die Fakten zur Entstehungsgeschichte des Films (*Noyce as director*, *awards/success* etc.), die MuK-Schülerinnen und Schüler stellten mehr die Bedeutung des Filmthemas heraus (authentisches Ereignis, Behandlung eines Tabuthemas etc.) und gingen stärker auf die ‚Aussage' des Films ein.

- Bei den Schülerinnen und Schüler der 11. Klasse stand die Inhaltszusammenfassung klar im Mittelpunkt des *reviews*, beim GK MuK ist sie eher nebensächlich (79% der Elftklässler aber nur 25% der Grundkursschüler schrieben ein *plot summary*).

- Die Elftklässler beschäftigen sich im *narrative competence*-Bereich viel mehr mit den Aspekten *character development* (29%), *major/minor characters* (7%) und *Molly as main character* (29%), die Grundkursschüler geben weniger Kommentare zu den Charakteren, sondern gehen eher auf Aspekte wie *suspense/tension* (25%), *setting* (8%) oder *symbols* (17%) ein.

- Im Bereich *film techniques* stellen beide Lerngruppen gleichermaßen Vermutungen zu den Intentionen des Regisseurs an und loben die überzeugende Darstellung der SchauspielerInnen.

- Obwohl die Aufgaben zum Bereich *film techniques* von den Elftklässlern als hilfreich empfunden wurden, finden sich in deren *reviews* kaum Kommentare zur Kameratechnik oder Musik. Dagegen werden diese Aspekte von 58% der Grundkursschüler berücksichtigt. Es fällt auf, dass die Grundkursschüler geübter darin sind, Techniken der Kameraführung und der Musik zu benennen und v. a. deren Wirkung auf den Zuschauer zu beschreiben. (75% der Grundkursschüler, aber nur 21% der Elftklässler beurteilen auch den Film hinsichtlich seines ‚Wertes' als künstlerisches Werk bzw. als Gesellschaftskritik.)

Die Auswertung der *reviews* überrascht sicher nur auf den ersten Blick und verdeutlicht drei Dinge:

1. Alle Schülerinnen und Schüler sind in der Lage, verbal-erzählten Geschichten im Rahmen eines ihnen vertrauten erzählanalytischen Instrumentariums Sinn zuzuweisen. Durch die Arbeit mit literarischen Texten haben sie hier eine entsprechende Routine und Kompetenz erlangt und verknüpfen es angemessen mit dem Filmthema.

2. Die MuK-Grundkurs Schülerinnen und Schüler erweisen sich als deutlich film-kompetenter als die Schülerinnen und Schüler der 11. Klasse des Gymnasiums, auch wenn ihre sprachliche Kompetenz sich nicht auffällig abhebt.

3. Obwohl die Schülerinnen und Schüler des LK 11. Klasse den großen Nutzen von Filmizitätswissen und -kompetenzen hervorheben, schaffen sie es nach der Testzeit nicht (3 Wochen), ihre ‚Übungsergebnisse' produktiv für ihren *review* zu nutzen und damit Filmbilder, Kameraführung etc. zu deuten.

Dieses Ergebnis sehen wir auch als Hinweis darauf, dass es genügender Zeit bedarf, um bei den Schülerinnen und Schüler die Fähigkeit zu entwickeln, visuelle Informationen analysieren und kritisch bewerten zu können. Eigentlich müsste

diese Entwicklung viel früher initiiert werden, als in den meisten Rahmenrichtlinien angedacht, um den Schülerinnen und Schüler die unterschiedlichen Poten-
tiale von Filmkunst/Bildkunst, sei es manipulierend oder konterkarierend, im
Vergleich zum profanen Alltagsbild bewusst zu machen. Die exakte Verwendung der Terminologie darf dabei sicher sekundär sein. Da Filmgeschichten
ähnlich wie Romane und Kurzgeschichten nachvollziehbaren Bedeutungszuweisungen bedürfen, ist es sinnvoll, Leseförderung (im Sinne literarischen Lesens)
und Medienerziehung (im Sinne visueller Erziehung) stärker als gemeinsame
und sich ergänzende Aufgabe zu betrachten. Auch Filmbilder lassen sich hervor-
ragend nutzen, um an Fragen der Erzählperspektive, des Erzählerstandpunktes,
des *settings* oder der Figurencharakterisierung zu arbeiten.

6. Prozess der Überarbeitung und konkreter Ausblick

Obwohl der Stichprobentest nur einen Trend aufzeigen kann, lassen sich folgende Ergebnisse vorläufig festhalten:

- Die entwickelte CD-ROM als *task-based* ,Film-Sehschule' ist in weiten
  Teilen von der Lerngruppe angenommen worden, sowohl einschließlich
  der gestellten ,Dachaufgabe' und des zu bearbeitenden *work plans* als
  auch hinsichtlich der getroffenen Filmwahl.

- Angenommen wurden ebenfalls die unterschiedlichen Aufgaben- und Ak-
  tivitätenformate in den untersuchten Wissens- und Kompetenzbereichen.
  Aktivitätenvorlieben für den *pre-* und *while-viewing & listening* Bereich
  sind deutlich geworden. Übersichtlichkeit und Aufgabenstrukturierung
  sind zu verbessern, ebenso das Layout. Möglicherweise ist zu überlegen,
  die Aufgabenformate zu ,typologisieren', um sie auch für die Arbeit mit
  anderen Filmen zu operationalisieren.

- Um die CD-ROM als Selbstlernmaterial für die Arbeit mit Filmen zu
  verbessern, wird man noch stärker als bereits geschehen, ,gesteuerte'
  Aufgaben und Aktivitäten im Sinne eines linearen Vorgehens mit einem
  ,echten' Aufgaben- und Aktivitätenpool verbinden müssen, aus dem die
  Schülerinnen und Schüler eigenverantwortlich auswählen können.

- Ganz konkrete Überarbeitungen bzw. Ergänzungen wurden bereits in folgenden Bereichen vorgenommen:

  a) Bereitstellung von Kriterien zur Erstellung eines Film-*reviews* (*Film
  Review – Guidelines)* sowie eines Beispiel-*reviews* für die Schülerinnen
  und Schüler auf der CD-ROM.

  b) Bereitstellung zweier weiterer Aufgabenkomplexe, die insbesondere
  kulturwissenschaftliche Fragestellungen berücksichtigen (*Other activities*:

(1) *Power-relationship*: *subplots*; (2) *Power-relationship*: *nature and civilization*).

- Um effektiv mit dem Partner oder in der Kleingruppe arbeiten zu können, werden mehr CD-ROMs und mehr DVDs benötigt (negativer Kommentar der Schülerinnen und Schüler), was organisatorisch für den Schulbetrieb kaum machbar ist. Insofern wird das Selbstlernmodul als Online-Variante weiterentwickelt werden (vorerst Stud-IP mit Zugang für kooperierende Schulen). Damit werden auch *film-diaries* online und interaktiv nutzbar.

Literaturverzeichnis

Blell, Gabriele & Lütge, Christiane (2004). „Sehen, Hören, Verstehen und Handeln: Filme im Fremdsprachenunterricht." *PRAXIS Fremdsprachenunterricht,* 6, 402-405, 430.

Bredella, Lothar (2005). *„Task-based Language Teaching and Learning* bei der Rezeption literarischer Texte." In: Andreas Müller-Hartmann & Marita Schocker-v. Ditfurth (Hrsg.), 209-218.

Ellis, Rod. (2003). *Task-based Language Learning and Teaching.* Oxford: Oxford University Press.

Hebler, Nicola (2005). *‚Long Walk Home':* Überlegungen zu einer rezeptionsästhetischen Filmdidaktik und Anwendungsmöglichkeiten. (Hausarbeit Erste Staatsprüfung) (Ms). Hannover: Universität Hannover.

Long, Michael (1985). "A Role for Instruction in Second Language Acquisition: Task-based Language Teaching." In: Kenneth Hyltensam & Manfred Pienemann (Eds.), *Modelling and Assessing Second Language Acquisition.* Clevedon: Multilingual Matters, 77-99.

Long Walk Home. Dir. Phillipp Noice, 2001.

Lütge, Christiane (2005). "Reality versus Illusion: Science Fiction Films in the English Language Classroom." In: Gabriele Blell & Rita Kupetz (Hrsg.), *Fremdsprachenlernen zwischen ‚Medienverwahrlosung' und Medienkompetenz.* Frankfurt/Main: Lang, 151-162.

Manne, Robert (2006). „The Stolen Generations." Online: http://www.timrichardson. net/misc/stolen_generation.html (zuletzt eingesehen: 26 Apr. 2006).

Mikos, Lothar (2001). *Fern-Sehen. Bausteine zu einer Rezeptionsästhetik des Fernsehens.* Berlin: VISTAS.

Müller-Hartmann, Andreas & Schocker-v. Ditfurth, Marita (Hrsg.) (2005a). *Aufgabenorientierung im Fremdsprachenunterricht. Task-Based Language Learning and Teaching.* Tübingen: Narr.

Müller-Hartmann, Andreas & Schocker-v. Ditfurth, Marita (2005b). „Aufgabenorientierung im Fremdsprachenunterricht: Entwicklungen, Forschung und Praxis, Perspektiven." In: Andreas Müller-Hartmann & Marita Schocker-v. Ditfurth (Hrsg.), 1-51.

Nair, Rukmini Bhaja (2002). *Narrative Gravity. Conversation, Cognition, Culture.* Oxford: Oxford University Press.

Nünning, Vera & Nünning, Ansgar (2003). „Narrative Kompetenz durch neue erzählerische Kurzformen." *Der fremdsprachliche Unterricht Englisch,* 1, 4-9.

Ohler, Peter (1994). *Kognitive Filmpsychologie. Verarbeitung und mentale Repräsentation narrativer Filme.* Münster: Maks-Publikationen.

Skehan, Peter (1996). "A Framework for the Implementation of Task-based Instruction." *Applied Linguistics,* 17 (1), 38-62.

Straub, Jürgen (1998). *Erzählung, Identität und historisches Bewusstsein. Die psychologische Konstruktion von Zeit und Geschichte.* Frankfurt/Main: Suhrkamp.

Surkamp, Carola (2005). „Literaturverfilmung einmal anders: Aufgabenorientiertes Lernen mit Stephen Daldry's *The Hours.*" In: Andreas Müller-Hartmann& Marita Schocker-v. Ditfurth (Hrsg.), 287-298.

ANNE INGRID KOLLENROTT (HANNOVER)

Analyse und Zusammenstellung von Aufgaben zum Vietnamkonflikt in der ersten Phase der Lehrerbildung

Dieser Beitrag berichtet von Konzeption, Verlauf und Resultaten eines Proseminars, in dessen Mittelpunkt die Analyse und Zusammenstellung von Aufgaben zum Vietnamkonflikt für den Englischunterricht des Sekundarbereichs II stand. Es stellte sich heraus, dass für die Studierenden der Schritt von der individuellen Rezeption hin zur didaktisch-methodisch fundierten Bearbeitung der überwiegend popkulturellen Texte eine große Herausforderung darstellt.

Wie nicht zuletzt dieser Band zeigt, konzentriert sich die fremdsprachendidaktische Debatte zunehmend auf die Bedeutung von Aufgaben (*tasks*) für die erfolgreiche Gestaltung von Fremdsprachenunterricht. Bereits geleistete Beiträge zur Debatte (z. B. in Müller-Hartmann & Schocker-von Ditfurth 2004, 2006a) diskutieren zum einen den Anspruch von *task based-language learning and teaching*, zum anderen berichten sie von Unterrichtsprojekten, die *task*-orientiert konzipiert wurden (*good practice*).

Weniger Beachtung hat bislang die Frage gefunden, wie zukünftige Lehrende bereits in der ersten Phase ihrer Ausbildung mit dem Erwerb der für die aufgabenorientierte Gestaltung von Fremdsprachenunterricht notwendigen Fertigkeiten beginnen können. Hier setzt der vorliegende Beitrag an. Er schildert die Konzeption eines im Sommersemester 2005 am Englischen Seminar der Leibniz Universität Hannover erteilten fachdidaktischen Proseminars, in dem es die Aufgabe der Studierenden war, Aufgaben zum Vietnamkonflikt[1] für den Englischunterricht des Sekundarbereichs II zu analysieren und zusammenzustellen. Anschließend werden Charakteristika der von den Studierenden zusammengestellten Aufgaben benannt. Diese Darstellung mündet in Überlegungen zur Bedeutsamkeit der Auseinandersetzung mit Aufgaben in der ersten Phase der Lehrerbildung.

1. Didaktisch-methodische Vorüberlegungen

Bei der Konzeption des Proseminars wurde überlegt, welche Fertigkeiten aufgebaut werden sollten und woran ihr Aufbau thematisch gebunden werden sollte. Es wurde entschieden, die Studierenden zur Auseinandersetzung mit vorhandenen Aufgaben anzuregen, sie mit der Auswahl von Primärtexten zu betrauen und sie an die eigenständige Entwicklung von Aufgaben in Verbindung mit den re-

---

[1] Die Bezeichnung „Vietnamkrieg" ist üblicher, formal jedoch inkorrekt, da der amerikanische Kongress zu keinem Zeitpunkt den Krieg erklärte.

cherchierten Primärtexten heranzuführen. Dieses Vorhaben wurde aus verschiedenen Gründen (s. u.) an das Thema Vietnamkonflikt geknüpft.

1.1. Zur Analyse und Zusammenstellung von Aufgaben

Die Analyse und Zusammenstellung von Aufgaben verlangt die Entscheidung über die didaktische Eignung und Nichteignung von Primärtexten (z. B. Filme, Fotografien, Ganzschriften, Gedichte, Songs), die Bestimmung der Ansprüche, denen die zugeordneten Aufgaben genügen sollen und die Antizipation bzw. Prüfung, ob die Aufgaben diesen Ansprüchen gerecht werden. Dahinter steht der Anspruch, den zukünftige Lehrerinnen und Lehrer zu erfüllen lernen müssen: das Treffen didaktisch-methodisch fundierter und reflektierter Entscheidungen in der Gestaltung von Unterricht.

1.2. Zur thematischen Anbindung und Textauswahl

Anders als bei einem kulturwissenschaftlichen Proseminar standen im Proseminar weniger der Konflikt selbst und dessen Verarbeitung in verschiedenen Textformen als vielmehr die Didaktisierung des Konflikts und seiner Texte für den Sekundarbereich II im Vordergrund. Das Thema diente also zuvorderst als Anlass, um Studierende zu einer Auseinandersetzung mit der Konstruktion von Aufgaben anzuregen. Das Thema empfahl sich aufgrund seiner politischen und gesellschaftlichen Relevanz (z. B. im Hinblick auf amerikanische Außenpolitik oder zur interkulturellen Sensibilisierung für Gespräche mit amerikanischen Vietnamveteranen) und seiner Präsenz in den Rahmenrichtlinien (vgl. *The Vietnam Experience*, Nds. KM 2003: 85-87) allerdings in besonderer Weise. Ebenso wurde angenommen, dass es Studierenden im Grundstudium leichter fällt, bei der Analyse und Zusammenstellung von Aufgaben die Interessen und Fähigkeiten von Schülerinnen und Schülern des Sekundarbereichs II als des Sekundarbereichs I zu antizipieren. Ferner entsprach das Thema dem damaligen Semesterschwerpunkt des Englischen Seminars, dem 20. Jahrhundert.

Bei der Entwicklung der Aufgaben bot sich der Rückgriff auf popkulturelle Texte an, da die Aufarbeitung und Verarbeitung des Vietnamkonflikts in beispiellosem Umfang massenmedial erfolgte (v. a. Filme und Songs). Neben solchen eigens bereitgestellten Primärtexten[2] konnten die Studierenden auf weitere vorhandene didaktisierte Materialien zurückgreifen. Diese umfassten sowohl Handreichungen für den Unterricht (Gerdes 2005; Grädler 2000; Kirchner & Stang 1991, 1993; Nelles & Witsch 2002) als auch fachdidaktische Artikel (Bernhardt 2004; Bösche 1992; Gessner 2003; Zerweck 2004), die neben der Bereitstellung von Aufgaben Einblick in didaktisch-methodische Überlegungen

---

[2] Für Hinweise auf geeignete Primärtexte danke ich Herrn Dr. Jürgen Heiß vom Institut für Anglistik und Amerikanistik der Universität Potsdam. Diese Primärtexte sind im Literaturverzeichnis aufgeführt.

geben. Die Auseinandersetzung mit den didaktisierten Materialien diente zugleich als Anregung für die Gestaltung eigener Aufgaben.

2. Verlauf

Landeskundliches Wissen wurde vorausgesetzt und zu Beginn des Semesters überprüft (vgl. Kasten 1). Zur Vorbereitung auf den Test und zur semesterbegleitenden Nutzung wurde ein Sachtext (Anderson 2002) zur Anschaffung empfohlen.

---

1. Draw a rough map of Vietnam, including Saigon (Ho Chi Minh City) and Hanoi.
2. Name *two* neighbouring countries of Vietnam.
3. In which chronological order did these men hold the U.S. presidency?
4. *Eisenhower, Ford, Johnson, Kennedy, Nixon, Truman*
5. About how many American soldiers died in the course of the conflict?
6. The French labelled their involvement in Indochina a *mission civilisatrice* (*civilizing mission*). Which reason(s) did the USA give for their involvement?
7. Summarize either the lesson America learned from Vietnam or reasons for the USA's failure in safeguarding the Republic of Vietnam.
8. Pick any three of these items and give a short definition/explanation.

Agent Orange, American Open Door Policy in Asia, Bao Dai, body count as a means of measuring progress, draft, flawed-containment theory, Gulf of Tonkin Incident (Maddox & C. Turner Joy), Hanoi's doctrine of protracted war, Ho Chi Minh Trail, Nguyen Ai Quoc/Ho Chi Minh, Paris Peace Accords, POW/MIA issue, puppet regime in Saigon, quagmire theory, Rolling Thunder, stalemate theory, Tet Offensive, Vietminh, Vietnamization

---

Kasten 1: Test

Das Proseminar gliederte sich anschließend in drei Phasen:

1. durch Referate von Studierenden geprägte Erarbeitung der Rahmenrichtlinien und der fremdsprachendidaktischen Grundlagen zum Potenzial verschiedener Textsorten sowie zur Analyse und Zusammenstellung von Aufgaben unter Rückgriff auf die Referenztexte (s. o.); Erarbeitung eines Kriterienkatalogs für die Zusammenstellung von Aufgaben (vgl. Kasten 2)
2. durch Gruppenarbeit geprägte Vertiefung des Erarbeiteten durch die Analyse von Aufgaben in Verbindung mit den Aufgaben[3]; in dieser Phase

---

[3] Diese Arbeitsphase kann in ein Szenario eingebettet werden: „As an employee of Hannover University Press, you have been set to the task of…."

wurde bei Bedarf ein Kontakt zwischen den Arbeitsgruppen und Lehrkräften im Schuldienst hergestellt, die eine unterrichtspraktische Rückmeldung gaben

3. Präsentation und Diskussion der Produkte im Plenum (auch anhand des
von den Studierenden erarbeiteten Kriterienkatalogs, vgl. Kasten 2), anschließende Überarbeitung der Produkte in den Arbeitsgruppen und ab-
schließende Präsentation der Produkte im Plenum

Texts/tasks should	Texts/tasks shouldn't
be from a reliable source	be judgmental
allow for different points of view	be too long/overfilled with infor-
have an adequate format (length, time	mation, but condensed to the im-
needed)	portant parts
be well-structured	require a lot of knowledge of po-
be accessible	litical facts/need much pre-
be understandable/give understandable	information
information	be boring (for students)
be suitable for the students' abilities	be too old (instead: current mate-
("difficulty")	rial)
support communication skills	be too used up (leave no space for
demand something of the students	spontaneity)
inspire students to work with it inde-	always be the same sort of text
pendently	create an "so it was"-image
motivate to participate (interesting, criti-	
cal)	

Kasten 2: Von Studierenden erarbeiteter Kriterienkatalog

3. Referenztexte

Um fachdidaktische Überlegungen immer auch anhand allen bekannter Texte
exemplifizieren zu können, wurden im Proseminar zwei Referenztexte eingeführt und genutzt: Der Song *Travelin' Soldier* (Dixie Chicks 2002) und der
Spielfilm *In Country* (Jewinson 1989), eine Verfilmung des gleichnamigen Ro-
mans von Bobbie Ann Mason (1986). Diese Wahl begründete sich in dem Anliegen, die Studierenden für die Möglichkeit eines eigenständigen statt komple-
mentären Einsatzes einer Literaturverfilmung zu sensibilisieren.
Die Ballade *Travelin' Soldier*, ein narrativer Song, ist im amerikanischen Klein-
stadtmilieu der Vietnam-Ära angesiedelt. Es wird erzählt, wie ein junger Soldat
wenige Stunden vor seiner Abreise nach Vietnam in einem Café einem Mädchen
begegnet. Schnell entstehen erste Gefühle, innige Briefe folgen, in denen der
Soldat seinem *sweetheart* auch von seinen Kriegserlebnissen ‚berichtet': *When*

it's gettin' kinda rough over here [...]. In der Schlusssequenz steht das Mädchen im Football-Stadion seines Heimatortes – die Namen der Gefallenen werden verlesen (*A man said, 'Folks, would you bow your heads for the list of local Vietnam dead'*), der junge Mann ist unter ihnen: *And one name read and nobody really cared but a pretty little girl with a bow in her hair.* Der erste Höreindruck oder auch die anfängliche Eindeutigkeitssuggestion (süßlich-unkritisches Dramolett in aus High School-Filmen vertrauter Kulisse) differenziert sich durch eine Kontextualisierung des Songs.[4]

Der Film *In Country* (Jewison 1989) beschreibt die Auseinandersetzung der 17-jährigen Sam mit dem Andenken an ihren in Vietnam gefallenen, ihr unbekannten Vater und mit ihrem durch seinen Einsatz in Vietnam traumatisierten Onkel Emmett. Die Suche nach Antworten stellt viele bisherige Gewissheiten in Sams Leben in Frage und führt sie abschließend gemeinsam mit Emmett und ihrer Großmutter vom heimischen Kentucky zum Vietnam Veterans Memorial nach Washington, D.C.[5]

4. Charakteristika der von den Studierenden zusammengestellten Aufgaben

Die von den Studierenden zusammengestellten Aufgaben widmen sich jeweils einer thematischen Facette wie z. B. dem posttraumatischen Stresssyndrom (*post-traumatic stress disorder*) oder den Erlebnissen der Soldaten während ihres Einsatzes. Sie stützen sich dabei auf einen Text oder einen Verbund verschiedener Textsorten, wobei bevorzugt Filmsequenzen und Songs verwendet wurden, nicht aber lyrische Texte oder Fotografien. Die ausgewählten Texte zeichnen sich zudem durch eine alltagssprachliche Nähe und durch alltagsnahe Settings aus. Wie Gespräche mit Studierenden verdeutlichen, wird diese Alltäg-

---

[4] Am 10. März 2003 erklärte Natalie Maines, Sängerin der texanischen Country-Band Dixie Chicks, während eines Konzerts in London im Anschluss an die Präsentation des Lieds *Travelin' Soldier*: „Just so you know; we're ashamed that the President of the United States is from Texas." Unmittelbare Konsequenzen dieser im Vorfeld des Irakkriegs getroffenen Äußerung waren ein von US-amerikanischen Radiosendern verhängter Boykott der Chicks-Musik, Aufrufe zur Zerstörung ihrer Alben und massive öffentliche Schelte. Nach vergeblichen Versuchen, die Wogen zu glätten, hat sich die Band mittlerweile auch musikalisch von der sie nur verhalten unterstützenden Country-Szene distanziert und die Hetze der Medien angeprangert, auch durch das Titelblatt von *Entertainment Weekly* vom 02. Mai 2003: Die Körper der drei unbekleideten Sängerinnen sind mit die Kontroverse nachzeichnenden Zuschreibungen wie BIG MOUTH, DIXIE SLUTS, PROUD AMERICANS, SADDAM'S ANGELS, SHUT UP und TRAITORS beschriftet. Auf ihrem aktuellen, Grammy-gekürten Album *Taking the Long Way* (2006) befasst sich der Song *Not Ready to Make Nice* mit den Vorkommnissen, ebenfalls erwähnenswert ist der Dokumentarfilm *Dixie Chicks: Shut Up and Sing* (Kopple & Peck 2006).

[5] Für Hinweise zur Arbeit mit *In Country* im Sekundarbereich II danke ich Frau Martina Krüning vom Roswitha-Gymnasium in Bad Gandersheim.

lichkeit befürwortet, weil sie mit Authentizität gleichgesetzt wird (während des Proseminars wurde diese Einschätzung allerdings hinterfragt).

Die Aufgabenstellungen entfernen sich zugunsten generalisierender Überlegungen schnell von den konkreten Texten. Die Texte selbst verbleiben so meist als Ganzes, ihre Inhalte werden nicht ausgehandelt, ihre Irritationen, ihre Leerstellen und ihre verschiedenen Ein- und Ausgänge werden nicht thematisiert. Beispielsweise zeigen sich im Rückblick eines amerikanischen Soldaten auf den Vietnamkonflikt im Song *Goodnight Saigon* von Billy Joel (1982) Irritationen und Leerstellen, die von der Arbeitsgruppe erst in der Überarbeitungsphase oder gar nicht berücksichtigt wurden. Zum einen war die anfangs zugeschriebene Authentizität der soldatischen Erzählperspektive zu hinterfragen (kann/will der Songschreiber Billy Joel, der selbst nicht in Vietnam gedient hat, tatsächlich eine authentische Perspektive kreieren?), zum anderen finden sich Leerstellen. So bleibt offen, ob die Passage „Remember Charlie / Remember Baker / They left their childhood / On every acre" tatsächlich Kriegskameraden bezeichnet: In der Buchstabiertafel des *Joint Army/Navy Phonetic Alphabet* ist das B als Baker und das C als Charlie kodiert, wobei Victor Charlie die Bezeichnung der amerikanischen Streitkräfte für die Mitglieder der Nationalen Front für die Befreiung Südvietnams (‚Viet Cong') ist und der Baker-Test Teil US-amerikanischer Kernwaffentestserie ab 1946 war. Die Aufgabenstellung der Arbeitsgruppe lautet aber lediglich: *What happened to Charlie and Baker?* und verbleibt damit beim ersten Hör- oder Leseeindruck (Charlie und Baker als Kriegskameraden). Es wird ein voraussetzungsloser Eingang in den Text angeboten, die Chiffren bleiben unbeachtet.

Gerade die als kreativ und/oder interkulturell wertvoll gekennzeichneten Aufgabenstellungen sind bei näherer Betrachtung eher konventionell, die Studierenden übernehmen bekannte und aus ihrer Sicht bewährte Formate, z. B. Perspektivenwechsel durch Verfassen eines Briefs oder eines Tagebucheintrags. Dabei wird das Lehr-Lernpotenzial des jeweiligen Formats unzureichend beachtet. Besonders augenfällig ist dies, wenn der mit dem Lernziel der interkulturellen Kompetenz verbundene Perspektivenwechsel mehrfach durch die den Studierenden geläufige Briefform (*Write a letter from the perspective of...*) integriert wird, obwohl Perspektiven ausgehandelt statt rekonstruiert werden sollen (Dysfunktionalität von Aufgaben). Zudem werden ausschließlich amerikanische Innenperspektiven rekonstruiert, eigenkulturelle Perspektiven der deutschen Studentenbewegung auf den Vietnamkonflikt und vietnamesische Perspektiven bleiben unberücksichtigt, das Desiderat der Multiperspektivität und des Perspektivenkontrasts wird nur in Teilen eingelöst.[6]

---

[6] Einen solchen Perspektivenwechsel vollzieht für den Zweiten Weltkrieg das Filmdoppel Clint Eastwoods, *Flags of Our Fathers* (2006) und *Letters from Iwo Jima* (2006), das die Schlacht von Iwo Jima einmal aus amerikanischer und einmal aus japanischer Sicht schildert.

Ebenfalls wurde die Spezifik und somit das Potenzial der jeweiligen Textform nicht konsequent genutzt. Songs wurden als Lyrik behandelt, von den Studierenden mit ihnen hier bekannten Aufgabenformaten versehen und in Folge geradezu ‚enttont'. Erst auf Aufforderung, also in der Überarbeitungsphase, wurden zumindest in Ansätzen Aufgaben zur Musik selbst konzipiert (vgl. Kasten 3).

-Describe the mood(s) of the song. The following words may help you: calm, restful, happy, dreamy, mysterious, self-pitying, intimate, sad, somber, festive, joyful.
-Describe the voice of the singer. The following words may help you: deep, gentle, soft, fresh, clear, lyrical, expressive, velvety, small, quiet, nasal, hollow, harsh, mellow, weak.

Kasten 3: Einige der Aufgaben einer Arbeitsgruppe zum Song *Hello Vietnam* von Tom T. Hall (1965)

5. Fazit

Im gesamten Semesterverlauf wurde deutlich, dass Studierende erst einmal wenig kritisch an vorliegende Aufgaben herangehen, sie zeigen ein gewisses ‚Urvertrauen' in deren Qualität. Die didaktisch-methodisch fundierte, an die curricularen Vorgaben anknüpfende Auseinandersetzung mit Primärtexten ist ebenfalls eine große Herausforderung. Die ausgewählten Texte wurden eher affirmativ betrachtet, zum Teil blieb es bei einem ersten, vordergründigen Sehen und Hören (vgl. Ausführungen zu *Goodnight Saigon*). Dazu mag auch die Alltäglichkeit der gewählten Texte (Filme, Songs) beigetragen haben. Dieses Ergebnis stellt das gewählte Vorgehen, dem methodisch hohen Anspruch der Aufgabengestaltung durch eine didaktische Anknüpfung an das lebensweltlich und medial Nahe entgegenzukommen, in Frage. Möglicherweise verführt dies Studierende geradezu, ihr beträchtliches mediales Alltagswissen kompensatorisch als didaktisches Wissen heranzuziehen.

Vorwissen im Sinne etablierter Nutzungsgewohnheiten (beiläufige Rezeption, Selbstbeschränkung auf das erste Sehen und Hören) droht damit zum Professionalisierungshindernis zu werden. Dementsprechend erwies sich trotz der für die Motivation der Studierenden erforderlichen Autonomiegewährung eine engmaschige, Vorgehensweisen hinterfragende Betreuung im Prozess der Zusammenstellung der Aufgaben als notwendig. Im Nachhinein betrachtet hätte es daher sinnvoller sein können, alle Studierenden zur Arbeit mit den hier vorgestellten Referenztexten zu verpflichten, sodass anteilig mehr Zeit für die Gestaltung und den Vergleich der Aufgabenstellungen hätte erübrigt werden können.

Abschließend soll eine im Kontext des Mediendidaktischen Kolloquiums vorgebrachte Frage beantwortet werden: Ist die Entwicklung von Aufgaben im

Proseminar, also im Grundstudium, bereits möglich und sinnvoll? Ich möchte dies trotz der berichteten Schwierigkeiten bejahen. Denn wenn Lehrkräfte „in Aufgaben denken" (Müller-Hartmann & Schocker-von Ditfurth 2006b: 3), können zukünftige Lehrkräfte gar nicht früh genug beginnen, sich ebenfalls in Aufgaben als Zielperspektiven hineinzudenken und somit die Anforderungen ihres späteren Berufsfelds zu entdecken und zumindest in ersten Ansätzen zu bewältigen.

Literaturverzeichnis

Anderson, David L. (2002). *The Columbia Guide to the Vietnam War.* New York: Columbia University Press.

Bernhardt, Markus (2004). „Die Schlacht von Dien Bien Phu. Französische Kolonialherrschaft in Indochina (Vietnam)." *Praxis Geschichte*, 2 (17), 19-23.

Born on the Fourth of July, Regisseur Oliver Stone, mit Tom Cruise, Kyra Sedgwick, Raymond J. Barry & Caroline Kava. Universal Pictures, 1989.

Bösche, Friedrich-Wilhelm (1992). „‚Rambo' als Quelle? Der Vietnamkonflikt – ein Krieg von vielen?" *Praxis Geschichte*, 6, 42-46.

Coming Home, Regisseur Hal Ashby, mit Jane Fonda, Jon Voight, Bruce Dern & Robert Carradine, MGM, 1978.

Dixie Chicks (2002). *Travelin' Soldier*. Album: *Home* (2002).

Dixie Chicks (2006). *Not Ready to Make Nice*. Album: *Taking the Long Way* (2006).

Flags of Our Fathers, Regisseur Clint Eastwood, mit Ryan Phillipe, Adam Beach, Jesse Bradford & Barry Pepper. DreamWorks, 2006.

Forrest Gump, Regisseur Robert Zemeckis, mit Tom Hanks, Robin Wright Penn, Gary Sinise & Sally Field, Paramount, 1994.

Gerdes, Louise I. (Ed.) (2005). *Examining Issues through Political Cartoons. The Vietnam War.* Detroit: Greenhaven Press.

Gessner, Ingrid (2003). „Das Trauma des Vietnamkrieges. Erinnerungspolitik und Gedächtniskultur im Spiegel des Vietnam Veterans Memorial." *Praxis Geschichte*, 6 (16), 28-34.

Grädler, Josef (2000). *Rock Meets History. Geschichte & Englisch mit Popsongs. Ein Beitrag zum fächerverbindenden Unterricht.* Ludwigsburg: Verlag für Lehr-, Lern- und Arbeitsmittel.

Hall, Tom T. (1965). *Hello Vietnam.* Soundtrack: *Full Metal Jacket* (1998).

Hardcastle, Paul (1985). *19*. Album: *The Best of* (1998).

Herr, Michael (2002). *Dispatches*. London: Picador.

In Country, Regisseur Norman Jewison, mit Bruce Willis, Emily Lloyd, Joan Allen & Kevin Anderson. Warner Bros, 1989.

Irving, John (1990). *A prayer for Owen Meany*. New York: Ballantine Books.

Joel, Billy (1982). *Goodnight Saigon*. Album: *The Nylon Curtain* (1982).

Kirchner, Gerhard & Stang, Dieter (Hrsg.) (1991). *America's Vietnam Experience. Textsammlung für den Englischunterricht.* Berlin: Cornelsen.

Kirchner, Gerhard & Stang, Dieter (Hrsg.) (1993). *America's Vietnam Experience. Lehrerheft.* Berlin: Cornelsen.

Letters from Iwo Jima, Regisseur Clint Eastwood, mit Ken Watanabe, Kazunari Ninomiya, Tsuyoshi Ihara & Ryo Kase. Dream Works, 2006.

Mason, Bobbie Ann (2001). *In Country*. New York: Perennial.

Müller-Hartmann, Andreas & Schocker-von Ditfurth, Marita (Hrsg.) (2006a). Themenheft „Task-based Language Learning." *Der Fremdsprachliche Unterricht Englisch,* 40 (84).

Müller-Hartmann, Andreas & Schocker-von Ditfurth, Marita (2006b): „Aufgaben bewältigen. Weg und Ziel des Fremdsprachenunterrichts." *Der Fremdsprachliche Unterricht Englisch,* 40 (84), 2-8.

Müller-Hartmann, Andreas & Schocker-von Ditfurth, Marita (Hrsg.) (2004). *Aufgabenorientierung im Fremdsprachenunterricht. Task-Based Language Learning and Teaching.* Tübingen: Narr.

Nelles, Kornelius & Witsch, Karsten (2002). *Unterrichtsmodell: Forrest Gump. Film Analysis.* Paderborn: Schöningh.

Niedersächsisches KM (2003). *Rahmenrichtlinien für das Gymnasium – gymnasiale Oberstufe, die Gesamtschule – gymnasiale Oberstufe, das Fachgymnasium, das Abendgymnasium, das Kolleg Englisch.* Hildesheim: Niedersächsisches Landesinstitut für Schulentwicklung und Bildung, 85-87. Online: http://nibis.ni.schule.de/nli1/gohrgs/rrl/rrlengl_go.pdf (zuletzt eingesehen 29. Mai 2007).

Ninh, Bao (1998). *The Sorrow of War.* London: Vintage.

O'Brien, Tim (1995). *In the Lake of the Woods.* London: Flamingo.

Page, Tim (2002). *Another Vietnam. Pictures of the War from the Other Side.* Washington, D.C.: National Geographic Society.

Phillips, Jayne Anne (1993). *Machine Dreams.* London: Faber and Faber.

Roth, Philip (2001). *The Human Stain.* London: Vintage.

Seeger, Pete (1967). *Waist Deep in the Big Muddy.* Album: *Headlines and Footnotes. A Collection of Topical Songs* (1999).

Springsteen, Bruce (1984). *My Hometown.* Album: *Born in the U.S.A.* (1984).

Springsteen. Bruce (1984). *Born in the U.S.A.* Album: *Born in the U.S.A.* (1984).

The 60s, Regisseur Mark Piznarski, mit Josh Hamilton, Julia Stiles & Jerry O'Connell. NBC, 1999.

The Big Lebowski, Regisseur Joel Coen, mit Jeff Bridges, John Goodman, Julianne Moore & Steve Buscemi. Working Title, 1998.

Tran, Barbara; Truong, Monique T.D. & Truong Khoi, Luu (Eds.) (1997). *Watermark. Vietnamese American Poetry & Prose.* New York: Temple University Press.

Vonnegut, Kurt (1969/1991). *Slaughterhouse 5 or the Children's Crusade. A Duty-Dance with Death.* New York: Dell.

Zerweck, Bruno (2004). „Filmanalyse und *cultural studies.* US-amerikanische Kulturthemen in *The Big Lebowski* und amerikanischen Vietnamfilmen." *Der Fremdsprachliche Unterricht Englisch,* 68 (38), 40-48.

STEFAN ULRICH und REGINA WIELAND (HEIDELBERG)

Der Einsatz virtueller Lernumgebungen in Klassenpartnerschaften im Primarbereich[1]

Der folgende Beitrag stellt das Aufgaben- und Übungsrepertoire einer virtuellen Lernumgebung vor, die für Grundschulklassenpartnerschaften konzipiert wurde und interkulturelles, sprachliches Lernen in den Fächern Deutsch und Deutsch als Fremdsprache zusammenführt. Erste Ergebnisse aus der Erprobungsphase legen die Vermutung nahe, dass für ein solches Anliegen eine Verbindung von themengeleiteten Austauschaufgaben und ergänzenden Aufgaben und Übungen mit geringerer Komplexität geeignet ist.

Virtuelle Austauschprojekte, die zunächst im Fremdsprachenunterricht der Sekundarstufen entstanden, gewinnen seit dem Beginn des frühen Fremdsprachenlernens in vielen Ländern auch für den Primarbereich an Bedeutung. In der Diskussion um den eigensprachlichen Unterricht hingegen rückt das Potenzial elektronisch vermittelter Klassenpartnerschaften und kooperativer Projekte erst allmählich ins Blickfeld.

Im Folgenden soll die fachdidaktische Relevanz virtueller Austauschprojekte dargestellt werden. Vor diesem Hintergrund wird eine integrative Lernumgebung für virtuelle Klassenpartnerschaften im Primarbereich in den Fächern Deutsch und Deutsch als Fremdsprache vorgestellt. Diese Lernumgebung wurde innerhalb eines Jahres in einem Projektseminar an der Pädagogischen Hochschule Heidelberg entwickelt und in Kooperation mit der Pädagogischen Hochschule Čakovec in einer deutschen und einer kroatischen Grundschulklasse erprobt. Im Mittelpunkt der Ausführungen stehen fachspezifische Lernziele und dafür geeignete Aufgaben- und Übungsformate. In die Darstellung einbezogen werden die situative Einbettung des Projektes, das didaktische Setting insgesamt, curriculare Aspekte sowie die gewählte Lernplattform mit ihren Kommunikations- und Austauschwerkzeugen. Den Abschluss bilden Überlegungen zur Evaluierung der Lernumgebung.

1. Austauschprojekte im Sprachunterricht

Klassenkorrespondenzen können inzwischen auf eine lange Tradition zurückblicken. Was einst als Initiierung von „Brieffreundschaften" begann, wurde in den 1990er-Jahren durch E-Mail-Projekte (vgl. z. B. Donath & Volkmer 2000) ab-

---

[1] Da in der Zwischenzeit eine erste Erprobung der Lernumgebung abgeschlossen ist, stellt der nachfolgende Artikel eine erweiterte und aktualisierte Fassung des gleichnamigen Vortrags von Stefan Ulrich auf dem Mediendidaktischen Kolloquium im Oktober 2006 in Heidelberg dar.

gelöst, während etwa seit der Jahrtausendwende Technologien eingesetzt werden können, die Möglichkeiten zur Organisation und Durchführung komplexer Kooperationsprozesse bieten (vgl. z. B. Müller-Hartmann & Richter 2001). Solche Austauschprojekte waren zunächst im Fremdsprachenunterricht der Sekundarstufen I und II angesiedelt, inzwischen haben sie auch Eingang in die Grundschulen gefunden (vgl. z. B. die Grundschulprojekte der „Initiative Schulpartnerschaften in Europa" www.etwinning.de oder Schumacher 2004). Die Vorteile dieser Form des projektorientierten Arbeitens liegen auf der Hand: Die authentische Kommunikation mit Sprechern und Sprecherinnen der Zielsprache ist motivierend und bedeutet einen Lernzuwachs, der durch das „sprachliche Probehandeln" im herkömmlichen Fremdsprachenunterricht nicht zu erreichen wäre. Der Fremdsprachenerwerb findet im interkulturellen Diskurs statt und gewährleistet stärker als der gemeinsame Unterricht im Klassenraum ein autonomes, eigenverantwortliches Lernen.

Das Aufkommen weltweiter Kommunikationsnetze erfordert zunehmend auch eine differenzierte, schriftliche interkulturelle Kommunikationskompetenz der Fremdsprachenlernenden. Dies zeigt für den Bereich der Sekundarstufe I detailliert Massler (2004) auf. Konzeptionen zum Fremdsprachenunterricht in der Primarstufe stellten lange Zeit die gesprochene Sprache in den Vordergrund. In der Zwischenzeit liegen Untersuchungen vor, die nachweisen, dass gerade virtuelle Austauschprojekte Grundschülern und Grundschülerinnen einen Zugang zum Schreiben vermitteln. Internetbasierte Kommunikationsformen erleichtern durch ihre „Nähe zur Mündlichkeit [...] den Kindern ihre ersten Versuche, sich schriftlich zu verständigen" (Frederking & Steinig 2000: 12).

Steinig (2000) unterscheidet innerhalb der Projekte, an denen Fremdsprachenlernende und Muttersprachler beteiligt sind, zwischen Partnerschaften, die als Tandemlernen konzipiert sind – d. h. in beiden Sprachen wird kommuniziert, wobei die Sprachen domänen- oder themenspezifisch gebraucht werden – und solchen, bei denen ausschließlich in einer Sprache kommuniziert wird. Bei Letzteren ist eine „sprachliche Schieflage" (134) zu vermerken. Diese Schieflage ist vermutlich ein Grund dafür, dass internationale Klassenpartnerschaften in der fachdidaktischen Diskussion um den eigensprachlichen Deutschunterricht bisher eine untergeordnete Rolle spielten.[2] Welchen Nutzen für den Deutschunterricht in einer deutschen Regelklasse könnte eine solche Partnerschaft haben? Steinig (2000) weist darauf hin, dass der interkulturelle Austausch durch die unterschiedliche Textrezeption und den fremden und damit auch verfremdenden

---

[2] Wir werden im Folgenden nicht von eigensprachlichem Deutschunterricht und von Muttersprachlern bzw. Muttersprachlerinnen sprechen, sondern von Schülern und Schülerinnen in deutschen Regelklassen bzw. vom Deutschunterricht in der Regelklasse. Deutschunterricht ist heute nicht mehr bzw. nicht nur Unterricht in der Erstsprache, da ein nicht zu vernachlässigender Anteil der Schüler und Schülerinnen bilingual ist oder Deutsch als Zweitsprache lernt.

Blick vor allem für den Literaturunterricht Gewinn bringend sein könnte. Aus sprachdidaktischer Sicht bilde der Austausch den Vorteil, dass er zur Entwicklung von Sprachaufmerksamkeit beitrage (vgl. 135).

2. Die integrative Lernumgebung „Spotz und Klemme"

Die Lernumgebung wendet sich an vierte Klassen und kann in den Fächern Deutsch und Deutsch als Fremdsprache eingesetzt werden. Die fremdsprachlichen Lerngruppen sollten Deutsch ab der ersten Klasse gelernt haben. In der Erprobung hat sich gezeigt, dass für die Durchführung der virtuellen Klassenpartnerschaft bei wöchentlich drei bis vier Unterrichtsstunden insgesamt sieben Wochen angesetzt werden sollten.

Das didaktische Design ist so gestaltet, dass die Klassenpartnerschaft keine zusätzliche oder isolierte Aktivität darstellt, sondern in den Stoffverteilungsplan von vierten Klassen integriert werden kann, da sich der Kompetenzerwerb in den sprachlichen Lernbereichen an den curricularen Vorgaben orientiert (vgl. hierzu detaillierter Kapitel 2.3). Alle Gesprächsanlässe und Aufgaben sind themengeleitet und in die Geschichte der beiden Marsroboter „Spotz und Klemme" eingebettet, die der Autor Carlo Schäfer für das Austauschprojekt verfasst und mit eigenen Zeichnungen versehen hat.

Zu dem Originaltext bietet die Lernumgebung für die Lerner und Lernerinnen des Deutschen als Fremdsprache ein Glossar; außerdem stehen eine mit markierten Schlüsselwörtern versehene sowie eine vereinfachte Textversion zur Verfügung.

2.1. Die Geschichte

„Spotz und Klemme" sind zwei tapfere und pfiffige Marsroboter, die von der Marszentrale – genauer gesagt von Professorin 12, Professor Megagiga und dem etwas dümmlichen Professor XXX (sprich: Tripel-Iks) – in geheimer Mission zur Erde entsandt werden. Ihre Aufgabe besteht darin, auf der Erde einen „Bligl" zu errichten. (Was ein Bligl ist, ist übrigens so geheim, dass nicht einmal Spotz und Klemme dies wissen.) Aufgrund einer Verkettung unglücklicher Umstände werden die beiden Roboter während der Reise getrennt und landen auf der Erde an unterschiedlichen Orten. Die beiden haben die nicht planmäßig verlaufene Landung im Wesentlichen gut überstanden, müssen aber dennoch einige Defekte konstatieren: U. a. sind ihre Sprach- und Kommunikationsmodule nicht mehr voll funktionsfähig. Beide waren sprachlich als Weltbürger programmiert und sprechen jetzt nur noch Deutsch, und selbst das mit lexikalischen Lücken. Schlimmer aber noch: Sie können nur noch schriftlich kommunizieren, und zwar ausschließlich mit Personen, die ihnen unbekannt sind. Im Gespräch „bringen

sie kein Wort" heraus, da bei der abrupten Landung unbeabsichtigterweise das
sog. „Schüchternheitsmodul" in Gang gesetzt wurde.

2.2. Das didaktische Setting

Bei der Erprobung des Projektes landete Klemme in einer Heidelberger Grundschulklasse und Spotz in einer vierten Klasse in Vidovec/Kroatien.
Zentrale Bedeutung für das Projekt hat das o. g. „Schüchternheitsmodul" und
die Tatsache, dass Spotz und Klemme nur noch schriftlich mit unbekannten Personen kommunizieren können. So ist die Hilfe der Schüler und Schülerinnen gefordert: Spotz, der zu Gast in Vidovec ist, kann den Kindern in Heidelberg
schreiben; Klemme, der in Heidelberg ist, wendet sich an die Kinder in Vidovec.
Aber wie soll den Heidelberger Kindern bekannt sein, was Spotz in Vidovec gesehen hat? Und umgekehrt: Wie sollen die kroatischen Schüler und Schülerinnen wissen, was Klemme in Heidelberg erlebt hat? Genau aus dieser Situation
heraus entstehen die Kommunikationsanlässe: Die Schüler und Schülerinnen
müssen sich, bevor sie ‚ihrem' Roboter helfen können, untereinander austauschen.

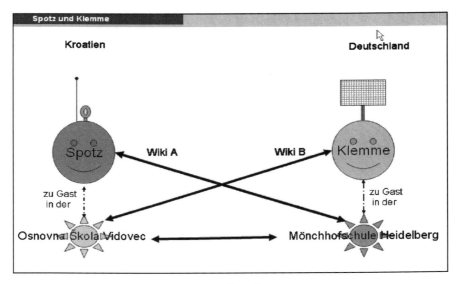

Abb. 1: Kommunikations- und Kooperationsformen

Das Schaubild skizziert das didaktische Setting: Die Schulklassen finden jeweils
Fragen und Bitten der Roboter in themenorientierten Wikis. Um antworten bzw.
helfen zu können, müssen die Klassen miteinander kommunizieren und sich ü-

ber das jeweils andere Land und seine Gewohnheiten informieren. Dieser Austausch findet nicht in einem Gesamtforum, sondern in Gruppenforen statt, damit die Kommunikationsstränge für die Kinder nachvollziehbar bleiben. In der Erprobung haben jeweils drei kroatische und drei bis vier deutsche Kinder zusammengearbeitet. Bei den Themen handelt es sich um kindgerechte, transkulturelle Fragen, die jedoch kulturspezifische Besonderheiten aufweisen oder aufweisen können. Themen sind u. a. „Schule", „Geburtstags- und andere Feiern", „Haustiere und Tiere im Zoo".

Die Informationen, die die Schüler und Schülerinnen so über das jeweils andere Land erhalten haben, müssen dann an die Roboter im Wiki weitergegeben werden. Die Komplexität dieser Aufgabe besteht darin, dass die Kinder zum einen die erhaltenen Informationen neu strukturieren müssen und zum anderen vor der Herausforderung stehen, kollaborativ an einem Text – nämlich an der Antwort an den Roboter – zu arbeiten. Dies bedeutet, dass sie schon verfasste Einträge ihrer Mitschüler und Mitschülerinnen zur Kenntnis nehmen und bei der Erstellung des eigenen Beitrags berücksichtigen müssen. Zugleich lernen die Schüler und Schülerinnen hierbei Formen des hypertextuellen Schreibens kennen. Bei der Projektplanung war zunächst vorgesehen, dass alle Schüler und Schülerinnen einer Klasse gemeinsam in einem Wiki arbeiten. Bei der Durchführung zeigte sich, dass die Kinder eine partnerschaftliche Textproduktion dieses Ausmaßes nicht überschauen konnten, sodass Unterseiten angelegt wurden, die dann von kleineren Gruppen bearbeitet werden konnten.

2.3. Curriculare Aspekte

Die Lernumgebung „Spotz und Klemme" versteht sich in einem doppelten Sinne als integrativ. Zum einen verfolgt sie das Ziel, sprachliches und interkulturelles Lernen in den Fächern Deutsch und Deutsch als Fremdsprache zu verbinden; zum anderen ist sie unter dem Aspekt der fachspezifischen Lernziele so gestaltet, dass das Projekt in den üblichen Stoffverteilungsplan vierter Klassen aufgenommen werden kann.

Ein interkultureller Austausch findet für beide Gruppen – für die Lerner und Lernerinnen des Deutschen als Fremdsprache und die Schüler und Schülerinnen der Regelklasse in Deutschland – gleichermaßen statt (vgl. hierzu detaillierter das Unterkapitel 2.5, in dem die Arbeit der Schüler und Schülerinnen im Forum erläutert wird). Der Fokus des sprachlichen Lernens aber ist unterschiedlich: Für die Fremdsprachenlernenden steht der Spracherwerb in authentischen Situationen im Vordergrund, im Unterricht der deutschen Regelklasse hingegen rücken sprachreflexive Aspekte in den Mittelpunkt (vgl. z. B. die Ausführungen zur Glossarerstellung in Kapitel 2.6). Diese adressatenspezifische Fokussierung reduziert die eingangs erwähnte „Schieflage", die in Projekten zwischen Fremdsprachenlernenden und Klassen im Land der Zielsprache oftmals als kritisch gesehen wird.

Die unproblematische Aufnahme des Projekts in den Stoffverteilungsplan ist dadurch gewährleistet, dass sich die fachspezifischen Lerninhalte an den curricularen Vorgaben orientieren. Exemplarisch bezieht sich die Lernumgebung auf die Empfehlungen des baden-württembergischen Bildungsplans für die Grundschule (vgl. Ministerium für Jugend, Kultus und Sport Baden-Württemberg 2004) und auf die Vorgaben des kroatischen Lehrplans für den Deutschunterricht im Primarbereich. Da sich der baden-württembergische Bildungsplan an den von der Kulturministerkonferenz herausgegebenen Bildungsstandards (vgl. Bildungsstandards im Fach Deutsch für den Primarbereich 2004) orientiert und der im Jahr 2006 aktualisierte kroatische Lehrplan Bezug auf den europäischen Referenzrahmen (vgl. Gemeinsamer europäischer Referenzrahmen für Sprachen: Lernen, lehren, beurteilen 2001) nimmt, ist ein Einsatz der Lernumgebung auch in anderen Bundesländern bzw. europäischen Staaten ohne oder mit geringfügigen Modifikationen möglich.

Die Verbindung des Unterrichts in Deutsch und Deutsch als Fremdsprache unter Berücksichtigung curricularer Vorgaben führt zu einer dreigliedrigen Struktur der Lernumgebung:

Klassenpartnerschaft

(Interkulturelles Lernen und
Sprachkontakt)

**Integrative
Lernumgebung
„Spotz und Klemme"**

**Unterrichtsfach
„Deutsch als
Fremdsprache"**

(Fremdsprachliches
Lernen)

**Unterrichtsfach
„Deutsch"**
(Sprachreflexion,
Textproduktion
und –rezeption)

Abb. 2: Die Struktur der Lernumgebung

Der Einsatz virtueller Lernumgebungen in *219*
Klassenpartnerschaften im Primarbereich

Zentraler Bestandteil der Lernumgebung ist die Klassenpartnerschaft, sie regt ein interkulturelles Lernen an und bietet den Lernern und Lernerinnen des Deutschen als Fremdsprache die Möglichkeit des Spracherwerbs in realen Kommunikationssituationen. Darüber hinaus stellt die Lernumgebung – immer eingebettet in die Geschichte „Spotz und Klemme" – für den Unterricht in Deutsch als Fremdsprache noch spezifische Aufgaben und Übungen in den Bereichen Wortschatz und Grammatik zur Verfügung. Für die Lernbereiche „Sprachreflexion", „Textproduktion" und „Umgang mit Texten" werden Materialien angeboten, die in deutschen Regelklassen eingesetzt werden können. Die Aufgaben für den Deutschunterricht sind in Teilen so gestaltet, dass sie in den Austausch einfließen (vgl. die Ausführungen zum Glossar in 2.6).

2.4. Die gewählte Lernplattform

Für Formen elektronisch unterstützten Lernens stehen inzwischen eine ganze Reihe kommerzieller und nicht kommerzieller Lernplattformen zur Verfügung (vgl. z. B. den Überblick in Ulrich 2005: 7ff.). Für die virtuelle Lernumgebung „Spotz und Klemme" wurde die Plattform „Moodle" (Modular Object-Oriented Dynamic Learning Environment) gewählt. Moodle ist mit über 20.000 registrierten Installationen in über 160 Ländern die weltweit am meisten verbreitete Open Source Lernplattform an Schulen und Hochschulen. Damit verfügt Moodle über eine gut funktionierende Gemeinschaft von Lehrenden, die eine umfassende Supportinfrastruktur bieten kann.

Wie bei vielen Lernplattformen üblich, so können Lehrende auch in Moodle ihre Schüler in geschlossene „Kursräume" einschreiben und sich „Arbeitsunterlagen" (Bilder, Texte) und sog. „Lernaktivitäten" selbstständig zusammenstellen. Zu diesen Lernaktivitäten zählen neben Foren, Wikis und Chaträumen auch spezieller auf bestimmte Lernsituationen angepasste Bestandteile wie z. B. die „Abstimmung", eine Art Umfrage, oder die einfache „Aufgabe", die es in wenigen Arbeitsschritten ermöglicht, das termingerechte Einreichen z.B. von Schülertexten einzufordern, die Eingänge zu verwalten, zu benoten und ein Feedback zu geben. Die Lernaktivität „Glossar" kann entweder fertig zum Nachschlagen bereitgestellt oder von den Schülerinnen und Schülern im Verlauf des Kurses gemeinsam erstellt werden.

Eine Stärke von Moodle liegt in der umfassenden Protokollierung beliebig vieler Nutzerbewegungen, Lernergebnisse bzw. Einsendeaufgaben, die aus Lehrersicht zentral in übersichtlichen Listen geführt werden können. Für den Bereich der Sprachen besonders dienlich ist die Möglichkeit, das verbreitete Autorenprogramm Hot Potatoes zu integrieren, sodass Umfragen, Tests, Quizzes, Multiple-Choice-Aufgaben, Zuordnungsübungen, Lückentexte und Kurztexte recht einfach erstellt werden können.

Im Folgenden wird vorgestellt, wie diese von Moodle bereitgestellten Lernaktivitäten in der Lernumgebung „Spotz und Klemme" genutzt und gestaltet werden.

2.5. Offene bis halboffene themengeleitete Austauschaufgaben

Im Rahmen des Projektes erhalten die Schüler und Schülerinnen – wie eingangs
erwähnt – durch die Fragen bzw. Bitten ‚ihres' Roboters themengeleitete Aufgaben, die nur aufgrund des Austauschs mit der Partnerklasse bearbeitet werden
können. Mit Blick auf den Grad der Themenzentriertheit, in Bezug auf den Einsatz der erforderlichen sprachlichen Handlungen sowie hinsichtlich der Nutzung
unterschiedlicher Bearbeitungsstrategien können diese Aufgaben als halboffen
beschrieben werden. Für dieses Aufgabenformat stellt Moodle einen Forumstyp
zur Verfügung, der die Option „Diskussion eines Themas" enthält. Der initiierende Diskussionsbeitrag erfolgt durch eine/einen Lehrende/n.

Zusätzlich finden die Schüler und Schülerinnen in einem allgemeinen Forum
Raum für einen offenen, informellen Austausch und können die plattforminterne
E-Mail-Funktion für private Mitteilungen nutzen.

Exemplarisch sollen an dieser Stelle Auszüge der Kommunikation zum Thema „Schule" gezeigt werden, um Aspekte des interkulturellen Lernens zu verdeutlichen: Zu Beginn wendet sich Spotz, der mehr über das schulische Leben in
Kroatien erfahren möchte, an die deutsche Schulklasse (vgl. Abb. 3).

| Anzeigen | Bearbeiten | Links | Info |

Danke für Ihre Mitwirkung

Schule

Liebe Schüler und Schülerinnen,

ich war mit unseren kroatischen FreuNden an einem Ort, den sie Schule nennen. Das war
das SeLtsamste, was ich je gesehen habe!! Stimmt es, dass die armen Kinder dort jeden
Tag hingehen müssen? Zuerst waren die Kinder in einem großen RaUm und haben runde
Dinge geworfen und sind gelaufen, bis ihre Köpfe ganz rot waren. Dann sind sie in einen
anderen Raum gegangen, haben sich an Tische gesetzt und gewartet. Manchmal haben
einige Schüler die Hand gehoben.
Ich glaube, die Kinder nennen das UnteRricht und sie haben verschiedene FäcHer. Lernt
man so auf der Erde?? Ich kann das nicht glauben!
Bitte fragt meine kroatischen Freunde, ob ich das alles richtig verstanden habe.

Vielen Dank und viele Grüße
von Eurem Spotz

Abb. 3: Die Nachricht von Spotz an die Schüler und Schülerinnen der deutschen
    Regelklasse

Die Schüler und Schülerinnen der deutschen Regelklasse gehen nach der Lektüre der Aufgabenstellung in die eingerichteten Gruppen-Foren und formulieren

Fragen, welche die kroatischen Partner beantworten sollen. Nach den ersten Antworten können ausgewählte Aspekte vertieft werden.

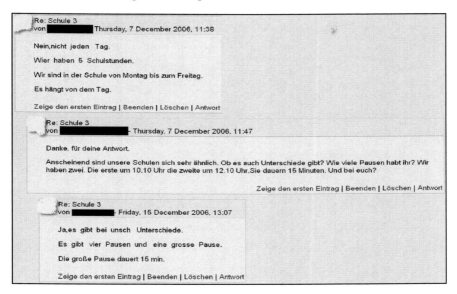

Abb. 4: Informationsaustausch in einem Gruppenforum

Das Beispiel (vgl. Abb. 4) zeigt, wie ein Schüler die Antworten auswertet und Ähnlichkeiten in den beiden Schulsystemen feststellt. Andererseits wird hier auch deutlich, wie schnell (sprachliche) Missverständnisse entstehen können. Der Schüler aus Deutschland wollte eine Kommunikation über Unterschiede in den Schulsystemen initiieren, während der Partner den Begriff „Unterschiede" nur auf die Pausen bezog.

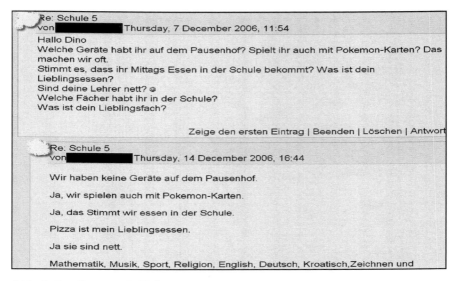

Abb. 5: Der Partner als Kulturexperte

In diesem Beispiel (vgl. Abb. 5) spricht der deutsche Schüler den Partner als Kulturexperten an und bittet ihn, zuvor Gehörtes zu bestätigen oder richtigzustellen.

Wenn die Fragen in den Gruppenforen vollständig beantwortet sind, geben die Schüler und Schülerinnen in Deutschland diese in dem entsprechenden Wiki an Spotz weiter. Für die Aufgaben, die Klemme den kroatischen Kindern gestellt hat, gilt dasselbe.

2.6. Erstellung eines Glossars – ein halboffenes, adressaten- und textsorten-orientiertes Aufgabenformat

Die Bildungsstandards im Fach Deutsch für den Primarbereich (2004) sehen vor, dass Schüler und Schülerinnen in der vierten Klasse, „Wörter nach grammatischen und semantischen Kriterien sammeln, ordnen, gliedern [..] und verändern" (52). In einer Lerneinheit zum Thema „Tiere" – Auslöser hierzu ist innerhalb der Geschichte von „Spotz und Klemme" der Besuch Klemmes im Zoo und die Begegnung von Roboter Spotz mit einem Hund – erhalten die Schüler und Schülerinnen der deutschen Regelklasse die Aufgabe, für ihre Partnerklasse ein Glossar zu diesem Wortfeld anzulegen. Diese komplexe Aufgabe erweitert die Empfehlung der Bildungsstandards noch um den Aspekt der Bedeutungserklärung und erfordert von den Schülern und Schülerinnen – unter Berücksichtigung der Adressaten (Fremdsprachenlerner) – die eigenständige Erstellung eines Wörterbucheintrages als einer spezifischen Textsorte.

Die Beispiele aus der Erprobungsphase (vgl. Abb. 6) verdeutlichen – ohne sie zu bewerten – die verschiedenen Strategien der Schüler und Schülerinnen zur Bedeutungserklärung: Neben Visualisierungen bildeten die Kinder Analogien (vgl. die Bedeutungserklärung „miauen") und Paraphrasen (vgl. den Erklärungsversuch „Hundehaufen"), versuchten Beschreibungen zu geben (vgl. die Erläuterungen zu „Kuh" und „Nilpferd") sowie einen Kontext herzustellen (vgl. „Kuh – Milka") oder unternahmen den Versuch einer etymologischen Erklärung (vgl. „Nilpferd"). Zugleich haben sich mehrere Kinder durch grammatische Erklärungen (z.B. Angabe des Artikels oder Verwendung grammatischer Termini) bemüht, auf die Adressatengruppe einzugehen.

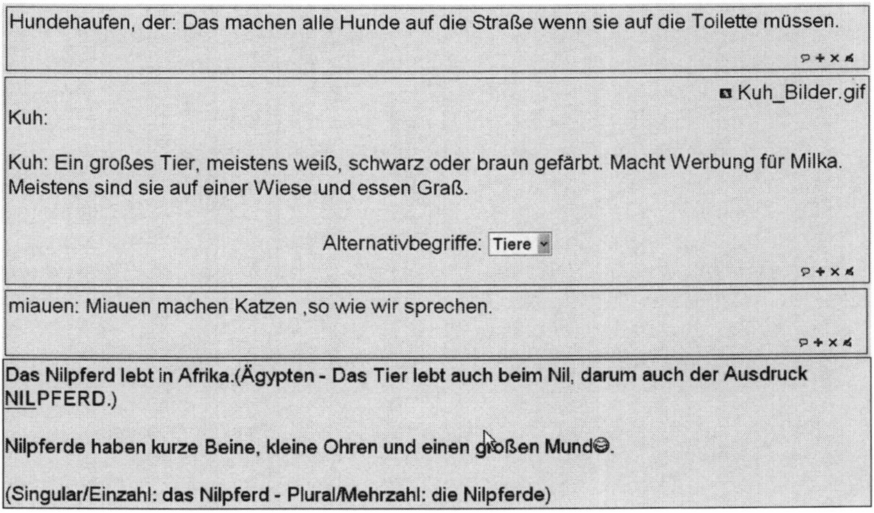

Hundehaufen, der: Das machen alle Hunde auf die Straße wenn sie auf die Toilette müssen.

Kuh_Bilder.gif

Kuh:

Kuh: Ein großes Tier, meistens weiß, schwarz oder braun gefärbt. Macht Werbung für Milka. Meistens sind sie auf einer Wiese und essen Graß.

Alternativbegriffe: Tiere

miauen: Miauen machen Katzen ‚so wie wir sprechen.

Das Nilpferd lebt in Afrika.(Ägypten - Das Tier lebt auch beim Nil, darum auch der Ausdruck NILPFERD.)

Nilpferde haben kurze Beine, kleine Ohren und einen großen Mund☺.

(Singular/Einzahl: das Nilpferd - Plural/Mehrzahl: die Nilpferde)

Abb. 6: Begriffserklärungen für die Partnerklasse

2.7. Austauschergänzende, halboffene bis geschlossene Aufgaben- und Übungsformate

Für den Bereich Deutsch als Fremdsprache bieten die Materialien der Lernumgebung neben den Aufgaben, die sich durch den Austausch der Schüler und Schülerinnen ergeben, zahlreiche Übungen, die den Spracherwerb vor allen Dingen auf zwei Ebenen unterstützen sollen: Zum einen soll der Wortschatz erweitert, zum anderen der Erwerb grammatischer Strukturen gefördert werden. Überwiegend handelt es sich hierbei um einfache, geschlossene Übungsformate mit Feedbackfunktion; im Beispiel (vgl. Abb. 7) geht es um einen intuitiven Zugang zur Satzgliedstellung und zur Verbklammer.

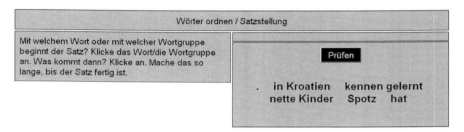

Abb. 7: Einfaches Übungsformat mit Feedbackfunktion

Für deutsche Regelklassen bietet die Lernumgebung einen Kernbestand an unterschiedlich komplexen Aufgaben und Übungsformaten, die

- der Anbahnung von Sprachreflexion,
- der Förderung von Texterschließungskompetenz und
- der Anregung zum Verfassen unterschiedlicher Textsorten

dienen.

Beispielsweise die halboffene Aufgabenstellung, Redewendungen, die menschliches Verhalten charakterisieren, auf Verhaltensweisen von Marsrobotern (= Figuren aus der Geschichte) zu übertragen (vgl. Abb. 8), erfordert ein sicheres Verständnis sowohl der Wendung als auch der Textgrundlage sowie Transferkompetenzen der Schüler und Schülerinnen.

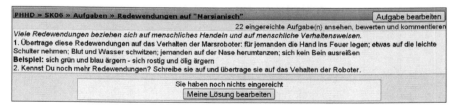

Abb. 8: Rezeptions- und produktionsorientiertes Aufgabenformat

Das Beispiel eines Schülers (vgl. Abb. 9) zeigt den Zusammenhang zwischen dem Lösungsvorschlag und der gesicherten Textkenntnis. Aus dem Text „Spotz und Klemme" ging hervor, dass Wasser für Marsroboter gefährlich ist. Die Redewendung „für jemanden die Hand ins Feuer legen" wird in eine Wendung übertragen, die den Begriff „Wasser" enthält.

1.dafür spring ich ins Wasser.
2.Etwas auf die Blechschulter nehmen
3.Rost und Öl schwitzen.
4.Jemanden die Schraube aus der Nase ziehen.
5.Nicht bis zum Explodieren arbeiten.
zu 2.
Sich mit Ruhm bekleckern- sich mit Öl bekleckern.

Abb. 9: Zusammenhang zwischen Lösungsvorschlag und gesicherter Text kenntnis

3. Ausblick

Die folgende Übersicht gibt einen Überblick über wichtige, zuvor beschriebene Aufgaben und Übungen, die in der Lernumgebung „Spotz und Klemme" eingesetzt wurden:

Aufgaben-/Übungsformate	Lernaktivität in Moodle	Arbeitsformen und -inhalte
offen	• allgemeines Forum • plattforminterne E-Mail-Funktion	informeller Austausch
halboffen	Forumstyp „Diskussion eines Themas"	themengeleiteter Austausch der Partnergruppen (Schüler und Schülerinnen der deutschen Regelklasse gemeinsam mit Lernern und Lernerinnen des Deutschen als Fremdsprache)
halboffen	Wiki	kollaboratives Arbeiten sprachlich homogener Gruppen (Lerner und Lernerinnen des Deutschen als Fremdsprache und Kinder der deutschen Regelklasse getrennt)
halboffen	Glossar	Erstellung von Wörterbucheinträgen (Schüler und Schülerinnen der deutschen Regelklasse)

halboffen	Einsendeaufgabe (online zu bearbeiten)	Produktion unterschiedlicher Textsorten (getrennte Aufgaben für beide Klassen)
geschlossen	Abstimmung	z. B. zur Themeneinführung
geschlossen	z. B. Multiple-Choice	z. B. zur Sicherung des Textverständnisses (für beide Klassen)
geschlossen	z. B. Lückentext, Zuordnungsübung	zu den Bereichen „Wortschatz" und „Grammatik" (vor allem für Lerner und Lernerinnen des Deutschen als Fremdsprache)

In der Erprobungsphase wurden sowohl die Kinder der deutschen Regelklasse als auch die kroatischen Schüler und Schülerinnen bei ihrer Arbeit von Lehramtsstudierenden begleitet, die ihre Beobachtungen in Forschungstagebüchern festhielten.

Nach einer ersten Auswertung können zwei Aspekte als auffällig beschrieben werden:

- Die informellen Austauschmöglichkeiten in einem allgemeinen Forum wurden von den Schülern und Schülerinnen kaum genutzt. Dies gilt für beide Klassen gleichermaßen, sodass sprachliche Schwierigkeiten als mögliche Ursache nur bedingt herangezogen werden können. Die themengeleitete Diskussion in den Foren war dann ergiebig, wenn der vorgegebene, initiierende Beitrag vielfältige Anregungen für ein mögliches Gespräch enthielt.
- Einfache Übungsformate in den Bereichen „Wortschatz" und „Grammatik" wurden von den Lernern und Lernerinnen des Deutschen als Fremdsprache dann erfolgreich bearbeitet, wenn sie bekannte Lerngegenstände behandelten, also der Wiederholung dienten, weniger aber, wenn zu neuen grammatischen Strukturen hingeführt werden sollte oder wenn die Übungen auf einen eher intuitiven Zugang der Lernenden zu sprachlichen Phänomenen setzten.

Detaillierte Ergebnisse werden erst nach einer genaueren Auswertung der Daten formuliert werden können. Als Datengrundlage dienen neben den o. g. Ergebnissen der teilnehmenden Beobachtung, die in den Forschungstagebüchern aufgezeichnet wurden, die in der Lernumgebung vorliegenden Foren- und Wiki-Beiträge sowie die gespeicherten Aufgabenbearbeitungen der Schüler und Schülerinnen. Zudem können die von Moodle protokollierten Nutzerbewegungen herangezogen werden.

Im weiteren Verlauf des Projekts sollen neben einer expliziten Evaluierung der Aufgaben auch folgende Aspekte näher untersucht werden:

- Auswirkungen affektiver Einstellungen gegenüber den Partnern (z. B. Abneigung aufgrund des Fotos oder auch Freude über ein gemeinsames Hobby) auf die Häufigkeit und inhaltliche Gestaltung des Austauschs;
- mögliche Einstellungsänderungen gegenüber der Partnerklasse und der Kultur ihres Landes;
- Faktoren, die zum Gelingen oder Misslingen der Kommunikation beigetragen haben (z. B. Formen der Gesprächsinitiierung);
- sowie die Frage danach, welche Teilkompetenzen im Umgang mit neuen Medien als Voraussetzungen zu sehen sind und welche im Rahmen des Projektes gefördert werden konnten.

Literaturverzeichnis

Bildungsstandards im Fach Deutsch für den Primarbereich 2004. Beschluss der Kultusministerkonferenz vom 15.10.2004. Online: www.kmk.org/schul/Bildungsstandards/Grundschule_Deutsch_BS_307KMK.pdf (zuletzt eingesehen 19. Aug. 2007).

Donath, Reinhard & Volkmer, Ingrid (Hrsg.) (2000²). *Das transatlantische Klassenzimmer.* Hamburg: edition Körber Stiftung.

Frederking, Volker & Steinig, Wolfgang (2000). „Früh übt sich. E-Mail und Chat-Projekte im Deutschunterricht der Grundschule." *Computer und Unterricht*, 40, 12-14.

Gemeinsamer europäischer Referenzrahmen für Sprachen: Lernen, lehren, beurteilen. (2001) Online: www.goethe.de/z/50/commeuro/deindex.htm (zuletzt eingesehen 14. Juni 2007).

Massler, Ute (2004). *Computergestützte Schreibprojekte im Fremdsprachenunterricht der Sekundarstufe I: Grundlagen, Erfahrungen, Perspektiven.* Tübingen: Narr.

Ministerium für Jugend, Kultus und Sport Baden-Württemberg (2004). *Bildungsplan Grundschule.* Online: www.bildung-staerkt-menschen.de/service/downloads/Bildungsplaene/Grundschule/Grundschule_Bildungsplan_Gesamt. Pdf (zuletzt eingesehen 19. Aug. 2007).

Müller-Hartmann, Andreas & Richter, Annette (2001). „From Classroom Learners to World Communicators. Das Potenzial der Telekommunikation für den Fremdsprachenunterricht." *Der fremdsprachliche Unterricht Englisch*, 6, 4-15.

Schulen ans Netz e.V. *eTwinning. Schulpartnerschaften in Europa.* (19.03.2007). Online: www. etwinning. (zuletzt eingesehen 14. Juni 2007).

Schumacher, Jörg (2004). „Per Tandem zu den Nachbarn. Online-Sprachpartnerschaften im Rahmen des Projekts ‚European Medi@Culture online'." *Computer und Unterricht*, 54, 16-18.

Steinig, Wolfgang (2000). „Kommunikation im Internet: Perspektiven zwischen Deutsch als Erst- und Fremdsprache." *Zeitschrift für Fremdsprachenforschung*, 11(2), 125-156.

Ulrich, Stefan (2005). „Mediendidaktische Aspekte virtueller Lernumgebungen." In: Stefan Ulrich & Thomas Möbius (Hrsg.), *Virtuelle Lernumgebungen im Deutschunterricht. Grundlagen – Didaktische Konzepte – Lehreinsatz.* Baltmannsweiler: Schneider, 7-19.

PETRA BURMEISTER (KIEL)

Aufgabenbasiertes Lernen im virtuellen Seminar „Digitale Medien im Fremdsprachenunterricht"

In diesem Beitrag geht es um das von *Lehrer-Online* (Schulen-ans-Netz e.V.) konzipierte virtuelle Seminar „Digitale Medien im Fremdsprachenunterricht". Dort werden zukünftige Lehrerinnen und Lehrer auf den Einsatz der Neuen Medien im Fremdsprachenunterricht und in virtuellen Klassenräumen vorbereitet, indem sie sich die dafür benötigten Kompetenzen mit Hilfe der neuen Technologien bei der gemeinsamen Arbeit auf einer virtuellen Plattform aneignen. Es wird berichtet, auf welchen Aufgaben das virtuelle Seminar basiert und wie diese Aufgaben den Lernprozess steuern.

1. Einleitung

Das Internet ist zu einem festen, für viele gar zu einem (vermeintlich) unverzichtbaren Bestandteil des beruflichen wie privaten Lebens geworden. Auch aus dem modernen Fremdsprachenunterricht ist das WWW zumindest als multimedialer Materialfundus kaum noch wegzudenken, bietet es doch einen schnellen Zugang zu einer schier unerschöpflichen Quelle authentischer fremdsprachlicher Texte, Bilder und Videos. Demgegenüber scheinen internetbasierte Unterrichtseinheiten wie Webquests oder Lernangebote auf Online-Plattformen vergleichsweise selten im Fremdsprachenunterricht Verwendung zu finden, obwohl vielfältige Einsatzmöglichkeiten und Vorschläge zur praktischen Umsetzung vorhanden sind (z.b. Feldner 2001, Müller-Hartmann 2001, Müller-Hartmann & Richter 2001, Schlieger 2001, Schmidt 2005, Schocker-v. Ditfurth 2001a, Kohn 2003, Hallet 2005, Hegelheimer & Knierim 2006, Dudeney & Hockly 2007, siehe auch Hutz in diesem Band).

Warum sind selbst Lehrerinnen und Lehrer, die internetbasierte Kommunikationsformen oder Online-Kurse in ihrem Privatleben nutzen und keine Probleme mit ‚der Technik' haben, selten bereit, ihre Schülerinnen und Schüler mit Webquests und Wikis oder in internationalen Diskussionsforen arbeiten zu lassen? Es ist zu vermuten, dass selbst diejenigen von ihnen, die einen didaktischen Mehrwert in internetbasierter Arbeit sehen, die unverhältnismäßig hohen ‚Kosten' scheuen, die durch den Zeitaufwand bei der eigenen Erstellung von Webquests oder durch Probleme hinsichtlich der Verfügbarkeit von (funktionstüchtigen) Computern entstehen können.

Andere sind schlichtweg unsicher, in welcher Weise ihre Lerner und sie selbst von welchen internetbasierten Angeboten profitieren und wie sie diese gewinnbringend in ihren Unterricht integrieren können. Während die zuerst genannte Gruppe von Lehrkräften mit komfortableren Softwaretools und einer besseren

Computer-Ausstattung in der Schule bereits gut ‚bedient' wäre, benötigt die zuletzt genannte zunächst die mediendidaktischen Grundlagen, geeignete Materialien und Software und Anregungen für die praktische Umsetzung.

In diesem Beitrag geht es um das von *Lehrer-Online* (Schulen-ans-Netz e.V.) konzipierte virtuelle Seminar „Digitale Medien im Fremdsprachenunterricht (FSU)", in dem sich zukünftige Lehrerinnen und Lehrer „mithilfe der Medien, die sie später im Unterricht sinnvoll einsetzen sollen, Kompetenzen in der Arbeit mit digitalen Medien aneignen und gemeinsam im virtuellen Raum an der Entwicklung von Unterricht arbeiten" (Netz & Heinen 2004: 7). Nach der Beschreibung der Ziele des virtuellen Seminars und einiger grundlegender didaktischer Gestaltungsparameter wird dargelegt, auf welchen Aufgaben das Seminar basiert und wie diese Aufgaben die Arbeits- und Lernprozesse in den unterschiedlichen Phasen der Onlinearbeit gezielt steuern. Abschließend wird skizziert, wie die Teilnehmerinnen und Teilnehmer, die im Sommersemester 2005 an einem virtuellen Seminar teilgenommen haben, die Arbeit im virtuellen Raum bewertet haben.

2. Das virtuelle Seminar „Digitale Medien im FSU"

Seit Sommersemester 2004 bietet *Lehrer-Online* das Online-Seminar „Digitale Medien im FSU" an. Es richtet sich an Lehramtsstudierende und an Referendarinnen und Referendare, die in verschiedenen Kleingruppen in den virtuellen Räumen einer inhaltlich von *Lehrer-Online* ausgestatteten Internetplattform zusammenarbeiten. Umgesetzt und tutoriell betreut wird das Seminar von Dozentinnen und Dozenten der jeweiligen Einrichtungen.[1]

2.1. Zielsetzungen

Übergeordnetes Ziel ist es, digitale Medien nachhaltig in den Unterricht zu integrieren, „Erkenntnisprozesse und die Bereitschaft zur Mediennutzung" in Gang zu setzen (Netz & Heinen 2004: 4) und zukünftige Lehrerinnen und Lehrer „auf das Leben, Lernen und Arbeiten in einer vernetzten Welt" (Netz & Heinen 2004: 5) vorzubereiten. Dafür sollen die Teilnehmer/innen (TN):

o Methoden und Modelle für den sinnvollen Einsatz digitaler Medien im schulischen Unterricht kennen lernen,
o ihre Medienkompetenz erweitern, indem sie Werkzeuge und Software erproben,
o sich selbstständig Methoden und Modelle erarbeiten und auf eigene Unterrichtsvorhaben übertragen,

---

[1] Eine Liste der bisher beteiligten Institutionen befindet sich unter http://www.lehreronline.de/url/virtuelle-seminare (Zugriff vom 13.07.2007).

o das Lernen in virtuellen Räumen erleben und mit dem Präsenzlernen vergleichen,
o sich gegenseitig bei der Unterrichtsentwicklung unterstützen und beraten (Netz &
Heinen 2004: 8).

Konkret bedeutet dies, dass die TN das auf *Lehrer-Online* vorhandene internetgestützte Unterrichtsmaterial sichten, in Partnerarbeit Softwaretools erproben
und bewerten, Online-Kurse absolvieren und in einer institutionsübergreifenden,
selbst gesteuerten Lerngruppe eine webbasierte Unterrichtseinheit erarbeiten.[2]
Idealerweise sollten diese webbasierten Einheiten dann im Unterricht z. B. in
Form eines Klassenforschungsprojektes erprobt werden.

Die Arbeit im virtuellen Seminar zielt demnach nicht allein auf die Entwicklung von Medienkompetenz, mediendidaktischer Kompetenz und Sachkompe-
tenz. Vielmehr werden durch das eigene Lernen und durch die kooperative Arbeit in den Online-Lerngruppen auch personale Kompetenzen, wie z. B. Selbst-
management und Selbstreflexion sowie soziale Kompetenzen, wie etwa Kom-
munikations- und Kooperationsfähigkeit implizit gefördert bzw. bis zu einem
gewissen Grad vorausgesetzt.

2.2. Grundannahmen

Die Konzeption des virtuellen Seminars basiert auf der Annahme, dass es nicht
ausreicht, verschiedene Einsatzmöglichkeiten digitaler Medien kennen zu lernen
und sich über Formen vernetzter Arbeit im virtuellen Raum zu informieren.
Vielmehr müssen zukünftige Lehrerinnen und Lehrer lernen, Tools und Methoden selbstständig und zielführend anzuwenden und ihre Erfahrungen mit Blick
auf die spätere Unterrichtstätigkeit und vor dem Hintergrund ihrer eigenen lern-
biografischen Erfahrungen kritisch zu reflektieren (*reflektiertes Erfahrungslernen*, z. B. Schocker-v. Ditfurth 2001b, Massler & Grau 2005).

Darüber hinaus wird davon ausgegangen, dass eine nachhaltige Integration
von internetbasierten Projekten in den Unterricht die Bereitschaft (und die Fähigkeit) von Lehrerinnen und Lehrern voraussetzt, den Unterricht über Schul-
und Stundenbegrenzungen hinweg zu öffnen und die Arbeit in selbst gesteuerten
(virtuellen) Teams zu unterstützen (Netz & Heinen 2004: 8). Dafür müssen die
Studierenden lernen, die in Einzelarbeit erworbenen Wissensbestände und Fertigkeiten in die Arbeit des Online-Teams einzubringen, und dies kann nur bei
eigenverantwortlicher und effizienter Organisation des gemeinsamen Arbeitsprozesses zu dem gewünschten Ergebnis gelangen (vgl. 4.2.).

---

[2] Für die erfolgreiche Teilnahme an dem virtuellen Seminar erhalten die Studierenden einen
Fachdidaktik-Leistungsnachweis der entsprechenden Institution sowie ein Zertifikat von *Lehrer-Online*.

3. Methodisch-didaktisches Design des virtuellen Seminars

Im virtuellen Seminar „Digitale Medien im FSU" ist der Weg das Ziel, wobei der Weg durch das methodisch-didaktische Design weitgehend vorbestimmt ist. Dem virtuellen Seminar liegt die Idee zugrunde, angehende Lehrerinnen und Lehrer

> auf das Lehren und Leben in einer vernetzten und digital organisierten Welt vorzubereiten, indem sie sich das notwendige fachliche Wissen auf digitalem, interaktivem Wege aneignen (Netz & Heinen 2004: 7).

Während die TN des virtuellen Seminars die internetbasierten Unterrichtseinheiten erstellen, sollen sie die Medienkompetenz, die für die Erarbeitung des fachlichen Wissens erforderlich ist, „im Huckepackverfahren, also durch die Einbindung von Medien in eben diese fachlichen Inhalte" (Bickel-Sandkötter 2003: 15), (weiter-)entwickeln. Zum anderen sollen die sozialen und personalen Kompetenzen, die für die kooperative Arbeit mit diesen Unterrichtseinheiten nötig sind, durch die Gruppenarbeit implizit gefördert werden.

Dieses 'Huckepacklernen' wird durch die didaktisch-methodische Strukturierung der auf konstruktivistischen Ansätzen basierenden Lehr-Lernformen realisiert, wie sie einem modernen Online-Seminar und internetbasierten Unterrichtseinheiten (z.b. Webquests) gleichermaßen zugrunde liegen (z.b. Wolff 2005, Kohn 2006): Erstens bildet das virtuelle Seminar „Digitale Medien im FSU" zumindest theoretisch die für virtuelle Lehr-Lernszenarien so gepriesene Eigenschaft des *Triple A: Anytime, Anywhere, Anybody* (z.b. Baumgartner, Häfele & Maier-Häfele 2002), d. h. die Möglichkeit des orts-, zeit- und personenunabhängigen Lernens und Lehrens ab.

Weiterhin basieren sowohl das virtuelle Seminar als auch die von den TN für den zukünftigen Einsatz zu erstellenden Webquests[3] auf den Prinzipien eines handlungsorientierten Unterrichts, d. h. das jeweilige didaktische Design ist authentisch im Hinblick auf Inhalte, Lernsituationen und Aufgaben sowie prozess-, ergebnis-, und lern(er)orientiert (z. B. Bach & Timm 2003[3], Bremer 2005, Moser 2005, Nistor 2005).

Das virtuelle Seminar ist zudem so konzipiert, dass es Lehr-Lernformen schafft, in denen sich „das erworbene Wissen vom ursprünglichen Lernkontext loslöst und auf neue Anwendungskontexte transferieren lässt" (Nistor 2005: 87). Neben Einzelarbeit bietet das virtuelle Seminar daher kooperative Lehr-

---

[3] Informationen zu Webquests sowie Beispiele, Tipps und Templates zur Erstellung von Webquests, siehe www.webquest.org oder www.webquests.de (Zugriff vom 13.07.2007) sowie die Beiträge im Themenschwerpunkt ‚Webquest Abenteuer' in *Computer + Unterricht*, 67 (3), 2007.

Lernarrangements, in denen unterschiedliche Erfahrungen zusammentreffen und ausgetauscht werden können. (dazu auch Nistor 2005, Legutke 2003[3], Müller-Hartman & Legutke 2001).

Im Folgenden werden der (zeitliche) Ablauf, die Sozialformen, die Plattform mit ihren Lernressourcen und Kommunikationswegen sowie die tutorielle Betreuung skizziert. Anschließend werden exemplarisch einige Aufgabenformen beschrieben, die die Einzel- und Gruppenarbeit im virtuellen Seminar strukturieren (vgl. 4.).

3.1. Der Ablauf des virtuellen Seminars „Digitale Medien im FSU"

Das virtuelle Seminar ist auf insgesamt 13 aufeinander folgende Wochen angelegt. Die Hauptarbeit findet in den virtuellen Räumen der Online-Plattform statt und teilt sich in drei Phasen. Die erste Onlinephase (s. u.) wird von einem ca. 90-minütigen Präsenztreffen an den jeweils beteiligten Institutionen eingeleitet. Dort werden die TN von den Tutoren mit grundlegenden Informationen über Konzeption, Ziele und Ablauf des virtuellen Seminars versorgt und zur Bildung von Ortsdoppeln, d. h. Paaren an der jeweiligen Institution (vgl. 3.2.), ermutigt.

Erste Onlinephase

In den ersten drei Wochen machen sich die TN in Einzelarbeit (vgl. 4.1.) mit dem inhaltlichen Angebot sowie den technischen und kommunikativen Möglichkeiten der virtuellen Lernumgebung vertraut. Darüber hinaus absolvieren sie interaktive Selbstlernkurse zu verschiedenen Aspekten von E-Learning, sichten und kommentieren das auf *Lehrer-Online* vorhandene Angebot an webbasierten Einheiten für den Fremdsprachenunterricht und planen thematische Schwerpunkte für die eigene Arbeit. Weiterhin sollen die TN ein Lerntagebuch anlegen (vgl. 4.3.) und in Online-Diskussionsforen die Bildung der ortsübergreifenden Lerngruppen vorbereiten.

Zweite Onlinephase

Die zweite Onlinephase wird zumeist durch ein halbtägiges Präsenztreffen an einer der Institutionen eingeleitet. Ziel ist es, dass sich die Beteiligten persönlich kennen lernen und ortsübergreifende Lerngruppen für die Erstellung der Unterrichtseinheiten bilden können.

In den anschließenden fünf Wochen arbeiten die Lerngruppen unabhängig voneinander, mittels Nutzung der auf der Plattform zur Verfügung stehenden Kommunikationstools, an der Erstellung und Präsentation der jeweiligen Unterrichtsentwürfe. Parallel dazu arbeiten sie an der heimischen Institution in ihren jeweiligen Ortsdoppeln. Die inhaltliche und organisatorische Arbeit in dieser

Phase liegt allein in der Verantwortung der jeweiligen Lerngruppen und Ortsdoppel.

Dritte Onlinephase

In der dritten, fünfwöchigen Onlinephase kommen alle Lerngruppen im virtuellen Forum der Gesamtgruppe zusammen, um die Entwürfe ihrer Unterrichtseinheiten zu präsentieren, die der anderen Lerngruppen zu evaluieren und um die Anregungen aus den eingegangenen Feedbacks einzuarbeiten sowie die fertiggestellten Unterrichtseinheiten auf einer Webseite zu präsentieren.

Nach der Bewertung der Lerngruppenarbeit sowie der Arbeit im virtuellen Seminar treffen sich die TN zum Abschluss wieder in der jeweiligen Institution zu einem ca. 90-minütigen Feedback.

3.2. Sozialformen

Die TN sollen selbst erfahren und reflektieren, wie und unter welchen Bedingungen selbst gesteuerte, internetbasierte Teams funktionieren. Daher arbeiten sie nicht nur innerhalb der Gesamtgruppe, sondern auch in weiteren Kleingruppen zusammen. In den ‚Ortsdoppeln' erproben jeweils zwei TN derselben Institution vor Ort gemeinsam Lernsoftware und Softwaretools und verwenden sie für ihre Unterrichtseinheiten.

Die Arbeit an den Unterrichtseinheiten erfolgt in institutionsübergreifenden Lerngruppen, die ihre Arbeit selbst steuern. Die Funktionen, die die TN arbeitsteilig übernehmen, entsprechen denen der Tutoren (vgl. 3.6.), d. h. die TN organisieren und verwalten ihr Team, stellen Mitteilungen, Materialien und Aufgaben in ihr Forum, moderieren die Gruppenarbeit, beraten, unterstützen, motivieren und geben einander Feedback.

3.3. Die virtuellen Räume auf der Onlineplattform[4]

Die von Lehrer-Online für das virtuelle Seminar ausgestattete Internetplattform bildet die soeben beschriebene Gruppenkonstellation ab. Demnach steht den Studierenden, abgesehen von ihrem Privatbereich und dem Raum ihrer Ortsgruppe, jeweils ein Raum für die hochschulübergreifende Seminar- und Lerngruppe sowie für die Ortsdoppel-Arbeit zur Verfügung. Zu den Räumen der Tutorinnen und Tutoren haben die Studierenden keinen Zugang.

Die virtuellen Räume sind jeweils mit einem Webseitengenerator, mit Dateiablagen, mit einem Kalender und einem Stundenplan ausgestattet. Um selbst ge-

---

[4] Bis zum Ende des Sommersemesters 2005 befand sich das Seminar „Digitale Medien im FSU" auf der Plattform *ww3ee*. Seither wird es auf lo-net (http://www.lehrer-online.de/url/virtuelle-seminare) angeboten.

steuerte Arbeit in den Lerngruppen zu ermöglichen, werden dort zusätzlich zu Zugriffs- und Schreibrechten auch Administratorenrechte vergeben.

3.4. Kommunikationswege

In den virtuellen Räumen ist sowohl *face-to-face* als auch *face-to-many* Kommunikation möglich. So hat jede Person die Möglichkeit, mit einer zweiten Person synchron via Quickmessage oder asynchron mit E-Mail in Kontakt zu treten. Außerdem kann jede Person synchron im Chat bzw. asynchron in Foren mit mehreren TN gleichzeitig kommunizieren.

3.5. Lernressourcen

Das virtuelle Seminar stellt sämtliche Inhalte zur Verfügung, die die TN für ihre Arbeit benötigen. Es bietet (interaktive) Online-Kurse zu unterschiedlichen Aspekten von E-Learning, Handreichungen für Softwareanwendungen, Informationen über das Lerntagebuch und zur *Netiquette* sowie Links zu den auf *Lehrer-Online* vorhandenen Unterrichtseinheiten.

3.6. Tutorielle Betreuung[5]

Die Aufgabe der Tutoren besteht darin, das von *Lehrer-Online* entwickelte Seminarkonzept umzusetzen und die TN durch die Plattform und bei der Arbeit in den Gruppen zu begleiten. Konkret bedeutet dies, dass die Tutoren die Präsenzveranstaltungen betreuen, die Gruppenfindung moderieren, Dateiablagen bestücken und die von Lehrer-Online formulierten Texte (Aufgaben, Forumsbeiträge und Mitteilungen) gemäß der im Handbuch (Netz & Heinen 2004, 2005) vorgegebenen Reihenfolge in die jeweiligen Gruppenräume hochladen. Darüber hinaus betreuen die Tutoren die Erstellung der Unterrichtseinheiten und bewerten die Ergebnisse der Arbeitsgruppen.

Die Tutoren treten zu keiner Zeit als Dozenten auf, „die einseitig Wissen weitergeben" (Netz & Heinen 2004: 9). Sie agieren als *facilitators*, d.h. sie sind Ansprechpartner und Berater bei technischen, inhaltlichen oder sozialen Fragen und helfen bei der Entwicklung von metakognitiven Strategien, die für die selbstständige Bewältigung der Aufgaben wichtig sind.

Eine zentrale Aufgabe der Tutoren liegt darin, Präsenz auf der Plattform zu zeigen und auf Nachrichten möglichst umgehend zu reagieren. Besonders in den Phasen der Orientierung und der selbst gesteuerten Gruppenarbeit, treten die Tutoren zudem in regelmäßigen Abständen als ‚Motivatoren' auf, die Mut machen,

---

[5] An dieser Stelle sei meinen Kollegen in den virtuellen Seminaren nochmals herzlich für die gute Zusammenarbeit gedankt.

Arbeitsabläufe loben, Impulse geben und an das Durchhaltevermögen und Verantwortungsgefühl der TN appellieren (dazu auch Nistor 2005: 96f.).

4. Aufgabenbasiertes Lernen im Seminar „Digitale Medien im FSU"

Aufgrund der digitalen Informations- und Kommunikationstechnologien ändert sich in virtuellen Seminaren „die Qualität der kommunikativen und kooperativen Lernprozesse" (Nistor 2005: 87), und daher stellen sich andere didaktische Anforderungen, insbesondere an die Aufgabenstellungen.

Von zentraler Bedeutung ist die Aktivierung der Lerner durch Aufgaben, die mit authentischen ‚Problemen' konfrontieren und reflektiertes Handeln erfordern. Dabei ist es nach Nistor (2005: 87) ausschlaggebend,

> dass der Lerner sich mit dem Problem identifiziert, um neben den kognitiven Voraussetzungen auch eine positive affektive Einstellung und damit die notwendige Lernmotivation zu schaffen.

Die für die Teilnahme am virtuellen Seminar „Digitale Medien im FSU" notwendige Lernmotivation wird m. E. mit Hilfe einer wohlproportionierten Balance zwischen fremdgesteuerten Phasen mit kleinschrittigen, schnell lösbaren Aufgaben und selbst gesteuerten Phasen mit offenen Aufgaben geschaffen. Wie die ‚Gummiband-Methode', d.h. das gezielte Anziehen durch starke Fremdsteuerung und Loslassen in der selbst gesteuerten Gruppenarbeit funktioniert, wird im Folgenden dargestellt.

4.1. Von ‚leichten', kleinschrittigen Aufgaben in der Einzelarbeit...

Um die Bereitschaft der Lerner zu erhöhen, sich auf die Onlinearbeit im virtuellen Seminar „Digitale Medien im FSU" einzulassen, sind die Aufgaben in der ersten Onlinephase sehr kleinschrittig. Die TN erhalten z.B. die Aufgaben, sich den bis dato unbekannten TN der anderen Institutionen auf einer kleinen Webseite vorzustellen oder mit ihnen im Chat, per E-Mail und, wie folgendes Beispiel zeigt, im Forum in Kontakt zu treten und auszutauschen.

Forumsbeitrag kommentieren

Eine kleine Aufgabe zum Eingewöhnen:
Besuchen Sie das Seminarforum
(Klicken Sie: Institution → Ihre Gruppen → Forum).
Öffnen Sie dort den Beitrag „Herzlich Willkommen im Seminarforum".
Kommentieren Sie den Beitrag und schreiben Sie einen kurzen Gruß an die übrigen Teilnehmerinnen und Teilnehmer.
Anschließend können Sie sich noch ein wenig im Forum umschauen und schließlich diese Aufgabe als erledigt markieren.

(Netz & Heinen 2005: 19)

Die TN durchlaufen außerdem kurze, interaktive Selbstlernkurse zu unterschiedlichen Aspekten im Bereich E-Learning. Das folgende Beispiel zeigt die Aufgabenstellung für den Überblickskurs zu Beginn des Seminars:

Aufgabe

Der genaue Überblick

Damit Sie ganz genau erfahren, worum es im Seminar geht und welche Ziele auf welchem Weg erreicht werden, finden Sie einen Überblickskurs zum Seminar im Bereich „E-Learning".

Klicken Sie: E-Learning → Anmeldung → Eintragen: Digitale Medien im FSU → anmelden.

Danach ist diese Einführung über die Auswahl „Ihre Kurse" erreichbar. Lesen Sie die Informationen aufmerksam, das erleichtert Ihnen die Arbeit im Seminar.

Wenn Sie sich so den genauen Überblick verschafft haben, markieren Sie diese Aufgabe als erledigt.

(Netz & Heinen 2005: 28)

Die kognitiven Anforderungen in dieser ersten Onlinephase sind vergleichsweise gering, und die Bearbeitungszeit der Aufgaben ist kurz. Die TN können zudem jede erledigte Aufgabe markieren und haben damit die Kontrolle über ihren Arbeitsfortschritt. Die diesem Beitrag zugrunde liegende Erfahrung[6] zeigt, dass die TN, durch die ‚häppchenweise' und zeitnahe Bearbeitung der Aufgaben, die in den Fokus genommenen Kompetenzen ohne übermäßige Anstrengungen erwerben, wie eine Studentin in ihrem Lerntagebuch notierte.

(...) andererseits war der Lernprozess aber gar nicht so „schleichend", wie ich es erwartet hatte. Bei mir kam plötzlich ganz viel auf einmal, und ich habe innerhalb kürzester Zeit gelernt, wie man Mindmaps, Crosswords, Powerpointpräsentationen und Websites erstellt (Studentin A, LG 5).

Was die meisten TN im Blick auf den weiteren Verlauf des Seminars geahnt haben, drückt Student K in seinem Lerntagebuch aus:

Das war nicht weiter schwer, wenn's so weitergeht, ist das alles locker zu schaffen, aber ich hab die Befürchtung, das DICKE ENDE kommt zum Schluss (Student K, LG 3).

---

[6] Diesem Beitrag liegen persönliche Erfahrungen als Tutorin in zwei virtuellen Seminaren zugrunde. Im Wintersemester 2004/2005 habe ich mit einem Kollegen die Studierenden der Universität Kiel (Gesamtgruppe Kiel, Bremen, Münster) betreut und im Sommersemester 2005 die TN der Universität Osnabrück (Gesamtgruppe Münster, Osnabrück, Kiel).

4.2. ...zu komplexen, offenen Aufgaben in den virtuellen Lerngruppen ...

In virtuellen Seminargruppen soll das in Einzelarbeit erworbene Wissen bei der Erstellung eines gemeinsamen Projekts angewandt werden, wobei im Arbeitsprozess außer inhaltlichen (implizit) auch kooperative Fähigkeiten und Fertigkeiten gefördert werden (vgl. 2.2.). Dabei hängt es wiederum von der Aufgabenstellung ab, wie ‚hoch' die Qualität der Kooperation in der virtuellen Seminargruppe, d. h. wie intensiv die notwendige Koordination zwischen den Lernenden ist.

> Als Kooperation „hoher Qualität" gilt der Prozess, in dem die Lernenden sich über das einfache Aufteilen, individuelle Bearbeiten und additive Zusammentragen (…) hinaus um eine gemeinsame, koordinierte Lösung bemühen, die das Wissen und die Sichtweisen aller Beteiligten integriert (Nistor 2005: 90).

Hierfür werden Aufgaben empfohlen, bei denen die Teammitglieder jeweils über eigene „ausschließlich individuell zugängliche Ressourcen (…) verfügen, die koordiniert werden müssen" (Nistor 2005: 90). Außerdem sollte die Aufgabenstellung so komplex sein, „dass sie nicht durch eine Einzelarbeit in derselben Zeit erledigt werden kann, d. h. die Mitarbeit aller Gruppenmitglieder gefragt ist" (Bremer 2005: 179).

Diese intensive Koordination zwischen den TN wird in der Gruppenarbeitsphase des virtuellen Seminars „Digitale Medien im FSU" durch eine einzige ‚offene' Aufgabe erzeugt: Die Teilnehmerinnen und Teilnehmer sollen, in einer institutionsübergreifenden virtuellen Lerngruppe, gemeinsam und selbst gesteuert eine internetbasierte Unterrichtseinheit erstellen. Hierzu müssen sie in der Gruppe Ideen sammeln, ein Thema finden, Vorschläge zur didaktisch-methodischen Umsetzung diskutieren, die erforderlichen Arbeitsschritte festlegen und die anstehenden Aufgaben untereinander aufteilen. Die TN müssen entscheiden, wer welche Funktionen in der Gruppe übernimmt (Gruppenverwalter, Gruppensprecher oder Timekeeper), und darauf achten, dass die Arbeitsteilung funktioniert, denn die Fertigstellung des Endprodukts ist abhängig von der Arbeit jedes einzelnen TN („Ressourceninterdependenz", Nistor 2005: 90).

Im Gegensatz zum kleinschrittigen, fremdgesteuerten Vorgehen in der Einzelarbeitsphase sind sich die TN in der virtuellen Lerngruppe selbst überlassen. Die Tutoren stellen in dieser Phase keine Aufgaben ein, sondern bieten Hilfestellung an und fungieren als Motivatoren (siehe Abschnitt 3.1.).

Die folgenden Zitate aus Lerntagebüchern zeigen, dass diese Phase der selbst gesteuerten Gruppenarbeit vielfach zu Unsicherheiten und Unzufriedenheit, insbesondere in Bezug auf die Teamarbeit geführt hat.

> Es wird immer mehr...!!! Nachdem es in den ersten paar Wochen so langsam losging, stürzt jetzt so langsam alles über einen herein. Die Lerngruppe hat viele Ideen, aber die alle umzusetzen, wird ne Heiden-Arbeit (Student E, LG 1).

Letzte Woche bestand meine Aufgabe als Timekeeper ja darin, unsere Termine einzutragen und diese Woche musste ich M. doch darin erinnern, dass er seine Artikel zusammenfasst und die Zusammenfassung in der Ablage hinterlegt. Dabei ist es gar nicht so einfach, nette Formulierungen zu finden, denn man will ja nicht einfach: „Artikel zusammenfassen. Bis übermorgen. Jetzt aber zack zack!" schreiben und sich unbeliebt machen. Ich glaube, aber, dass mir das ganz gut gelungen ist, zumindest klang seine Antwort kein bisschen bös (Studentin S, LG 9).

Nachdem ich in dieser Woche einen ganzen Durchhänger hatte, und kurz davor war dieses Seminar sausen zu lassen, hab ich mich heute im Chat wieder gefangen. (...) Jeder hat konkrete Aufgaben und alles ist viel klarer und nicht mehr so schwammig ungewiss (Student K, LG 3).

Ich bin mal gerade ziemlich demotiviert, weil uns die Zeit davon läuft und die Planung nicht mehr so gut läuft. Toll: Jetzt soll ich das machen was ich will und ich weiß nicht, was die anderen wollen und ich soll weiter machen, aber es ist noch nicht wirklich etwas gemacht, na super!!! (Studentin K, LG 1)

Die Tatsache, dass am Ende der Gruppenarbeit trotz schwieriger Phasen dennoch fertige Produkte entstanden sind, hat die meisten TN davon überzeugt, dass die selbstverantwortliche Arbeit im kooperativen Team erfolgreich war (vgl. 8).

(...) nachdem ich zu Beginn sehr motiviert war und davon überzeugt war, dass ich das mit dem autonomen Lernen hinbekomme, bin ich durch persönliche Gründe ins Stolpern geraten und es war schwer mich dann wieder zu fangen und alles aufzuholen. Mein Zeitmanagement ist ins Wanken geraten und ich habe zwischendurch schon mal ans Aufgeben gedacht. Ich bin aber sehr froh, dass ich durchgehalten habe (Studentin A, LG 5).

4.3. ... und (Selbst-)Reflexion und Feedback.

In dieser letzten Phase des virtuellen Seminars, nach der Präsentation der Lerngruppenergebnisse, stellen die Tutoren erstmals wieder Aufgaben ein. Diese sind, wie in der ersten Onlinephase, vergleichsweise kleinschrittig und zielen auf die systematische Reflexion der in Einzel- und Gruppenarbeit gemachten Erfahrungen sowie auf die qualifizierte Evaluation von Leistungen der anderen TN.[7]
Zum einen haben die TN die Aufgabe, regelmäßig ein Lerntagebuch zu führen, in dem sie Lernziele, Leitfragen für ihre Arbeit, Probleme und Lösungsmöglichkeiten, ihren Lernprozess, Lernerfolg und die Erfahrungen mit der Gruppenarbeit dokumentieren und reflektieren. Darüber hinaus sollen sie in den Feedbackrunden in den Gruppenforen und im Seminarforum die Ergebnisse anderer TN reflektieren und evaluieren.

---

[7] Diese Aufgaben sind integraler Bestandteil des virtuellen Seminars „Digitale Medien im FSU" und gehen als Teilleistungen in die Zertifikatsnote ein.

Da es in Online-Seminaren darauf ankommt, für komplexe Inhalte ein entsprechend informatives und elaboriertes Feedback zu geben und „bei negativem
Feedback mit sehr viel Fingerspitzengefühl" vorzugehen (Nistor 2005: 98), sollen sich die TN bei ihren Evaluationen an den im Forum bereitgestellten Feed-
backregeln orientieren. Außerdem wird sowohl den TN als auch den Tutoren vor
Ende des Seminars ausreichend Zeit (2-3 Wochen) für die Durchsicht der Ergebnisse und für die Formulierung von Feedback zugestanden.

5. Das virtuelle Seminar UniMOK[8]

Abgesehen von geringfügigen Änderungen, folgte die Umsetzung des Seminars
der Universitätsgruppen Münster, Osnabrück und Kiel (UniMOK) im Sommersemester 2005 den konzeptionellen Vorgaben von *Lehrer-Online* (Netz & Heinen 2004, 2005).

UniMOK wurde mit Hilfe der üblichen Ankündigungen in den Vorlesungs-
verzeichnissen und mit speziell angefertigten Plakaten beworben. Von den insgesamt 50 angemeldeten Studierenden der Lehrämter für Englisch, Französisch
und Spanisch haben 24 das Seminar mit Erfolg abgeschlossen. (Die Mehrzahl
der *Drop-Outs* hat das Seminar innerhalb der ersten Woche verlassen[9]).

6. Auswertung der Feedback-Fragebögen

Zum Abschluss von UniMOK wurden die Studierenden gebeten, das virtuelle
Seminar mit dem von *Lehrer-Online* konzipierten und ausgewerteten Online-
Fragebogen anonym zu bewerten[10]. Die Fragebogen-Items bezogen sich u. a. auf
grundsätzliche Einstellungen zum virtuellen Seminar, auf die Arbeit in den
Lerngruppen und den Ortsdoppeln, auf den Nutzen des Lerntagebuchs und auf
den zeitlichen Aufwand sowie die technische Ausstattung der Onlineplattform.

Von den insgesamt 24 Studierenden, die das virtuelle Seminar erfolgreich ab-
schlossen, füllten 19 den Fragebogen aus. Der weitaus größte Teil (63%) stimm-
te der Aussage „voll zu", dass „das Arbeiten in einer virtuellen Lernumgebung
(…) eine gute Erfahrung" war, und würde anderen Studierenden „die Teilnahme

---

[8] Der Vorschlag ‚UniMOK' (von: Unis **M**ünster, **O**snabrück und **K**iel) ging als Sieger aus
dem in diesem Seminar durchgeführten Preisausschreiben zur Namensgebung hervor.
[9] Leider war es in den meisten Fällen nicht möglich, die Gründe für den Abbruch des Seminars festzustellen.
[10] Der Fragebogen bestand aus 23 Items, zu denen die TN mittels einer Bewertungsskala Stellung nehmen konnten (Likertskalierung), sowie drei offenen Fragen. Durch die Vergabe einer
Transaktionsnummer wurde sichergestellt, dass nur ein Fragebogen pro Person ausgefüllt
werden konnte.

an einem virtuellen Seminar empfehlen" (79 %). Während lediglich eine Person der Meinung war, ihre/seine anfänglichen Erwartungen an das virtuelle Seminar habe sich „überwiegend nicht erfüllt", gab die Mehrheit der Studierenden an, ihre Erwartungen hätten sich „größtenteils erfüllt" (32%) bzw. „genau erfüllt" (32%). Drei Personen gaben an, ihre Erwartungen wären „übertroffen" worden.

Die Arbeit in den hochschulübergreifenden Lerngruppen wurde äußerst positiv bewertet. So beurteilten die Studierenden das aus der Arbeit in der Lerngruppe erworbene methodische Wissen als „sehr nützlich" (58%) bzw. „nützlich" (42%) für den zukünftigen Lehrerberuf. Weiterhin wurde die Aufgabenstellung für die Lerngruppen von der Mehrzahl der Befragten als „sehr nützlich" (26%) bzw. „nützlich" (58%) bewertet. Ein entsprechendes Ergebnis zeigte sich bzgl. der Aufbereitung des E-Learning-Materials. 63% der Studierenden beurteilte es als „nützlich" und 21% sogar als „sehr nützlich".

Auch die Ortsdoppel-Arbeit wurde von den meisten Studierenden im Hinblick auf den späteren Beruf (89%), die Aufgabenstellung (68%) und die Aufbereitung des E-Learning-Materials (84%) als „nützlich" bzw. „sehr nützlich" beurteilt.

Die Mehrzahl der Studierenden gab an, deutlich mehr Zeit für die Arbeit im virtuellen Seminar aufgebracht zu haben als vorher erwartet. Neun Personen (47%) haben durchschnittlich zwei bis vier Stunden, acht Personen sogar vier bis sechs Stunden pro Woche für das Seminar gearbeitet. Die Ausstattung der Plattform wurde von der Mehrzahl der Studierenden (95%) gelobt, lediglich der Chat war nach Meinung von sechs Studierenden „weniger gut geeignet".

Das Lerntagebuch, das der Dokumentation und Reflexion der Arbeit im virtuellen Seminar diente, wurde von sieben der 19 Studierenden (37%) als für die konkrete Arbeit im Seminar „weniger sinnvoll" und von drei Befragten sogar als „nicht sinnvoll" (16%) erachtetet. Demgegenüber beurteilten 63% der Studierenden den Einsatz eines Lerntagebuchs im schulischen Fremdsprachenunterricht als „sinnvoll".

7. Fazit[11]

In dem von *Lehrer-Online* konzipierten und von den Universitäten Münster, Osnabrück und Kiel im Sommersemester 2005 umgesetzten Online-Seminar „Digitale Medien im FSU" konnten angehende Sprachenlehrerinnen und -lehrer (und ihre Tutoren) neben den Einsatzmöglichkeiten digitaler Medien im Unterricht auch die Herausforderungen selbst gesteuerter Arbeit in virtuellen Lerngruppen erleben. Und da die Studierenden ihre Erfahrungen im virtuellen Raum selbst

---

[11] An dieser Stelle sei Gaby Netz und Richard Heinen von *Lehrer-Online* herzlich für die Ausrichtung des virtuellen Seminars und für die geduldige Betreuung der Tutorin gedankt.

am allerbesten beschreiben können, bilden einige Zitate aus ihren Lerntagebüchern das (unkommentierte) Schlusswort:

> Abschluss ..... hmmm, eigentlich bin ich ein klein wenig melancholisch, dass das Seminar nun fast beendet ist, denn trotz der Hürden hatte ich doch mehr Kontakt zu meinen Teammitgliedern als in irgendeinem anderen Seminar (Studentin J aus LG 8).

> Ich würde jedem empfehlen, bei diesem Seminar einmal mitzumachen! – Das habe ich schon an so einige Personen weitergegeben. UND DAS MEINE ICH AUCH SO!!!

> Es war auf vielen Ebenen eine tolle Erfahrung. Natürlich gab es, genau wie im sonstigen Leben, viele Höhen und Tiefen.

> Problematisch war die Entscheidung für die Teilnahme am Seminar, die Ortsdoppel- und Lerngruppenfindung, technische Probleme ohne Ende, Schwierigkeiten bei einer fast endlosen Themenfindung, ...

> Spaß gemacht hat die Zusammenarbeit mit der Lerngruppe, das Ausprobieren völlig unbekannter Medien, die eigene Zeiteinteilung,... (Studentin C, LG 4).

> Ich denke, dass ich später im Beruf auf jeden Fall die ‚neuen Medien' einsetzen werde, da die Schüler dabei kreativ sein können und gleichzeitig inhaltlich aber auch medial lernen und zusätzlich kommt noch der Effekt hinzu, dass das Lernen auf diese Art und Weise eher ‚spielerisch' aufgefasst wird, daher dann (hoffentlich) weniger anstrengend, schwer oder nervig, sondern eher als innovativ und interessant aufgefasst wird, und dass es Spaß macht (Studentin J, LG 8).

> Die Krönung wäre gewesen, wenn ein aktives Mitglied von Lehrer-Online, sprich ein Lehrer, der die UE auch anwendet und/oder gestaltet, vor Ort gewesen wäre und von seinen Erfahrungen berichtet hätte (Studentin S, LG 8).

Literaturverzeichnis

Bach, Gerhard & Timm, Johannes-Peter (2003³). „Handlungsorientierung als Ziel und Methode." In: Gerhard Bach & Johannes-Peter Timm (Hrsg.), *Englischunterricht*. Tübingen: Francke, 1-21.

Baumgartner, Peter; Häfele, Hartmut & Maier-Häfele, Kornelia (2002). *E-Learning Praxishandbuch. Auswahl von Lernplattformen. Marktübersicht Funktionen Fachbegriffe*. Innsbruck: Studienverlag.

Bremer, Claudia (2005). „Handlungsorientiertes Lernen mit Neuen Medien." In: Lehmann & Bloh (Hrsg.), 175-197.

Bickel-Sandkötter, Susanne (2003). „Didaktische und methodische Aspekte des Einsatzes digitaler Medien." In: Susanne Bickel-Sandkötter (Hrsg.), *Computer, Internet & Co. im Biologieunterricht*. Berlin: Cornelsen, 15-17.

Blell, Gabriele; Hellwig, Karl-Heinz & Kupetz, Rita (Hrsg.) (2005). *Fremdsprachenlernen zwischen Medienverwahrlosung und Medienkompetenz*. Frankfurt/Main: Lang.

Dudeney, Gavin & Hockly, Nicky (2007). *How to Teach English with Technology*. Harlow: Pearson Education.

Feldner, Karin (2001). "WebQuest: Harper Lees 'To Kill a Mockingbird'." *Der Fremdsprachliche Unterricht Englisch*, 35 (6), 40-45.

Hallet, Wolfgang (2005). „Erprobung einer Lern- und Kommunikationsplattform im schulischen Englischunterricht." In: Blell, Hellwig & Kupetz (Hrsg.), 105-118.

Hegelheimer, Volker & Knierim, Markus (2006). „Das World Wide Web im Fremdsprachenunterricht." In: Jung (Hrsg.), 293-298.

Jung, Udo O. H. (Hrsg.) (2006). *Praktische Handreichung für Fremdsprachenlehrer*. Frankfurt/Main: Lang

Kohn, Kurt (2006). „Blended Language Learning: Potential und Herausforderung." In: Jung (Hrsg.), 286-292.

Kohn, Martin (2003). *Leitfaden Moderne Medien. PC-Einsatz im Englischunterricht*. Braunschweig: Schroedel.

Legutke, Michael K. (2003³). „Handlungsraum Klassenzimmer *and beyond*." In: Johannes-Peter Timm (Hrsg.), *Englisch lernen und lehren. Didaktik des Englischunterrichts*. Berlin: Cornelsen, 93-109.

Lehmann, Burkhard & Bloh, Egon (Hrsg.) (2005). *Online-Pädagogik. Band 2. Methodik und Content-Management*. Baltmannweiler: Schneider Verlag Hohengehren.

Massler, Ute & Grau, Maike (2005). „Reflektiertes Erfahrungslernen in der Fremdsprachenlehrerausbildung: Computervermitteltes adressaten- und prozessorientiertes Schreiben." In: Burkhard Lehmann & Egon Bloh (Hrsg.), *Online-Pädagogik. Band 3. Referenzmodelle und Praxisbeispiele*. Baltmannweiler: Schneider Verlag Hohengehren, 210-219.

Moser, Heinz (2005). „Webquests als didaktisches Modell für den Unterricht." In: Lehmann & Bloh (Hrsg.), 146-156.

Müller-Hartmann, Andreas (2001). „Literatur im virtuellen Dreieck – ein interkulturelles Begegnungsprojekt." *Der Fremdsprachliche Unterricht Englisch,* 35 (1), 35-40.

Müller-Hartmann, Andreas & Legutke, Michael K. (2001). „Lernwelt Klassenzimmer Internet." *Der Fremdsprachliche Unterricht Englisch,* 35 (1), 4-9.

Müller-Hartmann, Andreas & Richter, Annette (2001). „From Classroom Learners to World Communicators. Das Potenzial der Telekommunikation für den Fremdsprachenunterricht." *Der Fremdsprachliche Unterricht Englisch,* 35 (6), 4-11.

Netz, Gabi & Heinen, Richard (2004). *Das Virtuelle Seminar „Medien im FSU" Konzeption Dokumentation, Handbuch.* Schulen ans Netz e.V.: Lehrer-Online. Online: http://www.lehrer-online.de/dyn/bin/426966-426977-1-doku-digitale-medien.pdf (zuletzt eingesehen 7. Juli 2007).

Netz, Gabi & Heinen, Richard (2005). *Das Virtuelle Seminar „Digitale Medien im FSU" Handbuch.* Schulen ans Netz e.V.: Lehrer-Online.

Nistor, Nicolae (2005). „Kleingruppenarbeit in virtuellen Seminaren: Didaktische Anforderungen und Gestaltungsmöglichkeiten." In: Lehmann & Bloh (Hrsg.), 86-103.

Schlieger, Helmut (2001). „Fächerübergreifendes Unterrichtsprojekt *Inuit Culture.*" *Der Fremdsprachliche Unterricht Englisch,* 35 (6), 16-21.

Schmidt, Torben (2005). „Selbst gesteuertes Lernen mit Neuen Medien im Fremdsprachenunterricht: Eine Bestandsaufnahme." *Zeitschrift für Interkulturellen Fremdsprachenunterricht,* 10 (1), 27 pp. Online: http://zif.spz.tu-darm stadt.de/jg-10-1/beitrag/TorbenSchmidt.htm (zuletzt eingesehen 7. Juli 2007).

Schocker-v. Ditfurth, Marita (2001a). "Reviving Native American Culture in a German EFL Classroom." Ein handlungsorientiertes Internet-Rechercheprojekt. *Der Fremdsprachliche Unterricht Englisch,* 35 (1), 23-29.

Schocker-v. Ditfurth, Marita (2001b). *Forschendes Lernen in der fremdsprachlichen Lehrerbildung.* Tübingen: Narr.

Wolff, Dieter (2005). „Lehren und Lernen im Internet: Untersuchungen zu einer web-basierten Lernplattform." In: Blell, Hellwig & Kupetz (Hrsg.), 87-103.

KARIN VOGT (KARLSRUHE)

Interaction Journals als ethnografische und introspektive Instrumente in E-mail Projekten

Obwohl Telekollaborationsprojekte wie E-mail Projekte bereits vielerorts im Lehrplan verankert sind und viele Aspekte dieser Projekte bereits beforscht wurden, ist die Perspektive der Lernenden selbst weniger berücksichtigt worden. Das *Interaction Journal* als introspektives Instrument soll eben diese Perspektive beleuchten. Der Beitrag geht auf der Basis von *Interaction Journals* aus drei E-mail Projekten der Frage nach, wie interkulturelle Lernprozesse aus der Sicht der Lernenden nachgezeichnet werden können. Außerdem wird das Potenzial von *Interaction Journals* diskutiert, um den Lernenden Hilfestellungen zur Reflexion interkultureller Erfahrungen zu geben. Die Ergebnisse machen deutlich, dass *Interaction Journals* multifunktional sind und u.a. als Lernwerkzeug und als Lehrhilfe eingesetzt werden können. Darüber hinaus bieten sie einen geschützten Raum für individuelle Reflexionen ohne direkte (negative) Auswirkungen auf die interkulturelle Kommunikation.

1. E-mail Projekte als telekollaborative Aufgaben

E-mail Projekte sind fest in der Landschaft des Fremdsprachenunterrichts verankert – ein Indiz dafür ist, wenn sie in Lehrplänen erwähnt werden (exemplarisch Ministerium für Kultus, Jugend und Sport 2004: 76; Ministerium für Schule, Jugend und Kinder 2004: 30). E-mail Projekte stellen eine Form der Telekollaboration dar. Telekollaboration wird von Ware (2005: 64) definiert als „a form of network-based language teaching that links students using Internet-mediated communication tools." In Anlehnung an Donath (1997, 2003) lassen sich folgende Charakteristika von E-mail Projekten darstellen. Es handelt sich um medial vermittelte asynchrone Kommunikation über das Medium E-mail mit ungefähr Gleichaltrigen. Die Kommunikation ist themenzentriert und unterscheidet sich dadurch von einer privaten Brieffreundschaft. Die Projektorientierung in einem E-mail Projekt impliziert selbstorganisierte, aufgabenbasierte Arbeitsformen, die ein Produkt am Ende entstehen lassen, z.b. eine gemeinsam erstellte Webseite, eine internationale Schülerzeitung oder eine Ausstellung zum Tag der Offenen Tür in der Schule. In einem Telekollaborationsprojekt können mehrere Lernzielebenen verfolgt werden (s. auch Ware 2005). Neben dem sprachlichen Lernen insbesondere im Bereich der schriftlichen Interaktion spielen interkulturelle Lernprozesse meist eine wichtige Rolle. Ein weiteres Lernziel kann in der Entwicklung von *critical literacy skills* liegen, wenn es z.B. bei der gemeinsamen Besprechung von literarischen Texten um die Bedeutungsaushandlung während des Leseprozesses geht.

Telekollaborative Projekte sind bereits gut beforscht (z.B. Müller-Hartmann 2000, Vogt 2001, Fürstenberg et al. 2001, O'Dowd 2000, O'Dowd 2003,

O'Dowd 2006, Ware 2005, Belz 2003, Belz & Müller-Hartmann 2003). Bei der Datengewinnung wird meist ein qualitativ-explorativer Ansatz verfolgt, häufig mit Triangulation der Daten. Diese Daten erlauben jedoch häufig keinen Einblick in die Gedanken und Sichtweisen der Teilnehmer an Telekollaborations- bzw. E-mail Projekten. Insbesondere im Hinblick auf interkulturelle Lernprozesse, die während eines E-mail Projektes (nicht) angestoßen werden, stellen sich zwei Fragen. Wie kann man eine Entwicklung von interkultureller kommunikativer Kompetenz aus der Perspektive der Lernenden nachzeichnen? Und wie können Lehrkräfte den Lernenden helfen, interkulturelle Erfahrungen zu reflektieren?

2. *Interaction Journals* als ethnografische und introspektive Instrumente in E-mail Projekten: Untersuchungsdesign und Datenanalyse

Um diesen Fragen nachzugehen, wurden Daten aus drei E-mail Projekten, in denen *Interaction Journals* als introspektive Instrumente eingesetzt wurden, untersucht. *Interaction Journals* versetzen die Lernenden in die Lage, einen internen Dialog zwischen verschiedenen Dimensionen der interkulturellen Erfahrung in Gang zu setzen, d.h. im Fall von E-mail Projekten sowohl eine im ethnografischen Sinne explorative Erkundung verschiedener Kulturen als auch eine introspektive Erfahrung zu machen.

Ethnografisches Lernen wird von Corbett (2003: 34) im Zusammenhang mit Fremdsprachenlernen definiert als „systematic observation and description of how a community behaves." Im Falle eines E-mail Projektes müssen zwar mehrere Einschränkungen beachtet werden, denn erstens handelt es sich um einen medial vermittelten, überwiegend textbasierten Kontakt mit all seinen Restriktionen, und zweitens besteht der Kontakt zu Einzelpersonen, was Verallgemeinerungen ggf. erschwert.

Die introspektive Erfahrung beinhaltet das Infragestellen der eigenen Kultur(en), was wiederum die aktuelle Kommunikationssituation beeinflusst. Holly (1997) grenzt *journals* zu *logs* und *diaries* ab und definiert *journals* als persönliche Dokumente, die faktische Informationen enthalten sowie subjektive Aspekte, die typisch sind für das Tagebuch. Somit können laut Holly subjektive und objektive Aspekte in einen Dialog miteinander treten. Die Lernenden in den E-mail Projekten wurden gebeten, einen Eintrag zu verfassen, wenn sie eine E-mail von ihrem Partner erhalten hatten, und ihn in eine Zusammenfassung der Informationen aus der Nachricht zu unterteilen und in einen Teil, in dem sie Kommentare, Gedanken und Gefühle festhalten konnten.

Das *Interaction Journal* wurde in drei E-mail Projekten verwendet, zwei davon in der Sekundarstufe II an einer berufsbildenden Schule (Wirtschaftsgymnasium und Höhere Berufsfachschule / Fremdsprachenassistenten, n=46) im Austausch mit zwei Gruppen von Studierenden der Kommunikationswissenschaft an einer Universität im Mittleren Westen der USA (n=57). Das dritte E-mail Projekt wurde im Rahmen eines Hauptseminars an der Pädagogischen Hochschule Heidelberg (n= 22) mit Studierenden der Kommunikationswissenschaft in einem virtuellen Kurs an einer staatlichen Universität im Mittleren Westen der USA (n=24) durchgeführt. Das *Interaction Journal* wurde für die Dauer des Austausches, ca. drei Monate im Falle der Schüler und zwei Monate bei den Studierenden, von den Teilnehmern angefertigt. Die *Interaction Journals* stellen nur einen Teil der Datenbasis dar, die E-mails, *Follow-up* Interviews, Befragungen, Unterrichtsaufzeichnungen und *Analysis papers* als introspektive Instrumente von der US-amerikanischen Seite umfasst.

Die Analyse der Daten erfolgte in Anlehnung an die qualitative Inhaltsanalyse von Mayring (1999). Dabei wurde das Material zunächst wegen der großen Datenmenge zusammengefasst und eine Auswahl von relevanten Passagen wurde vorgenommen. Im zweiten Schritt wurden zweideutige oder unklare Passagen in den Daten geklärt durch das Hinzuziehen weiterer Daten, beispielsweise durch die *Follow-up* Interviews. Im dritten Schritt wurde das Material analysiert und strukturiert im Hinblick auf die folgenden Forschungsfragen:

1. Wie können *Interaction Journals* Lehrkräften helfen, interkulturelle Lernprozesse nachzuzeichnen und zu beschreiben?

2. In welchem Ausmaß sind *Interaction Journals* geeignet als Lehr- oder Lerninstrument?

Die Ergebnisse werden im Folgenden getrennt nach Schülern und Studierenden dargestellt, wobei die Ergebnisse der E-mail Projekte mit Schülern nur kurz zusammengefasst werden. Sie sind an anderer Stelle im Detail ausgeführt (Vogt 2006). Alle Teilnehmenden wurden um ihre Erlaubnis zur Nutzung und Veröffentlichung der Daten aus dem Projekt gebeten; alle Namen sind geändert.

3. Ergebnisse der E-mail Projekte mit Schülern: Zusammenfassung

Byram (1997) erwähnt als wichtige Komponente von interkultureller kommunikativer Kompetenz eine offene, neugierige Haltung gegenüber Anderen. Die persönlichen Informationen, die die Lernenden auf einer individualisierten Basis erhalten, können das Interesse der Partnerin an einem Aspekt der Kultur(en) entfachen, wie in den Daten wiederholt deutlich wurde. Der Eintrag im *Interaction Journal* hilft der Lehrkraft, Beispiele von Offenheit und Neugier zu finden, abgesehen von dem mit ethnografischen Methoden gewonnenen Wissen. Auch die Relativierung der eigenen Sichtweise, von Byram (1997) „*ability to decentre*" genannt, die mit dem Betrachten des eigenen kulturellen Referenzrahmens als eine Option von vielen einhergeht, ist in den Daten zu finden. Das *Interaction Journal* gibt der Lehrkraft so Hinweise auf die Entwicklung von interkultureller

Kompetenz und gibt für die Evaluation des Projektes und der Schüler Hilfestellung.

In den Daten tauchten zahlreiche Fälle auf, bei denen Lernende eine Information in ihrem *Interaction Journal* kommentiert oder hinterfragt, aber in ihrer Interaktion mit der Partnerin nicht weiter aufgriffen. Das *Interaction Journal* kann so als Lehrhilfe fungieren, indem die Lehrkraft solche Aspekte aufgreift, um interkulturelle Lernprozesse im lokalen Rahmen anzustoßen.

In der Funktion eines Lernwerkzeugs erlauben *Interaction Journals* den Lernenden, als prozessorientiertes Instrument zu verschiedenen Zeitpunkten der Interaktion die Qualität des Dialogs und den Erfolg der interkulturellen Kommunikationssituation zu beurteilen. Einträge zeugen von den Versuchen der Lernenden, in den E-mails Hinweise z.b. auf das Interesse der Partnerin am Austausch zu eruieren und im geschützten Raum des *Interaction Journals* zu diskutieren. Auch in die Planung und Konstruktion von Kommunikationsprozessen geben die Einträge einen Einblick.

4. *Interaction Journals* in der Erstausbildung von Lehrkräften

4.1. Telekollaboration in der Lehrerbildung

Fremdsprachenlehrkräfte müssen interkulturelle Kompetenzen im Fremdsprachenunterricht vermitteln (KMK 2003, KMK 2004). Dafür müssen sie selbst *intercultural speakers* im Sinne von Byram (1997) sein. An den Pädagogischen Hochschulen Heidelberg und Karlsruhe wurde zu diesem Zweck eine Seminarform in der Fremdsprachenlehrerausbildung erprobt, die die Studierenden dazu befähigen sollte, ein telekollaboratives Projekt durchzuführen, das gleichzeitig eine komplexe Lernumgebung involviert. Die Lernumgebung sollte zudem interkulturelle Kommunikationsprozesse und ggf. interkulturelle Lernprozesse bei den Studierenden anstoßen und fördern. Basierend auf den Prinzipien des reflektierten Lernens, das die eigenen Erfahrungen der Studierenden in eine komplexe Lernumgebung mit einbezieht (dazu auch Legutke 2003), integrierte das Seminar ein E-mail Projekt mit Studierenden in den USA bzw. in Japan. Nach der Erarbeitung und Diskussion von theoretischen Wissensbeständen zu den Bereichen Kultur(en) und Kommunikation tauschten sich die Studierenden per E-mail und mittels der E-learning Plattform Blackboard mit *Peers* aus über von ihnen gewählte Themen, aber auch über gemeinsam gelesene Artikel wie z.B. PEW Reports über die Rolle von Religion in unterschiedlichen Ländern der Welt (PEW Report 2002). Reflexionsphasen wurden immer wieder eingeschoben, um die interkulturellen Erfahrungen im Plenum aufzuarbeiten. Im Anschluss an den ca. achtwöchigen Austausch planten die Studierenden auf der Basis ihrer reflektierten Erfahrungen E-mail Projekte für ihr zukünftiges Berufsfeld (eine ausführlichere Beschreibung findet sich in Vogt 2005).

Während des Austausches wurde von den Studierenden ein *Interaction Journal* mit der gleichen Struktur wie mit den Schülern angefertigt. Für den vorliegenden Beitrag wurden allerdings nur die Daten aus dem Heidelberger Austausch mit Studierenden der Kommunikationswissenschaften in den USA berücksichtigt. Die Daten wurden in Anlehnung an Mayring (1999) in Bezug auf die oben genannten Fragen analysiert.

4.2. Ergebnisse der Datenanalyse

4.2.1. Nachzeichnen von interkulturellen Lernprozessen

Insgesamt ist zu beobachten, dass erwartungsgemäß das Reflexionsniveau der Studierenden im Allgemeinen höher ist als bei den Schülern, was sicherlich auf das größere Weltwissen und die kognitive Reife verbunden mit mehr Lebenserfahrung zurückzuführen ist. Bei dem Versuch, in den *Interaction Journals* interkulturelle Lernprozesse nachzuzeichnen, ergeben sich jedoch auch Parallelen. Die Konfrontation mit Perspektiven anderer auf die Aspekte der eigenkulturellen Umgebung beispielsweise löste bei Angehörigen beider Lerngruppen erstaunte Reaktionen aus, wie das Beispiel der Studierenden zeigt, die mit ihrer Partnerin deren Wahrnehmung in Bezug auf den Technologiestandard in Europa diskutiert:

> (…) Once we had the discussion in class how Americans regard Europeans. K. confirmed that Americans really think they would be more advanced in technologies for example. I always thought Americans think of Europeans to have the same standards, therefore it was interesting.

Verstehen im Sinne eines Einnehmens der Perspektive anderer muss nicht notwendigerweise mit Einverständnis einhergehen. Das Engagement der US-amerikanischen Armee im Irak wurde in diesem Austausch wiederholt kontrovers diskutiert. Ein Heidelberger Studierender kommentiert die Reaktion seiner Partnerin auf das Thema kritisch, obwohl er sich in ihre Position versetzt, die er allerdings anschließend massiv kritisiert:

> The first e-mail from P. to discuss about [sic] was about the war in Iraq. Her opinion was that of a typical American. She wrote that she's scared of terrorism and that war is the only way to make the world better. She was also curious why other countries don't look at the war like she does. I guess to her it was strange that other people could look at the US differently. I had the feeling she truly believes every nation should appreciate the US for everything, and it was hard for her realising that people from other countries are of a different opinion.

Er versucht ihre Perspektive nachzuvollziehen, ist aber anderer Ansicht und kritisiert ihren mangelnden Perspektivwechsel deutlich.

Die Funktion des *Interaction Journals* als introspektives Instrument wird vor allem dann deutlich, wenn die Studierenden ihren eigenen Umgang mit anderen Kulturen reflektieren:

> (...) I realized that I'm sometimes ignorant when confronted with other cultures, and I noticed a lack of concern with other cultures and the people that live in them. I should have made this reflection earlier (...).

Eine Studierende iranischer Herkunft nutzt den Eintrag im *Interaction Journal*, um ihren eigenen kulturellen Referenzrahmen und mögliche Konflikte, die sich daraus ergeben, zu reflektieren:

> I experience every day that communication and culture are interconnected. My boy-friend and me speak the same language but I often feel misunderstood. My Persian cul-ture seems to be different to his, which is the African-American culture. We argue often about simple things that my family taught me when I was young, but he does not know them and therefore he acts differently than I expect him to do it [sic].

4.2.2. *Interaction Journals* als Lernwerkzeuge

Was das *Interaction Journal* als Lernwerkzeug insbesondere in Bezug auf die Beurteilung der Interaktion durch die Teilnehmer angeht, sind die Studierenden recht sensibilisiert für die Kommunikationsprozesse und insbesondere für deren Auswirkungen auf die persönliche Beziehung zwischen den Interaktanten. Die Studierende im folgenden Beispiel reflektiert die positive Auswirkung von ge-meinsamen Interessen als Grundlage für die Arbeitsbeziehung:

> I agree with K. that it is nice that we have some things in common. It makes a conversa-tion easier when you are able to talk about topics in which both are interested in. Having some interests in common can also be useful if you are having a heated conversation because it always gives you the chance to fall back on common interests in order to calm down and to create a different atmosphere.

Die besondere Art der Interaktion als medial vermittelte Kommunikation und die mangelnde Kenntnis der Partner erzeugt Unsicherheiten und Angst, ein kul-turelles Missverständnis oder in letzter Konsequenz den Zusammenbruch der Kommunikation zu provozieren. Im Verlauf der Interaktion erfragt eine Heidel-berger Studierende erstmals die Meinung ihrer Partnerin über kontroverse The-men wie die Politik George W. Bushs und Michael Moores Film „*Bowling for Columbine*", einem Film, der sich u.a. kritisch mit dem Amoklauf an der Co-lumbine High School und den US-amerikanischen Waffengesetzen befasst. Da die Antwort ihrer Partnerin aus Ohio sich verspätet, befürchtet sie, dass ihre di-rekten Fragen und ihre eigenen Gedanken zum Thema die Partnerin verärgert und zum Zusammenbruch der Kommunikation geführt haben könnten. Als die

Antwort der Partnerin erheblich verzögert aus Ohio eintrifft, reagiert sie erleichtert:

> D. wrote me again after a long time. I was afraid before getting that e-mail that she is shocked because I'm that curious and I thought perhaps it was too much for her to be asked about Bush, Bowling for Columbine etc. So that day I was very happy and thankful. The reason for not answering my e-mails was that D. was busy as usual!

Die Studierende im folgenden Beispiel zeigt eine Sensibilisierung für mögliche Erwartungen anderer an angemessenes Verhalten. Die Partnerin der Heidelberger Studierenden hat einen Soldaten zum Ehemann, der zum Zeitpunkt des Austausches im Irak stationiert war. Gleich nach der ersten E-mail hat sie unzählige Fragen an ihre Partnerin – was sie als persönlich Betroffene über den Krieg denkt und wie sie die Situation erlebt:

> I think it is very interesting that I.'s husband is serving in the war in Iraq. I already have a lot of questions:
> How does she think about the situation (the war) when even [sic] her husband is there?
> a) Does she think it is worth to risk [sic] her husband's life for the war?
> b) Is the war in her opinion a success? Does she think the US government behaves in the right way?
> Nevertheless, it is a difficult situation because I really do not want to offend her with my opinions about the war.

Sie wägt ihr brennendes Interesse an der Beantwortung ihrer Fragen ab gegen die Gefahr, mit potenziell verletzenden Kommentaren und Fragen der Partnerin zu diesem frühen Zeitpunkt des Austausches zu nahe zu treten.

Wie die Schüler nutzen auch die Studierenden die Einträge in *Interaction Journals*, um die Qualität der Interaktion zu evaluieren und die weitere Kommunikation zu planen. Dabei ergeben sich Einblicke, wie die Interaktanten die Kommunikationssituation positiv zu beeinflussen suchen, auch, indem sie Gedanken und Eindrücke nicht dem Partner mitteilen.

Ein Studierender will, ausgehend von gemeinsam gelesenen PEW-Reports (The Pew Research Center for the People and the Press 2002) u.a. über US-amerikanische Positionen zum Thema Religion, den Aspekt der Religion mit seiner Partnerin diskutieren. Sie antwortet eher vage und mit Bezug auf ihre persönliche Situation, während er weiterführende Dimensionen des Themas diskutieren möchte. In seinem Eintrag macht er seiner Enttäuschung Luft, bevor er seine folgende Mail plant, um die Interaktion nicht abbrechen zu lassen:

> This mail disappointed me somehow because I got the impression that M. was not willing to join the debate about religion. According to my opinion, it is always the easiest way to assign everything to the sovereignty of each individual person. As long as you do so it is not necessary to take a clear position and therefore it makes a debate more or less impossible. As I was willing to come into a real exchange I decided it would be best to talk about the subjects they were dealing with in their sessions. Therefore I was

glad to have her hint on the importance of language and I went for that subject. The second advantage was that it was not a personal topic and I thought it might therefore be easier to talk about it.

In diesem Fall ist bei Hinzuziehen von Daten aus E-mails und *Analysis papers,* d.h. ein reflexiver Aufsatz über die gesamte Dauer des Projektes, auch die Betrachtung der Frage interessant, ob mindestens ein Grund für die schlecht funktionierende Kommunikation divergente Erwartungen der Teilnehmer an die Interaktion darstellen. Ware (2005) kommt in ihrer Studie zu einer ähnlichen Attribuierung.

In einem weiteren Fall schlecht funktionierender Kommunikation will ein Studierender (D.) sogar die Kommunikation so beeinflussen, dass er seine Partnerin zu einer Reaktion zwingen will. Seine Partnerin in Ohio arbeitet Vollzeit neben dem virtuellen Sommerkurs, und ihre Antworten in E-mails sind recht kurz, während D. recht ausführlich schreibt und interessiert ist an einem tiefergehenden Austausch. Der Heidelberger Studierende will sie bei der im Kurs geführten Diskussion über Homosexuelle zu einer persönlichen, weniger oberflächlichen Reaktion zwingen. Er schreibt in einer recht persönlichen E-mail, dass er selbst homosexuell ist, und kommentiert:

> I'm quite interested if I get a reaction to that. I wrote this answer intentionally very personally, because I hope to get an answer that is not just in that news-style. I'm not a machine that just answers questions.

Die Reaktion der Partnerin aus Ohio besteht weiterhin aus einer allgemeinen Diskussion der Themen, so dass der Heidelberger Partner von dem gesamten Austausch eher enttäuscht ist.

4.2.3. *Interaction Journals* als geschützter Raum

Der letzte Satz im vorherigen Eintrag erfüllt gleichzeitig eine andere Funktion, die *Interaction Journals* neben der Interaktion im lokalen Seminarraum zukommt. Das *Interaction Journal* stellt einen geschützten Raum dar, in dem Lernende ohne direkte Konsequenzen für die Kommunikationssituation oder die persönliche Beziehung (zur Partnerin, aber auch zu den *Peers* in der Klasse oder im Seminar) ihre Gedanken und Gefühle direkt äußern können.

Ein Paar diskutiert im Projekt das Bild von Kulturen, das von Medien kreiert und beeinflusst wird. Die Heidelberger Studierende macht sich dazu ihre Gedanken im *Interaction Journal*, die sie aus Angst, ihren Partner vor den Kopf zu stoßen, nicht in der Kommunikationssituation äußern zu können meint:

> The negative feelings we have about other countries and cultures we get to a big part from the media and press [sic]. Books like "Not without my daughter" by Betty Mahmoody and William Hoffer helped create that image most of us have about the Muslim countries. But it cannot only create a bad image about a culture, it can also make a

country look good. It starts in the American classrooms with the movies in American
history, in which the Americans give everything to defeat the bad and cruel enemy. Or
look at the movies shown in the movie theaters today. Isn't it always the USA who res-
cue the rest of the world from a huge alien attack or a war started by a bad, most likely
cruel and uncivilised, barbaric nation ?! I didn't want to offend D. by saying all that
(...).

Anders als in einer Diskussionssituation im Seminar- oder Klassenraum, erhalten die Reflexionen der Lernenden im *Interaction Journal* durch das fehlende
Publikum eine persönliche Dimension. Die Lehrenden müssen sich nicht für ihre
Ansichten vor der Gruppe rechtfertigen. Dies kann ein Vorteil sein, weil das *Interaction Journal* den Studierenden Raum gibt für ganz eigene Überlegungen,
gleichzeitig ergibt sich die Gefahr, dass stereotype Ansichten unkommentiert
von anderen stehen bleiben und als Wahrheiten vom Interaktanten akzeptiert
werden. Dies wird im zweiten Beispiel auf S. 5 deutlich, wenn der Studierende
zwar die Position der Partnerin nachzuvollziehen versucht, sie aber stereotyp als
eine „typische" Meinung von US-Amerikanern darstellt. In diesem Fall bietet es
sich an, das *Interaction Journal* als Lehrhilfe aufzugreifen, um im lokalen Rahmen diese Diskrepanz aufzuarbeiten und interkulturelle Lernprozesse anzustoßen.

5. Fazit

Interaction Journals als introspektive und ethnografische Instrumente können
mehrere Funktionen erfüllen: Sie können helfen, interkulturelle Lernprozesse im
Laufe des Projektes nachzuzeichnen und zu beschreiben und so einen Beitrag
leisten zur Evaluation von interkulturellen Lernprozessen. Für Lernende erfüllen
sie die Funktion eines Lernwerkzeugs, weil sie die Lernenden dazu anhalten, ihre interkulturellen Erfahrungen zu strukturieren und zu reflektieren. Außerdem
geben sie Einblicke in Planungsprozesse der Lernenden, d.h. wie Teilnehmer ihre nächsten Schritte im Kommunikationsprozess planen und Einfluss auf den
Kommunikationspartner nehmen. Darüber hinaus stellen *Interaction Journals*
einen geschützten Raum dar, in dem sie „Dampf ablassen" können, ohne Rück-
sicht auf die Beziehung zum Partner nehmen zu müssen und ohne Gruppendruck
im lokalen Kontext ausgesetzt zu sein.

Als Lehrhilfe sind sie ein möglicher Ansatzpunkt für interkulturelle Lernprozesse, z.B. ausgehend von einem unerwähnt gebliebenen kulturellen Konzept
oder einem potenziellen oder realen Missverständnis im Sinne eines *critical incident*. Hier ist die Lehrkraft in der Verantwortung, Möglichkeiten und Probleme zu antizipieren und Lernprozesse zu initiieren, damit aus einer interkulturellen Erfahrung ein Zuwachs an interkultureller Kompetenz wird – auf dem Weg
zum *intercultural speaker*.

Literaturverzeichnis

Belz, Julie (2003). "Linguistic Perspectives on the Development of Intercultural Competence in Telecollaboration." *Language Learning and Technology*, 7 (2), 68-117.

Belz, Julie & Müller-Hartmann, Andreas (2003). „Teachers as Intercultural Learners: Negotiating German-American Telecollaboration along the Institutional Fault Line." *The Modern Language Journal*, 87 (1), 71-89.

Byram, Michael (1997). *Teaching and Assessing Intercultural Communicative Competence*. Clevedon: Multilingual Matters.

Corbett, John (2003). *An Intercultural Approach to English Language Teaching*. Clevedon: Multilingual Matters.

Donath, Reinhard (1997). *E-mail-Projekte im Englischunterricht*. Stuttgart: Klett.

Donath, Reinhard (2003[3]). „E-mail-Projekte: Sprachlich und kulturell kompetent kommunizieren." In: Gerhard Bach & Johannes-Peter Timm (Hrsg.), *Englischunterricht*. Tübingen: Francke, 132-148.

Fürstenberg, Gilberte; Levet, Sabine; English, Kathryn & Maillet, Katherine (2001). „Giving a Virtual Voice to the Silent Language of Culture: The Cultura Project." *Language Learning & Technology*, 5 (1), 55-102.

Holly, Mary Louise (1997[2]). *Keeping a Professional Journal*. Sydney: University of New South Wales.

Legutke, Michael K. (2003). „Forschendes und kooperatives Lernen in multimedialen Lernumgebungen. Ein Beitrag zur fremdsprachlichen Lehrerbildung." In: Michael K. Legutke & Dietmar Rösler (Hrsg.), *Fremdsprachenlernen mit digitalen Medien. Beiträge des Giessener Forschungskolloquiums.* Tübingen: Narr, 209-245.

Mayring, Philipp (1999[4]). *Einführung in die qualitative Sozialforschung*. Weinheim: Beltz.

Ministerium für Kultus, Jugend und Sport Baden-Württemberg (2004). *Bildungsplan 2004 Realschule*. Online: http://www.bildung-staerkt-menschen. de/service/downloads/Bildungsplaene/Realschule/Realschule_Bildungsplan_ Gesamt.pdf/view?searchterm=Englisch%20Realschule (zuletzt eingesehen 13. Juni 2007).

Ministerium für Schule, Jugend und Kinder des Landes Nordrhein-Westfalen (2004). *Kernlehrplan für die Realschule in Nordrhein-Westfalen – Englisch*. Frechen: Ritterbach.

Müller-Hartmann, Andreas (2000). "The Role of Tasks in Promoting Intercultural Learning in Electronic Learning Networks." *Language Learning & Technology*, 4 (2), 129-147.

O'Dowd, Robert (2000). "Videoconferencing as a Tool for Intercultural Learning. A Pilot Exchange Project." *ReCall,* 12, 49-62.

O'Dowd, Robert (2003). "Understanding the 'Other Side': Intercultural Learning in a Spanish-English E-mail Exchange." *Language Learning & Technology*, 7 (2), 118-144.

O'Dowd, Robert (2006). *Telecollaboration and the Development of Intercultural Communicative Competence*. München: Langenscheidt.

Sekretariat der Ständigen Konferenz der Kultusminister der Länder in der Bundesrepublik Deutschland (2004). *Beschlüsse der Kultusministerkonferenz. Bildungsstandards für die erste Fremdsprache (Englisch / Französisch) für den Hauptschulabschluss (Jahrgangsstufe 9)*. Online: http://www.kmk.org/schul/Bildungsstandards/Hauptschule_Erste%20Fremdsprache_BS_307KMK.pdf. (zuletzt eingesehen 13. Juni 2007).

Sekretariat der Ständigen Konferenz der Kultusminister der Länder in der Bundesrepublik Deutschland (2003). *Beschlüsse der Kultusministerkonferenz. Bildungsstandards für die erste Fremdsprache (Englisch / Französisch) für den Mittleren Bildungsabschluss*. Online: http://www.kmk.org/schul/Bildungs-standards/1.Fremdsprache_MSA_BS_04-12-2003.pdf. (zuletzt eingesehen 13. Juni 2007).

The Pew Research Center for the People and the Press (2002). *Among Wealthy Nations... U.S. Stands Alone in its Embrace of Religion*. Online: www.people-press.org (zuletzt eingesehen 13. Juni 2007).

Vogt, Karin (2001). „E-mail Projekte am Berufskolleg – Not Worth a Light?" *Fremdsprachenunterricht*, 45, 416-422.

Vogt, Karin (2005). „Telecollaboration in Foreign Language Teacher Education." In: British Council (Ed.), *Intercultural Learning – Towards a Shared Understanding in Europe*. Berlin: British Council, 84-94.

Vogt, Karin (2006). „Between the Lines: Using Interaction Journals in E-mail Projects." In: Simon Borg (Ed.), *Language Teacher Research in Europe*. Alexandria, VA: TESOL, 169-181.

Ware, Paige (2005). „'Missed' Communication in Online Communication. Tensions in a German-American Telecollaboration." *Language Learning & Technology*, 9 (2), 64-89.

ANGELA HAHN und BETTINA RAAF (MÜNCHEN)

Aufgabenorientiertes Aussprachetraining mit neuen Medien

Das Vorsprechen/Nachsprechen als alleinige Methode des Ausspracheunterrichts ist längst überholt. In unserem Beitrag stellen wir ein Unterrichtskonzept vor, das dem methodischen Verfahren der Aussprache-Analyse und -‚Erfahrbarmachung' folgt und digitale Medien in ein aufgabenorientiertes Aussprachetraining integriert. In unserem Konzept werden zukünftige Englischlehrer/innen als Tutoren für Englischlerner eines Sprachenzentrums angeleitet und eingesetzt.

1. Einleitung und Vorhaben

Durch eine Fokussierung auf den kommunikativen Englischunterricht ist die systematische Ausspracheschulung und damit auch die Sensibilisierung der Fremdsprachenlehrer/innen im Rahmen ihrer Ausbildung für Aussprache in den Hintergrund geraten. Insbesondere durch die Zunahme des Englischen in beinahe allen Lebensbereichen und die Rolle des Englischen als *global language* spielt ein zielsprachenorientiertes[1] Aussprachetraining nicht nur in punkto Verständlichkeit eine bedeutende Rolle. Die zielsprachenorientierte *accuracy* könnte helfen, die Ausbildung von Stereotypen zu vermindern und die interkulturelle Akzeptanz zu erhöhen (Jenkins 2004).[2]

Wir möchten im Folgenden neue Wege im Aussprachetraining vorstellen: das methodische Verfahren der ‚Erfahrbarmachung'[3] und eine umfassende Aufgabenorientierung in Verbindung mit neuen Medien. Grundlage unserer Darstellung ist das Aussprachetraining in einem universitären Englischkurs für Hörer aller Fakultäten, das zugleich als integraler Bestandteil im Rahmen eines neuen Lehr-/Lernkonzepts für die Lehrerausbildung fungiert. Zunächst folgt eine kurze Beschreibung des Lehr-/Lernkonzepts *mingling* – ein integratives Kursformat, bei dem ein linguistisch-didaktisches Seminar in der Anglistik und ein allgemeinsprachlicher Englischkurs für Hörer aller Fakultäten am Fremd- und Fach-

---

[1] ‚Zielsprachenorientiert' wird hier verwendet als an einer Standardvarietät des Englischen gemessen, im wesentlichen *Received Pronunciation* und *General American*.

[2] Den Verfasserinnen ist bewusst, dass dieser Punkt sehr umstritten ist. Auf eine ausführliche Diskussion der *Lingua Franca Core* – Problematik wird an dieser Stelle verzichtet und auf das *Forum – The Lingua Franca Core in TESOL Quarterly* (2005) und eine sehr kontroverse Diskussion in Dziubalska-Kolaczyk und Przedlacka (2005) verwiesen.

[3] Wir danken Manfred Pienemann, der für unser Verfahren den Begriff ‚Erfahrbarmachung' vorgeschlagen hat.

sprachen Programm, dem Sprachenzentrum der Ludwig-Maximilians-Universität München, kooperieren. Dann stellen wir unsere methodischen Verfahren der Aussprache-Analyse und ‚Erfahrbarmachung' vor und skizzieren nach einem Exkurs zur besonderen Rolle der digitalen Medien unsere Übungs- und Aufgabentypologie anhand konkreter Beispiele.

2. Das *mingling*-Konzept

„Tatsächlich: Sie sprechen nicht so nach, wie ich es vorspreche!" Dieser oder ähnliche Kommentare wurden in unseren *mingling*-Kursen des Öfteren geäußert.

Seit dem Wintersemester 2004/2005 findet unser neues Lehr-/Lernkonzept des *mingling* in der Praxis statt. Damit wird der von Vertretern der Fachdidaktiken angemahnte Praxisbezug in der Lehrerbildung erfüllt (Bausch, Christ & Krumm 2003, Jung 2006), und zwar als praktische Anwendung von theoretischem Wissen innerhalb der Universität und damit innerhalb der ersten Ausbildungsphase.

Unser Konzept baut auf der Idee des Gebens und Nehmens (*give and take*) auf. Die Teilnehmer/innen eines anglistischen Seminars als zukünftige Englischlehrende (im Folgenden als „Lehrer" bezeichnet) erhalten beim *mingling* – in der konkreten Zusammenarbeit mit Englischlernern – einen unmittelbaren Einblick in Probleme von Lernenden mit Deutsch als Muttersprache, aber auch mit einer Vielzahl von anderen Muttersprachen. Die Teilnehmer/innen der Englischkurse (im Folgenden als „Lerner" bezeichnet) profitieren durch eine sehr günstige Betreuungsquote von „Lehrern", die zudem als *peers* einen großen Bereich ihrer Erfahrungswelt mit ihnen teilen.

Den Prozess des *give and take* muss man sich wie folgt vorstellen: Die Lehrer geben den Lernern Input, und zwar zunächst einmal sprachlichen Input – hierbei spielen die digitalen Medien eine große Rolle – gepaart mit phonetisch-phonologischer Information. Die Lerner produzieren sprachlichen Output, den die Lehrer dann zur Analyse – ebenfalls in digitaler Form – vorliegen haben und als Grundlage für Ausspracheschulungen verschiedener Art nehmen. Auf der nächsten Stufe geben sie einen adaptierten Input aufgrund des analysierten Sprachmaterials. Die Lerner wiederum reagieren, indem sie adaptierten Output produzieren.

Dieser Prozess gleicht einer Art Spirale, in deren Verlauf In- und Output je neu adaptiert werden und sich damit die Lehr- bzw. Sprachkompetenz der beiden Gruppen verbessert.

3. Das methodische Verfahren: Analyse, ‚Erfahrbarmachung' und Übungen und Aufgaben

3.1. Die Datengrundlage: Gesprochene Sprache der Lerner

Als durchgängige Datengrundlage lagen die Aufnahmen des so genannten „Stella-Textes" (s. Anhang 1) – von allen Lernern in der ersten Sitzung aufgezeichnet – vor. Dieser für Darstellungs- und Analysezwecke konzipierte Text wurde bereits vom Projekt *Speech Accent Archive* (http://accent.gmu.edu) der *George Mason University* verwendet.[4] Er ist sehr geeignet, weil er alle englischen Laute und daher alle potentiellen Lernerprobleme der englischen Aussprache enthält.

Möglich ist die Aufnahme durch das abwechselnde Stattfinden der Kurse im Multimedia-Sprachlabor, welches digitale Aufnahme- und Abspielmöglichkeiten bietet.

3.2. Analyse der Lernersprache

In der ersten Sitzung des anglistischen Seminars werden anhand der Aufnahmen die muttersprachenspezifischen Aussprache-Probleme der Lerner diagnostiziert und klassifiziert. Zur Erhöhung der Selbstreflexion wird der gleiche Text auch von den Lehrern aufgenommen und analysiert.

Bei der Analyse der Lernersprache ist ein gutes linguistisches, beziehungsweise phonetisches Wissen erforderlich. Die segmentalen und suprasegmentalen Eigenschaften müssen beschrieben werden. Distinktive Merkmale von einzelnen Lauten werden herausgearbeitet, wobei sowohl Ort der Artikulation, Art der Artikulation sowie die Stimmhaftigkeit eine große Rolle spielen, ebenso wie Fragen der Abschwächung von Lauten und der Lautkombinationen in Silben.

Bei den suprasegmentalen Elementen geht es vor allem um Betonungs- und Intonationsmuster. Ein typisches Beispiel sind im Englischen die *wh*-Fragen, bei denen die Sprechhöhe am Ende der Frage absinkt – was beispielsweise im Deutschen nicht der Fall ist (Roach 2004, Yavaş 2006).

Im Rahmen der Analyse werden Ausspracheprobleme festgestellt und nach Muttersprache klassifiziert. Wir gehen von der Hypothese aus, dass es sowohl gemeinsame Probleme aller Lerner gibt, dass aber die Muttersprache ebenfalls einen grundlegenden Einfluss auf die Lautproduktion in einer Fremdsprache hat und ein deutscher Muttersprachler andere Probleme aufweist als zum Beispiel ein italienischer Muttersprachler. Die Berücksichtigung der Muttersprachen spielt in unseren Lehrkontexten eine immer wichtigere Rolle; dass nicht nur an

---

[4] Nach zwei Seminardurchläufen mit dem Stella-Text sollte ein neuer Text verwendet werden, der ebenfalls alle englischen Phoneme enthält. Sieger eines im Rahmen des anglistischen Seminars durchgeführten Gruppenwettbewerbs wurde der "Halloween-Text" (s. Anhang 2).

der Universität Lerner der verschiedensten Muttersprachen in einem Kurs zusammen lernen, muss hier nicht eigens betont werden.

Ein Ergebnis der Analyse ist, dass die Lehrer ihr Unbehagen gegenüber nichtmuttersprachlicher Aussprache in konkrete phonologische Beschreibungskategorien fassen können.

3.3. ‚Erfahrbarmachung'

In der ersten gemeinsamen *mingling*-Sitzung setzt für die Lerner eine Input-Phase ein, denn die Lehrer machen sie auf ihre Fehler aufmerksam und dadurch für sie die richtige Aussprache erfahrbar. Am Anfang steht meist eine analytische Lautbeschreibung, wie beispielsweise bei Vokalen die Beschreibung der Zungenstellung und Lippenrundung. Ein immer wiederkehrendes Problem ist auch die Stimmhaftigkeit des Endkonsonanten (einhergehend mit unterschiedlicher Vokallänge) wie bei *bet – bed, pick – pig*, etc. Weitere Hilfen bei der ‚Erfahrbarmachung' sind beispielsweise das Fühlen der Stimmbänder für den Unterschied zwischen stimmhaften und stimmlosen Lauten, die Betrachtung der Sprechwerkzeuge im Spiegel oder die Visualisierung durch *flash-animations* im Internet (vgl. http://www.uiowa.edu/~acadtech/phonetics/).

Häufig führt aber die bloße Darlegung und Beschreibung der Probleme nicht zu deren Behebung, da die Einsicht in einen Fehler nicht sofort vorhanden ist. Als Beispiel dient das Minimalpaar *mat – met*. Im Rahmen eines Eigenversuchs der Lehrer bemerkten wir bei der Aufnahme eines Textes, dass eine Studierende (also eine ‚Lehrerin') *mat – met* aussprach wie *met – met*. Wir teilten ihr dies mit, sie behauptete jedoch, zwei verschiedene Vokale produziert zu haben. Das Abspielen ihrer eigenen Aufnahme, die deutlich zweimal den gleichen Laut zeigte, erzielte keine Einsicht. Erst als wir eine digitale Videoaufnahme als Beweis der unterschiedlichen Mundöffnung zeigten, konnte ein Bewusstsein für die unterschiedliche Produktion erzeugt und damit unsere Analyse erfahrbar gemacht werden.

3.4. Möglichkeiten der digitalen Medien für Analyse, ‚Erfahrbarmachung', Übungen und Aufgaben

Welche spezifische Rolle können die digitalen Medien in unserem Ansatz übernehmen? Wie bereits angesprochen, bietet gerade ein Multimedia-Sprachlabor vielfältige Möglichkeiten zur Aufnahme, Digitalisierung und Analyse der gesprochenen Sprache der Lerner. Zum einen kann der sprachliche Output einzelner Lerner aufgenommen werden. Zum anderen können durch Telefonfunktion, Paar- und Gruppenfunktion auch komplexere Sprechanlässe aufgabenorientiert in simulierten „Real"-Situationen durchgeführt, aufgenommen und analysiert werden.

Das Vorhandensein des sprachlichen Outputs in digitaler Form eröffnet erst die oben dargestellten Möglichkeiten der Analyse und ‚Erfahrbarmachung'. Beim zweiten Schritt der ‚Erfahrbarmachung' bieten digitale Medien und insbesondere das Internet eine Fülle von Hilfestellungen.

Es gibt eine Reihe von CD-ROMs, die den Lernern nicht nur helfen, ihre Aussprache und Intonation zu verbessern, sondern ganz wesentlich ihre Autonomie fördern. *Connected Speech* (2007) geht hierbei in drei getrennten CD-ROMs auf den Unterschied von *connected speech* im britischen, amerikanischen, bzw. australischen Englisch ein. Britische Aussprache allgemein steht bei den CD-ROMs von Cauldwell (2002) im Vordergrund (siehe auch die dazugehörige Website http://www.speechinaction.com).

Auch die neueren Lexika enthalten CD-ROMs, die nicht nur die Aussprache isolierter Wörter zeigen, sondern teilweise auch Anwendungen in *connected speech* darstellen. Eine besonders herausragende Stellung hierbei nimmt die neueste Ausgabe des *English Pronouncing Dictionary* (Roach, Hartman & Setter 2006) ein, das zusätzlich hilfreiche Details zu britischer bzw. amerikanischer Aussprache bietet.

Auch im Internet gibt es speziell für das Aussprachetraining vielfältige Übungen. Sehr gut geeignet ist die Seite *American English Pronunciation Practice* (http://www.manythings.org/pp/); hier werden die verschiedenen Laute in Minimalpaaren im mp3-Format vorgestellt. Die Übungssammlung für *Eva Easton's Authentic American Pronunciation* (http://eleaston.com/pronunciation/) enthält wertvolle Audio-Dateien von Konsonanten, Vokalen, dem Alphabet, reduzierten Lauten und Betonungsmustern. Die Website der *TESOL Speech, Pronunciation, and Listening Interest Section* (http://www.soundsofenglish.org/ SPLIS) ist eine sehr anschauliche Seite mit Aussprache-Links, Handouts, Lauten, Bildern und *listening activities*. Diese ist unseres Erachtens die beste derzeit online verfügbare Ausspracheseite, nicht zuletzt weil sie regelmäßig aktualisiert wird. Die Website *Online Intonation* von Maidment (http://www.phon.ucl.ac. uk/home/johnm/ oi/oiin.htm) ist eine kleine hilfreiche Seite mit Übungen zur Koordination von Intonationsmustern und ihrer Notation.

3.5. Übungs- und Aufgabentypologie

Beim Aussprachetraining ist eine vielfältige und fein differenzierte Übungs- und Aufgabentypologie von Nöten; das simple Verfahren Vorsprechen- Nachsprechen greift aus vielerlei Gründen zu kurz.

In unserer Typologie finden sich Übungen und Aufgaben, die in das Dreieck Herausforderung, Entertainment und ‚Erfahrbarmachung' eingeordnet werden können.

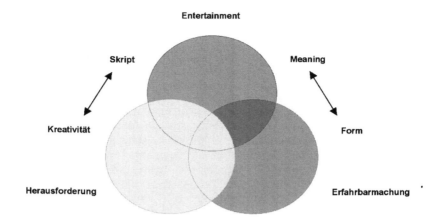

Da sich insgesamt alle Übungen und Aufgaben im Feld zwischen *fluency* and *accuracy* (also zwischen *meaning* und *form*) bewegen, haben wir diese Spannung auch bei unserer Konzeption beachtet: Die Aktivitäten entwickeln sich auf einer Skala von rein kommunikativ- und weniger formorientierten Aufgaben (auch als „tasks" zu bezeichnen) bis hin zu sehr formorientierten Übungen („exercises"; zur Problematik dieser begrifflichen und konzeptuellen Unterscheidung siehe auch Ellis 2000). Dies soll an einigen Beispielen illustriert werden.

Kommunikationsorientierte Aufgaben

Wir beginnen mit einer kommunikativen Aufgabe im Format des *information gap* mit dem Titel *Asking for travel information*. Dabei führen die Lernenden eine Telefonübung durch, bei der Anrufer A Anweisungen erhält, welche Informationen er für eine Reise von dem Reisebüro – dem Angerufenen B – erfragen soll. Beide Teilnehmer haben je unterschiedliche Informationen (siehe Anhang 3). Der Fokus liegt hier auf der Kommunikation und der verständlichen Aussprache, um die richtigen Informationen zu geben und zu erhalten.

Formorientierte Aufgaben und Übungen

Auf dem Kontinuum zwischen rein kommunikativ-orientierten Aufgaben bis hin zu sehr form-orientierten Übungen nimmt die folgende Intonationsübung – *Arrange a day* – eine Mittelstellung ein: Bei dem Dialog geht es nicht nur um das Austauschen von Informationen und das Aushandeln von Entscheidungen. Die dabei notwendigen Fragen üben auch die verschiedenen englischen Intonationsmuster ein und schaffen dafür ein Bewusstsein (siehe Anhang 4).

Diese Partnerarbeit wird mit Hilfe der Telefonfunktion im Multimedia-Sprachlabor durchgeführt, was die Aufgabe nicht nur schwieriger macht – auf

Gesten kann nicht rekurriert werden – sondern auch die Möglichkeit der Aufnahme und späteren Analyse bietet. Die möglichen Partner können dabei Lerner-Lehrer und später Lerner-Lerner sein.

Die bekannte *information gap* Übung *Asking the way*, bei der zwei Studierende den gleichen Stadtplan, allerdings mit unterschiedlichen Lücken haben, und sich gegenseitig navigieren müssen, kann durch die Einführung von Minimalpaaren zu einer form-orientierten Ausspracheübung werden: So kann nur durch die richtige Aussprache unterschieden werden zwischen der *Chip Street* und der *Cheap Street* oder der *Ice Road* und der *Eyes Road*.

Anhand der genannten Aktivitäten lässt sich nochmals klar der Mehrwert der digitalen Medien aufzeigen: Sie bieten nicht nur die Aufnahmemöglichkeit zur späteren Analyse, sondern auch die Möglichkeit, eine Partnerarbeit synchron oder asynchron durchzuführen. Auch kann die zuletzt genannte Übung *Asking the way* durch das Unterlegen von *sound-files* ausgeweitet werden zu einer ‚Schatzsuche', die von einem Teil der Lehrer/Lerner erst erstellt wird und später von anderen Lehrern/Lernern durchgeführt wird. Nur wer die *sound-files* richtig versteht, findet den Weg zum ‚Schatz'.

Herausforderung, Entertainment und ‚Erfahrbarmachung'

Auf der Achse ‚Entertainment und Herausforderung' finden sich überwiegend Übungen und Aufgaben, die dem *language play* zuzuordnen sind. Wir plädieren dafür, ihnen gerade im Ausspracheunterricht mehr Gewicht zu geben. Von ihnen geht nicht nur ein motivierender Schub aus, sondern sie haben auch die Funktion, die Artikulationswerkzeuge zu lockern. Als Strukturierung des *language play* sehen wir drei verschiedene Herangehensweisen, die unterschiedliche Kompetenzen fördern: einmal das reine Entertainment, dann die Herausforderung, die insbesondere die Kreativität der Lerner fördern soll, und als drittes Element unserer Trias die ‚Erfahrbarmachung', die auch im Bereich des *language play* einen *focus on form* setzen will. Alle drei Dimensionen überschneiden sich in einigen Bereichen und tragen ihren Teil zu unserem Ziel bei, über spezielle aufgabenorientierte Übungen die Aussprache und damit den Spracherwerb zu verbessern. Der Motivationsschub durch das Entertainment findet anhand verschiedenster Übungen statt, die aufsteigend in der Form-Orientierung sind: Literatur rezitieren, Witze sprechen, Lieder singen, Gedichte aufsagen, *Jazz Chants* darstellen, Reime nachsprechen.

An einem Beispiel soll aufgezeigt werden, dass *Jazz Chants* bereits erheblichen Wert auf Form legen und gleichzeitig auch eine ‚Erfahrbarmachung' auslösen bzw. verlangen.

Beispiel: *Jazz chants* darstellen

Who has the keys?

A: Who has the keys?
B: What keys?
A: My keys.
B: I thought you had them!
A: I gave them to you!
A: Who has the tickets?
B: What tickets?
A: Our tickets.
B: I thought you had them!
A: I gave them to you!
A: Who has the money?
B: What money?
A: My money.
B: I thought you had it!
A: I gave it to you!
Graham (1986)

Die Anweisung für eine Partnerarbeit besteht darin, den Dialog erst rhythmisch zu sprechen und dann mit einer vorgegebenen, starken Emotion zu unterlegen (z.B. *angry, patient, overjoyed, nervous*). Die Zuhörer müssen die zugrunde liegende Emotion erraten.

Im Rahmen des *language play* spielen Minimalpaare eine bedeutende Rolle, wenn es um die ‚Erfahrbarmachung' bzw. Kognitivierung von Aussprachemerkmalen geht. Die entsprechende Übung kann darin bestehen, Bilder den passenden Minimalpaaren zuzuordnen. Auch bei Gedichten, Zungenbrechern, Homonymen und Kombinationsspielen liegt der Fokus auf der Form.

4. Ergebnis

Unsere Ausführungen zu einem aufgabenorientierten Aussprachetraining gehen von der Grundforderung aus, dass Aussprache als ein fester Bestandteil in den Unterrichtsplan integriert werden muss.

Zur Erhöhung von Hörmöglichkeiten und Sprechanlässen im Sinne des aufgabenorientierten Englischunterrichts müssen die Lerner auf vielfältige Weise und über viele Sinne angesprochen werden – durch eine Mischung aus Herausforderung, Entertainment und ‚Erfahrbarmachung' beim aktiven Sprechen in kommunikativen Kontexten kann dieses erreicht werden. Die digitalen Medien erhöhen die Herausforderung für die Lerner (und Lehrer), eröffnen eine Vielzahl von Möglichkeiten zur Unterstützung des Entertainment und machen den Prozess der ‚Erfahrbarmachung' in vielen Bereichen erst möglich.

Literaturverzeichnis

Bausch, Karl-Richard; Christ, Herbert & Krumm, Hans-Jürgen (2003). „Ausbildung von Fremdsprachenlehrern an Hochschulen." In: Karl-Richard Bausch, Herbert Christ & Hans-Jürgen Krumm (Hrsg.), *Handbuch Fremdsprachenunterricht*. Tübingen: Francke, 475-481.

Cauldwell, Richard (2002). *Streaming Speech*. CD-ROM. Birmingham, UK: Speechinaction.

Connected Speech (2007). CD-ROM. Victoria, Australia: Protea Textware.

Dziubalska-Kolaczyk, Katarzyna & Przedlacka, Joanna (Eds.) (2005). *English Pronunciation Models: A Changing Scene*. Frankfurt/Main: Lang.

Ellis, Rod (2000). „Task-based Research and Language Pedagogy." *Language Teaching Research*, 4 (3), 193-220.

Eva Easton's Authentic American Pronunciation. 15.04.2007. Eva L. Easton. Online: http://evaeaston.com/ (zuletzt eingesehen 12. Juli 2007).

„Forum – The Lingua Franca Core" (2005). *TESOL Quarterly*, 39 (3), 535-558.

Graham, Carolyn (1986). *Small Talk. More Jazz Chants*. Audio-Kassette. Oxford: Oxford University Press.

Jenkins, Jennifer (2004). „Research in Teaching Pronunciation and Intonation." *Annual Review of Applied Linguistics,* 24, 109-125.

Jung, Udo O. H. (Hrsg.) (2006). *Praktische Handreichung für Fremdsprachenlehrer*. Frankfurt/Main: Lang.

Maidment, John. *Online Intonation*. 17.01.2007. UCL Department of Phonetics and Linguistics. Online: http://www.phon.ucl.ac.uk/home/johnm/oi/oiin.htm (zuletzt eingesehen 12. Juli 2007).

Phonetics: The Sounds of English and Spanish. 27.05.2006. The University of Iowa. Online: http://www.uiowa.edu/~acadtech/phonetics/ (zuletzt eingesehen 12. Juli 2007).

Roach, Peter; Hartman, James & Setter, Jane (Eds.) (2006[17]). *English Pronouncing Dictionary*. Mit CD-ROM. Cambridge: Cambridge University Press.

Roach, Peter (2004). *English Phonetics and Phonology. A Practical Course*. Cambridge: Cambridge University Press.

Speech Accent Archive. 10.06.2006. George Mason University. Online: http://accent.gmu.edu/ (zuletzt eingesehen 12. Juli 2007).

Speech in action. 16.10.2006. Richard Cauldwell's research-led business. Online: http://www.speechinaction.com/ (zuletzt eingesehen 12. Juli 2007).

SPLIS. 18.10.2006. TESOL Speech, Pronunciation and Listening Interest Section. Online: http://www.soundsofenglish.org/SPLIS/ (zuletzt eingesehen 12. Juli 2007).

Yavaş, Mehmet (2006). *Applied English Phonology*. Oxford: Blackwell Publishing.

Anhang

Anhang 1: *Stella-Text*

Please call Stella. Ask her to bring these things with her from the store: Six spoons of fresh snow peas, five thick slabs of blue cheese, and maybe a snack for her brother Bob. We also need a small plastic snake and a big toy frog for the kids. She can scoop these things into three red bags, and we will go meet her Wednesday at the train station.

Anhang 2: *Halloween-Text*

Mary Sue's Halloween Invitation

Hello friends,
Let's have a party with vile pumpkin pies at midnight while listening to the Smashing Pumpkins. Please come awfully dressed as scary witches, young monsters, transparent ghosts or bloodsucking vampires. The best costume will win some gingerbread made by Jim's mom. All Germans are very welcome too, but no thick little milk drinking boys are allowed.
Best wishes,
Mary Sue

Anhang 3: *Asking for travel information*

Information for Student A („Anrufer'):

You are calling a travel agent and would like to get information on trains from London to Cambridge.
You want an afternoon train next Saturday and you want to arrive in Cambridge before 6 o'clock in the evening.
You would prefer to go from King's Cross (a station in London), but Victoria Station (London's main station) is also possible.
You want to know the train number, the time it departs from London, and the time it arrives in Cambridge.
You want to know how much the ticket is.

Information for Student B („Angerufener')

You are a travel agent. A passenger is telephoning to find out about trains from London to Cambridge. You have a timetable below. Remember that there are trains from two stations in London: King's Cross and Victoria Station.
You need to know these details:

- When does the passenger want to travel?
- Which station does the passenger want to travel from?
- Does he / she want a single or return?

Timetable
London – Cambridge

days*	depart	from	arrive	train number
1 2 3 4 5 6 7	12.30	King's Cross	14.35	KC 314
1 2 3 4 5 6 7	13.30	Victoria	15.30	VIC 2832
1 2 3 4 5 6 7	14.15	King's Cross	16.20	KC 316
1 2 3 4 5 7	15.30	Victoria	17.30	VIC 2836
1 2 3 4 5 7	16.00	King's Cross	18.05	KC 318
1 2 3 4 5 6 7	17.15	King's Cross	19.20	KC 322

*days: 1 = Monday, 2 = Tuesday, 3 = Wednesday, 4 = Thursday,
5 = Friday, 6 = Saturday, 7 = Sunday
Price for a single: 32 pounds
Price for a return: 64 pounds

Anhang 4: Intonationsübung *Arrange a Day*

Information for Student A ('Anrufer'):

You would like to spend next Saturday with your friend. Phone him / her.
You would like to do the following things and suggest them to your friend:

- go for a walk in the morning
- have lunch at the Italian Restaurant "Roma"
- play tennis in the afternoon
- go to the cinema and see the film "Spider-Man 3" in the evening

Information for Student B ('Angerufener'):

A friend phones you and would like to spend next Saturday with you. You agree
to spend the day with him/ her. He suggests many things. Some of the things
you agree to do, but not all. If you refuse, suggest an alternative.
Here is what you like / don't like:

- you love walking
- you don't like Italian food. You prefer Chinese food and you love the Chinese restaurant "Shanghai"
- you normally love playing tennis, but your arm hurts and you can't play tennis at the moment
- You love going to the cinema, but you don't like action films. You've heard that the new film "Shrek 3" is really funny and you would like to see it.

CSILLA PUSKÁS (GIEßEN)

„Einige Antworten sind nicht richtig!"
Programmiertes Feedback in Onlineübungen

Der Beitrag zeigt anhand von ausgewählten Beispielen aus dem Bereich Deutsch als Fremdsprache, welche programmierten Feedbackformen in geschlossenen und halboffenen Onlineübungen existieren. Hierbei werden insbesondere Lücken-Einsetzübungen einer kritischen Betrachtung unterzogen und in Kontrast zu Formen der schriftlichen Fehlerkorrektur gestellt. Anschließend werden Kriterien und Möglichkeiten zur Verbesserung des programmierten Feedbacks aufgezeigt.

1. Übungstypen und Interaktionsformen

In der fremdsprachendidaktischen Diskussion wird oft zwischen geschlossenen, halboffenen und offenen Übungen bzw. Aufgaben unterschieden (vgl. Rösler, 2004: 149ff.). Für geschlossene Übungen wie Lückentexte ist charakteristisch, dass sie eine eindeutige Lösung haben. Bei offenen Aufgaben hingegen, wie kreatives Schreiben, ist eine Lösung nicht oder nur schwer vorhersehbar. Aufgaben, die relativ stark steuern und dennoch gewisse Freiheiten in der Realisierung der Aufgabe lassen, wie z. B. Bildbeschreibungen, werden als halboffene Aufgaben bezeichnet. Für solche Aufgaben ist eine Lösung nur annähernd vorhersehbar. Im vorliegenden Artikel sollen nur geschlossene Übungen näher thematisiert werden. Diese werden in digitalen Medien auf vielfältige Weise realisiert. Sehr häufig stößt man im *World Wide Web* auf folgende Interaktionsformen (vgl. Biechele et al. 2003):

- Zuordnungsübungen in Form von Drag & Drop-Übungen
- Multiple-Choice-Übungen in Form von Anklick- oder Auswahlübungen
- Lückentexte in Form von Lücken-Einsetzübungen, die eine getippte Eingabe erfordern
- Übungen, in denen die Reihenfolge bestimmter Textteile bestimmt werden soll in Form von Drag & Drop oder Auswahlübungen
- Kreuzworträtsel und Spiele wie Galgenmännchen, Ausmalübungen, Quiz-Spiele…

Von den genannten Interaktionsformen können allein Lücken-Einsetzübungen nicht nur für geschlossene Übungstypen, sondern auch für die Realisierung halboffener und sogar offener Aufgaben eingesetzt werden. Diese Form der Interaktion erlaubt Fragestellungen, die nicht so stark steuern, vom individuellen Beantworten von Fragen in ganzen Sätzen bis hin zum Schreiben von Texten nach bestimmten Gesichtspunkten.

2. Feedback und Fehlerkorrektur

Die meisten vorhandenen Onlineübungen sind jedoch formorientiert und haben einen reproduktiven Charakter. Sie werden hauptsächlich als Strukturübungen oder zur Überprüfung von Wissen in Testform angewendet. Aufgaben, die grundlegend tiefenverarbeitende Prozesse beinhalten, sind hingegen leider sehr selten. Dies liegt sicherlich zum Teil an dem fehlenden technischen Know-how, das Didaktiker befähigen würde, adäquates Feedback für (halb)offene Aufgaben zu programmieren.

In online Lernumgebungen muss man generell zwischen zwei Arten von Feedback unterscheiden. Einerseits kann eine Rückmeldung im Programm bereits vorprogrammiert angelegt sein, andererseits kann sie zeitversetzt durch einen Online-Tutor oder den Lehrer erfolgen. Eine angemessene Rückmeldung ist in digitalen Lernumgebungen, in denen kein menschlicher Tutor oder Lehrer den Lernenden zur Seite steht, von besonders großer Relevanz, da die Lernenden zur Bestätigung oder Revidierung ihrer Hypothesen im Lernprozess ausschließlich auf die vorprogrammierte Rückmeldung angewiesen sind. Unter Feedback ist demnach nicht nur die Verstärkung einer korrekten Antwort zu verstehen, sondern jede Art von Information, die als Reaktion auf eine Äußerung eines Lernenden gegeben wird und ihm hilft, die Angemessenheit seiner Äußerung zu beurteilen. In der fremdsprachendidaktischen Diskussion wird dieses zusätzlich auch im Sinne einer Fehlerkorrektur verstanden, d. h. als Bewertung, Analyse und Erklärung aufgetretener Fehler sowie Nennung der korrekten Form (vgl. Rösler, 2004: 177).

2.1. Vor- und Nachteile internetgestützten Feedbacks

Internetgestütztes Feedback wird in der didaktischen Fachliteratur oft mit der Fehlerkorrektur im Präsenzunterricht verglichen (vgl. Biechele et al., 2003; Rösler, 2004). Da in digitalen Medien durch die Kanalreduktion non- bzw. paraverbale Hinweise, abgesehen von Videoübertragungen, fehlen, wirkt das online Feedback in diesem Vergleich eher defizitär. Hierbei wird jedoch nicht berücksichtigt, dass es sich bei Onlineübungen um konzeptionell schriftliche Aktivitäten handelt, die eher mit der schriftlichen Fehlerkorrektur im traditionellen Sinne vergleichbar sind. Konzeptionell mündliche Kommunikationskanäle hingegen, wie Chat oder ICQ, können mit der mündlichen Fehlerkorrektur verglichen werden.

Die Vorteile von Onlineübungen im Vergleich zum traditionellen, papierenen Lernmaterial lassen sich wie folgt zusammenfassen: Durch die zuverlässige – immer gleiche – Evaluation ermöglichen sie dem Lernenden selbstständiges Üben. Falls notwendig, bieten die Programme, ohne ungeduldig zu werden, immer wieder Unterstützung für den richtigen Lösungsweg. Die Lernenden fühlen sich durch eine Korrektur nicht bloßgestellt, was im traditionellen Unterricht so oft der Fall ist. Leider erfolgt jedoch meistens keine zusätzliche positive Bestätigung. Der in der Fachliteratur meist erwähnte Vorteil, dass jeder Lernende unmittelbar nach der Übungslösung sein eigenes Feedback bekommt, ist nicht unbedingt als ein Vorteil zu sehen. Nachteilig ist, dass durch die Möglichkeit der schnellen Auswertung eine differenzierte Auseinandersetzung der Lerner mit der Übung und somit die Aktivierung metakognitiver Prozesse verhindert werden kann (vgl. König 2000: 39). Der Vorteil hingegen ist, dass durch die Unmittelbarkeit die Überlegungen, die zum Fehler führten, von Seiten der Lernenden noch nachvollziehbar sind. Dieser Vorteil wird jedoch in dem Maße aufgehoben, in dem die Rückmeldungen unangemessen oder unzureichend sind. Einen weiteren Nachteil stellt das Hinzutreten neuer Fehlerquellen, wie Rechtschreib-Tippfehler, dar, die für das eigentliche Lernziel irrelevant sind (vgl. Biechele et al. 2003: 14).

2.2. Traditionelle Korrekturverfahren

Aus den im Abschnitt 2.1 erläuterten Gründen sollte das Feedback in Onlineübungen mit der schriftlichen Fehlerkorrektur verglichen werden. Für das Verfahren bei der Korrektur gibt es im Rahmen des traditionellen Unterrichts eine Anzahl unterschiedlicher Methoden (s. Kleppin 2003: 56ff.), die zielorientiert angewendet werden sollten:

Fehlermarkierung: Die einfache Fehlermarkierung heißt nur anzustreichen, wo der Fehler vorkommt. Dabei können diese z. B. durch verschiedene Farben unterschiedlich gewichtet werden.

Fehlerkennzeichnung mit Korrekturzeichen: Bei der Fehlerkennzeichnung mit Korrekturzeichen gibt man an, um welche Art von Fehler es sich handelt, und gibt dadurch dem Lernenden Hilfen zur Selbstkorrektur.

Berichtigung durch den Lehrer: Diese Form von Korrektur ist sinnvoll, wenn man davon ausgehen muss, dass der Lernende seine Äußerung nicht selbst korrigieren kann.

Berichtigung durch den Lernenden: Die Selbstkorrektur ermöglicht dem Schüler das Erfolgserlebnis, seine Fehler alleine korrigieren zu können.

Da Fehler unterschiedliche Ursachen haben können, ist es sinnvoll diese Korrekturverfahren zu mischen, z. B. Flüchtigkeitsfehler und Ausrutscher nur unterstreichen; Performanzfehler, die der Lerner mit einer kleinen Unterstützung selbst korrigieren kann, mit einem Korrekturzeichen versehen; Kompetenzfehler berichtigt daneben schreiben. Diese feine Unterscheidung wäre natürlich auch in digitalen Lernumgebungen wünschenswert.

3. Programmiertes Feedback im Call-Bereich

Im *Word Wide Web* existieren verschiedene Formen des programmierten Feedbacks, die jedoch den mit digitalen Medien verbundenen Erwartungen nicht gerecht werden. Garrett (1987) beschreibt hinsichtlich der verwendeten Analyseverfahren zur Fehlervermittlung vier verschiedene Feedbackformen:

1. nur die richtige Lösung wird präsentiert
2. die fehlerhafte Stelle wird aufgrund von durch einfaches Pattern-Matching gewonnenen Informationen markiert
3. im Programm werden Fehlermeldungen zu vorhersehbaren Fehlern gespeichert und diese bei der Erkennung der Fehler ausgegeben
4. intelligente Fehlermeldungen, die auf einer natürlichsprachlichen Analyse basieren

Hierbei sind durchaus Parallelitäten zu den Methoden aus dem traditionellen Unterricht (vgl. Abschnitt 2.2) zu entdecken. In dem 1. Verfahren erkennt man die Berichtigung durch den Lehrer wieder. Das 2. Verfahren ist mit der einfachen Fehlermarkierung vergleichbar. Das 3. Verfahren entspricht einer Hilfestellung z. B. durch Fehlerkennzeichnung mit Korrekturzeichen. Das 4. Verfahren kommt der un-terrichtlichen Praxis bzw. der Forderung, die Methoden nicht isoliert anzuwenden, am nächsten. In traditionellen Call-Systemen *(computerassisted language learning)* werden die ersten 3 Typen angewendet, d. h. diese Systeme leisten keine linguistische Analyse der Eingaben. Sie beinhalten meistens nur sehr mechanische Sprachaktivitäten (vgl. Nagata 1993) und liefern ein schematisches Feedback. Icall-Systeme *(intelligent computer-assisted language learning)* hingegen produzieren eine intelligente Fehlermeldung im Sinne von Typ 4.

Die aufgeführten Feedbackformen sind in existierenden Onlineübungen didaktisch betrachtet relativ defizitär umgesetzt. Zuordnungsübungen oder Multiple-Choice-Aufgaben, die nur für geschlossene Übungstypen geeignet sind (s. Abschnitt 1), haben eine eindeutige Lösung, mit der die Eingaben der Lernenden abgeglichen werden. In diesen Fällen ist es möglich, sogar bei falschen Eingaben ein angemessenes vorprogrammiertes Feedback zu liefern, denn auch diese sind vorhersehbar. Abb. 1 zeigt am Beispiel eines Produkts aus einem Proseminar, dass auch mit Autorenprogrammen wie *Hot Potatoes*[1] die Erstellung von elaboriertem Feedback möglich ist. Bei den meisten in Abschnitt 1 aufgezeigten Interaktionstypen erfolgt jedoch als Rückmeldung nur ein *einfaches Feedback*, z. B. eine Richtig/Falsch-Beurteilung (vgl. Abb. 2 oder für Lücken-Einsetzübungen Abb. 4), leider überwiegend ohne eine detaillierte Erklärung zumindest zu den falschen Eingaben zu geben.

---

[1] http://hotpot.uvic.ca/

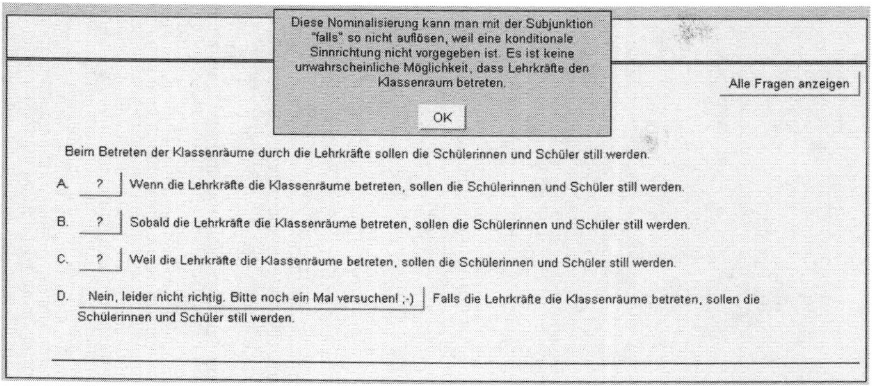

Abbildung 1: Elaboriertes Feedback in einem Seminarprodukt zur *Grammatik-vermittlung mit digitalen Medien* an der Universität Gießen[2]

Diese Form der Rückmeldung ist jedoch nur sinnvoll, wenn lediglich deklaratives Wissen gelernt werden soll, problematisch aber, wenn Fertigkeiten und Konzepte erlernt werden sollen (vgl. Rösler 2004: 179). Elaboriertere Formen des Feedbacks, wie in Abb. 1, die den Lernenden über seine Fehler informieren und manchmal sogar differenziert auf seine spezifischen Fehler eingehen, sind leider viel zu selten.

Bei halboffenen und offenen Aufgaben sind die Möglichkeiten des programmierten Feedbacks zurzeit noch sehr eingeschränkt. Als eine Art Kompromisslösung werden dem Lernenden mögliche Antworten aufgezeigt (vgl. Abb. 3), die jedoch beim Vergleich mit den eigenen Lösungen einen sehr hohen Grad an Selbstreflexion erfordern.

Hinsichtlich des Eingabeverfahrens der Lösungen stimmen alle Online-Einsetzübungen, die von einzelnen grammatischen Endungen über Wörter und Phrasen bis hin zu kompletten Sätzen reichen können, überein. Hierbei wird die Benutzereingabe (relativ einfach) über Formularfelder realisiert. In den Feedbackformen gibt es jedoch einige Unterschiede. Im Folgenden sollen diese einer kritischen Betrachtung unterzogen werden.

---

[2]http://www.uni-iessen.de/~gm1160/veranstaltungen/gramm0607/prod/nominalisierung/quiz_nominalisierung.htm – (zuletzt eingesehen 19. Mai 2007).

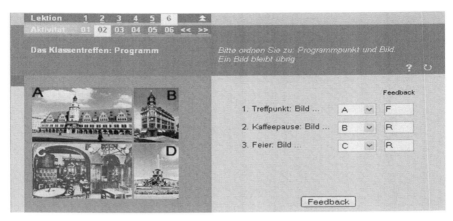

Abbildung 2: Einfaches Richtig/Falsch-Feedback im online Lernmaterial zum
Lehrwerk *Passwort Deutsch* des Klett Verlags[3]

Lösen Sie nun die folgende Aufgabe:

Was im Text ausführlicher steht, ist in den nächsten Sätzen nur angedeutet. Sagen Sie etwas konkreter, was gemeint ist. Tragen Sie Ihren Text in das Textfeld ein.

? Unseren Lösungsvorschlag erfahren Sie, wenn Sie an der Frage auf das Fragezeichen klicken.

1. **Da bietet jemand viel Gesprächsstoff.**

Ihr Satz: Der sächsische Landsherr, August der Starke, bietet viel Gesprächsstoff.

? August der Starke lieferte/bot seiner Zeit viel Gesprächsstoff.

2. **Etwas soll nicht genauer untersucht werden.**

Ihr Satz:

? Frage bitte erst selbst beantworten.

Abbildung 3: Lösungsvorschlag als Feedback im online Lernmaterial zum Lehr
werk *Das Mittelstufenbuch* des Schubert Verlags[4]

Das im Programm angelegte Feedback erfolgt bei Lücken-Einsetzübungen mit
Hilfe von einfachem Pattern-Matching (Typ 2 nach Garrett 1987). Neben der
Richtig/Falsch-Beurteilung (s. Abb. 4) lautet eine weitere weit verbreitete, di-

---

[3] http://www.passwort-deutsch.de/lernen/band1/lektion6/aktivitaet02.htm – (zuletzt eingesehen 19. Mai 2007).

[4] http://www.schubert-verlag.de/aufgaben/xm/xman_01a.htm – (zuletzt eingesehen 19. Mai
2007).

daktisch jedoch keineswegs sinnvolle Variante: *Einige Antworten sind nicht
richtig!* Dieses Feedback erscheint aber nicht nur, wenn es sich tatsächlich um
fehlerhafte Eingaben handelt, sondern auch wenn einzelne Lücken unausgefüllt
geblieben sind (vgl. Abb. 5). Ein wichtiger Aspekt für das Programmieren eines
nicht einmal annähernd intelligenten Feedbacks wäre also, dass unausgefüllte
Lücken nicht als Fehler angesehen werden (vgl. Abb. 4). Oft werden beim Ü-
berprüfen der Eingaben falsche Antworten kommentarlos gelöscht, wobei richtige Lösungen stehen bleiben (vgl. Abb. 5). Dies ist im Falle von Zeit versetztem
Feedback, d. h. wenn mehrere Eingaben auf einmal überprüft werden, besonders
ärgerlich und kann negative Auswirkungen auf die Motivation haben, denn die
Lernenden erinnern sich wahrscheinlich gar nicht mehr an ihre Äußerungen und
machen denselben Fehler eventuell noch einmal. Leider sind die vorhandenen
Feedbackformen auch nicht adaptiv genug. Meistens werden alle Fehler, seien
es leichte Tippfehler, grammatische oder semantische Fehler, unterschiedslos
nur als Fehler behandelt.

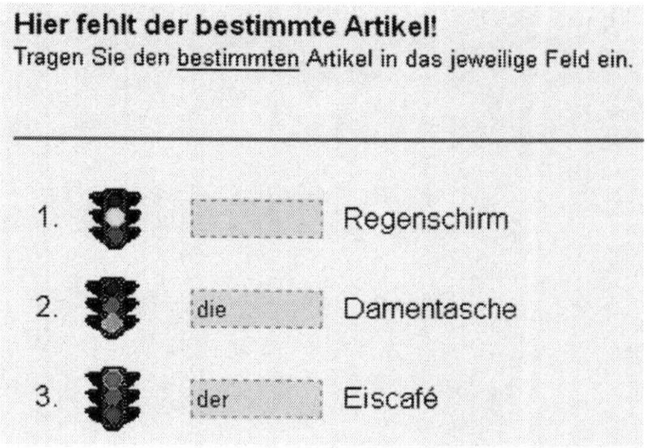

Abbildung 4: Visualisiertes Richtig/Falsch-Feedback im online Lernmaterial
zum Lehrwerk *Begegnungen* des Schubert Verlags[5]

[5] http://www.schubert-verlag.de/aufgaben/xg/xg02_04.htm – (zuletzt eingesehen 19. Mai
2007).

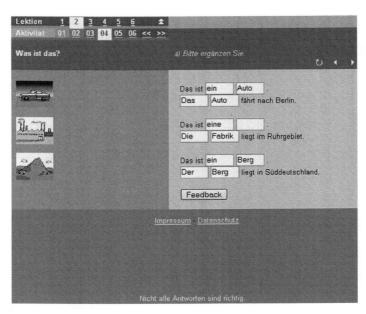

Abbildung 5: *Nicht alle Antworten sind richtig.* – Feedback im online Lernmaterial zum Lehrwerk *Passwort Deutsch* des Klett Verlags[6]

Um sinnlose Rückmeldungen wie die eben dargestellten zu vermeiden, wäre eine technisch einfach realisierbare Möglichkeit, die fehlerhaften Stellen nur anzustreichen, so dass die Lernenden ihre Eingaben selbst korrigieren können,
vorausgesetzt, es handelt sich um Rechtschreib-, Tipp- oder Performanzfehler.
Zur Korrektur von Kompetenzfehlern würde sich folgende, technisch ebenfalls
leicht umsetzbare Methode eignen: die falschen Lerneräußerungen werden z. B.
in Rot neben der Modellantwort stehen gelassen, so dass der Lernende seine
Eingaben mit der vorgeschlagenen Lösung vergleichen kann.

Bei genauerer Beobachtung der aufgezeigten Feedbackformen in Onlineübungen ist zu sehen, dass genau die Varianten der Rückmeldung tatsächlich als
sinnvoll erscheinen, die eine Umsetzung der schriftlichen Korrekturformen darstellen. Die Methode *falsche Antworten werden kommentarlos gelöscht* ist im
traditionellen Unterricht als Korrekturverfahren gar nicht vorhanden (vgl. Abschnitt 2.2).

---

[6] http://www.passwort-deutsch.de/lernen/band1/lektion2/aktivitaet04-01.htm – (zuletzt eingesehen 19. Mai 2007).

„Einige Antworten sind nicht richtig!" Programmiertes
Feedback in Onlineübungen

277

4. Intelligentes Feedback

Da geschlossene Aufgaben mit eindeutigen Lösungen einhergehen, stößt das Programmieren des Feedbacks in diesen Fällen rein pragmatisch nicht auf erhebliche Schwierigkeiten. Je offener eine Aufgabe ist, umso aufwändiger ist es, eine adäquate Rückmeldung zu programmieren. Komplexe Lernumgebungen und ein weiterentwickeltes Feedback sind ohne eine intelligente sprachliche Analyse der Eingaben nicht möglich. NLP-Technologien *(natural language processing)* ermöglichen es, Sprachen mit Regeln und Mustern so zu beschreiben, dass Computer die Struktur von Sätzen analysieren bzw. Fehler ermitteln können. Ein wichtiges Verfahren für linguistische Analysen im Rahmen des NLP stellt das sog. *Parsing* dar. Das *Parsing* ermöglicht die automatische Analyse auf verschiedenen Sprachebenen, beispielsweise auf der Ebene der Morphologie oder der Syntax. Der Vorteil, den diese Analysen für den Bereich Fremdsprachenlernen mit sich bringen, ist, dass die Aufgaben weit über Multiple Choice Aufgaben oder Lückentexte hinausreichen können, und zwar so, dass trotzdem noch ein angemessenes Feedback geliefert wird (vgl. Heift 1998). Der pädagogische Gedanke hinter diesen Systemen ist, dass der Lernprozess durch die bewusste Auseinandersetzung mit der Grammatik (mit linguistischen Mustern) durch explizite Anweisungen verbessert wird. Wie jedoch bisherige Arbeiten in diesem Bereich zeigen, ist das Programmieren von Icall-Systemen selbst für einfache Sätze sehr arbeitsaufwändig und sehr komplex. So ist es nicht verwunderlich, dass solche Systeme bisher nur in kleinen experimentellen Kontexten existieren. Wie so ein Icall-System für den Bereich Deutsch als Fremdsprache aussehen kann, soll in Folgendem anhand eines konkreten Beispiels (Puskás 2005) kurz skizziert werden.

(1)   *Ein mädchen sitze auf eine Stuhl.
        R1: *mädchen* ist ein Nomen, muss also groß geschrieben werden.
        G1: Das Nomen *Stuhl* ist maskulin.
        G2: In diesem Kontext verlangt die Präposition *auf* den Kasus Dativ.
        G3: Das Verb *sitze* und das Subjekt *Ein mädchen* müssen in
            Person und Numerus übereinstimmen.

Um den intelligenten Umgang des Systems mit den Lernereingaben zu illustrieren, betrachten wir das konstruierte Bsp. (1). Nach der Bestätigung der Lernereingabe erscheinen gleichzeitig vier Fehlermeldungen, ein Rechtschreibfehler und drei grammatische Fehler. Der Lernende hat nun die Möglichkeit seine Fehler in einer beliebigen Reihenfolge zu korrigieren. Die Rückmeldungen sind teilweise instruktionell (R1). Die Meldungen G1-G3 hingegen beschreiben nur, wo der Fehler liegt, geben aber keine konkrete Anweisung zur Korrektur. Mit dem Hinweis wird der Lerner zur Selbstkorrektur animiert (vgl. Abschnitt 2.2).
    Das System arbeitet mit einem syntaktischen Parser, der auf einem morphologischen Tagger und einem Lexikon aufbaut. Die Analyse der Eingaben umfasst in dem Prototypen nur den orthographischen, morphologischen und den

in dem Prototypen nur den orthographischen, morphologischen und den syntaktischen Bereich. Semantische und pragmatische Analysen sind bislang nicht
möglich. Das System ist in der Lage, Deklinationsfehler, Kongruenzfehler innerhalb einer Nominalphrase, Präpositionalphrase oder auf der Satzebene zwischen Subjekt und Verb zu ermitteln. Auf der syntaktischen Ebene beschränkt
sich die Analyse auf die Ermittlung von Permutationsfehlern bzw. von fehlenden Artikeln innerhalb einer Nominalphrase. Die Fehlermeldungen zu den einzelnen Phänomenen zeigt folgendes Beispiel:

(2)   R: Das Wort *Aylin* ist möglicherweise falsch geschrieben.
       R: Das Wort *dei* steht nicht im Wörterbuch. Haben Sie sich vertippt?
       G: Das Nomen *Pullover* ist maskulin.
       G: Vorsicht, das Nomen *Kinder* steht im Plural.
       G: Der Artikel *dem* und das Nomen *Kindes* stimmen im Kasus nicht überein.
       G: Achtung, in dem Ausdruck *die grüner Vase* ist ein Deklinationsfehler.
       S: Adjektive müssen immer vor dem Nomen stehen.
       S: Vor *grüne Vase* muss noch ein Artikel stehen.
       S: Vor dem Nomen *Becher* muss ein Artikel stehen.
       S: Vor dem Nomen *Bett* muss in der Präpositionalphrase noch ein Artikel stehen.

Eine solche detaillierte Rückmeldung erfordert auf der Ebene der sprachlichen
Analyse aber auch auf der Ebene der Formulierung einer Rückmeldung geeignete Fehlerklassifikationen und weitgehende didaktische Überlegungen. Die aufgeführten Fehlermeldungen sollen nur illustrativ gelten. Die verschiedenen Typen
sollen entsprechend der Sprachstufe des Lernenden eingesetzt werden. Für eine
Entscheidung über die Art der Fehlerkorrektur bestehen zwei Möglichkeiten.
Entweder soll eine Autorensoftware so konzipiert werden, dass bei der Erstellung von Aufgaben eine Auswahl der Feedbackform getroffen werden kann, o-
der es muss im System ein Lernermodell, in dem die sprachlichen Kompetenzen
des Lerners gespeichert werden, realisiert werden.

5. Fazit

In der langfristigen Planung eines Projektes zum internetgestützten Feedback
überdecken die Fragen der praktischen Anwendung oft die theoretischen Fragen.
Grundlegende Fragestellungen, die nicht nur alle Icall-Systeme, sondern auch
alle Call-Systeme erwägen müssen, sind, wann, welche Art von Feedback, wie
oft und wie detailliert angewendet werden soll. Welches Feedback Lerner jedoch bevorzugen, hängt von ihrem individuellen Lernstil ab.

Literaturverzeichnis

Biechele, Markus; Rösler, Dietmar; Ulrich, Stefan & Würffel, Nicola (2003). *Internet-Aufgabe Deutsch als Fremdsprache*. Stuttgart: Klett.

Garrett, Nina (1987). „A Psycholinguistic Perspective on Grammar and CALL." In: William Flint Smith (Ed.), *Modern Media in Foreign Language Education: Theory and Implementation*. Lincolnwood, IL: National Textbook Company, 169-196.

Heift, Trude (1998). „An Interactive Intelligent Language Tutor over the Internet." Online: http://citeseer.ist.psu.edu/497418.html (zuletzt eingesehen 19. Aug. 2007).

Kleppin, Karin (2003[4]). *Fehler und Fehlerkorrektur*. Berlin: Langenscheidt.

König, Michael (2000). „Von Dinosauriern und trojanischen Pferden. Neue Kriterien und Fragen zu ‚alten' und ‚neuen' Medien." In: Erwin Tschirner; Hermann Funk & Michael König (Hrsg.), *Schnittstellen: Lehrwerke zwischen alten und neuen Medien*. Berlin: Cornelsen, 29-47.

Nagata, Noriko (1993). „Intelligent Computer Feedback for Second Language Instruction." *The Modern Language Journal*, 77 (3), 330-339.

Puskás, Csilla (2005). *Interaktives E-Learning im Bereich Deutsch als Fremdsprache: Fehleranalyse und intelligente Rückmeldung durch Parsing-Systeme*. Magisterarbeit, Justus-Liebig-Universität Gießen. Online: http://www.uni-giessen. de/~gm1160/ma/abstract.html (zuletzt eingesehen 19. Aug. 2007).

Rösler, Dietmar (2004). *E-Learning Fremdsprachen – eine kritische Einführung*. Tübingen: Stauffenburg.

NICOLA WÜRFFEL (HEIDELBERG)

Lösestrategien bei Aufgabenbearbeitungen mit internetgestütztem Selbstlernmaterial zum Fremdsprachenlernen

Im folgenden Artikel wird gezeigt, welche Lösestrategien Lernende bei Aufgabenbearbeitungen in internetgestütztem Selbstlernmaterial zum Fremdsprachenlernen anwenden. Darüber hinaus werden die beim Löseprozess auftretenden Probleme beschrieben sowie die didaktischen Implikationen diskutiert, die sich daraus für eine Verbesserung internetgestützten Selbstlernmaterials ergeben.

1. Einleitung

Viele Lehrer sind der Ansicht, dass Lerner versuchen, es sich beim Lernen möglichst leicht zu machen. Tatsächlich sprechen Ergebnisse aus der Lernaufgabenforschung dafür, dass Lerner bei Aufgabenbearbeitungen ökonomisch vorgehen (vgl. Börner 1999: 225ff. und Börner 2000: 335). In vielen Bildungskontexten scheinen die vorgegebenen (Test- und Prüfungs-)Ziele kein tiefergehendes Lernen vorauszusetzen. Deshalb spricht die Kosten-Nutzen-Abwägung von Lernenden für eine oberflächliche Aufgabenbearbeitung, mit der das von der Institution vorgegebene Lernziel mühelos(er) erreicht werden kann. Für das computergestützte Fremdsprachenlernen kommt hinzu, dass die meisten Lernenden Computer vor allem für Anwendungen nutzen, in denen eine schnelle und oberflächliche Nutzungsweise üblich ist – Webseiten im Netz werden nach gesuchten Informationen abgescannt, bei Spielen zählt die schnelle Reaktion, beim Chatten lässt sich eine elliptische Sprachverwendung beobachten, die schnelleres Tippen und Kommunizieren erlaubt etc. Man könnte also vermuten, dass diese Nutzer bei der Verwendung eines Computers zum Lernen zunächst oder durchgehend ein ähnliches Nutzungsverhalten an den Tag legen und sich möglichst schnell „durch die Übungen klicken". Kann vor dem Hintergrund dieser Einschätzungen ein Selbstlernkurs mit internetgestütztem Material sinnvoll sein, bei dem die Aufgabenbearbeitungen und die dabei ablaufenden Lernprozesse noch nicht einmal der direkten Kontroll- und Eingriffsinstanz des Lehrenden unterliegen? Ist nicht zu vermuten, dass Lernende hier vorwiegend *Trial-and-Error*-Strategien einsetzen und die Bearbeitungstiefe deshalb niedrig bleibt?

Der folgende Artikel präsentiert die Ergebnisse einer größeren Studie, die sich mit dem Strategiegebrauch von Lernenden bei der Bearbeitung von Aufgaben mit internetgestütztem Selbstlernmaterial zum Erwerb von Lesekompetenzen im Deutschen beschäftigt (vgl. Würffel 2006). Er fokussiert auf die von den Lernenden benutzten Lösestrategien, die zeigen, dass die Lernenden keineswegs so oberflächlich mit dem Material umgehen, wie die eingangs genannten Überlegungen befürchten lassen. Er beschreibt darüber hinaus die beim Löseprozess auftretenden Probleme und formuliert didaktische Implikationen für die Verbesserung von internetgestütztem Selbstlernmaterial.

Um den Hintergrund der Ergebnisse zu erläutern, wird in einem ersten Schritt der Forschungskontext beschrieben. Ein Überblick über die von den Lernenden benutzten Lösestrategien schließt sich an. Abschließend erfolgt die Darstellung der aufgetretenen Probleme und der didaktischen Implikationen.

2. Forschungskontext

Viele Studien zum computergestützten Fremdsprachenlernen untersuchen spezifische Details und dies häufig leider zum Teil personen-, aufgaben- und kontextunabhängig. Empirische Studien, die versuchen, das Ganze in den Blick zu nehmen, das Fremdsprachenlernen mit dem Computer also als besonderen Fall von Fremdsprachenlernen überhaupt zu begreifen und zu erforschen, gibt es weiterhin viel zu wenig; wahrscheinlich auch wegen der Faktorenkomplexität des Untersuchungsgegenstandes. Belastbare Aussagen über einzelne Faktoren (wie der Rolle des Computers beim Fremdsprachenlernen) lassen sich aber nur treffen, wenn es gelingt, einen Lernvorgang als Ganzes zu betrachten, d.h. ihn bezogen auf eine spezifische Lernsituation zu analysieren, die möglichst alle Bedingungsfaktoren und ihr Zusammenspiel vollständig erfasst. Die Betrachtung einer spezifischen Lernsituation macht die gewünschte Aufmerksamkeitserweiterung auf alle Bedingungsfaktoren der Lernsituation möglich – und unterscheidet sich dadurch grundlegend von den oben angesprochenen Detailuntersuchungen.

Diese Forschung wurde im Rahmen einer explorativ-interpretativ angelegten Promotionsstudie (vgl. Würffel 2006) unter der Anwendung von Methoden aus der Lernaufgabenforschung realisiert. Die Lernaufgabenforschung geht davon aus, dass die Bearbeitung von Lernaufgaben für die Forschenden quasi als Fenster fungieren kann, durch dass sie auf Sprachlernprozesse der Lernenden blicken können (vgl. Bygate, Skehan & Swain 2001: 4). Den Forschungsgegenstand bildeten deshalb die Aufgabenbearbeitungen von Anfängern mit internetgestütztem Selbstlernmaterial zum Erwerb einer Lesekompetenz im Deutschen (*German on the Web: Reading German*[1]). Um das Ziel zu erreichen, den Blick auf diese Aufgabenbearbeitungen möglichst intensiv und differenziert zu gestalten, wurde ein Modell entwickelt, das es erlaubte, die Aufgabenbearbeitung der Lernenden in der spezifischen Lernsituation mit allen auf sie Einfluss nehmenden Faktoren sowohl prozess- als auch produktorientiert zu erfassen (vgl. Abb. 1).

---

[1] Projekt der California State University, Long Beach, USA, unter der Leitung von Prof. Dr. Birmele, durchgeführt 1999-2003. Online: http://www.csulb.edu/~germanol/neu/ (01.06.07).

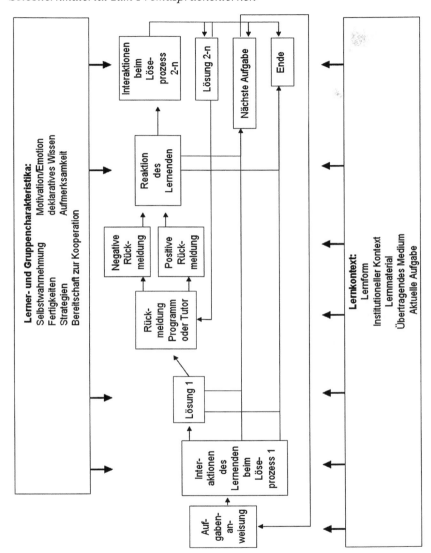

Abb. 1: Modell zur Aufgabenbearbeitung mit internetgestütztem Selbstlernmaterial (vgl. Würffel 2006: 30)

Zur Erhebung der Daten wurden triangulierende Datenerhebungsmethoden eingesetzt. Im Mittelpunkt der (Online-)Erfassung stand die Methode der Laut-Denk-Protokolle (LDP). Daneben wurden Vor- und Nachherfragebögen, eine Screen-Capture-Software, Retrospektionsphasen nach jeder Sitzung und ein Abschlussinterview eingesetzt (vgl. Würffel 2001 zur Methode der LDP und 2006: 137ff. zum genauen Methodendesign).

Nicht nur der Forschungsgegenstand und seine Erfassung bedurften aber einer Reduktion, auch in der Analyse der Daten musste ein Fokus gesetzt werden. Dieser bestand in der möglichst vollständigen Erhebung und sinnvollen Strukturierung der von den Lernenden angewendeten Strategien und der bei den Bearbeitungen aufgetretenen Problemen.

Um die von den Lernenden angewendeten und mit Hilfe der Protokolle Lauten Denkens erhobenen Strategien sinnvoll zu strukturieren, wurden wichtige theoretische Konzepte und möglichst zahlreiche verschiedene Strategielisten aufgearbeitet und auf dieser Grundlage eine eigene Systematisierung entwickelt. Deren Kategorien waren zunächst stärker datengeleitet generiert, ihre genaue Begrifflichkeit und Verortung in der Systematik wurde aber in einem zweiten Schritt mit den Ergebnissen aus der Forschungsliteratur abgeglichen. Dabei kam es zum Teil zu einer deutlichen Abgrenzung zu systematischen (oder auch unsystematischen, vgl. die Kritik daran in Würffel 2006: 89ff.) Entscheidungen in anderen Strategielisten (z. B Oxford 1990 oder O'Malley & Chamot 1990). Dies wird schon im Basismodell zur Konzeptualisierung von Lernstrategien deutlich, welches das Grundgerüst der systematischen Darstellung der angewendeten Strategien bildete (vgl. Abb. 2).

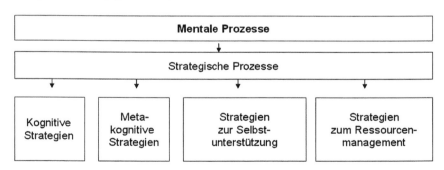

Abb. 2: Modell zur Konzeptualisierung von Lernstrategien (Würffel 2006: 83)

Wie das Modell deutlich macht, wird unter Bezug auf Grotjahn (1997: 51) davon ausgegangen, dass strategische Prozesse einen Teil der mentalen Prozesse darstellen. Dafür wurde Grotjahns Unterscheidung zwischen Operationen, d.h.

obligatorischen Handlungen, und Strategien aufgegeben (vgl. ibid. sowie die Begründung in Würffel 2006: 79). Strategien werden verstanden als (optionale kognitive) Handlungen, die der Lernende (bewusst oder unbewusst) intentional[2] zur Beeinflussung seines Wissenserwerbs, zur Bewältigung von Lernaufgaben bzw. zum Erreichen seines Lernziels einsetzt (vgl. ibid.: 72). Unterschieden werden vier Strategieklassen – kognitive, metakognitive Strategien, Strategien zur Selbstunterstützung und Strategien zum Ressourcenmanagement (zur genauen Beschreibung der vier Klassen s. ibid.: 76ff.). Innerhalb dieser Strategieklassen werden verschiedene Strategietypen unterschieden, die sich wiederum in Subhandlungen aufspalten können. Da die Abgrenzung von hierarchiehöheren und hierarchieniedrigeren Strategien zum größten Teil als Interpretationsleistung der Forschenden angesehen wird (und nicht als objektive Tatsache), wurde von einer in der Literatur üblichen Unterscheidung zwischen Strategien und Techniken abgesehen (zur genauen Begründung vgl. ibid.: 82).

Die in diesem Artikel beschriebenen Lösestrategien sind ein Strategietyp der Klasse der kognitiven Strategien. Unter kognitiven Strategien werden solche Prozeduren verstanden, die mit der Aufnahme und Verarbeitung von Inhalten verknüpft sind und die damit auf die Optimierung der Informationsverarbeitung bzw. der Lösung einer Aufgabe abzielen. Die in der Studie untersuchten sechs Versuchspersonen wendeten fünf verschiedene Typen von kognitiven Strategien an: fremdsprachliche Bedeutungsdeterminierungsstrategien, Memorierungsstrategien und Verstehensstrategien sowie kulturell bedingte Vermeidungsstrategien und Lösestrategien (vgl. Abb. 3; zur genauen Beschreibung der vier ersten Strategietypen s. Würffel 2006: 257ff.).

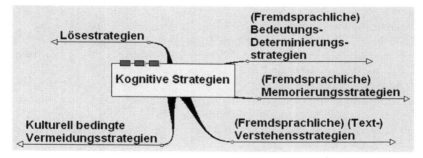

Abb. 3: Kognitive Strategien

---

[2] Zur Unterscheidung von bewusst und intentional: Schon Schmidt (1990: 133) hat auf die Gefahr der automatischen Gleichsetzung von „Bewusstheit" und „Intentionalität" hingewiesen und zu bedenken gegeben, dass Intentionalität sehr wohl auch unbewusst sein kann. Vgl. in diesem Zusammenhang auch meine Kritik (Würffel 2006: 72) an einer Gleichsetzung von bewusst = absichtlich und planvoll vs. unbewusst = zufällig und ungesteuert, wie sie sich z.B bei Finkbeiner (2005: 90) findet.

3. Lösestrategien

Bei den Strategien, die die Lernenden bei ihrer Arbeit mit dem internetgestützten Selbstlernmaterial verwendeten, konnte eine Gruppe von Strategien ausgemacht werden, die als Antwort auf das ‚künstlich' geschaffene Problem ‚Lernaufgabe' auftreten, das einen doppelten Problemlöseprozess erforderlich macht: Der Lernende muss sowohl die Lernaufgabe als auch das in der Lernaufgabe zu bearbeitende Problem verstehen und lösen. Diese Strategien sind also nur durch die Tatsache, dass die Lernenden Lernaufgaben bearbeiten, möglich oder nötig, oder sie sind insofern löseprozessspezifisch, als sie eingesetzt werden, um den Löseprozess zu vereinfachen. Ich habe diesen Strategietyp deshalb als Lösestrategie bezeichnet. In der Literatur wird ein ähnlicher Strategietyp von Hess & Stählin als „compensation strategies" benannt; die beiden Autoren bezeichnen diese als „use of clues of the screen itself (e.g., character length of blank)", der keine sprachbezogenen Reflexionen beinhalte (vgl. ebd. 1997: 478; vgl. für eine ähnliche Position Börner 1999: 224f.). Da der Begriff der Kompensation stark von einem außen stehenden Betrachter und dessen Norm her gedacht ist, wurde er in der vorliegenden Systematik vermieden. Außerdem machte die Datenanalyse deutlich, dass die Lernenden Lösestrategien keineswegs immer im Sinne einer Kompensationsstrategie benutzen – auch wenn es bei einer oberflächlichen Betrachtung eventuell zunächst so aussehen mag: So wurden Layouteigenschaften wie die Größe von Kästchen bei Drag-and-Drop-Übungen zum Teil nicht zur Vereinfachung des Löseprozesses, sondern als Feedback-Variante benutzt. Lösestrategien können damit durchaus in Bezug zu fremdsprachlichen Übungsinhalten stehen und müssen auch keineswegs immer zu einem oberflächlicheren Bearbeiten führen. Vielmehr schafft ihr Einsatz für die Lernenden zum Teil erst die Voraussetzung für die Möglichkeit einer tiefergehenden Verarbeitung.

Zu den Lösestrategien, die festgestellt werden konnten, gehört das Sichern des Verständnisses der Aufgabe, das Nutzen von formalen Aufgabeneigenschaften, das Eintragen mehrerer Lösungen, das Durchführen von Trial-and-Error-Verfahren, das Finden von Lösungen auf der Grundlage von Ausschlussverfahren, die Nutzung von Hilfen zum Eintippen von Lösungen bzw. Lösungswörtern, das Sichern des Verständnisses des Feedback und die Korrektur von falschen Lösungen bzw. das Ersetzen letzterer durch andere Lösungen (vgl. Abb. 4). Diese Strategien sollen im Folgenden näher erläutert werden.

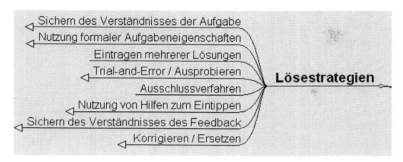

Abb. 4: Lösestrategien

Überraschenderweise finden Lernende mitunter auch eine richtige Lösung, ohne die Aufgabe eigentlich richtig verstanden zu haben. In der Regel erleichtert das korrekte Verständnis der Aufgabenanforderungen das Lösen der Aufgabe aber erheblich, oft ermöglicht es dieses auch erst. Die Lernenden benutzen zwei unterschiedliche Strategien, um ihr Verständnis der Aufgabe zu sichern – sie lesen die Anweisungen nach oder verschaffen sich einen Überblick über die Aufgabenteile. Das Nachlesen erfolgt sowohl im Hinblick auf die für die Aufgabe nötigen Steuerungsinteraktionen als auch auf die didaktischen Interaktionen. Eine besondere Form ist das Hin- und Herspringen zwischen den Aufgabenteilen und den Aufgabenanweisungen (vgl. Abb. 5):

Verbaltranskript	Screenbewegungen	Produkt-daten
Did I misunderstand something?	Geht mit Cursor zur zweiten (blauen) Spalte in erster Zeile, dann zur dritten Spalte, zurück zum engl. Wort, wieder zur blauen Lücke.	
{Seufzt}	Scrollt wieder nach oben, etwas nach links.	
First drag the German compound noun on the left.		
Oh, okay.	Scrollt wieder runter.	
	Nimmt **Geschwindigkeitskontrolle,** zieht es in korrekte Lücke. Scrollt hoch zu den Anweisungen.	
Separate the word into its components by a plus sign. Okay.		
	Scrollt runter zu der Zeile von **speed control**. Tippt.	Control+ of+speed
Wait, that's perhaps not what they want me to do?	Scrollt wieder hoch zu den Anweisungen.	
Okay. Get it.	Und wieder runter.	

Abb. 5: Auszug LDP 1, Clarissa (Würffel 2006: 310f.)

Das Verschaffen eines Überblicks tritt interessanterweise nur bei einer Versuchsperson systematisch auf; bei allen anderen findet sich diese Strategie (wenn überhaupt) nur in Fällen, wo Schwierigkeiten bei der Bearbeitung auftreten (vgl. Auszug Abb. 6).

Verbaltranskript	Screenbewegungen
What does a computer need for its function? I have no idea what that's asking me. This is.	Scrollt runter, Wieder hoch zum Text. Wieder runter zum Diagramm, weiter runter, klickt auf **Vocabulary**, wieder hoch zum Diagramm. Und weiter hoch zum Text.

Abb. 6: Auszug LDP 2, Graham (Würffel 2006: 311)

Bei der Strategie der Nutzung formaler Eigenschaften greifen die Lernenden zurück auf das Layout von Aufgabenteilen (indem sie z. B. die Größe von Auswahlelementen und Lösungskästchen bei Drag-and-Drop-Übungen abgleichen), auf die chronologische Reihenfolge der zu findenden Aufgabenelemente im Lesetext, auf Auswahllisten (d.h. sie nutzen die Elemente dieser Liste, um einen Überblick über alle möglichen Lösungen zu erhalten, oder sie profitieren von der sich verringernden Anzahl von Möglichkeiten, vgl. LDP 3) oder auf andere, spätere Aufgabenteile (die eventuell Hinweise für die Lösung oder eine hilfreiche Aufmerksamkeitsfokussierung für die gerade bearbeitete Aufgabe bieten, vgl. Abb. 7; für Beispiele zu allen anderen Strategien s. Würffel 2006: 311ff.).

Verbaltranskript	Screenbewegungen
Well keeping with the strategy I will start with the words I recognize first {lacht}.	Scrollt etwas runter, sodass Aktivität auf Bildschirm
[...]	
With this process of elimination I should be able to get the ones I don't know. Okay. *Cable* which was te, te te right there.	Guckt erst in die Spalte mit den engl. Wörtern, sagt engl. Wort, als er es findet, zieht es in die Lücke.
Church. German *jung. Weg* ah. I assume it would be way. Okay that makes sense. Okay. (...)	Geht jetzt die zweite Zeile von rechts nach links durch. Verbalisiert deutsches Wort, wenn er vorheriges engl. zuordnet hat, geht dann zur engl. Spalte, sucht Wort, geht mit Wort zur Lücke zurück.
[...]	
Ah. *Full.* So there is nothing at the top. *Lachen Licht.*	Ordnet **full** nicht zu.
So that's light. Locked in. *Lachen* is *laugh.* I don't see a similarity there but. *Full is voll* with a v. Alright. *Eleven is elf* and *both* is *beide* which I don't see either. Okay	Ordnet **light** und alle andere, übrig gebliebenen Wörter zu.

Abb. 7: Auszug LDP 3, Graham (Würffel 2006: 316)

Graham benutzt im Auszug LDP 3 eine Kombination von Strategien: Er verbalisiert zunächst, dass er seinen Löseprozess gezielt mit dem Bearbeiten ihm bekannter Wörter beginnt (Steuerungsstrategie ‚Steuern einzelner Bearbeitungsschritte' sowie Wortbedeutungs-Determinierungsstrategie ‚Übersetzen aus Vorwissen', vgl. Würffel 2006 342ff. und 260ff.). Erst nachdem er mit diesen Strategien an eine Grenze gekommen ist, wechselt er seine Vorgehensweise und nutzt nun die Auswahlliste als Möglichkeiten-Geberin, indem er auf Grundlage der in der Auswahlliste vorgeschlagenen englischen Auswahlelemente nach ähnlichen Wörtern sucht (und also eine Wortbedeutungs-Determinierungsstrategie mit einer Lösestrategie kombiniert).

In Auszug LDP 4 (vgl. Abb. 8)scrollt Graham zum nächsten Aufgabenteil vor, um über diesen eventuell Hinweise darauf zu erhalten, worauf er beim Bearbeiten des aktuellen Lernaufgabenteils besonders achten sollte. Interessanterweise gibt Graham im retrospektiven Interview an, dass er die Anwendung der Strategie der Nutzung anderer Aufgabenteile als Schummeln empfunden habe (vgl. Graham Retro 2[3] und eine mögliche Erklärung für diese Selbsteinschätzung Würffel 2006: 367ff.).

Verbaltranskript	Screenbewegungen
I'm scrolling down to look at the other questions. That can be reached online. Something in the internet in the world in November (x) reached online. (It is in) november.	Scrollt runter bis zur Aktivität **2**. Und wieder rauf zur Eintipplücke.

Abb. 8: Auszug LDP 4, Graham (Würffel 2006: 317)

Der Strategietyp der Nutzung formaler Eigenschaften ist einer von denen, die beim Betrachter die Vermutung auslösen, der Lernende nutze ihn, um einen einfachen Lösungsweg zu beschreiten. Tatsächlich zeigt sich aber, dass das nur selten der Fall ist: Stattdessen nutzen die Lernenden ihn als Feedbackfunktion oder um die Aufgabenanweisungen (besser) zu verstehen; sie vermeiden den Einsatz zum Teil sogar dann, wenn bestimmte Elemente – wie z. B. eine chronologische Reihenfolge – von den Autoren eigentlich gezielt als Hilfestellung in die Aufgabe mit eingebaut worden sind.

Dieses Nutzerverhalten, das natürlich auch in Zusammenhang mit der spezifischen Untersuchungsgruppe von relativ stark und in hohem Maße intrinsisch motivierten Lernenden zu sehen ist, wird bestätigt durch die Beobachtung, dass auch die Strategie bei Aufgabenteilen, bei denen als Feedback nicht ein Richtig/Falsch, sondern eine mögliche Lösung angezeigt wird, mehrere Lösungen einzutragen, sehr selten eingesetzt wird: Die Lernenden führen ihren Lösepro-

---

[3] Genau sagt Graham im retrospektiven Interview zur zweiten Sitzung zu diesem Vorscrollen: „Actually that's not fair to do that, I shouldn't do that".

zess also in der Regel zu Ende und verzichten nicht darauf, auch die letzte Entscheidung hinsichtlich der einen korrekten Lösung zu treffen.

An der Strategie der Anwendung von Trial-and-Error-Verfahren lässt sich verdeutlichen, wie wichtig eine genaue, datengeleitete Analyse des Strategiegebrauchs von Lernenden ist. In der Literatur findet sich ein Strategietyp, der u.a. als „guessing: blind guessing not based on any praticular rationale" (Nevo 1989: 214) bezeichnet wird; den Lernenden wird also ein blindes, unüberlegtes Raten unterstellt. Auf den ersten Blick mögen bestimmte Handlungen der Lernenden diesen Eindruck tatsächlich erwecken; mehrere Kodierungs- und Analysedurchgänge machten aber deutlich, dass eine solche Kategorie viel zu grob ist und dass die fragliche Strategie noch viel klarer aufgegliedert werden kann und muss – will man tatsächlich benennen und einordnen, was die Lernenden tun. Es zeigte sich, dass die Lernenden fast nie wild drauflos raten; man muss nur als Forschende genauer hinschauen, um zu erkennen, welche Wortbedeutungsdeterminierungs- oder welche Verstehensstrategie gerade angewendet wird. Diese detaillierte Betrachtungsweise zeigte, dass die Lernenden in der vorliegenden Studie nur zwei Strategien anwendeten, die als ‚Trial-and-Error-Verfahren' bezeichnet werden können: So testen die Lernenden erstens sehr schnell hintereinander verschiedene Hypothesen (was ihnen in einigen der Lernaufgaben mediumsspezifisch durch das direkte Feedback ermöglicht wurde), ohne sich durch das Dazwischenschalten einer metakognitiven Strategie zu einem Strategiewechsel zu entschließen. Diese Trial-and-Error-Strategie wird zum Teil tatsächlich für ein oberflächliches Bearbeiten eingesetzt; häufiger aber wird sie an Stellen verwendet, wo die Lernenden mit Programmfehlern zu kämpfen haben und sie diese Strategie als ‚verzweifelte' letzte Möglichkeit nutzen. Ein Beispiel dafür (vgl. Auszug LDP 5 in Abb. 9)stammt aus Grahams zweiter Bearbeitung[4] einer Grammatiktübung in Kapitel 1. Im ersten Durchlauf hatte Graham keine Probleme mit der Aufspaltung des Kompositums „Redestil" gehabt. Im zweiten Durchlauf spaltet er es bei seinem ersten Versuch dagegen inkorrekt in „Redes+Til" auf.[5] Diese Eingabe korrigiert er sofort und trägt die korrekte Lösung ein, die das Programm aber aufgrund eines Programmierungsproblems bzw. Programmfehlers (in Lücken, in die einmal eine falsche Lösung eingetragen wurde, wird eine korrekte Lösung nicht mehr als solche erkannt) als falsch bewertet. Obwohl oder weil Graham sich erinnert, dass seine zweite Eingabe bei seiner ersten Bearbeitung korrekt gewesen war, setzt er im Folgenden eine Trial-and-Error-Strategie mit allen möglichen Aufspaltungen ein, bei denen er auch schon eingetippte wiederholt. Dieses Beispiel zeigt deutlich, welch fatale Wirkung Programmfehler haben können: Graham ist nämlich am Schluss nicht nur

---

[4] Zur Begründung für die zweite Bearbeitung vgl. Fußnote 254 in Kapitel 9.2.2.5 .
[5] Er nimmt damit offensichtlich eine Hypothese wieder auf, die ihn schon in der Lernaufgabe im Grammar Part 2 zunächst zu einer falschen Aufspaltung von „Lernerstil" in „Lerners+Til" führte, vgl. Kapitel 9.2.2.5 und Auszug LDP 47.

extrem frustriert, er beendet seine Hypothesen-Odyssee schließlich mit einer falschen These (die in diesem Durchlauf auch seine erste war), obwohl er sich nach seiner ersten Korrektur an die korrekte Lösung erinnert und diese eingetragen hatte (vgl. Kapitel 7.6.1 und 19.4).

Verbaltranskript	Screenbewegungen	Produktdaten
Um *Redestil*. R-e-d-e-s plus t-i-l.	Tippt.	Redes+Til
I'm not really sure about that one and now I know I'm not. Hm. This is plus s-t- i-l. Oh, I thought that was right the first time. Hm. Redestil. Let me think about that for a minute. That is a usual ending.	Verbessert Wort, wird aber wieder nicht grün. Scrollt einmal nach rechts.	Rede+Stil
Let's try it with R-e-d-e-s plus t-i-l. Um, still wrong. Maybe the word's wrong.	Löscht Wort ganz, tippt.	Redes+Til
[...]		
Now, I'm going to go back to Redestil.	Scrollt hoch.	
R-e-d-e-s. S. Okay well. Well maybe it's. Ah.. Ha.	Löscht alles bis auf **Red**.	
Could be tetete. No.	Tippt.	Red+Estil
Okay. R-e-d-e-s plus t-i-l. Interesting.	Löscht, tippt.	Redes+Til
I don't know what I'm doing wrong with this one. I think for just a minute. R-e-d-e-s. The e-s. E-d. R-e-d-e-s-t-i-l (xx) this could be s.	Löscht alles.	
The s. R-e-d-e s-t-i-l	Tippt.	Rede+Stil
Til what else?	Löscht **+Stil**, hängt s an **Rede** dran	Redes
Style of speech (x) mm. S-t-i.	Scrollt nach rechts.	
Alright. Yeah I'm still confused why this isn't working why this is not the redes plus til. Unless I'm overlooking something. Ahm til. Yeah, I don't have a clue. But I know I got it right last time so that's even more disheartening...	Scrollt wieder nach links. Löscht alles	
Hmm, yeah, I don't know	Scrollt nach oben zum Seitenanfang, (x) wieder runter, geht weiter.	

Abb. 9: Auszug LDP 5, Graham, (Würffel 2006: 320)

Lernende greifen zweitens auf die Interaktivität des Selbstlernmaterials zurück, um die Funktionalität von Lernaufgaben zu verstehen. So verbalisiert der Lernende im folgenden Auszug aus einem Laut-Denk-Protokoll seinen Versuch, die notwendige Steuerungsinteraktion richtig zu verstehen (vgl. Abb. 10):

Verbaltranskript	Screenbewegung
Just click on it?	
I see. Ok.	Klickt auf erstes Wort **Forum**. Wird unterstrichen.

Abb. 10: Auszug LDP 6, Dr. D. (Würffel 2006: 318)

Die Strategie des Ausschlussverfahrens (bei Multiple-Choice-Übungen werden zunächst falsche Lösungen ausgeschlossen und die übrig gebliebenen als korrekte gewählt, vgl. Abb. 11) und die der Nutzung von Hilfen beim Eintippen (Nachlesen des einzutippenden Wortes im Text, lautes Buchstabieren beim Eintippen) sind zwei typische Lösestrategien; sie kommen in aufgabenunabhängigen Kontexten nicht vor: Falsche Lösungen können Lernende nur ausschließen, wenn ihnen eine Auswahl aus einer Anzahl von korrekten und inkorrekten Lösungen präsentiert wird, und die Nutzung von Hilfen zum korrekten Eintippen benötigen sie nur, wenn die orthografisch korrekte Eingabe Voraussetzung für eine korrekte Lösung ist.

Verbaltranskript	Screenbewegungen
The function of Computers, okay. *The article explains the different components of the computer which makes this machine so efficient. The article describes the possibility of certain software possibilities. The article says that data processing will be much faster in the future,* okay,	
I've got to go back here for a second. Ah, *computers realize, special construction of computer, machine, program, megabites, functional computers.* Okay, it's about hardware computers.	Scrollt hoch zum Text.
Well, it's not about a certain software program. I would say this. Voila!	Scrollt runter zur Aufgabe. Klickt auf korrekten Auswahlknopf. Klickt **Check Answers**, gewählte Antwort wird grün.

Abb. 11: Auszug LDP 7: Dr. D. (Würffel 2006: 321f.)

Medienspezifische Lösestrategien sind schließlich die des Sicherns des Verständnisses des Feedback und die des Selbst-Korrigierens/Ersetzens – medienspezifisch deshalb, weil (direktes) Feedback als ein entscheidendes Merkmal von Aufgaben und Übungen in computergestütztem Selbstlernmaterial gelten kann. Die Lernenden reagieren auf dieses direkte Feedback, indem sie es erstens zu verstehen versuchen: durch ein Nachlesen in den Anweisungen oder durch das Interpretieren der interaktiven Reaktion des Programms (z. B. bei Programmfehlern, vgl. Abb. 12).

Verbaltranskript	Screenbewegungen
I assume that means alright.	Wort in erster Lücke ist rot geworden.

Abb. 12: Auszug LDP 8: Aaron (Würffel 2006: 324)

Zweitens nehmen sie als Antwort auf dieses Feedback Korrekturen oder Ersetzungen vor. Diese Korrekturen sind angesichts der geringen Feedbackvarianz in *German on the Web: Reading German* erstaunlich vielfältig: Ohne vom Programm gezielt darauf hingewiesen worden zu sein, korrigieren die Lernenden ihre Antworten auf allen denkbaren Ebenen (vgl. für einen Überblick Würffel 2006: 325ff.).

Die gezielte Betrachtung der Lösestrategien zeigt, dass Lernende keineswegs am liebsten den Weg des geringsten Widerstandes gehen; die Lernenden in der vorliegenden Studie tun dies auf jeden Fall meist nur in Notfällen, d.h. bei auftretenden Problemen. Diese werden im nächsten Teil in einem Überblick kurz benannt.

4. Probleme bei der Arbeit mit internetgestütztem Selbstlernmaterial und didaktische Implikationen

Bei ihrer Arbeit mit *German on the Web: Reading German* treffen die Lernenden auf zahlreiche Schwierigkeiten (für einen Überblick vgl. ibid.: 433ff.). Einige davon können als löseprozessspezifisch bezeichnet werden, d.h. sie treten nur auf, weil der Lernende didaktische Aufgaben zu bewältigen hat. Zu diesen Problemen gehören das Nichtverstehen oder Missverstehen der Aufgabenanweisungen und des Feedback (im Hinblick auf die Einholmethode) sowie die fehlende Systematik im Vorgehen.

Das Nichtverstehen oder Missverstehen von Aufgabenanweisungen wird durch eine unzureichende Analyse der Aufgabenanweisungen durch den Lernenden und/oder durch missverständliche Formulierungen der Lernaufgabe hervorgerufen. Dass Lerner Aufgabenanweisungen häufig nur unzureichend analysieren, ist auch schon in anderen Untersuchungen deutlich geworden (vgl. u. a. Börner 1999: 223). In der vorliegenden Studie zeigt sich darüber hinaus die besondere Brisanz des Problems beim Selbstlernen, wo kein Lehrender oder keine Mitlernenden den Lernenden auf sein Missverständnis (bzw. auf seine fehlerhafte Analyse) hinweisen können. Stattdessen erhält der Lernende bei Übungen mit direkter Rückmeldung meist ein Falsch-Feedback; dieses wird ihn im besten Fall dazu bringen, seine Aufgabenbearbeitung im Hinblick auf das Aufgabenverständnis noch einmal zu überprüfen; im schlechtesten Fall wird er aber kognitive Ressourcen und Zeit dafür verschwenden, seine Lösungshypothese inhaltlich zu korrigieren, was ihm aber wegen seines falschen Aufgabenverständnisses nicht gelingen kann. Wie die Daten gezeigt haben, tendieren viele Lernende dazu, zunächst einmal den ersten Weg zu beschreiten; offenbar scheint es ein relativ hohes Bewusstsein für diese Fehlerquelle zu geben (oder die Lernenden gehen ökonomisch vor: Ein Missverstehen der Aufgabenanweisungen lässt sich häufig kognitiv leichter auflösen als eine inhaltlich falsche Lösung). Interessanterweise führt dieses Bewusstsein (oder auch nur die häufige Erfahrung, dass dieser Fehler auftaucht) die Lernenden nicht dazu, grundsätzlich mehr Zeit und Intensität in ihre erste Analyse der Aufgabenanweisungen zu investieren. Es scheint vielmehr, dass viele zunächst regelmäßig Zeit oder kognitive Ressourcen einsparen und erst im Bedarfsfall bei auftretenden Schwierigkeiten die Lösestrategie des Nachlesens einsetzen.

Für die Autoren von Selbstlernmaterialien bedeuten diese Ergebnisse, dass weiter daran gearbeitet werden sollte, Aufgabenanweisungen möglichst eindeutig und für unterschiedliche Lernende verständlich zu formulieren (u. a. durch ein Testen der Materialien – möglichst mit verschiedenen Lerntypen –, bevor sie tatsächlich eingesetzt werden); andererseits muss aber immer damit gerechnet werden, dass auch diese nicht aufmerksam genug gelesen und analysiert werden. Eine Möglichkeit wäre hier, in ein elaboriertes Feedback den Hinweis auf eine möglicherweise falsch verstandene Aufgabenanweisung zu integrieren. Schließlich sollte in Selbstlernmaterialien auch eine Form des reflektierten Erfahrungslernens eingebaut werden, das die Lernenden dazu bringt, die Sinnhaftigkeit der Zeitinvestition in das genaue Lesen der Aufgabenanweisungen zu erfahren.

Wenn das Feedback nicht automatisch gegeben wird, sondern vom Lernenden eingeholt werden muss, kann es durch unzureichende Analyse der Aufgabenanweisungen auch diesbezüglich zu Schwierigkeiten kommen. Dieses Problem könnte durch ein automatisch angebotenes Feedback aufgehoben werden; gleichzeitig würde damit aber die Lernerkontrolle erheblich eingeschränkt: Man kann davon ausgehen, dass es Lernende gibt, die es bevorzugen, nach Erstellung einer ersten Lösung diese zunächst durch ein Nachlesen im Text selbst zu verifizieren, sie vielleicht selbstinitiiert zu korrigieren und erst dann ein Feedback einzuholen.

Schließlich lässt sich das Problem einer fehlenden Systematik in den Aufgabenbearbeitungen beobachten. Diese spezifische Form des lerntypabhängigen Arbeitsverhaltens kann gerade beim Arbeiten mit internetgestütztem Material problematisch sein, da solche Lernende dadurch Fehler zum Teil mehrfach wiederholen und ihre Frustration stetig steigern. Die zu beobachtende Potenzierung der Schwierigkeiten hängt damit zusammen, dass durch die Situation des Selbstlernens kein Lehrender oder Mitlernender steuernd eingreifen kann und dass durch das digitale, interaktive Material der Einsatz von Trial-and-Error-Strategien vor allem auf der Ebene der Steuerungsinteraktionen unterstützt zu werden scheint. Lernende setzen hier z. B. immer wieder eine gleiche Vorgehensweise ein, statt systematisch alle möglichen auszuprobieren (für ein Beispiel s. Würffel 2006: 443f.), und übersehen dadurch eventuell die eigentlich richtige (bzw. vom Programm vorgesehene). Anders als bei den oben beschriebenen fehlenden Analysen der Aufgabenanweisungen scheint das Problembewusstsein der Lernenden für diese Fehlerquelle allerdings nur gering ausgeprägt zu sein. Hinzukommt, dass ein unsystematisches Vorgehen in internetgestütztem Material durch dessen Fehleranfälligkeit (ich nenne das die „Unberechenbarkeit des Materials", vgl. ibid.: 452f.) noch schwerwiegendere Auswirkungen haben kann als eine unzureichende Analyse der Aufgabenanweisungen. Auch im Hinblick auf diese Problemquelle muss man deshalb Verbesserungen des Materials auf der Steuerungsebene (wie eine höhere Toleranz bezüglich der Vorgehensweisen der Lernenden) fordern, gleichzeitig aber auch solche im didaktischen Design, sodass Lernende angeleitet werden, die Vorteile eines systematischeren Vorgehens zu erkennen und dieses schrittweise zu erlernen.

Literaturverzeichnis

Börner, Wolfgang (2000). „'Das ist eigentlich so' ne Übung, wo man überhaupt nicht nachdenken muss' – Lernermeinungen zu Grammatikübungen. In: Claudia Riemer (Hrsg.). *Kognitive Aspekte des Lehrens und Lernens von Fremdsprachen*. Festschrift für Willis J. Edmonson. Tübingen: Narr, 323-337.

Börner, Wolfgang (1999). „Fremdsprachliche Lernaufgaben." *Zeitschrift für Fremdsprachenforschung*, 10 (2), 209-230.

Bygate, Martin; Skehan, Peter & Swain, Merrill (Hgs.) (2001). *Researching pedagogic tasks: second language learning, teaching and testing*. Harlow: Pearson Education Limited.

Finkbeiner, Claudia (2005). *Interessen und Strategien beim fremdsprachlichen Lesen: Wie Schülerinnen und Schüler englische Texte lesen und verstehen*. Tübingen: Narr.

Grotjahn, Rüdiger (1997). „Strategiewissen und Strategiegebrauch. Das Informationsverarbeitungsparadigma als Metatheorie in der L2-Strategieforschung." In: Ute Rampillon & Günther Zimmermann (Hrsg.), *Strategien und Techniken beim Erwerb fremder Sprachen*. Ismaning: Hueber, 33-76.

Hess, Hans Werner & Stählin, Andrea (1997). "The Introduction of Language Learning Software into the Curriculum under Non-Experimental Conditions." In: David Kember et al. (Hrsg.), *Case studies of Improving Teaching and Learning from the Action Learning Project*. Hong Kong: Action Learning Project, 461-482.

Nevo, Nava (1989). "Test-taking Strategies on a Multiple-choice Test of Reading Comprehension." *Language Testing*, 6, 199-215.

O'Malley, Michael J. & Chamot, Anna Uhl (1990). *Learning Strategies in Second Language Acquisition*. Cambridge: Cambridge University Press.

Oxford, Rebecca L. (1990). *Language Learning Strategies. What every teacher should know*. New York: Newbury House.

Schmidt, Richard W. (1990). The role of consciousness in second language learning. *Applied Linguistics*, 11 (2), 129-158.

Würffel, Nicola (2006). *Strategiegebrauch bei Aufgabenbearbeitungen in internetgestütztem Selbstlernmaterial*. Tübingen: Narr.

Würffel, Nicola (2001). „Protokolle Lauten Denkens als Grundlage für die Erforschung von hypertextgeleiteten Lernprozessen im Fremdsprachenunterricht." In: Andreas Müller-Hartmann & Marita Schocker-v. Ditfurth (Hrsg.), *Qualitative Forschung im Bereich Fremdsprachen lehren und lernen*. Tübingen: Narr, 163-186.

THOMAS RAITH (HEIDELBERG)

Weblogs als Lesetagebücher im aufgabenorientierten Fremdsprachenunterricht – Ergebnisse einer Vergleichsstudie

Der Beitrag stellt eine Vergleichsstudie vor, die den Unterschied zwischen Lesetagebüchern in handgeschriebener Form und Lesetagebüchern als Weblogs in einer neunten Klasse Realschule untersucht. Der Prozess des Lesens eines englischsprachigen Jugendbuches wurde durch gezielte Aufgabenstellungen angeregt und von den Schülerinnen in den Lesetagebüchern dokumentiert. Das Ergebnis der Studie legt nahe, dass die Schülerinnen mit Weblogs beim Schreiben in einem höheren Maß über das Gelesene persönlich reflektierten als Schülerinnen mit handgeschriebenen Lesetagebüchern.

1. Einleitung

Das Web 2.0 bietet die Möglichkeit durch verschiedene Anwendungen Nutzer zu einem sozialen Netzwerk zu verbinden. Das Internet wird dabei zu einer Kommunikationsplattform, auf der Informationen ausgetauscht werden. Da im aufgabenorientierten Unterricht Kommunikation und der soziokulturelle Aspekt des Fremdsprachenlernens im Vordergrund stehen, stellt sich die Frage, welchen Wert Web 2.0-Anwendungen für den aufgabenorientierten Unterricht haben. Dieser Frage bin ich in Bezug auf Weblogs in einer qualitativen Vergleichsstudie in einer neunten Klasse Realschule nachgegangen. In dem Artikel stelle ich die Ergebnisse der Studie unter dem Gesichtspunkt des Wertes von Weblogs für den aufgabenorientierten Fremdsprachenunterricht vor.

2. Beschreibung des Unterrichtsprojektes

Für das der Studie zugrunde liegende Projekt habe ich das Buch „If you come softly" (Woodson 1998) gewählt, da es verschiedene Problemfelder anspricht, die für die Lerngruppe als besonders relevant erschienen (Identitätsfindung, Konflikte mit Eltern, erste Liebe, Einsamkeit, Ausgrenzung). Das Buch erzählt eine Liebesgeschichte zwischen einem schwarzen Jungen (Jeremiah) und einem weißen jüdischen Mädchen (Ellie), die beide zur gleichen Zeit auf eine private High School in New York wechseln. Beide fühlen sich auf den ersten Blick zueinander hingezogen, brauchen aber einige Zeit, um es sich gegenseitig und anderen zu zeigen. Wegen ihrer unterschiedlichen Hautfarben werden Ellie und Jeremiah mit offenem und verstecktem Rassismus in ihrer Umgebung konfrontiert, unter anderem von Freunden und der eigenen Familie.

Als methodischen Zugang habe ich einen leserorientierten, rezeptionsästhetischen Ansatz gewählt. Hier tritt der Leser selbst in Interaktion mit dem Text und seine eigene Interpretation des Textes steht im Vordergrund. Die Schüler hatten die Möglichkeit, ihre Assoziationen und Reaktionen auf den Text festzuhalten, ohne dabei formale Kriterien der Interpretation einhalten zu müssen. Diese individuellen Interpretationen sollten dann Grundlage zur Bedeutungsaushandlung mit anderen Schülerinnen sein. Lesetagebücher sind dabei eine gute Möglichkeit, leserorientierte Schreibreflexionsprozesse bei Schülerinnen auszulösen (Hesse 2002: 106).

Bei der Schulklasse handelte es sich um eine neunte Klasse an einer Mädchenrealschule, es waren dadurch ausschließlich Mädchen an der Studie beteiligt.

Die Schülerinnen mussten während des Leseprozesses ein Lesetagebuch zu dem genannten Jugendroman führen. Sie konnten als Medium zum Führen des Lesetagebuches entweder die traditionelle Form von handgeschriebenen Lesetagebüchern wählen oder ein Weblog im Internet erstellen. Ein Weblog, häufig nur Blog genannt, ist eine Webseite, die periodisch neue Einträge enthält. Neue Einträge stehen an erster Stelle, ältere Einträge folgen in chronologisch umgekehrter Reihenfolge. In der Regel kann man zu jedem Eintrag auch einen Kommentar schreiben. Weblogs werden hauptsächlich dazu benutzt, in regelmäßigen Abständen Artikel, Nachrichten oder persönliche, tagebuchartige Einträge zu veröffentlichen.

Die Leitlinien zum Führen des Lesetagebuchs waren dabei sehr offen gehalten: im Mittelpunkt stand die persönliche Reflexion und das Äußern der eigenen Meinung zu dem gelesenen Text. Die Schülerinnen mussten dem Verlauf der Geschichte folgend in verschiedenen Abschnitten aufgeteilt jeweils zwei bis vier Kapitel lesen und dazu Einträge in den Lesetagebüchern schreiben. Die Aufgabenstellung beinhaltete Anregungen was die Schülerinnen in ihrem Lesetagebuch aufschreiben konnten: Gedanken und Gefühle die ihnen beim Lesen kamen, was ihnen gefallen bzw. nicht gefallen hatte und Stellen die sie als schwierig empfunden hatten. Außerdem wurden die Schülerinnen dazu angeregt Bilder oder Texte (z.B. Gedichte, Lieder etc.) beizufügen, um ihre Gedanken zu dem Gelesenen zu unterstreichen. Die Aufgabenstellung hatte den Zweck dass die Schülerinnen ihre eigene Perspektive und Interpretation des Textes als *while-reading task* während des Leseprozesses festhielten um dann mit ihren Mitschülerinnen ins Gespräch über ihre Sicht auf die Handlung des Buches zu kommen[1]. Durch *pre- und post-reading tasks* in den Unterrichtsstunden wurde der Leseprozess verlangsamt und die Schülerinnen wurden zur Reflexion über den Text und zu den aufgeworfenen Fragestellungen angeregt. Zum Beispiel wurde zu einem

---

[1] Der genaue Arbeitsauftrag zum Führen des Lesetagebuchs ist in dem Artikel von Raith (2006) beschrieben.

Kapitel, in dem die ungleichen Machtverhältnisse zwischen einem schwarzen und einem weißen Freund des Protagonisten beschrieben werden, eine *pre-reading task* zur Geschichte der Sklaverei und die Entstehung der unterschiedlichen Machtverhältnisse dem Lesen des Kapitels vorangestellt. Die Schülerinnen haben dann als *while-reading task* in ihrem Lesetagebuch dargestellt welche Verbindung sie zwischen den beiden Texten (einem Gemälde über Sklaverei und dem Buchkapitel) sehen[2]. Die Lernertexte wurden dann dazu verwendet, dass sich die Schülerinnen über ihre Reaktionen auf den Text mit dem Ziel der Bedeutungsaushandlung in der Fremdsprache austauschten. Dieser Austausch geschah dann entweder durch die Kommentar-Funktion der Weblogs oder in kleinen Gruppen im Klassenzimmer. In dem genannten Aufgabenbeispiel haben die Schülerinnen als *post-reading task* ihre Texte verglichen und Gemeinsamkeiten bzw. Unterschiede diskutiert und als gemeinsames Produkt ein Standbild entworfen und der Klasse präsentiert.

3. Forschungsdesign

Im Sinne einer „Forschung der Betroffenen" und der Ausrichtung auf Fragestellungen aus der Praxis ist das vorliegende Forschungsprojekt dem Paradigma der Aktionsforschung nach Altrichter zuzuordnen (Altrichter 1998: 13-15). Die Schülerinnen hatten alle die gleichen Vorgaben was das Führen eines Lesetagebuches anging. 10 Schülerinnen benutzten dazu ein Weblog und 19 Schülerinnen führten das Lesetagebuch in Papierform, es handelt sich also um eine Vergleichsstudie (Flick 2003: 254). Als Datenquellen dienten zwei Fragebögen – einer am Anfang des Unterrichtsprojektes und einer am Ende, ein leitfadengestütztes Interview auf Grundlage der vorherigen Daten und die Texte der Lesetagebücher.

Der Studie lagen drei zentrale Forschungsfragen zugrunde:

1. Welche Unterschiede gibt es zwischen handgeschriebenen Lesetagebüchern und Weblogs als Lesetagebücher?
2. Inwieweit unterstützen Weblogs bedeutungsvolles Schreiben?
3. Inwieweit beeinflusst die potentielle Online-Leserschaft Schülerinnen beim Schreiben eines Lesetagebuches?

Den Forschungsfragen ist hinzuzufügen, dass sich die Ausrichtung auf die Leserschaft (*audience*) in der dritten Forschungsfrage erst im Prozess der Datenanalyse aus den Daten ergeben hat. Zunächst stand die grundsätzliche Frage nach dem Unterschied zwischen Weblogs und handgeschriebenen Lesetagebüchern im Vordergrund, erst durch die Kodierung der Daten wurde die Rolle der

---

[2] Für eine ausführliche Darstellung dieser Beispielaufgabe mit Arbeitsmaterial siehe Raith (2006)

Leserschaft und der Schwerpunkt auf bedeutungsvollem Schreiben deutlich. Die Datenanalyse erfolgte nach der *grounded theory*, das heißt, dass in jeder Phase des Analyseprozesses Fragen gestellt wurden, die Daten miteinander verglichen wurden und daraus Kategorien generiert wurden.

4. Ergebnisse der Datenanalyse

Erster Fragebogen

In dem ersten Fragebogen wurden die Schülerinnen unter anderem dazu befragt, was ihre Motivation war, sich für das jeweilige Medium (Weblog oder handgeschriebenes Lesetagebuch) zu entscheiden. Die Fragen wurden möglichst offen formuliert, d.h. die Schülerinnen konnten sich ohne vorgegebene Antwortmöglichkeiten frei äußern.

Bei der Kodierung der Daten konnte ich die Begründung für die Entscheidung für ein bestimmtes Medium in drei Kategorien einteilen. Ich werde im Folgenden diese Kategorien mit Beispieläußerungen von Schülerinnen vorstellen:

Kategorie 1: Persönliche Interessen und Vorlieben
Beispiele: Ich habe mich für/gegen Weblogs entschieden, weil...
Maike: *...ich es einfach nicht machen wollte.*
Juliane: *...sie eine Alternative zum Lesetagebuch darstellen (Abwechslung)*
Jasmin: *...ich es interessant finde und mich darauf freue*
Katharina: *...ich noch nie einen Weblog gemacht habe und gerne etwas neues ausprobieren möchte*

Kategorie 2: Medienkompetenz
Beispiele: Ich habe mich für/gegen Weblogs entschieden, weil...
Jennifer: *...ich nicht gern am Computer bin und es viel leichter finde mit der Hand zu schreiben.*
Johanna: *...ich nicht gerne vor dem Computer sitze und schreibe*

Kategorie 3: Adressaten
Beispiele: Ich habe mich für/gegen Weblogs entschieden, weil...
Viola: *...ich nichts veröffentlichen will.*
Yvonne: *...ich oft im Internet bin und meine Gedanken veröffentlichen will.*
Tanja: *...ich es interessant finde, dass jeder mein Geschriebenes lesen kann.*

Die Kategorien beschreiben die Motive der Schülerinnen bei der Wahl des Mediums. Die erste Kategorie (persönliche Interessen und Vorlieben) fasst sehr allgemeine Aussagen der Schülerinnen zusammen. Die zweite und dritte Kategorie stehen für konkretere Aussagen der Schülerinnen, wobei die zweite Kategorie sich vor allem auf die Medienkompetenz der Schülerinnen bezieht und dokumentiert, dass einige Schülerinnen sich nicht zutrauen, mit dem Medium Computer die gegebene Aufgabe zu lösen, andere führen gegebene Situationen (z.B. kein Internet) als Grund an. Besonders interessant für die weitere Analyse und Interpretation der Schülerdaten war Kategorie drei. In dieser Kategorie haben Schülerinnen die potentielle Leserschaft im Internet als Grund angegeben sich für oder gegen Weblogs zu entscheiden. Für manche war diese Online-Leserschaft eine Motivation in Weblogs zu veröffentlichen, andere sahen es als Bedrohung und haben sich deswegen gegen Weblogs entschieden. Besonders interessant ist hierbei auch, dass keine Schülerin mit einem handgeschriebenen Lesetagebuch auf Papier ihr Medium mit einem Adressaten verbunden hat, zumindest gibt es aus den Daten keine Hinweise darauf.

Lesetagebücher

Der ersten Forschungsfrage folgend ging es mir bei den Lesetagebüchern zunächst darum, die Unterschiede zwischen den Texten, die mit dem Medium Weblog verfasst wurden, und denen, die auf Papier geschrieben wurden, herauszuarbeiten. Dazu habe ich durch offenes Kodieren nach der *grounded theory* die Texte nach Auffälligkeiten untersucht. Dabei konnte ich feststellen, dass man die Texte der Schülerinnen grundsätzlich in drei Kategorien einteilen konnte:

Kategorie 1: Zusammenfassungen der einzelnen Buchkapitel
Unter diese Kategorie fallen Texte, die ausschließlich die gelesenen Kapitel inhaltlich zusammenfassen.

Kategorie 2: Zusammenfassungen der einzelnen Buchkapitel mit Meinungsäußerungen
Unter diese Kategorie fallen Texte von Schülerinnen, die hauptsächlich die gelesenen Kapitel zusammenfassen, aber dann ihre persönliche Meinung dazu äußern, wobei die Zusammenfassungen einen bedeutend größeren Umfang haben als die persönlichen Äußerungen.

Kategorie 3: Persönliche Meinungsäußerungen mit integrierten Zusammenfassungen
In diese Kategorie habe ich Schülertexte eingeteilt, die persönliche Kommentare für jedes Kapitel beinhalten. Diese Schülerinnen haben ihre Meinung und Gefühle zu dem jeweiligen Kapitel ausführlich beschrieben. Die Texte können auch Zusammenfassungen enthalten, aber auch diese stehen im Kontext der persönlichen Meinungsäußerung.

Als nächsten Schritt im Kodierungsprozess stellte ich mir verschiedene Fragen. Wie kann ich die Unterschiede zwischen den Tagebucheinträgen differenzierter beschreiben? Wie kann ich das Verhältnis zwischen ‚persönlicher Meinungsäußerung' und ‚Zusammenfassung eines Buchkapitels' in genauere Kategorien fassen? Mit diesen Fragen habe ich in der zweiten Phase des Kodierungsprozesses das Material erneut analysiert und daraus Deskriptoren entwickelt, die eine differenziertere Beschreibung gewährleisten. Die Beschreibungen in den einzelnen Niveaustufen habe ich aus dem Datenmaterial gewonnen, d.h., ich habe die kategorisierten Einträge erneut nach Gemeinsamkeiten und Unterschieden untersucht und dann den einzelnen Beschreibungen Schülerbeispiele zugeordnet. Das Ergebnis dieses Vorgehens sind folgende Deskriptoren:

Level 1	Schreibt nur kurze Zusammenfassungen des Gelesenen. Es findet keine persönliche Reflexion statt. Es werden keine persönlichen Einstellungen oder Meinungen geäußert.
Level 2	Schreibt hauptsächlich Zusammenfassungen des Gelesenen mit einzelnen persönlichen Reflexionen. Im Verhältnis zu den Zusammenfassungen sind die persönlichen Reflexionen sehr kurz gehalten und beinhalten wenig Ausdruck von Einstellungen und Werthaltungen. Meinungsäußerung kommt nur in kurzen, isolierten Sätzen vor.
Level 3	Schreibt Zusammenfassungen des Gelesenen und persönliche Reflexionen. Die Anzahl der persönlichen Äußerungen ist bedeutend, aber immer noch weniger als die Anzahl der Zusammenfassungen. Einstellungen und Werthaltungen sowie persönliche Meinung wird häufig und teilweise auch detailliert geäußert.
Level 4	Schreibt Zusammenfassungen des Gelesenen und persönliche Reflexionen in vergleichbarem Umfang. Einstellungen und Werthaltungen sowie persönliche Gedanken werden häufig und detailliert geäußert. Persönliche Meinung wird durch eine ausführliche Argumentation geäußert die mehrere Sätze beinhaltet.
Level 5	Schreibt persönliche Reflexionen und Zusammenfassungen des Geschriebenen mindestens zu einem gleichen Teil. Die Zusammenfassungen sind im Zusammenhang der Erläuterung einer persönlichen Perspektive auf den Text verfasst. Einstellungen und Werthaltungen werden häufig und detailliert geäußert. Persönliche Meinung wird durch eine ausführliche Argumentation geäußert die mehrere Sätze beinhaltet.

In der letzten Phase des Kodierungsprozesses wurden die Lesetagebücher mithilfe der Deskriptoren in die einzelnen Niveaustufen eingeteilt.

Die Abbildung 1 fasst das Ergebnis der Auswertung in Diagrammform zusammen, die Prozentangaben geben den Anteil der jeweiligen Vergleichsgruppe an den einzelnen Niveaustufen wieder.

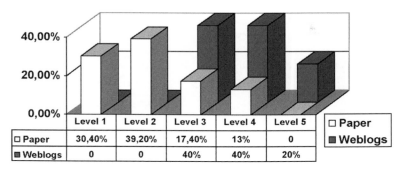

	Level 1	Level 2	Level 3	Level 4	Level 5
☐ Paper	30,40%	39,20%	17,40%	13%	0
◼ Weblogs	0	0	40%	40%	20%

Abbildung 1

Wie das Diagramm zeigt, ist der Unterschied zwischen den Vergleichsgruppen signifikant. Die Schülerinnen mit Weblogs haben alle mindestens die Niveaustufen 3 bis 5 fünf erreicht. Demgegenüber haben nur etwa 30% der Schülerinnen mit handgeschriebenen Lesetagebüchern die Niveaustufen 3 und 4 erreicht, wobei keine Schülerin mit Lesetagebuch auf Papier die Niveaustufe 5 erreichte und nur 13 Prozent die Niveaustufe 4. Darüber hinaus kann man festhalten, dass 60 % der Schülerinnen mit Weblogs Niveaustufe 4 und 5 erreicht haben.

Diese Zahlen sagen nichts über den korrekten Sprachgebrauch der Schülerinnen aus, aber sie geben einen Hinweis auf die Schwerpunkte, die von den Schülerinnen inhaltlich gesetzt wurden. Die Ergebnisse weisen darauf hin, dass Schülerinnen mit Weblogs wesentlich häufiger über ihre eigenen Einstellungen, persönliche Gedanken und Gefühle schrieben als Schülerinnen mit handgeschriebenen Lesetagebüchern. Die Texte der Weblogs sind persönlicher gehalten und die Schülerinnen teilen mehr von sich mit. Die Datenanalyse des zweiten Fragebogens und des leitfadengestützten Interviews können dabei helfen, die Frage zu klären, welche Gründe es dafür geben könnte, dass die Schülerinnen mit Weblogs persönlich mehr über das Gelesene reflektierten als die anderen Schülerinnen.

Zweiter Fragebogen

Der zweite Fragebogen wurde von den Schülerinnen ausgefüllt, nachdem sie das Lesetagebuch abgeschlossen hatten. Sie wurden darin über ihre Erfahrungen beim Schreiben und über die Unterschiede zwischen handgeschriebenen Lesetagebüchern und Lesetagebüchern als Weblogs aus ihrer Beobachtung befragt. Darüber hinaus ging es bei dem Fragebogen auch darum, inwieweit die Leserschaft die Schülerinnen beim Schreiben beeinflusste.

Die Auswertung des zweiten Fragebogens hat unter anderen zwei wichtige Kategorien im Hinblick auf das Verhältnis zwischen dem Schreibprozess und der potentiellen Leserschaft hervorgebracht. Die erste Kategorie (A) bezieht sich auf die Art der Leserschaft, die zweite Kategorie (B) auf den Einfluss, den diese Leserschaft auf die Schülerinnen hatte. Diesen Kategorien wurden jeweils Unterkategorien zugeordnet, die im Folgenden näher beschrieben werden. Anschließend an die jeweilige Kategorie habe ich die Auswertung der Nennungen in den Schülerantworten als Tabelle dargestellt.

Unterkategorien A (Art der Leserschaft)

A1 Der Lehrer: Schülerinnen, die geäußert haben, dass ihnen der Lehrer als Leser bewusst war.

A2 Der Lehrer, Mitschülerinnen, Freunde: Schülerinnen, die geäußert haben, dass sie den Lehrer, Mitschülerinnen und Freunde als potentielle Leser sahen.

A3 Die Online-Leserschaft: Schülerinnen, die geäußert haben, dass ihnen beim Schreiben die potentielle Leserschaft des Internets bewusst war.

Ergebnisse:

Kategorie A	Nennungen insgesamt	Handgeschriebene Lesetagebücher		Weblogs	
Kategorie A1	8	8	44,4%	0	
Kategorie A2	11	10	55,6%	1	10%
Kategorie A3	9	0		9	90%

Die in der Tabelle dargestellten Ergebnisse die Art der Leserschaft betreffend, zeigen einen klaren Unterschied zwischen Schülerinnen mit Weblogs und Schülerinnen mit handgeschriebenen Lesetagebüchern. Die Schülerinnen mit traditionellen Lesetagebüchern gaben an, dass sie während des Schreibprozesses entweder nur den Lehrer oder den Lehrer und Mitschülerinnen bzw. Freunde in ihrem Bewusstsein hatten (A1 und A2). Fast alle (9 von 10) Schülerinnen mit Weblogs gaben an, dass ihnen die potentiellen Leser im Internet bewusst waren, als sie ihre Texte schrieben (A3). Obwohl auch ihnen klar war, dass der Lehrer die Weblogs lesen und benoten wird, haben sie den Lehrer überhaupt nicht erwähnt.

Unterkategorien B (Einfluss der Leserschaft)

B1 Kein Einfluss, kein Kommentar: Schülerinnen, die sagten, sie glaubten, dass das Bewusstsein über die potentiellen Leser ihren Schreibprozess nicht beeinflusst hat bzw. Schülerinnen, die nicht kommentierten.

B2 Interessant und verständlich schreiben: Schülerinnen, die sagten, die potentiellen Leser animierten sie dazu, verständlicher und interessanter zu schreiben.

B3 Sich persönlich mitteilen: Schülerinnen, die angaben, dass die potentiellen Leser sie zu einem persönlicheren Schreibstil motivierten, bei dem sie auch ihre Einstellungen und Meinungen äußerten.

Ergebnisse:

Kategorie B	Nennungen insgesamt	Handgeschriebene Lesetagebücher		Weblogs	
Kategorie B1	14	12	66,7%	2	20%
Kategorie B2	11	6	33,3%	5	50%
Kategorie B3	3	0		3	30%

Die Ergebnisse der Frage nach dem Einfluss der potentiellen Leser auf den Schreibprozess der Schülerinnen legt nahe, dass die Schülerinnen mit Weblogs stärker von dem Bewusstsein einer potentiellen Leserschaft beeinflusst wurden, als die Schülerinnen mit handgeschriebenen Lesetagebüchern. Von den Schülerinnen mit traditionellen Lesetagebüchern haben 66,7% geäußert, dass sie keinen Einfluss der Leser auf ihren Schreibprozess sehen konnten oder sie haben keinen Kommentar dazu abgegeben (B1), wohingegen nur 20% der Schülerinnen mit Weblogs in diese Kategorie fallen. In der Kategorie B2 (interessant und verständlich schreiben) finden sich wesentlich mehr Schülerinnen mit Weblogs (50%) als Schülerinnen mit handgeschriebenen Lesetagebüchern (33,3%). In der dritten Kategorie B3 (sich persönlich mitteilen) ist der Unterschied sehr deutlich: 30% der Schülerinnen mit Weblogs wollten sich persönlich mitteilen, weil ihnen die potentiellen Leser bewusst waren, dem gegenüber stehen keine Schülerinnen mit handgeschriebenen Lesetagebüchern. Zugespitzt kann man sagen, dass 80% der Schülerinnen mit Weblogs einen Einfluss der potentiellen Leser auf den Schreibprozess wahrgenommen haben, aber nur 33,3% der Schülerinnen mit handgeschriebenen Lesetagebüchern die Leser als Einflussfaktor auf den Schreibprozess gesehen haben.

Leitfadengestützte Interviews

Anders als bei den vorherigen Datenerhebungen war bei den leitfadengestützten Interviews der Schwerpunkt aufgrund der bisherigen Erkenntnisse enger eingegrenzt. In den Leitfragen wurden die Schülerinnen mit der Tatsache konfrontiert, dass in den Weblogs mehr Texte mit persönlicher Meinungsäußerung geschrieben wurden, als in den handgeschriebenen Lesetagebüchern. Die Schülerinnen wurden danach gefragt, was ihrer Meinung nach evtl. Gründe dafür sein könnten. Bei der Analyse der Antworten habe ich wie bei den anderen Daten nach der *grounded theory* die Interviews mehrmals gelesen um dann Kategorien für die einzelnen Äußerungen in den Interviews zu finden. Die Interviews in den Vergleichsgruppen wurden jeweils getrennt ausgewertet und getrennt kategorisiert. Bei der Auswertung lag der Fokus auf Aussagen der Schülerinnen über den Einfluss der potentiellen Leser auf den Schreibprozess. Ich werde die einzelnen Kategorien kurz vorstellen und dann die Ergebnisse in Diagrammform darstellen.

Schülerinnen mit Weblogs (Kategorie A)

Kategorie A1 − Meinungsäußerung und persönliche Reflexion: Schülerinnen, die geäußert haben, dass sie ihren Weblog persönlich gestalten wollten und dem Leser nahe bringen wollten, was sie über das Gelesene dachten.

Kategorie A2 − Interaktion mit der Leserschaft: Schülerinnen, die geäußert haben, dass sie beim Schreiben ihrer Texte mit den Lesern im Internet interagieren wollten.

Kategorie A3 − Schönes Design und korrekter Sprachgebrauch: Schülerinnen, die wegen der potentiellen Leserschaft ihre Weblogs entweder äußerlich schön gestalten wollten oder auf einen korrekten Sprachgebrauch Wert legten.

Kategorie A4 − Umfang der Texte: Schülerinnen, die angaben, dass sie aufgrund des Bewusstseins einer breiten Leserschaft mehr schrieben, als sie das normalerweise getan hätten.

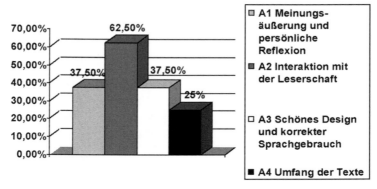

Abbildung 2

Die Ergebnisse der Interviews mit Weblog-Schülerinnen (Abbildung 2) zeigen deutlich, dass den meisten Schülerinnen die potentielle Leserschaft des Internets bewusst war und sie auch der Meinung sind, dass die potentiellen Leser ihren Schreibstil beeinflusst haben. Für 62,5% der Schülerinnen mit Weblogs war es sogar so, dass sie ihre Texte mit der Absicht verfasst hatten, mit Lesern zu interagieren.

Schülerinnen mit handgeschriebenen Lesetagebüchern (Kategorie B)

Kategorie B1 – Die potentielle Leserschaft des Internet macht einen Unterschied: Auch wenn sie selbst nicht die Erfahrung des Online-Publizierens machten sagten diese Schülerinnen im Interview, dass sie glaubten die potentielle Leserschaft des Internets habe bewirkt, dass die Schülerinnen mit Weblogs anders schrieben.

Kategorie B2 – Die potentielle Leserschaft des Internets wirkt bedrohlich: Schülerinnen, die die potentiellen Leser des Internets als bedrohlich empfanden und deshalb im Interview äußerten, dass sie keine Weblogs als Lesetagebücher wollten.

Kategorie B3 – Die potentielle Leserschaft des Internets übt keinen Einfluss aus: Schülerinnen, die geäußert hatten, dass sie keinen Unterschied zwischen Weblogs und handgeschriebenen Lesetagebüchern sehen und dass die potentielle Leserschaft des Internets den Schreibprozess nicht beeinflusst.

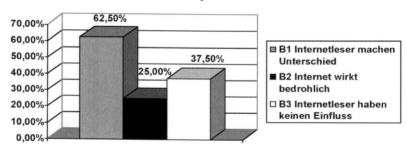

Abbildung 3

Um die Ergebnisse der Interviews mit Schülerinnen, die handgeschriebene Tagebücher verwendeten (Abbildung 3), besser zu verstehen, sollte man sich daran erinnern, dass ich die Interviewpassagen ausgewertet habe, welche sich spezifisch auf die potentielle Leserschaft der Lesetagebücher (handgeschrieben oder Weblogs) beziehen. Dadurch, dass die Schülerinnen mit den Ergebnissen der Auswertung der Lesetagebücher konfrontiert wurden (vor allem mit der Tatsache, dass Weblog-Schülerinnen häufiger ihre persönliche Meinung schrieben), haben sich die Aussagen der Schülerinnen mit handgeschriebenen Lesetagebüchern hauptsächlich auf die potentielle Leserschaft des Internets bezogen. Deshalb haben sich die Kategorien auch an diesem Phänomen orientiert. Besonders interessant ist, dass 62,5% der Schülerinnen mit handgeschriebenen Lesetagebüchern Aussagen machten, die darauf hinwiesen, dass sie denken, die potentiellen Leser des Internets machen einen Unterschied in Bezug auf den Inhalt des Geschriebenen.

5. Die Bedeutung der Ergebnisse für den aufgabenorientierten Fremdsprachenunterricht

Die Ergebnisse der Datenanalyse machen deutlich, dass das Vorhandensein von potentiellen Adressaten die Schülerinnen im Schreibprozess wesentlich beeinflusste. In der Wahrnehmung vieler Schülerinnen (mit und ohne Weblog) hat die potentielle Leserschaft des Internets als Adressat bewirkt, dass die Schülerinnen mit Weblogs über das Gelesene persönlicher reflektiert und häufiger ihre Meinung geäußert haben, als Schülerinnen mit handgeschriebenen Lesetagebüchern.

Im aufgabenorientierten Unterricht ist das Vorhandensein von echten Adressaten von grundlegender Bedeutung. Nunan (2004) sieht *real-world tasks*, also Aufgaben wie sie auch im Alltag vorkommen, als Leitziel des aufgabenorientierten Unterrichts an. Diese *real-world tasks* setzen für Sprachproduktion authentische Adressaten voraus, damit es zu echter Kommunikation kommt. Die Ergebnisse der Studie legen den Schluss nahe, dass die Schülerinnen das Medium Weblog mit der damit zusammen hängenden potentiellen weltweiten Leserschaft als Möglichkeit der authentischen Kommunikation wahrgenommen haben. Entscheidend für gelingende Aufgaben, die zu authentischer Kommunikation führen, ist aber nicht alleine das Medium, sondern vor allem die Aufgabenstellung. Da eines der wichtigsten Anwendungsgebiete von Weblogs das Veröffentlichen von persönlichen Gedanken ist, war auch die Aufgabenstellung zum Führen eines Lesetagebuches dem Medium angemessen und hat eine authentische Nutzung des Mediums gewährleistet. Aus der Perspektive vieler Schülerinnen haben die Weblogs als Lesetagebücher also die Gelegenheit zu authentischer Kommunikation mit echten Adressaten geboten und damit ein wichtiges Kriterium für *real-world tasks* erfüllt.

In dem leitfadengestützten Interview wurde deutlich, dass viele Schülerinnen mit Weblogs (62,5%) ihre Beiträge schrieben, um mit den Adressaten zu interagieren. Da Weblogs die Möglichkeit beinhalten, zu jedem Eintrag einen Kommentar zu schreiben, war den Schülerinnen bewusst, dass andere auf ihre Texte reagieren können. Außerdem hatten die Schülerinnen auch die Aufgabe, sich gegenseitig ihre Texte zu kommentieren. Interaktion ist im aufgabenorientierten Unterricht ein wichtiger Aspekt, weil Bedeutungsaushandlung, wie sie im Alltag vorkommt, ein komplexer Vorgang ist, der die Beherrschung unterschiedlicher

Fertigkeiten und die Fähigkeit der Reaktion auf Beiträge anderer Sprecher voraussetzt. Solche Aufgaben, die sich an der Interaktion im Alltag orientieren, müssen in den aufgabenorientierten Fremdsprachenunterricht einfließen, wenn man Schülerinnen auf die Situationen vorbereiten will, denen sie später bei der Anwendung der Fremdsprache ausgesetzt sein werden. Obwohl ich bei der Aufgabenstellung für die Schülerinnen dem Bereich der Interaktion keinen zentralen Stellenwert eingeräumt hatte (sie sollten lediglich gegenseitig die Blogs kommentieren), haben die meisten Schülerinnen die Weblogs als Medium der Interaktion wahrgenommen und ihre Beiträge auch als Teil einer Bedeutungsaushandlung mit anderen Autoren oder Lesern gesehen. An dieser Stelle wurde auch deutlich, dass der Charakter von Weblogs die Bildung von *communities* beinhaltet, die im Internet einen Diskurs über bestimmte Themen und Interessensgebiete führen. Insofern war schon durch die Nutzung des Mediums der Charakter einer Interaktion gegeben.

Hyland (2002) beschreibt die Rolle des Schreibenden im Schreibprozess als einen Telnehmer an einem sozialen Diskurs. Texte haben nach diesem Modell immer einen oder mehrere direkte oder indirekte Adressaten und treten in einen Diskurs mit diesen Adressaten: "[Writers] position themselves and their ideas in relation to other ideas and texts in their communities and this helps them both to legitimate their membership and establish their individual identities through discourse" (Hyland 2002: 41). Auch Grabe und Kaplan (1996) führen als vierte Stufe der historischen Entwicklung des Schreibens die *discourse community stage* an (Grabe & Kaplan 1996: 88). Die Ergebnisse des Forschungsprojekts können zu dem Schluss führen, dass Weblogs eine gute Möglichkeit bieten, im Fremdsprachenunterricht solche authentischen *discourse communities* mit dem Ziel der Interaktion und Bedeutungsaushandlung zu bilden.

Abschließend möchte ich noch darauf hinweisen, dass dem Thema Datenschutz und Sicherheit der Schüler beim Veröffentlichen von Texten im Internet ein großer Stellenwert eingeräumt werden muss. Es sollten Leitlinien mit Schülern/innen (und evtl. Eltern besprochen werden) und evtl. die Leserschaft in den Einstellungen der Weblogs auf ein ausgewähltes Zielpublikum beschränkt werden. Zu keinem Zeitpunkt sollte aus den veröffentlichten Texten die echte Identität eines Schülers hervorgehen.

Literaturverzeichnis

Altrichter, Herbert (1998). *Lehrer erforschen ihren Unterricht: eine Einführung in die Methoden der Aktionsforschung.* Bad Heilbrunn: Klinkhardt.

Flick, Uwe (Hrsg.) (2003). *Qualitative Forschung.* Reinbeck bei Hamburg: Rowohlt.

Grabe, William & Kaplan, Robert B. (1996). *Theory and Practice of Writing.* London: Longman.

Hesse, Mechthild (2002). *Jugendliteratur als Schreiblehre: Untersuchungen zum Verhältnis von Lesen und Schreiben im Englischunterricht der Sekundarstufe I.* Tübingen: Narr.

Hyland, Ken (2002). *Teaching and Researching Writing.* London: Pearson Education.

Nunan, David (2004). *Task-Based Language Teaching.* Cambridge: Cambridge University Press.

Raith, Thomas (2006). „Lesegespräche im Weblog: Aufgabenorientierte Arbeit mit dem Jugendroman *If you come softly.*" *Der Fremdsprachliche Unterricht Englisch*, 40.84, 28-31.

Woodson, Jaqueline (1998). *If you come softly.* New York: Penguin.

URLs von im Artikel erwähnten Classroom Weblogs:
Reading Journal Weblogs der 9. Realschulklasse:
www.mariaB-9b.blogspot.com
www.alena-9b.blogspot.com
www.mona-9b.blogspot.com
www.katharina-9b.blogspot.com
www.anne-9b.blogspot.com
www.lena-9b.blogspot.com
www.jasmin-9b.blogspot.com
www.sarah-9b.blogspot.com

NANCY GRIMM (JENA)

Shakespeare in der transatlantischen Begegnung: E-Mail-Austausch und Wiki-Projekt zu Dramen William Shakespeares – ein Erfahrungsbericht

Der folgende Beitrag stellt als Erfahrungsbericht zwei miteinander verbundene Hochschulprojekte vor: (1) einen deutsch-amerikanischen E-Mail-Austausch zu Dramen William Shakespeares und (2) ein aus diesem Austausch entstandenes Wiki. Neben der Vorstellung der Plan-, Austausch- und Wiki-Projektphase benennt dieser Beitrag vor allem auch Problemstellungen und Lösungsansätze sowohl bei der Durchführung eines E-Mail-Austausches als auch bei der Arbeit mit einem Wiki als Schreibprojekt, auf welches im Internet zugegriffen werden kann.

1. Einleitung

Im folgenden Beitrag wird zunächst kurz die Planung eines E-Mail-Austausches beschrieben. Daran schließt sich die konkrete Vorstellung des Austausches zwischen Studierenden der Michigan State University at East Lansing (USA) und Studierenden der Friedrich-Schiller-Universität Jena an. Es folgt eine kurze Vorstellung des in arbeitsteiliger Gruppenarbeit entstandenen Abschlussprojektes, welches als Erstellung eines Wikis am Ende des E-Mail-Austausches stand und das die Lehrenden – gemäß des Themas der vorliegenden Publikation – während des E-Mail-Austausches durch dezidierte Themenvorgaben und Zielvorstellungen vorbereiteten. Abschließend seien die Ergebnisse und Erkenntnisse aus beiden Projekten nochmals kurz zusammengefasst.

Um den E-Mail-Austausch zu Dramen William Shakespeares im Wintersemester 2005/2006 zu initiieren, erfolgten zunächst Absprachen zwischen den Lehrpersonen beider Universitäten zu den genauen Inhalten, Zielen und Aufgabenstellungen innerhalb des E-Mail-Austausches zwischen *pre-service teachers* der Michigan State University und Lehramtsstudent/Innen der Friedrich-Schiller-Universität Jena. Als ein gemeinsames Abschlussprojekt des Austausches einigte man sich auf die Erstellung eines Wikis, in dem die Ergebnisse des Austausches für ein interessiertes Publikum im Internet umgesetzt und zugreifbar gemacht werden sollte. Während die Studierenden an der Michigan State University einen *English Composition*-Kurs besuchten, dessen Inhalte und Schreibanlässe Shakespeare und dreizehn seiner Werke darstellten, beteiligten sich auf deutscher Seite zwei Fachdidaktikseminargruppen an dem E-Mail-Austausch. Die Seminargruppen beider Universitäten waren schwerpunktmäßig am didaktischen Nutzen der Dramen Shakespeares interessiert.

Die Lehrenden erkannten in dem Austausch ein vielschichtiges Potenzial für ihre Studierenden (vgl. Grimm & Dornan 2006): (1) Zunächst konnten diese ihre sprachlichen Fähigkeiten und Fertigkeiten mit dem Schreiben von englischen E-Mails auffrischen und erweitern. (2) Die Studierenden beider Universitäten hatten die Möglichkeit, neue, innovative und vor allem auch interkulturelle Zugänge zu den entsprechenden Dramen und ihrer Umsetzung im Englischunterricht zu gewinnen. (3) Nicht zuletzt konnten die Studierenden im Seminargespräch ihre eigenen Erfahrungen bei der Teilnahme an einem transatlantischen E-Mail-Austausch sowie bei der Erstellung eines Wikis reflektieren und selbst Schlussfolgerungen dazu treffen, wie diese Projekte im schulischen Alltag umgesetzt werden könnten und welche Voraussetzungen dafür geschaffen werden müssten.

2. Die Planungsphase

Die Planung des E-Mail-Austausches war langfristig angelegt. Zunächst musste eine Möglichkeit gefunden werden, den Austausch der Studierenden zu überblicken und für eine spätere Verwendung übersichtlich archivieren zu können. Ein „einfacher" E-Mail-Austausch schien hierfür nicht geeignet. Daher entschieden sich die Lehrenden für eine Lernplattform (*learning management system*) mit dem Namen „Angel" an der Michigan State University, welche ausschließlich der MSU und deren Kooperationspartnern zur Verfügung steht. Der Vorteil dieser Lernplattform lag vor allem in der bereitgestellten Option von Diskussionsforen, welche die Möglichkeit der Entwicklung von so genannten *threads* – einem Diskussionsfaden – zu bestimmten Diskussionspunkten bot.

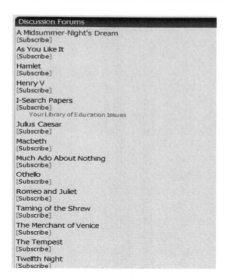
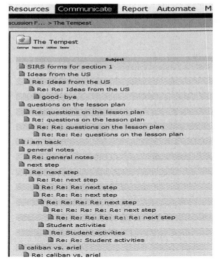

Die Diskussionsforen auf „Angel"   *Thread*-Ansicht eines Diskussionsforums

Neben den Diskussionsforen wurde für jedes der dreizehn Dramen zudem ein elektronischer Ordner geschaffen, in dem die Studierenden größere Dokumente ablegen und allen Austauschpartnern während der Diskussion der Dramen, die in arbeitsteiliger Gruppenarbeit erfolgte, zur Verfügung stellen konnten.

Um am Austausch teilnehmen zu können, mussten sich die Studierenden nach einer kurzen Einführung auf der Lernplattform „Angel" anmelden, ihren Kurs wählen und dann das entsprechende Diskussionsforum für das ihnen zuvor zugeloste Drama öffnen, um einen elektronischen Eintrag tätigen zu können. Um den E-Mail-Austausch anzuregen, entwickelten die Lehrenden so genannte *log topics* als Themencluster und damit als Diskussionsvorschläge, die man auf „Angel" zur Verfügung stellte. Diese Themen mit ausdrücklichem Vorschlagscharakter umfassten neben einer generellen persönlichen Vorstellung der Studierenden vor allem Empfehlungen, sich in den sechs Wochen des Austausches u.a. mit zentralen Themen, Motiven und Charakteren der Dramen auseinanderzusetzen sowie Schlüsselszenen zu interpretieren und den historischen Kontext in Betracht zu ziehen. Nicht zuletzt wurden die Studierenden beider Universitäten durch die Themencluster angeleitet, einen deutlichen Schwerpunkt auf die didaktische Umsetzung ihrer Ansätze zu legen, da dieser didaktische Fokus später auch die Inhalte des Wikis bestimmen sollte.

Mit diesen Anregungen, die einen auf Hochschulebene angemessenen Raum für die Auswahl eigener Diskussionsschwerpunkte ließen, wollten die Lehrenden absichern, dass den Studierenden im Notfall nicht der „Gesprächsstoff" ausgehen würde. Um sicherzustellen, dass die Studierenden in ausreichendem Maß am Austausch teilnehmen, forderte man sie auf, ein wöchentliches *exchange log*, welches als Musterformat von der Lernplattform heruntergeladen werden konnte, ausgefüllt in einem entsprechenden Ordner auf der Lernplattform zu hinterlegen. In dieser Dokumentvorlage mussten die Austauschpartner auf wöchentlicher Basis individuell beschreiben, welche Inhalte ihre Austauschaktivitäten genau umfassten. Die Diskussionsforen, auf welche die Lehrenden zugreifen konnten, boten zudem die Möglichkeit, die Austauschaktivitäten einzusehen. Es bestand von Seiten der Lehrenden jedoch nicht die Absicht, hier aktiv einzugreifen. Somit überließ man den Studierenden bei diesem Hochschulprojekt ein hohes Maß an Selbstorganisation und -kontrolle, wobei sich die Rolle der Lehrenden auf das *coaching* bei Problemstellungen und auf das passive *monitoring* der Austauschaktivitäten beschränkte.

3. Der E-Mail-Austausch

3.1. Die Rolle der Lehrenden und Lernenden beim elektronischen Austausch

Bei einem E-Mail-Austausch sind die Lehrenden in der Tat in der veränderten Rolle von *facilitators* (vgl. Müller-Hartmann 2001: 40). Sie begeben sich aus der Position im Vordergrund bewusst in den Hintergrund, um dort Strukturen in Form von Aufgabenformen zu schaffen, deren Einbindung und Spezifizierung zu Beginn wie während des Austausches wichtig ist. Mohn (2001: 24) beschreibt den Part der Lehrenden wie folgt:

> Er [der Lehrende] agiert vielleicht nicht mehr so stark frontal vom Lehrerpult aus, dafür aber umso mehr im Hintergrund: Als „Reiseleiter" erkundet er im Vorfeld neues Terrain und baut Kontakte auf, als Gesprächsmoderator hält er während des Projekts die Kommunikation im Fluss, gibt immer wieder Impulse und behält dabei die grobe Zielrichtung im Auge. Zusätzlich arbeitet er (idealerweise) auch als Organisator und technischer Betreuer bei ständig auftauchenden terminlichen und technischen Problemen.

Die Notwendigkeit für die Lehrenden, genau jene Rolle zu übernehmen, wurde auch während des E-Mail-Austausches zwischen den Studierenden deutlich. In Diskussionsrunden in den Seminaren hatten diese daher die Möglichkeit, aus ihrer eigenen Erfahrung heraus Überlegungen zur Rolle der Lehrenden innerhalb eines schulischen Austausches anzustellen. Ihnen wurde in ihrer Funktion als Lernende zunehmend bewusst, welche Anstrengungen sie als Lehrende unternehmen müssten, um einen solchen Austausch in der Schule anzuregen.

Mit der veränderten Rollenbeschreibung der Lehrenden geht auch eine Veränderung des Parts der Lernenden einher. Die Austauschaktivitäten von Schülerinnen und Schülern an der Schule müssen im Vergleich zu denen der Studierenden sicherlich sowohl sprachlich wie inhaltlich in höherem Maß kontrolliert werden (*monitoring*), denn „E-Mail-Projekte sind keine Privatangelegenheit von Schülern, sondern Teil schulischer Arbeit" (Donath 1997b: 265). Während die ausgehenden Beiträge der Studierenden weder sprachlich noch inhaltlich kontrolliert wurden, besteht für den Schulrahmen sicherlich die Frage, inwieweit Lehrende in den E-Mail-Austausch ihrer Schülerinnen und Schüler eingreifen sollten und inwieweit Lernende sich dadurch in ihren Austauschaktivitäten eingeschränkt fühlen. Die Frage des Ausmaßes der Kontrolle durch die Lehrenden und der Eigenverantwortung der Lernenden ist komplexer Natur, will man die Lernenden doch zu einem möglichst eigenverantwortlichen Handeln, d. h. zum *negotiating* (vgl. Mohn 2001: 26) bewegen:

Dieses *negotiating*, das möglichst selbstständige Handeln und diplomatische Verhandeln mit den internationalen Partnern, sollte den Schülern/innen möglichst weitgehend übertragen werden. Auch wenn dies oft nur sporadisch möglich ist, wird dadurch der Identifikationseffekt bei den Schülern/innen beträchtlich verstärkt.

Dieser Ansicht waren auch die Lehrenden an beiden Universitäten – natürlich auch basierend auf der Annahme, dass man den Studierenden ein höheres Maß an Eigenverantwortung und die Fähigkeit zum *negotiating* zutrauen konnte. Diese Hypothese erwies sich jedoch nur teilweise als richtig. Eine Kontrolle in Form von Interventionen in den Diskussionsforen erschien notwendig, da die elektronische Kommunikation in einigen Foren zum Teil kurzfristig zum Erliegen kam. Die Gründe dafür sollen hier kurz benannt werden, da sie sicherlich noch in einem größeren Maß für einen E-Mail-Austausch an der Schule zu bedenken sind. (1) Zunächst spielte natürlich der unterschiedliche zeitliche Ablauf der Semester in den USA und in Deutschland eine Rolle. Die Studierenden setzten jeweils zu Beginn und zum Ende ihrer Semester andere Prioritäten und zogen sich aufgrund anstehender Klausuren und Prüfungen teilweise aus dem Austausch zurück. In einem transatlantischen Austausch auf Schulebene können durch unterschiedlich gelegte Ferien und Feiertage ähnliche Probleme auftreten. (2) Einige Schwierigkeiten auf deutscher Seite wurden durch eine gewisse Unkenntnis in der Arbeit mit einer für amerikanische Universitäten üblichen und gebräuchlichen Lernplattform wie „Angel" ausgelöst. Obwohl die deutschen Studierenden eine kurze Einführung erhielten, kann Medienkompetenz – wie man es aufgrund des alltäglichen Umgangs mit E-Mails durch die Studierenden voraussetzen könnte – nicht ohne weiteres als gegeben angenommen werden. (3) Zudem kam es teilweise auch zur Nichtbeachtung der Arbeitsaufträge bzw. zu einer Unzufriedenheit mit deren Ausrichtung, was zu fehlender Motivation für einen regen E-Mail-Austausch führte. Die Studierenden äußerten sich höchst unterschiedlich zu den Arbeitsaufträgen bzw. Themenclustern in Form der *log topics*, die ja zunächst entwickelt wurden, um „die beteiligten Partner in eine Diskussion zu verwickeln" (Müller-Hartmann 2001: 38). Einige waren der Meinung, dass sich die *log topics* als zu zahlreich darstellten bzw. die Diskussion unnötig einschränkten. Obgleich die *log topics* eindeutig einen Vorschlagscharakter hatten, wurden sie von einigen Studierenden doch eher als störend empfunden. Andere erkannten auch in der Reflexion über die Möglichkeiten eines solchen E-Mail-Austausches in der Schule den Vorteil dieser wöchentlichen Diskussionsschwerpunkte. Ein/e Studierende/r schreibt im anonymen Fragebogen zur Auswertung des E-Mail-Austausches:

STUDENT/IN: An exchange could be a perfect occasion, giving the opportunity to learn about different cultural viewpoints on literature and everything it brings with it: social questions, didactic questions, analytical problems and various interpretations. But in regard to the overall result of our specific exchange with MSU-students I am not really satisfied. Their participation and co-operation was often insufficient. We always tried to give them exciting discussion questions as cornerstones for the analysis, but sometimes they rather tended to irrelevant themes like "songs" or their course schedules. This is, on the other side, an important experience. If an exchange like this is tried in school, this is one of the main points to be observed and directed – so that the discussion is always going on (Anonymer Fragebogen 2006).[1]

Während diese Äußerung letztlich genau beschreibt, welche Motivation hinter der Entwicklung von wöchentlichen Diskussionsschwerpunkten durch die Lehrenden lag, scheint diese studentische Stellungnahme jedoch in anderer Hinsicht problematisch. In die Wahrnehmung und Bewertung des eigenen Austausches scheinen sich verfestigte Vorurteilsstrukturen zu mischen. Die Frage des Umgangs mit Stereotypen in einem transatlantischen E-Mail-Austausch und damit in der interkulturellen Kommunikation stellte sich damit auch auf der Hochschulebene.

3.2. Interkulturelle Kommunikation: Die Rolle von Stereotypen im transatlantischen Austausch

Wenn man sich die soeben zitierte studentische Äußerung nochmals durchliest, wird deutlich, dass die oder der Studierende die Dichotomie zwischen „We" und „They" aufwirft. Zudem macht sie oder er Gebrauch von der durch Vorurteilsstrukturen geprägten Annahme der vermeintlichen Oberflächlichkeit der U.S.-Amerikaner *per se*. Auch andere Studierende pflegten dieses Vorurteil und bemängelten die Vermischung von Alltäglichem und Wissenschaftlichem bzw. einen anderen Zugang zur Literatur durch die amerikanischen Austauschpartner, den ein Studierender als eher intuitiv beschrieb, während der eigene – also der deutsche – als wissenschaftlich dargestellt wurde. So heißt es in einer studentischen Äußerung:

DEUTSCHE/R STUDENT/IN: Besides this, it seems as if I was working in a more "scientific" way than my American partners, i.e. many of my posts took regard of secondary literature while theirs was often based on some kind of "intuition" [...] (Anonymer Fragebogen 2006).

Eine andere studentische Äußerung, die sich auf Diskursformen des Direkten bzw. Indirekten bezieht und dabei erstgenanntes als typisch für deutsche Kommunikationsstrategien und letztgenanntes als explizit amerikanisch beschreibt, nimmt kritischen Bezug auf die euphemistischen bzw. oberflächlichen Kommunikationsstrategien amerikanischer Studierender und verweist somit in verall-

---

[1] Alle Angaben der Studierenden entstammen einem anonymen Fragebogen, der auf der „Angel"-Plattform zur Verfügung gestellt wurde. Ziel dieses Fragebogens war es, den Studierenden die Möglichkeit zu geben, das E-Mail-Austauschprojekt und auch ihre eigene Rolle darin selbst zu evaluieren. Alle studentischen Äußerungen sind *ohne* Korrekturen im Original wiedergegeben.

gemeinernder Weise auf ein weiteres, gern bemühtes Klischee über „die Amerikaner":

DEUTSCHE/R STUDENT/IN: I think between Germans and Americans there are differences in the discourse: I (I am German) felt that my straight forward suggestions were thought to be rude while the American were – that is my impression – euphemistic: they praise too much and cannot cope with criticism (Anonymer Fragebogen 2006).

Interessanterweise stellten einige amerikanische Austauschpartner dies in einer Selbstkritik selbst fest und hoben zudem die Wichtigkeit ihres Austausches mit den deutschen Partnern hervor. Ein/e amerikanische/r Studierende/r schreibt:

AMERIKANISCHE/R STUDENT/IN: I'm only partially satisfied with the exchange because not everyone participated. I spent a lot of time thinking about the play and posting on the forum. We did have some good discussions, but they often ended really quickly because people wouldn't post back. I wanted deeper discussion and conversation on the play, and only my German partner gave this to me. I'm really glad we got to work with the Germans, because they had some very different insights (Anonymer Fragebogen 2006).

Soweit man dies auf Grundlage des anonymen Fragebogens feststellen konnte, gab es keine kritischen Äußerungen amerikanischer Studierender über die akademische Arbeitsweise ihrer deutschen Partner und Partnerinnen. Während die amerikanischen Studierenden die Probleme innerhalb des Austausches in der Regel auf eigene Versäumnisse und Unzulänglichkeiten zurückführten, bedienten sich doch einige deutsche Studierende auch im Seminargespräch des Vorurteils der „oberflächlichen Amerikaner" – eine Annahme, die man zudem nicht auf Individuen beschränkte, sondern bald in allgemeiner Form auf alle amerikanischen Studierenden bezog.

Durch die Unreflektiertheit vieler Äußerungen deutscher Studierender erwies es sich als notwendig, in einem Seminargespräch auf dieses Problem einzugehen, zumal es die Motivation für den Austausch behinderte. Hier mussten die Lehrenden also aus der Rolle im Hintergrund hervortreten und auch für die Schule gilt wohl, dass „für den Bereich des interkulturellen Lernens die aktive Mitarbeit der Lehrkraft besonders benötigt [wird]" (Donath 1997a: 9). Während die Forschung gezeigt hat, dass ein elektronischer Austausch auf interkultureller Ebene nicht generell zu einem intensiven Kennenlernen der anderen Kultur bzw. „zu erhöhtem Verständnis und verbesserter Interaktionsfähigkeit" (Volkmann 2002: 23) führt, bleibt der interkulturelle Kontakt dennoch förderlich für die Ausbildung von interkultureller Kompetenz, wenn es gelingt, im Rahmen interkultureller Begegnungen einen Prozess zu initiieren, der es Lernenden erlaubt, „nicht nur die Unterschiede zwischen den Kulturen wahrzunehmen, sondern auch die Gemeinsamkeiten" (Müller-Hartmann 2001: 36). Daher regte man mit den Studierenden eine Seminardiskussion an, welche neben den kulturellen Gemeinsamkeiten auch die Vorurteilsstrukturen bewusst thematisierte. Dies barg natürlich die Gefahr, diese so mitunter noch zu verstärken. Da sich menschliches Handeln jedoch unweigerlich von Stereotypen geprägt zeigt, ist eine Vermeidung von Vorurteilsstrukturen an der Universität wie an der Schule unmöglich. Vielmehr geht es um eine Auseinandersetzung und damit um eine Bewusstmachung vorhandener oder sich bildender Stereotypen. Husemann (1991: 26) schreibt in seinem Beitrag „Stereotypes in Landeskunde – Shall We Join Them If We Cannot Beat Them?" dazu Folgendes:

> Why not develop an approach to *Landeskunde* which deliberately accepts the learner's stereotypical information as a basis onto which more differentiated information can be grafted? In the process of just doing that, stereotypical views and stereotyping itself can be made subject of debate, including the functions which stereotypes are made to serve, thus alerting the learner to their inevitable existence.

Für die notwendig gewordene Seminardiskussion mit den Studierenden an der Friedrich-Schiller-Universität Jena, in der sie aufgefordert wurden, in die Rolle der Lehrenden zu schlüpfen, schien dieser Ansatz höchst produktiv, da sich die Diskussion darauf verschob, wie sie als Lehrende mit diesen Vorurteilsstrukturen, die sie vor Kurzem noch geäußert hatten, umgehen würden.

4. Das Wiki-Projekt

4.1. Was ist ein Wiki?

Das Wiki stellte das Abschlussprojekt für den E-Mail-Austausch dar, auf welches alle Studierenden hinarbeiteten. Was aber ist ein Wiki? Der Name „Wiki" ist auf das hawaiianische Wort „*wikiwiki*" zurückzuführen, welches mit „*quick*" oder „schnell" zu übersetzen ist. Das wohl bekannteste Wiki ist die Internetenzyklopädie Wikipedia, auf die man online unter der URL www.wikipedia.org zugreifen kann. Für das eigene Projekt entschieden wir uns jedoch, nicht in dieser Enzyklopädie zu editieren, sondern im Sinne des Projektcharakters ein eigenes Wiki mit eigenständiger URL zu erstellen.

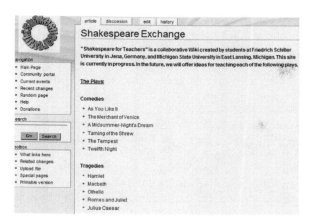

Das „Shakespeare-Wiki" der Friedrich-Schiller-Universität Jena

Die Originalidee für diese Form der Internetzusammenarbeit stammt von Cunningham, einem amerikanischen Softwareentwickler, der 1995 das „Ur-Wiki" als Wissensmanagementwerkzeug erstellte. Cunningham, der in Zusammenarbeit mit Leuf ein aktuelles Wiki-Handbuch mit dem Titel *Wiki Way: Quick Collaboration on the Web* (2005) verfasste, definiert die Grundform eines Wikis wie folgt:

> A wiki is a freely expandable collection of interlinked Web "pages", a *hypertext system* for storing and modifying information – a *database*, where each page is easily editable by any user with a forms-capable Web browser client (Cunningham & Leuf 2005: 14, Hervorhebung im Orig.).

Als Gruppenprojekt im Internet ist ein Wiki einfach handhabbar. Im Grunde kann jeder nach einer kurzen Einführung in die einfache Wiki-Syntax zum Entstehen der eigenen Seiten innerhalb eines anwachsenden Wikis beitragen. Aufgrund dieser einfachen Struktur ist die Erstellung eines Wikis auch für eine Projektarbeit in der Schule interessant.

4.2. Wikis als Projektmöglichkeiten an der (Hoch-)Schule

Honegger (2006: 5) beschreibt Wikis in seinem Beitrag „Wiki und die starken Texte: Schreibprojekte mit Wikis" als vorteilhaft in der Schule, weil sie für Lernende und Lehrende motivierend sind. Wikis sind einfach zu überarbeiten, schnell zu kommentieren und immer verfügbar, sodass Projekte mit Wikis ein hohes Motivationspotenzial besitzen, wie es ein Schulprojekt von Klemm zeigt, welches auf folgender Webseite einzusehen ist: http://www.wiki.klemm-site.de/wiki/index.php/Hauptseite.

Diese sehr positive Bewertung von Wikis für die Motivation und Lernbereit-
schaft der Lernenden durch handlungs- und projektorientierte Schreibprojekte
auf der Plattform eines Wikis darf natürlich die Anforderungen wie auch die
Limitationen bei der Arbeit mit einem Wiki nicht unterschlagen: (1) Die technischen Voraussetzungen müssen gegeben sein. Das heißt, eine Schule müsste genügend Computer, einen zuverlässigen Internetzugang und einen Wiki-Server
haben, den man entweder mieten oder selbst einrichten kann. (2) Die Anforderungen an die Lehrenden liegen neben einem Grundverständnis über die Arbeitsweise eines Wikis in der administrativen Tätigkeit, die vor allem die inhaltliche Strukturierung des Wikis mit klaren Arbeitsaufträgen für die Lernenden
vornimmt. Hier ist jedoch auch Vorsicht geboten: Die Strukturierung des Wikis
und die damit einhergehende Anleitung durch die Lehrenden sollte die Kreativität und Eigenverantwortung der Lernenden nicht unnötig begrenzen. (3) Diese
Überlegungen gehen mit einer weiteren Anforderung an die Lehrenden einher.
Ähnlich wie beim E-Mail-Austausch verändert sich die Rolle der Lehrenden,
wie es Honegger (2006: 7) beschreibt:

> Beim Einsatz von Wiki im Unterricht wandelt sich die Rolle der Lehrperson von der
> wissensvermittelnden Autorität zum begleitenden und fördernden Coach. Dieser Rol-
> lenwechsel manifestiert sich unter anderem auch darin, dass die Lehrpersonen in einem
> Wiki idealerweise die gleichen Rechte haben wie die Schülerinnen und Schüler.

Die von den Studierenden an der Universität Jena und der Michigan State Uni-
versity erstellten Wikis sind aus dem E-Mail-Austausch zwischen diesen beiden
Universitäten entstanden. Als *work in progress* und bis auf die administrativen
Tätigkeiten völlig in der Hand der Studierenden, wollen die Beteiligten beider
Universitäten hier ihren stark didaktisch geprägten Zugriff auf die Werke
Shakespeares interessierten Lehrenden im Internet zur Verfügung stellen. Neben
kontextuellen Informationen zu den Werken und durchaus klassischen Themen-
und Analyseschwerpunkten ist der Wesensgehalt der Unterrichtsvorschläge und
der zur Verfügung gestellten Materialien vor allem auch von neueren, stärker
produktions-, handlungs- und *performance*-orientierten sowie kreativen Unter-
richtsaktivitäten geprägt.

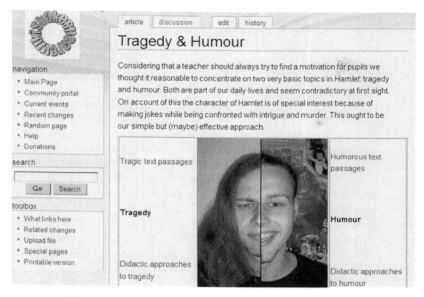

Ansicht des didaktisierten Wiki-Subprojekts zu Shakespeares *Hamlet*

5. Zusammenfassung und Ausblick

Zusammenfassend muss festgestellt werden, dass eine Schwierigkeit des Austausches eindeutig der Zeitfaktor auf verschiedenen Ebenen war. Dies sollte sicherlich auch auf Schulebene bedacht werden. (1) Zunächst sollten Lehrende immer in Betracht ziehen, dass ein solcher Austausch einer langen Planungsphase bedarf. Zudem ist der Anspruch an die organisierte Durchführung eines längerfristigen elektronischen Austauschprojektes sehr hoch. Die Zeitfrage betrifft sicherlich auch die Phase, die vergeht, bevor in einem Diskussionsforum reagiert werden kann. Ein E-Mail-Austausch ist auch in einem Diskussionsforum immer asynchron und entspricht nicht der synchronen Kommunikation in einem *chat room*. Viele Studierende zeigten sich angesichts der Zeitverzögerung in der Reaktion auf ihre Diskussionsbeiträge frustriert. Bisweilen verloren sie schnell das Interesse. Auch Studierende sollte man darauf hinweisen, dass bei einem E-Mail-Austausch eine Zeitverzögerung in der Kommunikation zu erwarten ist.

Die Lehrenden mussten zudem feststellen, dass viele Studierende auch mit der Funktionsweise eines Diskussionsforums nicht vertraut waren. Man konnte also nicht – wie allgemein angenommen – voraussetzen, dass die Studierenden aufgrund ihrer Vertrautheit im Umgang mit E-Mails auch ohne Probleme beispielsweise die Nützlichkeit der „Reply-Funktion" innerhalb des Diskussionsforums erkennen würden. Erkannte man diese Funktion jedoch nicht, konnten sich auch keine Diskussionsfäden – also keine *threads* – entwickeln, sodass die elektronische Kommunikation unübersichtlich wurde. Dies führte auch zum teilweisen Abbruch der Kommunikation, weil die Studierenden die Bezüglichkeit ihrer Äußerungen aufeinander nicht mehr erkannten. Der hohe technische Anspruch eines solchen Austauschprojektes an Lernende aber auch an Lehrende darf also nicht unterschätzt werden.

Neben diesen Anforderungen an technische Kenntnisse, welche die Studierenden im Verlauf des Austausches jedoch auffrischten, war zudem auffällig, dass die Studierenden noch keine Experten im elektronischen Austausch von Gedankengängen waren. Die Herausforderung bestand hier darin, Interpretationen und didaktische Zugänge zu Dramen Shakespeares überzeugend zu kommunizieren und darüber im Sinne des *negotiating* zu verhandeln. Hier eröffnete sich den Studierenden die Einsicht, dass elektronische Kommunikation weit mehr ist als das bloße Verfassen von Ideen in der englischen Sprache. Um diese Ideen auch im elektronischen Austausch überzeugend vermitteln zu können, mussten sie alternative Kommunikationsstrategien entwickeln, um sich ohne den persönlichen *face-to-face* Kontakt und somit ohne die Ausdruckskraft von Gestik und Mimik überzeugend auszudrücken – ohne dabei jedoch in eine Fehlkommunikation durch interkulturelles Missverstehen zu geraten.

Wird ein solches Austauschprojekt also entsprechend moderiert und reflektiert, so kann eine Vielzahl von Fähigkeiten und Fertigkeiten aufgefrischt bzw. erlernt werden. Neben der Anwendung von computertechnischen Vorkenntnissen und deren Erweiterung – also einer zunehmenden Medienkompetenz – wird sowohl an der Universität als auch in der Schule die Schreib- und Lesekompetenz der Lernenden erweitert. Diese Kompetenzen werden durch die für den elektronischen Austausch besonders notwendige Fähigkeit des *negotiating* als Aushandeln von unterschiedlichen Zugriffen auf das gewählte Thema ergänzt. Nicht zuletzt wird so auch in der Anwendung und Erweiterung der Kommunikationsfähigkeiten, d.h. in der persönlichen Begegnung mit kulturellen Unterschieden, Eigenheiten und Gemeinsamkeiten im interkulturellen Austausch, interkulturelle Kompetenz gefördert. Es kann also gelernt werden, dass „andere Kulturen andere Sichtweisen haben" (Müller-Hartmann 2001: 35). So schrieb beispielsweise ein/e Studierende/r:

> STUDENT/IN: I am rather satisfied as the exchange brought about new perspectives for teaching Shakespeare for both the German as well as the American team. The discussion was open and suggestions made were discussed in depth (Anonymer Fragebogen 2006).

Manche amerikanische wie deutsche Studierende erkannten jedoch oft leider erst am Ende des Austausches, welche Anzahl an Erfahrungen sie aus diesem Austausch hätten ziehen können, wenn ihre Beteiligung dementsprechend engagierter gewesen wäre: So waren Antworten innerhalb des anonymen Fragebogens beispielsweise: „I learned so much from the communication. [...] I feel as if I would post more often if I could do all of this over." Eine weitere Äußerung lautet wie folgt: „[A]lthough I posted frequently in the discussion forum, I didn't have the depth that some others did in our group. [...] I could have added more by giving more thought-provoking responses to the play."

Mit dem Wiki-Projekt, welches nicht transatlantisch, sondern getrennt an beiden Universitäten erstellt wurde, entstand ein Ideenpool zu Shakespeare, der zudem vergleichbar und damit vor allem hinsichtlich der teilweise unterschiedlichen Herangehensweisen an den Unterricht zu Shakespeare höchst interessant ist. Die Idee eines Wiki-Projektes als gemeinsames Ziel deutscher und amerikanischer Studierendengruppen erwies sich als äußerst sinnvoll. Es hat sich gezeigt, dass die informelle Diskussion über die Dramen in den Diskussionsforen weitgehend zu neuen und innovativen Einsichten auf beiden Seiten geführt hat. Diese konnten dann zunächst als Grundlage für das Wiki-Projekt genutzt werden, wobei sie bei der Umsetzung zu einem öffentlich zugänglichen Projekt weiter überarbeitet werden mussten. Das Wiki-Projekt der Michigan State University ist unter http://folio.wide.msu.edu abrufbar, das der Friedrich-Schiller-Universität Jena unter www.anglistikdidaktikwiki.uni-jena.de.

Literaturverzeichnis

Cunningham, Ward & Leuf, Bo (2005). *Wiki Way: Quick Collaboration on the Web*. Boston: Addison Wesley.

Donath, Reinhard (1997a). *E-Mail-Projekte im Englischunterricht: Authentische Kommunikation mit englischen Partnerklassen*. Stuttgart: Klett.

Donath, Reinhard (1997b). „Ja lernen denn die Schüler bei E-Mail-Projekten überhaupt etwas?" In: Reinhard Donath & Ingrid Volkmer (Hrsg.), *Das transatlantische Klassenzimmer*. Hamburg: Körber Stiftung, 261-269.

Grimm, Nancy & Dornan, Reade (2006). „Wiki, Wiki: A Transatlantic Electronic Exchange on Shakespeare." *Funnel: Newsmagazine of the German-American Fulbright Commission*, 43.1, 40-41.

Honegger, Beat Döbeli (2006). „Wiki und die starken Texte: Schreibprojekte mit Wikis." *Deutschmagazin*, 1, 15-19.

Husemann, Harald (1991). „Stereotypes in Landeskunde – Shall We Join Them If We Cannot Beat Them?" In: Lothar Bredella (Hrsg.), *Mediating a Foreign Culture: The United States and Germany*. Tübingen: Narr, 16-35.

Mohn, Heinz (2001). „E-Mail im Englischunterricht – Einsatzmöglichkeiten im schulischen Alltag." *Der fremdsprachliche Unterricht Englisch*, 6, 22-27.

Müller-Hartmann, Andreas (2001). „Literatur im virtuellen Lerndreieck – ein interkulturelles Begegnungsprojekt." *Der fremdsprachliche Unterricht Englisch*, 1, 35-40.

Volkmann, Laurenz (2002). „Aspekte und Dimensionen interkultureller Kompetenz." In: Laurenz Volkmann, Klaus Stierstorfer & Wolfgang Gehring (Hrsg.), *Interkulturelle Kompetenz: Konzepte und Praxis des Unterrichts*. Tübingen: Narr, 11-47.

Wiki-Projekte
FSU: www.anglistikdidaktikwiki.uni-jena.de
MSU: http://folio.wide.msu.edu
Uwe Klemm: http://www.wiki.klemm-site.de/wiki/index.php/Hauptseite

EULINE CUTRIM SCHMID (HEIDELBERG)

Facilitating Whole-Class Collaborative Learning in the English Language Classroom: the Potential of Interactive Whiteboard Technology

This paper discusses the potential of interactive whiteboard technology for supporting whole-class collaborative learning in the English language classroom. The research data are drawn from an investigation conducted in the context of an English for academic purposes (EAP) programme at Lancaster University in the summers of 2003 and 2004.

1. Introduction

Collaborative learning has been a widely discussed topic in the computer as-sisted language learning (CALL) field. A number of CALL studies have re-garded collaborative learning[1] as an essential component of the learning proc-esses investigated (e.g. Warschauer 1999; Müller-Hartmann 2000). These stud-ies are grounded on a socio-cultural theory of learning (Vygotsky 1978), which implies that learning is determined by social interaction and collaborative prob-lem-solving. Based on this theory, these studies advocate task-based (Willis 1996) or project-based (Legutke & Thomas 1991) pedagogical frameworks, which emphasise the value of collaboration as a tool to promote learning.

Nevertheless, most of the studies on collaboration in computer-mediated set-tings have focused on network-based learning (Warschauer & Kern 2000, Co-lomb & Simutis 1996; Warschauer 1999; Pelletiere 2000). Up to date, very little research has been done on other types of computer-mediated collaborative lan-guage learning, such as the kind of collaboration that takes place around "large interactive displays" (Rogers & Lindley, 2004)[2].

This paper aims at contributing to this area of research, by discussing the po-tential of interactive whiteboard technology (IWB) (as an example of a large in-teractive display) for supporting whole-class collaborative learning in the Eng-lish language classroom. The research data are drawn from an investigation con-ducted in the context of an English for academic purposes (EAP) programme at a British University (Cutrim Schmid 2005). The aim of the research was to

---

[1] Rowntree (1995: 202) defines collaboration as "a creative process of articulating ideas, hav-ing them criticised or expanded, and getting the chance to reshape them or abandon them, all in the light of peer-discussion".

[2] Some examples of "large interactive displays" are: front and back projected wall displays, large flat PC-based screens, plasma displays and electronic whiteboards.

throw detailed light on the impact of the IWB technology on pedagogical practices and language learning processes in the context investigated. The research question this paper seeks to answer is: To what extent did the use of IWB technology support collaborative learning in the context investigated?

The IWB is a touch-sensitive electronic presentation device. Fully-functioning interactive whiteboards usually comprise four components: a computer, a projector, appropriate software and the display panel, which is a large free-standing or wall mounted screen up to 2 metres by 1 metre in size. Figure 1 illustrates how this technology works.

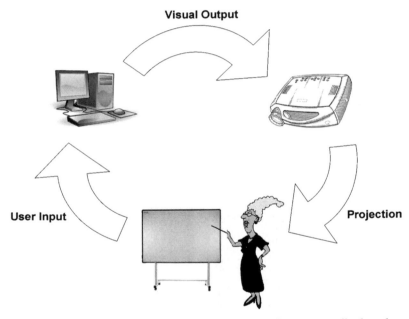

Figure 1: How IWB technology works. The computer images are displayed on the board by the digital projector. The images then can be seen and all applications on the computer can be controlled via touching the board, either with your finger, or with an electronic pen/ stylus. In addition to that, the touch-sensitive screen captures everything written or drawn on its surface in real-time. All annotations can then be saved to your computer.

The Promethean TM system (the brand of IWB which will be used in this research) uses electromagnetic sensing technology with an electronic pen. The company has also developed a whole suite of software and peripheral hardware to complement the use of an interactive whiteboard, such as "ACTIVstudio" software and the "ACTIVslate"[3] and "ACTIVote" systems[4].

2. Interactive Whiteboard Research

The first interactive whiteboard was manufactured by SMART Technologies Inc. in 1991. The UK was the first school-level market to substantially invest in the use of IWBs. There has been a considerable investment in the installation of IWBs in schools in that country. The percentage of primary schools with IWBs increased from 48% in 2003 to 63% in 2004 and secondary schools from 82% in 2003 to 92% in 2004 (DfES 2004). In 2005, the UK government allocated £50 million for the purchase of IWBs within the primary and secondary sectors. Other countries such as Australia, Mexico, China, France and Portugal have also invested heavily in the installation of IWBs in schools. Mexico, for instance, has recently set out an ambitious plan called Enciclomedia (Spanish), which equips each fifth and sixth grade classroom with a computer, an interactive whiteboard, a printer, and a projector.

Most literature (across the curriculum) is positive about the potential of IWB technology. Thus, some of the advantages associated with the use of IWB technology that it identifies are: a) facilitating the integration of multimedia into the curriculum (Walker 2003; Hall & Higgins 2005, Gray et al 2006), b) catering to diverse learning styles (Wall et al 2005), c) enhancing motivation (Moss et al 2007, Cutrim Schmid 2006a) d) enhancing interaction (Cutrim Schmid 2006b) and collaborative learning in the whole class setting (Goodison 2002a and 2002b, Cutrim Schmid 2007) and e) modelling ICT skills (Goodison 2002a and 2002b). Some of the reported drawbacks of IWB technology use are: a) supporting teacher-centred approaches (Goodison 2003) and b) increasing the pace of teaching at the expense of student learning (Cutrim Schmid 2005).

The potential of IWB technology for facilitating collaborative learning, through whole class interaction, has thus been cited in the literature as one of the advantages of using this technology for educational purposes. In the school investigated by Goodison (2002a), who carried out a small-scale survey of pupils' perceptions of ICT in one UK primary school, pupils made very insightful comments about the effects of using this technology on the social dynamics of the class and upon learning. For instance, they highlighted the benefit of being allowed to go to the board and "think in public". According to them, this al-

---

[3] The ACTIVslate is an A5 graphic tablet which operates remotely with the ACTIVboard, enabling teachers and students to take control of the IWB from anywhere in the class.

[4] The ACTIVote System is a wireless response system enabling students to respond to assessment and other questions. Results can then be displayed immediately on the ACTIVboard in graphical format.

lowed the teacher to find out their level of understanding and also allowed them to learn by making mistakes and through collaboration with the other members of the class. Another example given was the use of the Internet associated with IWB technology. Because this is done collectively by the whole group, and teachers cannot predict what the outcomes of an Internet search may be, they must be flexible enough for the learning to take a new direction and this tends to facilitate a more collaborative approach to learning.

Goodison (2002b) investigated three primary schools in the UK, which have been successful in integrating ICT into the teaching and learning process, in order to discuss some pedagogical gains that have been achieved as well as conflicts, constraints and challenges that teachers and learners faced in this process. In these contexts, IWB technology was widely used and the findings of the research provided useful information about the impact of this technology on the educational contexts investigated. One of her conclusions was that the "learning community" (Goodison, 2002b) aspiration was becoming a reality in the three primary schools investigated. According to her, this aim was achieved with the support of IWB technology. Teachers and pupils were observed experimenting with the interactive whiteboards and learning collaboratively inside and outside the classrooms.

Greiffenhagen (2000) emphasised the interactive feature of the technology, i.e., the idea that the electronic whiteboard should be used as an important tool to improve the levels of interaction in the classroom and promote collaborative learning. He highlights that with additional input devices, such as scanners, the teacher can at any point decide to display students' writing on the whiteboard – making the students' writing the basis for discussion. Greiffenhagen's (2000) findings suggest that in order to achieve a real educational benefit with the use of this technology, it is important to focus on the possibilities of enhancing the communication and interaction of the students. He mentioned, for instance, the use of electronic tablets, such as the ACTIVslate, as a way of encouraging students to share their work with others, and making sure in this way that more text written by students (rather than the teacher) might be displayed on the board.

Moore (2003) also highlights the potential of IWB technology for facilitating collaborative learning. He describes how IWB technology was used to help a class of English learners cope with difficult texts in an elementary school located in Los Angeles, USA. The teacher uses a digital camera, a projector and a whiteboard to involve learners in collaborative analysis of a single piece of writing. He takes a picture of a student's first draft paragraph and projects it on the board, for the whole class to proofread. Then, changes can be made directly on the board with the use of an electronic pen and saved. Walker (2002) describes the same approach; i.e., the whiteboard being used as a platform for collaboration, in a primary school in Birmingham, in which children redrafted a classmate's essay with the help of their teacher.

Having outlined what the literature tells us about the educational potential of IWB technology, I will now move on to the description of the research reported here and the presentation and discussion of research findings.

3. Research Context and Research Methodology

All subjects involved in the study were enrolled on the 8-week version of the EAP programme, whose main components are: a) academic reading and writing, b) listening comprehension and c) speaking skills. The students are also offered a number of "complementary courses", two of which – "Using ICT for Academic Study in English" (in 2003 – Study 1) and "Web resources for learning English" (in 2004 – Study 2) – provided the sites for the research which is the focus of this paper.

The methodological approach adopted fostered a learning environment within which students could get involved in authentic tasks, which were relevant to their educational goals. Therefore, a task-based orientation was chosen for the design of the two courses. Some of the tasks the students had to fulfil during the courses were: a) evaluating the educational value of specific educational websites, b) carrying out presentations on how Internet search strategies can be used for finding reliable online information c) carrying out interviews (for a fictitious research project) and presenting their results to the class. The main goal was to allow students to engage in literacy practices that are essential for their development as members of an academic community, as part of the language learning process.

The IWB technology was used quite intensively in all stages of the lessons. Several electronic flipcharts were designed for all units; the teacher and students used the interactive whiteboard (which replaced the traditional whiteboard) as a presentation device and as a platform for integrating different types of technology (e.g., video, sound, multimedia, Internet). In terms of learner use of the technology, it can be said that the IWB was mainly used by the students in the "report stage" of the task cycle (see TBLL framework proposed by Willis 1996).

Twenty-nine students and thirty-three students were involved in Study 1 and Study 2, respectively. Students were from all over the world, but most of them tended to come from mainland China and Taiwan. In order to be accepted on the programme the students needed to have achieved an IELTS score of at least 6.0 (postgraduates) or 5.5 (undergraduates). All the students in both studies were postgraduates, apart from one undergraduate in course 1, and their ages ranged from 20 to 36 years.

The investigation involved a classroom-based qualitative study of the researcher's own lessons and teaching. As teacher-researcher, I was responsible for designing, implementing the course as well as collecting and analysing the data. All the lessons were video-recorded and after each lesson I wrote field notes that were mainly descriptive, but also contained some of my thoughts regarding the impact of IWB technology on the pedagogical process.

Six critical colleagues in Study 1 and five critical colleagues in Study 2 were involved in the research. All of them were experienced language teachers and academic researchers with a good level of expertise in qualitative research. Their role was to observe my lessons, write field notes and fill out a questionnaire at the end of the lesson.

A questionnaire was administered at the end of both modules to find out students' overall response to the course and to the use of IWB technology in the lessons. In Study 1, I also ran a focus group discussion with twelve students, who volunteered to take part. In Study 2, I carried out semi-structured individual interviews with ten students who volunteered for this role, and each interview lasted on average for thirty minutes.

4. Research Findings

Supporting group cohesion

During group presentations in Study 1, teachers and learners saw the fact that the group was not in a lab (as would have otherwise had to be the case, in order to provide access to the internet resources under focus) as an advantage because the presence of individual computers would certainly have distracted the students, and the level of collaborative learning among them would not be the same. This issue was also brought up by the students during the focus group discussion in Study 1. Although they thought that they could benefit from being in a lab where each student could work from their own computer, they also agreed that the interactional patterns would be completely different. The teacher would probably "lose" them much more easily and the level of whole class interaction would be much lower. This can be seen in the following extracts of the focus group discussion:

S4: Just imagine if every student has a laptop on their own desk and what would the teacher do if the student just plays with his keyboard and not follow what the teacher is teaching, and it will be inefficient and less information will be included in the class. [...]

S9: If I finish the first question, and I find that I was wrong in the question, I don't know, I will not be interested in the second question because I will have to work things out, I will have to know why I was wrong, maybe in the second question...

T: You would lose the teacher?
S9: Yeah, I would lose the teacher.
T: And the teacher would lose you?
S9: Yeah.

[...]
S4: It's difficult for the teacher to control the situation in the class.
T: If?
S4: If everybody has a computer

(Focus group interview – 22/09/03 – Study 1)

Students S4 and S9 drew attention to the fact that the use of IWB technology "forced" everyone to focus on the same activities and goals during the sessions. S9 pointed out, in lines 5-7, that if he worked on his own computer, he would tend to follow his own pace and, and in case of learning difficulties, he would try to work things out by himself, instead of requesting help from the teacher or other course-mates.

S4, on the other hand, emphasised the advantage of using IWB technology in terms of it allowing the teacher to have more control over the group. Although this might be interpreted as something negative, since the technology would be supporting the implementation of a more teacher-centred approach, the student actually sees it as a positive feature of the technology. The rationale behind his response is that, by using IWB technology, students would be able to make the best use of the teacher's expertise and time, which would not be the case if they worked individually on their own computers.

Taking advantage of the teacher's expertise and time during whole-class interaction and collaborative work was an issue addressed by several students in the individual interviews in Study 2. For instance, when explaining why he preferred working in the IWB classroom to working in a computer lab, one of the students said:

S: because it's something new, in a computer lab we always do it, so you have to challenge a little bit, and here it's very active...and in a computer lab...I can do it by myself, I don't need anyone to teach me, to guide me, in this kind of room, it's more active, you participate a little bit more...I think it's better.

(Interview with Soul – Study 2)

This student thus emphasised that, by using IWB technology, the students would have the opportunity to receive more guidance while working on the computer (in this case the whiteboard). Without mentioning from whom he would receive this guidance, he went further to say that that kind of arrangement opened space for more participation on the part of the students. It thus seems reasonable to conclude that the guidance he is referring to would be provided not only by the teacher but also by his fellow classmates.

Another student also referred to the issue of increased participation when responding to the same question. Thus, she pointed out:

S: Because we learnt in a computer lab before, but sometimes students sleep...because maybe they are too tired before the computer lab and every student faces a computer and they don't face the teacher, so they don't mind what teacher says, and perhaps they will sleep.

T: Ah, ok…and with the whiteboard?

S: In the whiteboard class, I think, every student joins the class, it's interesting more interesting than in a computer lab.

(Post-course interview with CJ – Study 2)

In fact, when asked whether they would prefer to work in a computer lab or with an interactive whiteboard, the great majority of the students who were interviewed in Study 2, said they would prefer the latter. Although some students emphasised the importance of working individually, most students enjoyed the experience of working as a group and could also identify several advantages of this approach for their learning process.

Similar to the students in Study 1 (in the focus group), some students in Study 2 (in the interviews) cited as an advantage of IWB technology the possibility it gives to the teacher to have a higher degree of control over the students, since the students tend to follow "their own ways" when they are working individually on a computer. Thus, one of the students said:

S: I think with this technology the teacher can have more control of the students, than with the computer, because the computer screen is a physical barrier between the teacher and the students…I prefer the computer because if I am not interested in that topic I can do other things, but it's not good for the learning and teaching.

T: Ah, yeah, for the dynamics, because everyone is doing different things?

S: And the computer screen is a physical barrier.

T: Physical barrier, you mean the computer screen, because you can go anywhere?

S: Yeah, and the teacher needs to have eye contact with the students.

(Individual interview with Lauren – Study 2)

In lines 3-4, the student indicated that she would prefer to work from an individual computer because she could "switch off", if she was not interested in the lesson, and "do other things". However she pointed out that this kind of arrangement would not aid the learning process since the computer would represent a physical barrier between the teacher and the students.

This issue was also addressed by another student, who had a good deal of experience in using computer labs. Thus, she pointed out:

S: It's interactive between students and teacher, I think that is quite good, and I think in my country we use other ways, everyone has personal computer, and the teachers sit in their seats and we sit in our seats and the teacher says anything and we just don't care, we just play games or talk to each other, so I think the whiteboard is quite good for learning, to concentrate on the course, it's quite good.

T: Ah, cause everyone ...

S: Everyone is committed to what the teacher is saying, what the teacher teaches, this kind of things.

(Post-course interview with Jane – Study 2)

According to this student, the IWB classroom enabled a kind of social arrangement that encouraged students to commit to learning processes that were initiated by the teacher. In line 7, she pointed out that by using IWB technology "everyone is committed" to what is being taught. In other words, she highlighted that the strength of the technology lied in its potential to support group cohesion (by having everyone involved in the same learning activity), which seems to be one of the first steps for the implementation of collaborative learning processes. As Rogers and Lindley (2004: 10) point out, "it is generally considered that for collaboration to be successful each member must maintain awareness of what the others are doing".

Supporting higher levels of group communication

Other students argued explicitly that the use of IWB allowed for more communication not only between the teacher and students, but also among learners themselves. As one of the students pointed out:

S: I prefer the whiteboard... I prefer the whiteboard...

T: Why?

S: Only to confront a computer is boring.

T: Really?

S: And with the whiteboard, with the other students and tutor, I think it's more ...I can get more chance to communicate to this class, and know what others say, what others know.

T: And you think in a lab this wouldn't happen.

S: No.

T: Why not?

S: Maybe in a computer lab, the student only do what he wants to do, not discuss with other people.

(Post-course interview with Barbie – Study 2)

In lines 5-7, the student highlighted the potential of IWB technology for supporting communication among learners. In lines 11-12, she explained that the work in a computer lab tends to have a more individualistic character, since the learner tends to "do what he wants to do". On the other hand, by using IWB technology learners tend to become more sociable and interested in what the other classmates have to say. Her view was shared by another student who said:

S: I think this one (whiteboard) is better.

T: Why, why do you think so?

S: There is lot of interaction among classmates in this kind of class, if you go to the computer lab and everyone faces a computer...it's not really....if you answer questions in a computer, it's just your individual attitudes, individual opinions, but in this class it's different and you can get more information from the different students in your class and it's very direct...it's easier to get others, sometimes you just see the faces of the classmates and you know their opinions, but if you only face the computer, I think it is worse.

T: You think sometimes you just look at the face of your classmates and you know their opinions.

S: If they agree or disagree.

T: They don't even need to speak, you just look and you have an idea.

S: Very quickly and direct.

(Post-course interview with Win/Daniel – Study 2)

In lines 3-9 the student explained why he thought the use of IWB technology allowed for more communication among learners. He pointed out that the use of IWB technology facilitated learner-learner interaction. While making use of computer technology, learners could look at each other and communicate through words, gestures or facial expressions. This way, they could know what their classmates thought about various classroom topics, which would then open space for knowledge exchange and collaboration among students.

Supporting team work

The idea that the use of IWB technology supported team work was presented by another student who thought that a combination of lab work and whiteboard work would be the ideal arrangement. Thus, he said:

S: I think there is some complementary...for me, combining a computer lab and the whiteboard would be the best.

T: In the same room?

S: Why not? Why not in the same room? Because with the whiteboard I have the feeling of learning with a team and the computer is like a personal...it's more...how can I say?

T: Individual?

S: Individual work...but using the whiteboard is like a team, sharing opinions, that's
why.

(Post-course interview with Andy – Study 2)

In this sequence, the student compared the two kinds of arrangement and said
that both of them had advantages. In line 5, he highlighted that working with the
whiteboard made him feel as part of a team, while working in a lab is ideal for
individual work.

The present findings are thus in line with those from other studies, which emphasise the potential of IWB technology for a) enhancing communication and
interaction among students (Greiffenhagen 2000), b) supporting the development of "learning communities" (Goodison 2002b), and c) functioning as a platform for collaboration (Walker 2002).

5. Summary and conclusion

The data presented and discussed in this chapter have shown that the IWB technology was seen to work as a tool that brought the teacher and learners closer
together than might otherwise have been the case, thereby facilitating greater
collaborative learning. By using this technology, it appeared that more learning
opportunities, which benefited all learners, were created as the whole class could
work together for the construction of knowledge with the use of ICT.

As already pointed out, very little research has been conducted in language
classrooms which are equipped with IWB technology. Therefore, more research
is needed so as to find out more about the impact of the use of this technology
on collaborative learning in these settings. One suggestion for further research
would be to explore and investigate the potentialities of the technology for supporting collaboration through video-conferencing. It has been pointed out in the
literature (Eggert 2000) that the whiteboard seems to lend itself well to this kind
of activity because it can be used as a platform for group work even between
two or more physically distant people. Video-conferencing activities could also
be set up to facilitate students' visual and oral communication with experts, native speakers or students from other classrooms or institutions. Therefore, it
would be necessary to investigate how the technology can support these pedagogical practices and enhance language learning.

References

Colomb, Gregory & Simutis, Joyce (1996). "Visible Conversation and Academic Inquiry: CMC in a Culturally Diverse Classroom." In: Susan Herring (Eds.), *Computer-Mediated Communication: Linguistic, Social, and Cross-cultural Perspectives*. Amsterdam: John Benjamins, 203-222.

Cutrim Schmid, Euline (2005). *An Investigation into the Use of Interactive Whiteboard Technology in the Language Classroom: a Critical Theory of Technology Perspective*. Unpublished PhD Thesis, Lancaster University (UK).

Cutrim Schmid, Euline (2006a). "Investigating the Use of Interactive Whiteboard Technology in the Language Classroom through the Lens of a Critical Theory of Technology." *Computer Assisted Language Learning*, 19 (1), 47-62.

Cutrim Schmid, Euline (2006b). "Using a Voting System in Conjunction with Interactive Whiteboard Technology to Enhance Learning in the English Language Classroom." *Computers and Education*, doi:10.1016/j.compedu.2006.07.001. Available online at: www.sciencedirect.com. Accessed 4th August 2007.

Cutrim Schmid, Euline (2007). "Enhancing Performance Knowledge and Self-Esteem in Classroom Language Learning: the Potential of the ACTIVote System Component of Interactive Whiteboard Technology." *System*, 35, 119-133.

DfES (2004) "Embedding ICT @ Secondary: Use of Interactive Whiteboards in English." Available online at: http://publications.teachernet.gov.uk/. Accessed 10th August 2005.

Egert, Charles (2000). "Language Learning Across Campuses." *Computer Assisted Language Learning*, 13 (3), 271-280.

Goodison, Terry (2002a). "Learning with ICT at Primary Level: Students' Perceptions." *Journal of Computer Assisted Language Learning*, 18, 282-295.

Goodison, Terry (2002b). "Enhancing Learning with ICT at Primary Level." *British Journal of Educational Technology*, 33 (2), 215-228.

Goodison, Terry (2003). "Integrating ICT in the Classroom: a Case Study of Two Contrasting Lessons." *British Journal of Educational Technology*, 34 (5), 549-566.

Gray, Carol; Hagger-Vaughan; Lesley, Pilkington; Rachel & Tomkins, Sally-Ann (2005). "The Pros and Cons of Interactive Whiteboards in Relation to the Key Stage 3 Strategies and Framework." *Language Learning Journal*, 32, 38-44.

Greiffenhagen, Christian (2000). "From Traditional Blackboards to Interactive Whiteboards: a Pilot Study to Inform Technology Design." In: T. Nakahara and M. Koyama (Eds.), *Proceedings of the 24th International Conference Psychology of Mathematics Education*, 24 (2), 305-312.

Hall, Ian & Higgins, Steve (2005). "Primary School Students' Perceptions of Interactive Whiteboard." *Journal of Computer Assisted Learning*, 2, 102-117.

Legutke, Michael K. & Thomas, Howard (1991). *Process and Experience in the Language Classroom*. London: Longman.

Moore, Bob (2003). "Broadband, Big Screen! Enlivening English Language Learning in Southeast Los Angeles." Available online at: http://www.eduto pia.org/php/article.php?id=Art_1021. Accessed 12th July 2005.

Moss, Gemma; Jewitt, Carrey; Levaaic, Ros; Armstrong, Vicky: Cardini, Alexandra & Castle, Frances (2007). *The Interactive Whiteboards Pedagogy and Pupil Performance Evaluation: An Evaluation of the Schools Whiteboard Expansion (SWE) Project: London Challenge*. Institute of Education. University of London.

Müller-Hartmann, Andreas (2000). "The Role of Tasks in Promoting Intercultural Learning in Electronic Learning Networks". *Language Learning and Technology*, 4.2, 129-147.

Pellettieri, Jill (2000). "Negotiation in Cyberspace: the Role of Chatting in the Development of Grammatical Competence". In: Mark Warschauer & Richard Kern (Eds.), *Network-based Language Teaching: Concepts and Practice*. Cambridge: Cambridge University Press.

Rogers, Yvonne & Lindley, Sian (2004). "Collaborating Around Vertical and Horizontal Displays: Which Way Is Best?" *Interacting With Computers*, 16, 1133-1152.

Rowntree, Derek (1995). "Teaching and Learning Online: a Correspondence Education for the 21st Century?" *British Journal of Educational Technology*, 26 (3), 205-215.

Vygotsky, Lev S. (1978). *Mind in Society: Development of the Higher Psychological Processes*. Harvard University Press.

Walker, Dorothy (2002). "White Enlightening." *Times Educational Supplement*, 13th September.

Walker Ros (2003). "Interactive Whiteboards in the MFL Classroom." *TELL & CALL*, 3, 14-16.

Wall, Kate; Higgins, Steve & Smith, Heather (2005). "'The Visual Helps Me Understand the Complicated Things': Pupils' Views of Teaching and Learning with Interactive Whiteboards." *British Journal of Educational Technology*, 36 (5), 851-867.

Warschauer Mark (1999). *Electronic Literacies: Language, Culture, and Power in Online Education*. Mahwah: Erlbaum.

Warschauer, Mark & Kern, Richard (Eds.) (2000). *Network-Based Language Teaching: Concepts and Practice*. New York: Cambridge University Press.

Willis, Jane (1996). *A Framework for Task-based Learning*. Harlow, U.K.:
    Longman Addison-Wesley.

ANDREAS GRÜNEWALD (HAMBURG)

Untersuchung der Schülermotivation und Lernprozessorganisation im aufgabenorientierten Computereinsatz am Beispiel eines WebQuests.

In diesem Beitrag werden Ergebnisse einer explorativen Studie im Kontext des aufgabenorientierten Computereinsatzes im Fremdsprachenunterricht vorgestellt. Dabei beziehen sich die ausgewählten Daten vor allem auf den Verlauf der Schülermotivation im computerbasierten Fremdsprachenunterricht, auf den individuell wahrgenommenen Lernfortschritt und auf die mögliche Interdependenz dieser beiden Aspekte.

1. Einführung

Die in diesem Artikel geschilderten Ergebnisse beruhen auf einer Untersuchung zum Thema Software- und Interneteinsatz im Spanischunterricht: Motivationsverlauf und Selbsteinschätzung (Grünewald 2006). Bei dieser Untersuchung sollte herausgefunden werden, a) ob und gegebenenfalls wie sich die Motivation zum Lernen der Fremdsprache am Computer und die Einstellung zur Fremdsprache selbst bei den Probanden während der Arbeit mit Lernsoftware und dem Internet verändern, b) wie Lernende eigene Lernfortschritte bei der Arbeit mit dem Computer wahrnehmen und c) ob Zusammenhänge zwischen einer Zunahme der Motivation und einer individuell wahrgenommenen Steigerung des Lernerfolgs beobachtet werden können.

Im Rahmen dieser Studie fand über einen Zeitraum von vier bis acht Wochen Spanischunterricht mit aufgabenorientiertem Computereinsatz statt. Mit Hilfe eines ersten halboffenen Fragebogens zur Erfassung personaler Daten, der Einstellung zur Schule, zum Spanischen und Spanischunterricht sowie zum Umgang mit dem Computer in der Schule und zu Hause, wurden differenzanalytische Kurzportraits der einzelnen Schüler als Grundlage für die Auswahl näher zu beschreibender Einzelfälle erstellt. Im Rahmen der Differenzanalyse kam es auf eine möglichst exakte Darstellung der bisher ausgewerteten Daten (Fragebogen I und Lerntagebuch) und der individuellen Wirklichkeitskonstruktionen der Lerner an. Auf diese Weise sollte das Besondere dieser Einzelfälle, die Differenzen (Konkordanz- vs. Differenzmethode), dargestellt werden, um erste Hinweise für die Typenbildung zu erhalten. Ein zweiter Fragebogen diente in erster Linie dazu, die subjektive Einschätzung des individuellen Lernerfolgs, den Motivationsverlauf und die Bewertung der Arbeit am Computer zu erfassen. Ein durch Auswahlvorgaben, auszufüllende Schemata und die Aufforderung, Motivationsverläufe in Koordinatensysteme einzutragen, vorstrukturiertes Lerntagebuch sollte durch zeitnahe Eintragungen („unmittelbare Retrospektive") den

Nachvollzug von Schwankungen im Untersuchungszeitraum ermöglichen. Ein abschließendes offenes Leitfadeninterview mit einer Auswahl von Lernenden sollte, dem zugrunde gelegten qualitativen Forschungsparadigma entsprechend, dazu dienen, die jeweiligen Analyseergebnisse einer kommunikativen Validierung zu unterziehen sowie die einzelnen Schülerpersönlichkeiten, ihre mentalen Wirklichkeiten und Einstellungen besser kennen zu lernen. Der Kern der empirischen Arbeit bestand in der extensiven Einzelfallschilderung von sechs der fünfzehn interviewten Schülerinnen und Schülern.

Die Daten wurden von 60 Schülern der Sekundarstufe II in einer Hamburger und zwei Bremer Schulen erhoben. Die Studie wurde in einem 12. Jahrgang (Spanisch Grundkurs) und zwei 13. Jahrgängen (Spanisch Grundkurs) durchgeführt. Die Schüler befanden sich also Mitte des zweiten bzw. dritten Lernjahres. Etwa 2/3 der Probanden waren weiblich, 1/3 männlich. Die Probanden lernten Spanisch als 3., 4. oder 5. Fremdsprache (L3: 36%, L4: 39% oder L5: 25%), abhängig vom schulischen Angebot und der eigenen Wahl im Wahlpflichtbereich in Klasse 9. Die Datenerhebung in der vorliegenden Studie zielte ausschließlich auf verbale Daten. Ich habe mich aus pragmatischen Gründen für retrospektive Verfahren entschieden (für eine ausführliche Darstellung des Forschungssettings siehe Grünewald 2006: 114-150).

2. Aufgabenorientierung des Computereinsatzes: WebQuest

WebQuests unterstützen als komplexe, computergestützte Lehr-Lern-Arrangements wirksam den Prozess eines größtenteils selbst organisierten Wissenserwerbs, der für die Motivation der Lernenden von zentraler Bedeutung ist. Einerseits schränken sie Lernwege nicht allzu sehr ein, wie dies konventionelle, behavioristisch orientierte Softwareprogramme häufig tun, andererseits versuchen sie durch eine klar formulierte Problemstellung und eventuell im Vorfeld ausgewählte Informationsquellen dem Problem des „getting lost in hyperspace" vorzubeugen.

Jedes WebQuest beginnt mit einer Einführung, in der Thema und Ziel kurz vorgestellt werden. Die Einführung sollte die Schüler nach Möglichkeit für die Aufgabe motivieren. In der sich anschließenden Aufgabenstellung werden konkrete Arbeitsaufträge in der Fremdsprache formuliert. Im WebQuest werden unterschiedliche, teils offene, die Lernumgebung strukturierende Aufgabenformen gestellt. Die Aufgaben dienen dazu, „Aushandlungsprozesse anzuleiten, die Interaktion zu lenken und gemeinsame Produkte zu erstellen" (Müller-Hartmann 2003: 270).

Den Lernenden werden Internetressourcen zur Verfügung gestellt, die für die Lösung der Aufgaben gesichtet werden müssen. In der Regel sind das Hyperlinks zu Webseiten aus dem spanischen Sprachraum. Außerdem werden sie aufgefordert, über die angegebenen Ressourcen hinaus weitere Online-Materialien zu recherchieren, indem sie selbst Such- und Recherscheaktivitäten entfalten. Die meisten WebQuests sind so konzipiert, dass sich ihre Bearbeitung über mehrere Stunden erstreckt. Je nach Ausstattung und Kapazität können die Aufgaben in Einzel- oder Partnerarbeit gelöst werden. Die Lehrenden begleiten diesen Prozess, indem sie für Fragen und Erklärungen zur Verfügung stehen (*coaching*). Eine Ergebnissicherung ist durch den Vergleich der Lösungen im Plenum gewährleistet. Da jedoch die meisten WebQuests keine fest vorgesehene Lösung haben und auch die Lösungswege sehr unterschiedlich sein können, sollten die Ergebnisse in der Klasse verglichen und besprochen werden. Es ist sinnvoll, die Schüler um eine Bewertung oder eine Einschätzung der Webseiten, mit denen sie gearbeitet haben, zu bitten. Dies geschieht vor dem Hintergrund, dass sie für die Bewertung der Qualität der recherchierten Informationen sensibilisiert werden sollen.

Abschließend präsentieren die Schüler ihre Ergebnisse vor der Lerngruppe. Nicht immer eignen sich die Ergebnisse eines WebQuests zur Erstellung einer kleinen Präsentation oder eines kleinen Vortrages. Viele Formen der Präsentation sind vorstellbar, z. B. auch eine Wandzeitung, eine Broschüre etc. Da die Schüler während der Lösung der Rechercheaufgabe am Computer arbeiten, bietet sich auch eine anschließende Präsentation über dieses Medium an (z. B. mit Powerpoint). Manche WebQuests weisen die Schüler darauf hin und geben ihnen Tipps zur Gestaltung von Dokumenten oder zum Kopieren von Bildern aus dem Internet. Das folgende Schaubild verdeutlicht den Ablauf eines WebQuests.

Das WebQuest genügt damit den von Ellis (2003) aufgestellten Kriterien einer Aufgabe:

- Arbeitsplan (scope)
- Inhaltsbezogen (perspective)
- Authentizität (authenticity)
- Sprachliche Fertigkeiten (language skills) und Adressaten (audience)
- Kognitive Prozesse (cognitive processes)
- Ergebnisse (outcomes).

3. Motivation

Bevor Aussagen über die Auswirkungen des aufgabenorientierten Computereinsatzes im Fremdsprachenunterricht auf die Schülermotivation getroffen werden können, muss zunächst das zugrunde gelegte Motivationskonzept kurz geschildert werden. Dörnyei (1990) ermittelte in einer Studie für den Kontext des Fremdsprachenunterrichts außerhalb des Zielsprachenlandes (Englisch in Ungarn) unterschiedliche Komponenten von L2-Motivation. Die Einstellungen gegenüber der zielsprachlichen Kultur erwiesen sich dabei als unbedeutend (integrative Motivation). Dagegen konnte Dörnyei in der Studie nachweisen, dass generelle Dispositionen gegenüber dem Fremdsprachenlernen äußerst relevant für das Zustandekommen von Motivation sind. Darunter sind zu zählen: Allgemeines Interesse für fremde Sprachen und Kulturen, Wertschätzung der entsprechenden Sprache im Besonderen, die intellektuelle Herausforderung des Sprachenlernens und Leistungswille (*need for achievement*) sowie Einschätzung früherer Sprachlernerfahrungen. Nach Dörnyei (1998) ist Motivation ein zeitlich begrenzter, zielgerichteter Prozess, der nach Auslösung einer sowohl kognitiv als auch emotional determinierten Bereitschaft zu handeln durch Anstrengung solange aufrecht erhalten wird, bis das angestrebte Ziel erreicht worden ist. Die zielgerichtete Handlung kann vorzeitig durch andere Kräfte in ihrer Intensität geschwächt oder ohne Zielerreichung zum Stillstand gebracht werden. Die im Modell vorgegebene Offenheit des Prozessverlaufs, der folglich nicht immer linear ist, bietet somit die Möglichkeit, den Verlauf der individuellen L2-Motivation von Lernenden im Fremdsprachenunterricht zu beschreiben (Düwell 2003: 348). Das fremdsprachenspezifische Motivationskonzept von Dörnyei (Dörnyei 2003, Dörnyei/Schmidt 2001, Grünewald 2006: 75ff) erwies sich als sehr gewinnbringend für die Erklärung des Zustandekommens von Motivation. In den Einzelfallstudien konnte beispielsweise gezeigt werden, dass die von Dörnyei ermittelten generellen Dispositionen gegenüber dem Fremdsprachenlernen äußerst bedeutend für das Zustandekommen von Motivation sind. Für die erste Ebene des Motivationsmodells, „*language level*", konnten in den Einzelfallanalysen z. B. die Wertschätzung gegenüber der Zielsprache (Klang, beigemessener Status etc.), die Einschätzung der Nützlichkeit dieser Sprache für die eigene Person und damit vor allem instrumentelle Motive ermittelt werden. Für die zweite Ebene, dem „*learner level*", konnten als relevante Aspekte das Selbstvertrauen, die positive bzw. negative Selbstwirksamkeit, die Selbsteinschätzung der fremdsprachlichen Kompetenz, die Leistungsbereitschaft und das Leistungsmotiv auf der Grundlage des zur Verfügung stehenden Korpus ermittelt werden. Für die dritte und letzte Ebene des erweiterten L2-Motivationsmodells nach Dörnyei, dem „*learning situation level*", konnten eine große Anzahl relevanter Aspekte im Datenkorpus nachgewiesen werden. Die Lehrerrolle hat beispielsweise, wie aus den Ergebnissen abzuleiten ist, einen großen Einfluss auf das Zustandekommen von Motivation zum Fremdsprachenlernen. Auch die von Dörnyei angenommene Prozesshaftigkeit der L2-Motivation wurde durch den vorliegenden Datenkorpus bestätigt: L2-Motivation ist nicht konstant, sie ist Schwankungen unterlegen und kann durch andere auftretende Reize und Motive überlagert werden.

Das fremdsprachenspezifische Motivationsmodell könnte dahingehend erweitert werden, dass viele Aspekte intraindividuell simultan auftreten und sich gegenseitig entscheidend beeinflussen. Allerdings hat sich in der vorliegenden empirischen Studie auch gezeigt, dass manche Komponenten einen größeren Einfluss auf das Zustandekommen und die Persistenz von Lernmotivation haben als andere und dass spezifische Motivationskomponenten aus den Modellen der pädagogischen Psychologie (Atkinson 1957, Heckhausen 1989, Rheinberg 2000, ausführliche Darstellung in Grünewald 2006: 54-81) auch für ein fremdsprachenspezifisches Motivationsmodell von hoher Bedeutung sind. Dazu zähle ich vor allem die folgenden, in den Einzelfallanalysen ermittelten, spezifischen Motivationskomponenten:

- Aussicht auf Erfolg,
- Erreichbarkeitsgrad des Lernziels,
- Kompetenzerfahrung des Lerners,
- individuell wahrgenommener Lernfortschritt,
- sozialer Vergleichsmaßstab,
- Gruppendynamik,
- Binnendifferenzierung,
- Passung des Schwierigkeitsgrades der Aufgaben,
- Anreiz der Aufgaben und sachbezogener Anreiz,
- spezifisches Interesse (nicht nur für den Lerngegenstand, sondern auch für das Lernmedium),
- emotionale Einstellungen gegenüber der Fremdsprache, dem Lernmedium und dem Lerninhalt (vgl. auch neurobiologische Erkenntnisse zur Entstehung von Motivation Grünewald 2006: 69ff).

4. Ergebnisse

Hat nun aufgabenorientierter Computereinsatz Auswirkungen auf die Motivation der Schüler und wenn ja in welcher Weise? Die Daten weisen darauf hin, dass Schüler mit einem spezifischen Interesse für den Computer im computergestützten Spanischunterricht unabhängig von den zu vermittelnden Inhalten höher motiviert sind als Schüler mit einer Abneigung gegenüber dem Computer. Für die letztgenannten Schüler gilt umgekehrt, dass sie durch den Computereinsatz sogar demotiviert werden. Unter bestimmten Umständen lässt sich eine Motivationssteigerung durch den aufgabenorientierten Computereinsatz erzielen. Voraussetzung dafür ist eine positive oder neutrale Einstellung gegenüber dem Medium Computer.

Außerdem konnte herausgefunden werden, dass Motivation und Selbsteinschätzung interdependente Faktoren sind. Die Interdependenz konnte in fast allen Fällen nachgewiesen werden. Wer höher motiviert ist, schätzt seinen individuellen Lernfortschritt höher ein. Diese Beziehung gilt auch in umgekehrter Richtung: Wer den subjektiven Eindruck gewinnt, einen Lernfortschritt erzielt zu haben, gibt an, dadurch höher motiviert gewesen zu sein.

Ein zunächst überraschendes Ergebnis ist die Tatsache, dass Schüler dem Medium Computer keine große Lernwirksamkeit beimessen. Dies geschieht unabhängig von ihrer Einstellung gegenüber diesem Medium und einem eventuell vorhandenen spezifischen Interesse für den Computer. Dieses Ergebnis bezieht sich ausdrücklich auf die subjektive Einschätzung der von mir befragten Probanden und nicht auf eine objektiv nachweisbare Lernwirksamkeit des Mediums Computer. Interessanterweise sprechen gerade begeisterte Computernutzer mit einem spezifischen Interesse für dieses Medium, dem computergestützten Spanischunterricht eine geringe Lernwirksamkeit zu. Das geschieht weitgehend unabhängig von ihrer unterschiedlichen Fremdsprachenlernmotivation. Ich führe diese Erkenntnis auf die Einstellung des Lerners zu einem Lehr-/Lernmedium zurück. Für alle stellt der Computer einen selbstverständlichen Teil ihrer Freizeit dar, sie nutzen den PC mehr oder weniger intensiv privat. Die Wahrnehmung, Computer und Internet seien Unterhaltungsmedien oder Teil der Freizeitgestaltung, ist in diesem Kontext wirksam. Die Schüler investieren aufgrund dieser Einschätzung weniger Anstrengung in die Verarbeitung der präsentierten Informationen. Das Buch oder der Text dagegen wird als anspruchsvolleres Medium bewertet und mit mehr Aufwand verarbeitet (vgl. Salomon 1984, Dörr 1997). Es kommt unter Umständen zu einer sich selbst erfüllenden Prophezeiung: Die Überzeugung, der Computer sei ein „leichtes" Medium wird bestätigt, indem man oberflächlich wahrnimmt und verarbeitet.

Darüber hinaus konnte festgestellt werden, dass viele Probanden über ein hohes Reflexionspotential bezüglich ihres eigenen Lernprozesses verfügen. Dabei treffen sie Aussagen über eigene Lernstrategien und über die Organisation ihres

Fremdsprachenlernprozesses. Diese Aussagen sind häufig im Zusammenhang mit dem aufgabenorientierten Fremdsprachenunterricht mit dem PC getroffen worden und können helfen, die Rolle des aufgabenorientierten Computereinsatzes im Lernprozess der Schüler näher zu bestimmen.

Ein weiteres Ergebnis bezieht sich auf das autonome Lernen mit dem Computer: Die Schüler schätzen den Computer als ein geeignetes Medium für das Training des eigenverantwortlichen und autonomen Lernens. Der aufgabenorientierte Computereinsatz im Fremdsprachenunterricht ermöglicht eine partiell selbstständige Lernprozessorganisation und lehrerunabhängiges Arbeiten. Selbststeuerung des Lernens heißt auch Individualisierung des Lernens. Sie macht Sinn, wenn ein Lernender auf eine Vielfalt von Lernquellen und Informationen eigeninitiativ, rasch und effizient zugreifen kann. Diese Voraussetzungen sind durch den Computer und das Internet gegeben (z.B. im WebQuest). Es stehen Lernprogramme, Informationsquellen auf CD oder im Internet, Kontaktmöglichkeiten zu Lernpartnern (E-Mail Projekte) und je nach Einsatzart Tutoren oder Experten zur Verfügung. Der computergestützte Fremdsprachenunterricht erreicht somit auf Dauer eine zunehmende Unabhängigkeit der Lernenden von Ort, Zeit und Personen. Die Schüler schätzen die Freiheit, den Lernprozess autonom gestalten zu können, als wichtig ein. Es ist jedoch ebenso festzustellen, dass manche Lerngruppen damit nicht umgehen konnten, ihre Lernprozessorganisation scheiterte und das führte zu der von manchen Probanden bemängelten unproduktiven Arbeitsatmosphäre. Darin sehe ich eine weitere Notwendigkeit für ein vorbereitendes oder begleitendes Methodentraining.

Im Rahmen der Einzelfallanalysen konnte außerdem festgestellt werden, dass die Schüler dem Medium Computer eine binnendifferenzierende Funktion zuschreiben. Das sehen sowohl leistungsstarke als auch leistungsschwache Schüler als einen großen Vorteil des computergestützten Unterrichts: Im computergestützten Fremdsprachenunterricht wurden schwache Schüler individuell gefördert und in ihrer Erfolgszuversicht unterstützt. Bei Schülern mit schwachem Leistungsniveau wurde deutlich, dass sich die binnendifferenzierende Funktion des Computereinsatzes positiv auf ihre Motivation ausgewirkt hat. Das WebQuest wurde u. a. deshalb als motivierend erlebt, weil die Schüler in ihrem Tempo und auf ihrem Leistungsniveau arbeiten konnten. Dadurch konnte zumindest zwischenzeitlich das negative Selbstbild und die damit verbundene negative Selbstwirksamkeit korrigiert werden.

Auf die binnendifferenzierende Funktion des Computers ist auch die Beobachtung zurück zu führen, dass leistungsschwächere Schüler den computergestützten Spanischunterricht lernwirksamer einschätzen als leistungsstärkere Schüler. Der Computereinsatz kann zu einer positiveren Selbstwirksamkeit führen. Das bezieht sich vor allem auf den Erreichbarkeitsgrad des Lernzieles, das Anreizniveau der Aufgaben, die Passung des Schwierigkeitsgrades und die Erfolgswahrscheinlichkeit. In diesen Bereichen haben leistungsstärkere Schüler ohnehin weniger Probleme, deshalb nehmen leistungsschwächere Schüler den Computer als lernwirksamer wahr.

Als grundlegende Motivationsquellen im aufgabenorientierten Computereinsatz im Spanischunterricht konnten die subjektive Wahrnehmung von Lernfortschritten, die Erfahrung eigener Kompetenzen und eine positive Selbstwirksamkeit festgestellt werden. In den Einzelfallanalysen konnte gezeigt werden, dass die subjektive Wahrnehmung von Lernfortschritten und die Erfahrung eigener Kompetenzen zu einer Motivationssteigerung führt. Im computergestützten Unterricht erleben Schüler ihre eigenen Kompetenzen auch im kompetenten Umgang mit dem Medium Computer. Auch wenn damit keine primären Lernziele des Fremdsprachenunterrichts betroffen sind, so kann durch den Computereinsatz eine Motivationssteigerung in dem Sinne erfolgen, dass die Schüler sich auf Lerngegenstände ‚einlassen', was sie ohne dieses Medium nicht so getan hätten. Dass die positive Selbstwirksamkeit zu einer Motivationssteigerung führt, konnte ebenso wie der Umkehrschluss, dass negative Selbstwirksamkeit zum Absinken der Motivation führt, im Rahmen der Einzelfallanalysen aufgezeigt werden. Schließlich bleibt festzuhalten, dass für die Lernmotivation der Schüler die Lerninhalte und die Frage, ob sie selbst ein Lernmotiv in dem zu lernenden Gegenstand erkennen entscheidend sind. In Bezug auf diese Feststellung ist zwischen Motivationsanregung und Motivationspersistenz (bzw. Interessensanregung und Interessenspersistenz) zu unterscheiden. Die jeweils neue Aufgabenstellung im computergestützten Spanischunterricht und der Wechsel in der Anwendungsart des Mediums Computer (WebQuest, Lernsoftware) führte jeweils zu einem Anstieg in der Motivationskurve bei den Probanden. In manchen Fällen sank nach einigen Unterrichtsstunden im WebQuest die Motivation, stieg jedoch zu Beginn der Arbeit mit der Lernsoftware wieder an. Der Computer scheint also zunächst nur zu einer erhöhten Bereitschaft des Sich-Einlassens, nicht aber zwangsläufig zu einer dauerhaften Aktivierung und Motivierung des Lerners zu führen. Hierzu ist m. E. das Lernmotiv des Schülers, das Interesse für den Lerngegenstand und die individuelle Leistungsmotivation sehr viel ausschlaggebender als der Medieneinsatz.

Im Zuge der Einzelfallanalysen konnte außerdem festgestellt werden, dass sich in der Wahrnehmung der Schüler die Lehrerrolle im aufgabenorientierten Fremdsprachenunterricht mit dem PC ändert: Die Lehrkraft ist aus Sicht der Schüler weniger Instruktor und Kontrolleur des Lernprozesses als Berater und Koordinator. Das deckt sich zunächst mit der in Erfahrungsberichten geschilderten Rolle der Lehrkraft. Überraschend ist jedoch die Feststellung, dass nicht alle Schüler sich diese veränderte Lehrerrolle wünschen. Manche fordern vehement mehr Lehrerhandeln und mehr Strukturierung ihres Lernprozesses durch den Lehrer.

Auch in Dörnyeis Motivationskonzept (vgl. Grünewald 2006: 72ff) spielt der Lehrer im Spannungsfeld zwischen Autonomie der Schüler und Kontrolle durch den Lehrer als Motivationsfaktor eine große Rolle. Auf der Ebene des „*learning situation level*" misst Dörnyei diesem Phänomen große Bedeutung für das Zustandekommen und die Persistenz der Fremdsprachenlernmotivation bei. Er nennt diese lehrerspezifische Motivationskomponente „*authority type (controlling vs. autonomy supporting)*".

5. Ausblick

Die Probanden nannten für den aufgabenorientierten Computereinsatz im Spanischunterricht folgende motivierende bzw. demotivierende Faktoren im:

Motivierende Faktoren

- Eigenverantwortlichkeit für den Lernprozess im computergestützten Spanischunterricht
- Selbstständigkeit bei der Lösung der Aufgaben
- offene Aufgabenstellung (berücksichtigen die Interessen der Schüler)
- flexible und selbstständige Lernprozessorganisation
- mehrkanaliges Lernen und multimediale Aufbereitung der Lerninhalte
- optisch ansprechend aufbereitete Materialien
- binnendifferenzierende Funktion des Computers
- das Medium Computer als solches
- Beschäftigung mit authentischen Materialien
- eine veränderte Lehrerrolle: Lehrer als Lernberater und Moderator, Unabhängigkeit des Lernprozesses vom Lehrer (Autonomie)

Demotivierende Faktoren

- physische Dispositionen (Konzentrationsfähigkeit, Müdigkeit etc.)
- defizitäre Passung des Schwierigkeitsgrades der Aufgaben und Übungen
- fehlende schriftliche Unterrichtsnotizen im computergestützten Spanischunterricht
- veränderte Lehrerrolle: zu passive Rolle der Lehrkraft im computergestützten Spanischunterricht; der Lehrer strukturiert den Lernprozess nicht mehr genügend
- mangelnde Integration der computergestützten Unterrichtsphasen in den übrigen Spanischunterricht
- das Medium Computer als solches
- technische Probleme
- zu wenig kommunikative Phasen (Gebrauch der Zielsprache) im computergestützten Spanischunterricht
- im computergestützten Fremdsprachenunterricht entsteht keine produktive Arbeitsatmosphäre, weil viele mit der selbstständigen und autonomen Lernprozessorganisation nicht umgehen können

Betrachtet man die oben genannten motivierenden bzw. demotivierenden Faktoren, lassen sich folgende Anregungen für einen effektiven aufgabenorientierten Computereinsatz im Fremdsprachenunterricht geben:

- den Schülern sollte während der Phasen des Computereinsatzes immer wieder der fremdsprachliche Lernprozess bewusst gemacht werden (z.B. Anwendung von Text- oder Worterschließungsstrategien); das kann vor, während oder nach dem Computereinsatz geschehen,
- die computergestützten Unterrichtsphasen müssen sinnvoll und strategisch in den Fremdsprachenunterricht integriert werden; computergestützte Phasen sollten immer wieder mit Sprechanlässen (z.B. in Plenumsphasen) alterniert werden. Der Spanischunterricht sollte nicht ausschließlich computergestützt durchgeführt werden.

Lernende sind es oftmals von ihrem herkömmlichen Fremdsprachenunterricht gewohnt, dass Aufgaben gezielt eine Fertigkeit üben, beispielsweise das Hörverstehen oder eine bestimmte grammatikalische Struktur. In einem WebQuest gibt es keinen für alle gleichermaßen verbindlichen eng definierbaren Lernertrag, die Aufgaben variieren und damit auch die erzielten Lernfortschritte und die angewendeten Strategien und Fertigkeiten. Dies kann bei Schülern dazu führen, dass sie den Eindruck gewinnen, der Unterricht sei unstrukturiert. Dem kann zu Beginn durch zwischenzeitliche Plenumsphasen mit Ergebnissicherung oder zur Bewusstmachung der zu einer Aufgabe erforderlichen Kompetenzen begegnet werden. Auf diese Weise steht der PC auch nicht im Mittelpunkt des Unterrichts, sondern er wird als ein Medium neben anderen zur Vermittlung von Lerninhalten installiert. In den Plenumsphasen sollte der Gebrauch der Zielsprache im Mittelpunkt stehen. Diese Metaebene kann helfen, dass Schüler für sich weitere positive Aspekte bei der Bearbeitung von offenen Aufgabenstellungen entdecken.

- vorbereitendes und begleitendes Strategien- und Methodentraining zur Lernprozessgestaltung

Lernende im Alter der untersuchten Probanden sind nicht aus sich heraus in der Lage, ihren Lernprozess selbständig und eigenverantwortlich zu gestalten. Auf dem Weg zum autonomen Lernen müssen sie angeleitet und begleitet werden. Dazu benötigen sie Strategien und Methoden, um ihren Lernprozess zu planen und zu strukturieren und damit offene Aufgabenstellungen bewältigen zu können.

- das Anreizniveau und der Schwierigkeitsgrad der Aufgaben bzw. Übungen sollten variieren (Binnendifferenzierung)
- die Lernziele sollten für alle Schüler mit ihren unterschiedlichen Leistungsniveaus erreichbar sein

Eine Maxime des Unterrichts muss sein, das individuelle Lernverhalten zu berücksichtigen. Eine stärkere Individualisierung des Lernens, bezogen auf Vorkenntnisse, Interessen, Lernvoraussetzungen, Lernstrategien und Leistungsstärken, erhöht die Motivation und den subjektiv wahrgenommenen Lernerfolg. Offene Aufgabenstellungen im computergestützten Unterricht wie z.B. die des in dieser Studie durchgeführten WebQuests, lassen den Schülern genügend individuelle Freiheiten, in ihrem Tempo und auf ihrem Leistungsniveau die Aufgabe zu bearbeiten.

- situative Anregungsvariabeln schaffen

Die Aussage „Nichts ist motivierender als Erfolg" gilt auch im vorliegenden Kontext. Daraus folgt, dass Lernfortschritte sichtbar gemacht werden sollten, entweder durch Kompetenzerfahrung oder durch Lehrerrückmeldungen. Es müssen Lernarrangements geschaffen werden, bei denen die Schüler nach kurzer Zeit bereits Lernfortschritte an sich selbst erkennen und anfangen, ihr „Selbstmodell" zu korrigieren und ihre eigene Kompetenz höher einzuschätzen, als sie das bisher getan haben. Den Schülern müssen ihre Lernerfolge kontinuierlich bewusst gemacht werden, wozu sich besonders selektive Rückmeldungen und das gezielte Aufzeigen von Ursache- und Wirkungszusammenhängen eignen.

Die Erkenntnisse aus der oben genannten Untersuchung weisen darauf hin, dass der aufgabenorientierte Fremdsprachenunterricht mit dem Medium Computer unter bestimmten Umständen eine Möglichkeit darstellt, eine negative Selbstwirksamkeit positiv zu beeinflussen. Für die Schulpraxis wären Untersuchungen mit dem Ziel, herauszufinden, wie die in den Einzelfalldarstellungen (Grünewald 2006: 169-296) geschilderte negative Abwärtsspirale der Selbstwirksamkeit zu durchbrechen ist, von größtem Wert. Diesbezüglich gewonnene Erkenntnisse müssten systematisiert und der Praxis zugänglich gemacht werden.

Literaturverzeichnis

Atkinson, John (1957). "Motivational Determinants of Risk-Taking Behavior." *Psychological Review*, 64, 359-372.

Dörnyei, Zoltán (1990). "Conceptualizing Motivation in Foreign-Language Learning." *Language Learning*, 40, 45-78.

Dörnyei, Zoltán (1998). "Motivation in Second and Foreign Language Learning." *Language Teaching*, 31, 117-135.

Dörnyei, Zoltán (2003). "Attitudes, Orientations, and Motivations in Language Learning: Advances in Theory, Research, and Applications." In: Zoltán Dörnyei (Hrsg.), *Attitudes, Orientations, and Motivations in Language Learning*. Zusatzheft zu *Language Learning*, 53, 3-32.

Dörnyei, Zoltán & Richard Schmidt (Hrsg.) (2001). *Motivation and Second Language Acquisition*. Honolulu: University of Hawai'i Press.

Dörr, Günter (1997). *Fernsehen und Lernen – attraktiv und wirksam?* München: Oldenbourg.

Düwell, Henning (2003). „Fremdsprachenlerner." In: Bausch, Karl-Richard et al. (2003), *Handbuch Fremdsprachenunterricht*. Tübingen et al.: Francke, 347-352.

Ellis, Rod (2003). *Task-based Language Learning and Teaching.* Oxford University Press.

Grünewald, Andreas (2006). *Multimedia im Fremdsprachenunterricht*. Reihe KFU, Bd. 24. Frankfurt et al.: Lang.

Heckhausen, Heinz (1989²). *Motivation und Handeln*. Berlin: Springer.

Müller-Hartmann, Andreas (2003). „Lernen mit E-Mail und Internet." In: Karl-Richard Bausch, Herbert Christ & Hans-Jürgen Krumm (Hrsg.), *Handbuch Fremdsprachenunterricht*. Tübingen et al.: Francke, 269-272.

Rheinberg, Falko (2000³). *Motivation*. Berlin et al.: Kohlhammer.

Salomon, Gabriel (1984b). "Television is Easy and Print is 'Tough': The Differential Investment of Mental Effort in Learning as a Function of Perceptions and Attributions." *Journal of Educational Psychology*, 76 (4), 647-658.

MATTHIAS HUTZ (FREIBURG)

Exploratives und aufgabenorientiertes Lernen mit Hilfe des Internets: der Einsatz von WebQuests im Fremdsprachenunterricht

WebQuests gehören zu den Lernaktivitäten im Internet, die in den letzten Jahren ein hohes Maß an Verbreitung erfahren haben. In diesem Beitrag soll der Frage nachgegangen werden, inwieweit sich diese Form des internetbasierten Lernens für den Fremdsprachenunterricht eignet bzw. wie diese Aktivitäten zur Optimierung der Lehr-Lernprozesse in einen aufgabenbasierten Unterricht eingebettet werden können.

1. Das Internet und der Fremdsprachenunterricht

Durch die Nutzung digitaler Medien im Allgemeinen und das Internet im Besonderen sind die Lernressourcen im Klassenzimmer vielfältiger geworden. Das Internet bietet mit seiner Verknüpfung von Texten, Bildern, Videos und Tondokumenten eine sehr komplexe und facettenreiche Lernumgebung. Gerade für den Fremdsprachenunterricht eröffnet sich dadurch ein neuer Zugang zur Zielsprache bzw. Zielkultur. Es ist möglich, aktuelle Informationen und Statistiken in kürzester Zeit abzurufen, historische Ereignisse zu recherchieren oder mittels Webcams sogar in Echtzeit Eindrücke aus entlegenen Regionen zu erhalten. Hierdurch wird eine ganz neue Dimension von Authentizität für den Fremdsprachenunterricht erreicht. Darüber hinaus wird das WWW auch immer mehr von Fremdsprachenlernern als Forum genutzt, um eigene Projekte einer größeren Öffentlichkeit zu präsentieren (Donath 1997). Das WWW ist somit zu einer unerschöpflichen, rasant wachsenden Datenbank und Sprachlernressource geworden, die viele neue Formen des internetgestützten Lernens hervorgebracht hat. So unterscheidet Westhofen (2001) in seiner Typologie zu internetgestützten Übungsmaterialien zwischen interaktiven Online-Übungen (z. B. *Hot Potatoes*), audio-visuellen Online-Übungen, didaktisierten Links, integrierten Online-Übungen und Webrecherchen. Daneben bieten zahlreiche Lehrwerke inzwischen auch *Webunits* an, d. h. internetgestützte zusätzliche Lerneinheiten zu einzelnen Lektionen.

Da die Informationen im Internet nicht in linearer, sondern eher in modularisierter Form dargeboten werden, ergeben sich auch neue Formen von Lehr- und Lernprozessen, z.B. hinsichtlich des Leseverstehens. Das Prinzip der Modularisierung ermöglicht ein höheres Maß an Binnendifferenzierung und Lernerautonomie. Die Möglichkeit, die genannten Vorteile besonders zur Geltung zu bringen, bietet sich vor allem bei sogenannten *WebQuests*, die im Rahmen eines internetgestützten Unterrichts eingesetzt werden können und die oftmals eine Kombination von Internetrecherchen und webbasierter Simulation darstellen.

1.1. Zum Begriff WebQuests

Unter WebQuests versteht man komplexe Aufgaben und Projekte, die mit Hilfe des Internets bearbeitet werden. WebQuests gehen dabei deutlich über herkömmliche Leseverständnisaufgaben hinaus, denn die Lernenden müssen für die Bewältigung der Aufgabe u. a. Problemlösungsstrategien und eigene Zielsetzungen entwickeln, prozessbegleitende Techniken und Hilfsmittel einsetzen sowie Überlegungen hinsichtlich der Präsentation der Ergebnisse anstellen.

Oberflächlich übersetzt handelt es sich bei WebQuests um eine Internetsuche, wobei der Begriff „Suche" im Deutschen verglichen mit dem englischen Wort eher farblos erscheint. Ein *Quest* ist weit mehr als das bloße Aufspüren von Objekten oder Informationen, sondern ruft eher Assoziationen an Begriffe wie „Abenteuer" und „Erkundung" hervor. Häufige Kollokationen im Englischen sind daher z. B. *the quest for truth, the quest for happiness, the quest for peace* oder gar *the quest of the Holy Grail.* In *Webster's Thesaurus* finden sich u. a. sinnverwandte Begriffe wie *adventure, crusade, enterprise, expedition, inquiry, investigation, mission, venture, exploration* oder gar *voyage.*

1.2. Ziele und Funktionen von WebQuests

Der Begriff „WebQuest" kann nicht mit der Aktivität des „Internetsurfens" gleichgesetzt werden. WebQuests sind zielgerichtete komplexe Lehr- und Lernarrangements, in denen Lerner Aufgaben, Szenarien oder Projekte bearbeiten, wie z. B. die Untersuchung eines schwierigen Sachverhaltes, das Lösen eines Rätsels oder Problems, die Erstellung eines Berichtes oder die Rechtfertigung eines Standpunktes (vgl. Moser 2000: 36). Primäres Ziel ist nicht das Aneignen von deklarativem Wissen zum Zweck der Reproduktion, sondern es geht vielmehr vor allem darum, komplexe Sachverhalte zu analysieren und zu beurteilen, um sie anschließend in geeigneter Form – quasi als Spezialist – anderen zu präsentieren.

Die folgende Aufgabe stellt ein einfaches Beispiel für ein WebQuest dar:

A trip to New York

As the first prize in an essay competition, your class has won a three day trip for the entire class to the fabulous city of New York. You have been selected as a member of the committee to plan the trip. You need to present an itinerary and a map showing the location of the sites you have selected. You need to get in the most sites you can, in the most efficient travelling method, for the time allotted. The committee has also been asked to select sites that are varied in what they offer.

1.3. Charakteristika und Anwendungsbereiche

Die ursprüngliche Idee zu WebQuests stammt aus den USA. Die ersten Projekte wurden ca. 1995 an der San Diego State University von Bernie Dodge und Tom March entwickelt. WebQuests können im Umfang beträchtlich variieren: Kleinere Projekte oder Simulationen sind auf eine Dauer von ein bis drei Sitzungen angelegt, komplexere Projekte können zwischen einer Woche und mehreren Monaten in Anspruch nehmen. Die Rahmenbedingungen können auf die jeweiligen Kompetenzen der Zielgruppen zugeschnitten werden, sodass sich WebQuests beginnend mit der Grundschule in allen Schularten und in allen Unterrichtsfächern einsetzen lassen. Häufig sind die Projekte auch fächerübergreifend konzipiert. In thematischer Hinsicht sind keine Grenzen gesetzt – beliebte Fächer sind z. B. der Geschichts- oder der Biologieunterricht. In den Anfangsjahren hatten WebQuests praktisch keinen fremdsprachlichen Hintergrund, letztlich lässt sich die Grundidee aber auch sehr gut für den Fremdsprachenunterricht nutzbar machen. Die meisten der im Internet kursierenden WebQuests beziehen sich auf das Spanische oder das Französische, den in den USA vornehmlich gelehrten Sprachen.

1.4. WebQuests und Cyberhunts

Das Internet lässt sich im schulischen Kontext auf sehr vielfältige Weise einsetzen. Internetbasierte Aktivitäten können z.B. Webrecherchen, geschlossene Übungen, offene Aufgaben, aber auch Spiele und Simulationen umfassen (Rösler & Ulrich 2003:125). Eine grundlegende Unterscheidung hinsichtlich der Nutzung des Internets im Unterricht sollte darüber hinaus zwischen den Begriffen *WebQuests* und *Cyberhunts* getroffen werden. Nicht jedes Aufspüren von Informationen im Internet verdient jedoch die Bezeichnung „WebQuest", was dennoch leider relativ häufig geschieht. Wenn die Fragestellung zu eindimensional formuliert ist und vorgegebene Fragen auf Arbeitsblättern nur routinemäßig abgearbeitet werden, hat man es eher mit sogenannten „Cyberhunts" oder „Scavenger hunts" zu tun (vgl. Moser 2000: 73), wie das folgende Beispiel zeigt:

A paper-chase through Dublin City
Answer the following questions:
Trinity College http://www.tcd.ie/ and http://www.tcd.ie/info/trinity/

a) What is the Irish name for Trinity College? _____

b) Trinity College, the oldest university in Ireland, was founded in _____
    1592   1678   1266

c) How many visitors come to see Trinity College each year? _____
    20.000   500.000   1.400.000

Eine derartige „Informationsschnitzeljagd" z.B. nach landeskundlichen Fakten ist extrem kleinschrittig und stark gesteuert. Derartig isolierte und gelenkte Webrecherchen unterscheiden sich prinzipiell kaum von altbekannten geschlossenen Aufgaben zur Überprüfung des Leseverständnisses, häufig im *Multiple Choice*-Verfahren oder mittels *information gap exercises*. Letztlich geht es hierbei lediglich um die Reproduktion bzw. Aneignung von Faktenwissen. Die Möglichkeiten, die die Arbeit mit dem Internet bietet, werden auf diese Weise jedoch nicht einmal ansatzweise genutzt. Alter Wein wird somit in neuen Schläuchen dargeboten – der „Wolf" Frontalunterricht bewegt sich sozusagen im digitalen Schafspelz.

Stattdessen können Lernende im Rahmen von Webprojekten oder Simulationen durchaus selbst die Verantwortung für die Beschaffung und Bewertung von Informationen sowie für die Präsentation von Ergebnissen übernehmen. WebQuests können somit ein Instrument zur Auslösung von entdeckenden Lernprozessen darstellen und zu einem individuellen, selbst gesteuerten und prozessorientierten Unterrichtsgeschehen beitragen. Die spezifischen Interessen der Lerner können im Rahmen der Internetrecherchen berücksichtigt und die behandelten Unterrichtsthemen in authentischer Weise aufgegriffen werden. Der Schwerpunkt liegt dabei primär auf der Auseinandersetzung mit Inhalten und nicht mit der sprachlichen Form, wobei Letzteres aber eine durchaus bedeutende Rolle spielen kann. Die Tatsache, dass derartige Projekte in Partner- und Gruppenarbeit durchgeführt werden können, schafft für die Lehrenden Freiräume für die individuelle Förderung und Beratung von Lernern. Darüber hinaus können WebQuests auch als Erkundungsprojekte im Rahmen von *Cultural Studies* angesehen werden, da sie den Blick für die fremdsprachliche Wirklichkeit öffnen und somit auch Anstöße zu interkulturellem Lernen liefern (Warschauer, Shetzer & Meloni 2000: 86).

1.5. Die Struktur von WebQuests

Die Tatsache, dass WebQuests inzwischen in vielen Fächern – vor allem in den USA – als Lerninstrument fest etabliert sind, zeigt sich auch darin, dass sie mittlerweile eine relativ einheitliche Struktur aufweisen. Die folgenden sechs Bausteine sind in der Regel in WebQuests anzutreffen (vgl. Dodge 2002, Moser 2000):

1. EINLEITUNG: Vorstellung des Themas, Klärung des situativen Kontextes und Aktivierung des Vorwissens
2. AUFGABE: Klärung der Aufgabenstellung bzw. der Problemsituation (z. B. „Du bist Tourist und möchtest mit nur 100 £ ein Wochenende in London verbringen") und des Endproduktes (z. B. Collage, Tagebuch, Zeitungsartikel oder Webseite)

3. ARBEITSPROZESS: Beschreibung der zur Erreichung des Ziels erforderlichen Arbeitsschritte; Bildung von Kleingruppen
4. MATERIALIEN UND LERNRESSOURCEN: Bereitstellung nützlicher Informationsquellen und Orientierungshilfen für die Lösung des Problems (z.B. Internetadressen)
5. PRÄSENTATION: Vorstellung der Ergebnisse durch die Lernenden (z.B. in Form einer Powerpoint-Präsentation, Collage oder Website)
6. EVALUATION: Kritische Reflexion des Lernprozesses mit Hilfe eines häufig schematisierten Fragenkatalogs (mögliche Leitfragen: Wie eigenständig wurde gearbeitet? Welche Probleme traten während des Arbeitsprozesses auf? Welche Stärken und Schwächen wies die Präsentation auf?) – auch eine Peer-Evaluation ist generell möglich.

Bei dem folgenden Beispiel handelt es sich um ein Projekt, das die Einwanderung in die USA aus historischer Perspektive thematisiert:

Ellis Island WebQuest
(vgl. Priscilla Boersman, http://p.boersma.tripod.com/)

Introduction
Where did your family come from? Most of our families came from somewhere else, and their migration is part of our heritage. America is a nation of immigrants - people who have moved to the United States from other countries. At the end of the 1800s, Italians, Poles, Armenians, Russians and others from southern and eastern Europe were allowed to enter America on the east coast. On the west coast, Chinese and Japanese immigrants arrived. The ports of Ellis Island, New York and Angel Island, San Francisco served as the official entries for the greatest human migration in history. Ellis Island was called "The Golden Door", but what did it feel like to go through that door? **Imagine:** How would it have felt to make the decision to leave your homeland forever? What kind of welcome would you have received upon your arrival in America? What was it like to settle in an unfamiliar country?

Task
You and your team will explore the problems of newcomers to our country. One of you will take the part of an immigration official charged with controlling the flow of immigrants. The rest of you will be the members of a family from a foreign country. The immigration official will learn about what regulations there were and how they were enforced. The mother of the family will research why you left your country. The son or daughter will find out what the journey to America was like. The father of the family will learn about what happened when the family arrived in this country. When you are finished. you will show the rest of the class what it was like to immigrate from your country. You can present this information in a slide show, a poster display, an immigration interview, or a play.

Zu den anschließenden Arbeitsschritten zählen u. a. eine virtuelle Exkursion nach Ellis Island, die Beschäftigung mit Einwanderungsbestimmungen, das Verfassen von fiktiven Tagebucheinträgen, das Ermitteln der Emigrationsmotivation für einzelne Einwanderergruppen sowie die Erstellung einer Präsentation.

2. Die Eignung von WebQuests für den Fremdsprachenunterricht

WebQuests wie das Ellis Island Projekt können in inhaltlicher und in sprachlicher Hinsicht gewinnbringend im Englischunterricht eingesetzt werden. Die folgenden Aspekte spielen dabei eine besondere Rolle:

a) Interkulturelles Lernen
Ein großer Vorteil von WebQuests besteht darin, dass sie in relativ unaufwändiger Weise reichhaltige Bezüge zur außerschulischen Lebenswelt eröffnen können und somit das Leitziel des interkulturellen Lernens begünstigen. Wie das Beispiel „Ellis Island" zeigt, geht es nicht darum, reines Faktenwissen zu erwerben, sondern selbstständig Zusammenhänge im Bereich *Cultural Studies* zu entdecken.

b) Exploratives Arbeiten
WebQuests bieten den Lernenden einerseits einen klaren Rahmen mit entsprechenden Zielsetzungen und Vorgaben, ermöglichen ihnen andererseits aber auch ein exploratives Arbeiten (Moser 2000: 25) und inzidentelles Lernen (Wolff 1997: 21), das individuelle Interessen und Neigungen berücksichtigt.

c) Lernerautonomie
WebQuests erhöhen die Verantwortung des Lernenden für das eigene Lernen: Lernende müssen sich Lösungsstrategien für Probleme zurechtlegen, Hilfsmittel und Verarbeitungstechniken geschickt einsetzen und überlegen, wie sie in der Gruppe zu konsensfähigen Lösungen kommen, um das Endprodukt in adäquater Form präsentieren zu können. Dieses führt – ähnlich wie in der Projektarbeit – auch zu veränderten Lehrer- und Lernerrollen (vgl. Little, Ridley & Ushioda 2002): Der Lehrer/die Lehrerin bereitet den Lernprozess vor und begleitet ihn in beratender Funktion. Die Materialien und Lernressourcen müssen so aufbereitet werden, dass sie selbstständig bearbeitet werden können. Dem Lernen mit Hilfe von WebQuests liegt eine konstruktivistische Lerntheorie zugrunde, was auch bedingt, dass die Lernenden ebenfalls Steuerungsfunktionen übernehmen und somit auch souverän und selbstständig agieren können (Wolff 1997: 28). Im Idealfall löst ein WebQuest selbst gesteuerte und kooperative Lernprozesse hinsichtlich der Informationsbeschaffung, der Auswertung und der Präsentation der Ergebnisse aus, die nicht von Lehrerinitiativen abhängig sind.

d) Entwicklung fertigkeitsbezogener Lernstrategien
Letztlich fördert ein derartiges Lernmodell auch die Ausbildung von metakognitiven und metalinguistischen Fähigkeiten, d.h. die Fähigkeit, über den Lernpro-

zess bzw. über die Formen der Zielsprache zu reflektieren. Während der Internetrecherche können z.b. Verarbeitungsstrategien wie *skimming* und *scanning* geschult werden, um die Schüler zu befähigen, zielstrebig relevante und zuverlässige Informationen herauszufiltern oder zu entscheiden, welche Hyperlinks von großer Relevanz sind und weiter verfolgt werden sollten. Zudem werden mündliche und schriftliche Fertigkeiten – vor allem in der Präsentationsphase – gefördert.

e) Interdisziplinarität und kooperative Lernumgebung
WebQuests können sehr gut fächerübergreifend eingesetzt werden, da sich Verbindungen zu anderen nicht-sprachlichen Schulfächern (z.b. Geschichte, Erdkunde) problemlos herstellen lassen. Darüber hinaus wird das gemeinschaftliche Lernen in Kleingruppen gefördert (Warschauer, Shetzer & Meloni 2000: 86; Kohn 2003: 19) – sogenannte *solo quests* sind eher selten anzutreffen.

f) Multiperspektivität und Medienliteralität
Mit Hilfe von WebQuests können insbesondere bei sehr komplexen oder kontroversen Sachverhalten unterschiedliche Perspektiven untersucht werden. Darüber hinaus können sie zum Erwerb einer Medienkompetenz (vgl. Baacke 1999) beitragen, indem die im Internet verfügbaren Informationen ausgewertet und auf ihre Validität hin überprüft werden. Durch die Verknüpfung von „neuen" und „alten" Medien, d.h. die Unterstützung der Webrecherchen durch die Arbeit mit herkömmlichen Medien wie Büchern, Lexika oder Videos, wird ein integrativer Medieneinsatz ermöglicht.

g) Flexibilität
Hinsichtlich Dauer, Kompetenzstufe, Fachlichkeitsgrad und Interdisziplinarität können WebQuests flexibel an die jeweiligen Bedürfnisse angepasst werden.

2.1. WebQuests im Rahmen des aufgabenorientierten Unterrichts

Vergleicht man die komplexen Aufgabenstellungen im Rahmen von WebQuests mit den Anforderungen, die an einen aufgabenorientierten Unterricht gestellt werden, so zeigen sich zahlreiche Parallelen (vgl. hierzu auch die Merkmale von *tasks* bei Ellis 2003: Kapitel 1, Müller-Hartmann & Schocker-von Ditfurth 2005 oder Nunan 2004):

1. Die bestimmenden Elemente von Aufgaben sind einerseits **Lernimpulse** (*Task as workplan*) und andererseits dadurch hervorgerufene **Lernaktivitäten** (*Task-in-process*) – dies trifft sicherlich in starkem Maße auch auf Web-Quests zu. Sie können etwas initiieren, was Piepho als didaktisches „Szenario" beschrieben hat, nämlich „eine alle Lernende aktivierende Konstellation von Bedingungen sprachlichen Handelns in einem thematischen Kontext von

Aufgaben, Impulsen und Denkanstößen" (Piepho 2005: 119). Auf diese Weise kann eine Klasse motiviert werden, unterschiedliche Aspekte eines Themas zu erkunden, Informationen zusammenzutragen, auszuwerten und zu präsentieren. Daneben enthalten Aufgaben und Szenarien auch häufig spielerische Elemente, die sich auch in WebQuests wiederfinden lassen – gerade die Simulationen mit unterschiedlichen Rollenzuweisungen (z.b. Wissenschaftler, Journalist) können sehr motivierende Wirkung haben.

2. **Inhaltsorientierung**: Eine Aufgabe legt ihren Schwerpunkt auf den Inhalt und weniger auf die sprachliche Form (Willis 1996, Ellis 2003: 5). Das Primat der inhaltlichen Orientierung gilt in gleichem Maße auch für WebQuests – ohne dass jedoch auch hier die sprachlichen Aspekte gänzlich zu vernachlässigen sind.

3. **Authentizität**: Eine Aufgabe sollte eine realitätsbezogene Sprachverwendung ermöglichen – auch das Internet stellt eine reichhaltige und authentische Lernumgebung dar, die an die Lebenswirklichkeit („real world issues") angebunden ist.

4. **Sprachliche Fertigkeiten**: Eine Aufgabe kann sich auf alle sprachlichen Fertigkeiten beziehen (Ellis 2003: 7) – auch WebQuests weisen potenziell diese integrative Funktion auf.

5. **Kognitive Prozesse**: Eine Aufgabe löst bei den Lernern kognitive Prozesse und „mentale Operationen" aus, in denen persönliche Erfahrungen, Assoziationen, Wahrnehmungen und die eigene Urteilsfähigkeit eingesetzt werden (Häussermann & Piepho 1996). WebQuests stellen im Idealfall ebenfalls kognitive Herausforderungen dar und orientieren sich eng am Modell des problemorientierten Lernens.

6. **Ergebnisse** (*outcomes*): Eine Aufgabe sieht ein klar definiertes, wenngleich nicht konkret vorhersagbares, kommunikatives Ergebnis vor (Müller-Hartmann & Schocker-von Ditfurth 2005: 31). Auch im Fall von webbasierten Projekten werden die Ergebnisse des Lernprozesses zuvor klar definiert, hinsichtlich der konkreten Ausgestaltung bleibt jedoch auch großer Spielraum.

7. Aufgaben können einen lernerzentrierten, **explorativen Lernprozess** auslösen. Auch WebQuests zu komplexen Sachverhalten fördern das selbstständige, entdeckende Lernen und das Erkenntnisinteresse.

Betrachtet man die Struktur von WebQuests (vgl. Kapitel 1.5), so sind ebenfalls starke Parallelen erkennbar zum bekannten *Task-Cycle* von Willis mit *Pre-task* (Aktivierung des Vorwissens) sowie dem *Task Cycle* mit den Zwischenschritten *Task*, *Planning* und *Report* (Willis 1996: 38). Auch das Element *Language Focus* kann z. B. in Form einer systematischen Wortschatzerweiterung aufgegriffen werden.

2.2. Kritische Einwände

Eine digitalisierte Lernumgebung bzw. der Einsatz neuer Medien führt nicht zwangsläufig zu besseren Lernerfolgen in der Fremdsprache – technologischer Fortschritt kann sogar mit didaktischen Rückschritten verbunden sein (vgl. z. B. Rösler 1998). *Cyberhunts* sind hierfür – wie bereits erwähnt – sicherlich ein Beispiel. Aber auch bei WebQuests gilt es, einige potenzielle Probleme im Vorfeld zu beachten.

a) Technischer und zeitlicher Aufwand
Der technische und zeitliche Aufwand für webbasierte Projekte ist generell hoch einzuschätzen, sodass es sich empfiehlt, deutlich längere Unterrichtseinheiten anzustreben und nach Möglichkeit fächerübergreifende Projekte auszuwählen. Auch wenn die Erstellung von WebQuests kaum technisches Spezialwissen erfordert, kann die Vorbereitungszeit für Internetrecherchen immens sein. Generell sollte die Arbeit mit dem Computer aber immer in einem angemessenen Verhältnis zum fachdidaktischen und pädagogischen Nutzen stehen (Weskamp 2003: 124).

b) *Lost in cyberspace*
Ein möglicher Problembereich ergibt sich allein durch die Größe und Vielfalt des Internets. Bei allzu offenen Internetrecherchen kann es leicht passieren, dass die Lernenden sich in der Weite des Internets verlieren, sodass die ursprüngliche Intention aus dem Blick geraten kann: Nicht von ungefähr bezeichnet der Begriff „Browser" ein Programm zum „Durchstöbern" von Daten. Die Lerner suchen sich ihre individuellen Lesewege (Moser 2000: 12), da die einzelnen Module nicht linear angeordnet sind, d.h. sie werden somit zu virtuellen Passanten, die ihre eigenen Texte konstruieren.

Durch eine gewisse Vorauswahl von Webseiten und durch Zeitvorgaben kann es gelingen, zumindest bis zu einem gewissen Grad Einfluss auf die Lesewege zu nehmen und die latente Gefahr, dass das Internet selbst zum eigentlichen Fokus des Interesses wird, einzudämmen. Auch aus diesem Grund sollte auf die Integration mit anderen, herkömmlichen Medien und somit auf Medienvielfalt gesetzt werden. Computer und Internet sind letztlich immer nur Mittel zum Zweck.

c) Sprachliche Überforderung
Nimmt man die Forderung nach Authentizität ernst, so bleibt es nicht aus, dass sich Lerner angesichts der Flut von Informationen und der sprachlichen Komplexität der Webseiten, die primär für Muttersprachler geschrieben wurden, in sprachlicher Hinsicht überfordert fühlen. Häussermann und Piepho befassen sich in ihrer Aufgabentypologie auch mit diesem Problem, sehen darin aber einen natürlichen Prozess, der durchaus positive Aspekte aufweist:

„Aufgaben enthalten auch widersprüchliche, schwierige, nicht leicht verständliche
Sachverhalte, in denen Begriffe und Zusammenhänge auftauchen, die ausdrücklich
fremd, im Sinne von unerklärt bleiben, die Stutzen und Verwirrung als Voraussetzung
explorativer Neugierde auslösen. Missverständnisse und Fehldeutungen sind also natürlich. Die Auseinandersetzung mit diesen Schwierigkeiten ist ein fruchtbarer und notwendiger Prozess innerhalb des Spracherwerbs" (Häussermann & Piepho 1996: 449).

Auch Wolff (1997: 22) fordert, dass Lerninhalte in all ihrer Komplexität eingebracht werden, da eine inhaltliche Reduktion und eine zu starke Systematisierung die Möglichkeiten des Lerners begrenzen würden, sein bereits vorhandenes
Wissen einzusetzen.

3. Eine Typologie von WebQuests

Die folgenden Aufgabenarten demonstrieren einige Möglichkeiten zur Integration internetbasierter Projekte in den Fremdsprachunterricht. Die hier vorgestellte
„Taskonomy" in Anlehnung an Dodge 2002 und Moser 2000 umfasst sowohl
einfache Aufgaben, in denen Wissen lediglich wiedergegeben wird, als auch
komplexe Problemlösungsaufgaben.

a) Reproduzieren („Retelling tasks")
Zur Überprüfung des Leseverständnisses müssen einfache Antworten auf vorgefertigte Fragenkataloge gefunden werden. Ob es sich hierbei überhaupt um
WebQuests im eigentlichen Sinne handelt, ist – wie zuvor dargestellt – eher
zweifelhaft.

b) Zusammenfassen („Compilation tasks")
Zu einem übergeordneten Thema soll eine Art Kompendium erstellt werden.
Beispiele: die Erstellung einer Übersicht über die amerikanischen Nationalparks
oder ein Kochbuch, das aus Rezepten aus diversen Regionen der Zielkultur besteht.

c) Rätsel lösen ("Mystery tasks")
Gut gemachte *mystery tasks* erfordern von den Lernern, dass sie sich mit einer
Vielzahl unterschiedlicher Quellen und Perspektiven auseinander setzen und
Schlussfolgerungen aus dem gebotenen Material ziehen. Die Lerner übernehmen
dabei quasi die Rolle von Detektiven oder Ermittlern. Besonders bieten sich hier
Verschwörungstheorien an, z.B. *Is there Evidence for Aliens? Who killed JFK?*

d) Recherchieren („Journalistic tasks")
Ähnlich wie bei den *compilation tasks* kommt es auch hier darauf an, möglichst
viele Informationen zusammenzutragen. Darüber hinaus ist es hier aber wichtig,
unterschiedliche Perspektiven und Meinungen zu berücksichtigen und die ge-
fundenen Informationen so akkurat, objektiv und textsortenadäquat wie möglich

wiederzugeben, z.b. in Form eines Zeitungs- bzw. Lexikonartikels oder einer Rede (vgl. das folgende Beispiel „Ambassador for a day").

Someone has kidnapped the ambassador from X and you have been picked to imperson-ate the ambassador until he/she is found. No one must find out that the ambassador is missing or it will mean chaos and upheaval in that country. Study the details about the country you have selected and prepare a speech to give to your fellow countrymen, as-suring them that all is well. Remember, you've got to convince them that you are the ambassador by dazzling them with your knowledge of their country.

e) Komplexe Probleme lösen („Design tasks")
Eine weitere Variation ist der Entwurf komplexer Szenarien unter Zuhilfenahme des Internets. Diese WebQuests ziehen ihre hohe Motivationswirkung in erster Linie aus den jeweiligen Handlungsentwürfen bzw. Restriktionen, die in der Aufgabenstellung genannt werden. Die Lerner müssen in ihren Gruppen Problemlösungs- und Auswegsstrategien entwickeln und versuchen, gemeinsam zu einer tragbaren Lösung zu kommen (vgl. das folgende Beispiel).

During your trip to London all your valuables (e.g. money, passport, return ticket) have been stolen. How can you get hold of money and how can you return to Germany?

f) Gestalten und planen („Creative product tasks")
Noch mehr als sonst ist hierbei das Endprodukt Ausgangspunkt des WebQuests. Ein bestimmter thematischer Rahmen wird zwar vorgegeben, aber es bleibt den Lernern überlassen, die Form ihrer Präsentation selbst zu bestimmen. Die Prä-sentation kann somit z. B. in Form eines Hörspiels, einer Geschichte, eines Ge-dichts oder einer Zeitschrift erfolgen. Auch hier lassen sich kleinere Handlungs-restriktionen einbauen (z. B. bestimmte Vorgaben zu Umfang, Stil oder Perspek-tive). Im Vergleich zu den übrigen Aufgabentypen ist diese Form dennoch sehr offen.

g) Konsensbildende Aufgaben („Consensus building tasks")
Verschiedene Sichtweisen eines kontroversen Sachverhalts (z.B. *Smoking in pubs*) sollen recherchiert und in der Gruppe diskutiert werden. Schließlich wird dann, basierend auf Fakten und den individuellen Einstellungen der Lerner, eine gemeinsame Lösung präsentiert, die von der ganzen Gruppe getragen wird.

4. Fazit

Das Internet stellt eine weitreichende Erweiterung der Lernumgebung dar, da Lerner die Möglichkeit erhalten, in Lerngemeinschaften selbstständig Informati-onen zur Zielkultur und -sprache zusammenzutragen, auszuwerten und zu prä-sentieren. Im Rahmen eines aufgabenorientierten Unterrichts können Web-Quests einen innovativen Beitrag zu einer Form des entdeckenden und selbstbe-

stimmten Lernens, in der kooperative Lernprozesse gefördert und Problemlöse-
strategien und Kommunikationsfähigkeit entwickelt werden, leisten.

Literaturverzeichnis

Baacke, Dieter (1999). „Medienkompetenz als zentrales Operationsfeld von Projekten." In: Baacke, Dieter u.a. (Hrsg.), *Handbuch Medien: Medienkompetenz.* Bonn, 31-35.

Dodge, Bernie (2002). „WebQuest Taskonomy: A Taxonomy of Tasks." Online: http://webquest.sdsu.edu/taskonomy.html (zuletzt eingesehen 10.1.2008).

Donath, Reinhard (1997). *Internet und Englischunterricht.* Stuttgart: Klett.

Ellis, Rod (2003). *Task-based Language Learning and Teaching.* Oxford: Oxford University Press.

Häussermann, Ulrich & Piepho, Hans-Eberhard (1996). *Aufgaben-Handbuch Deutsch als Fremdsprache. Abriss einer Aufgaben- und Übungstypologie.* München: Iudicium.

Kohn, Martin (2003). *Leitfaden Moderne Medien: PC-Einsatz im Englischunterricht.* Hannover: Schroedel.

Little, David; Ridley, Jennifer & Ushioda, Ema (2002). *Towards Greater Autonomy in the Foreign Language Classroom.* Dublin: Authentik.

Moser, Heinz (2000). *Abenteuer Internet. Lernen mit WebQuests.* Zürich: Verlag Pestalozzianum.

Müller-Hartmann, Andreas & Schocker-v. Ditfurth, Marita (2005). „Aufgabenorientierung im Fremdsprachenunterricht: Entwicklungen, Forschung und Praxis, Perspektiven." In: Andreas Müller-Hartmann & Marita Schocker-v. Ditfurth (Hrsg.), *Aufgabenorientierung im Fremdsprachenunterricht: Task-based Language Learning and Teaching. Festschrift für Michael K. Legutke.* Tübingen: Narr, 1-51.

Nunan, David (2004). *Task-Based Language Teaching.* Cambridge: Cambridge University Press.

Piepho, Hans-Eberhard (2005). *„Szenarien."* In: Andreas Müller-Hartmann & Marita Schocker-von Ditfurth (Hrsg.), Aufgabenorientierung im Fremdsprachenunterricht: Task-Based Language Learning and Teaching. Tübingen: Narr, 119-124.

Rösler, Dietmar (1998). „Autonomes Lernen? Neue Medien und ‚altes' Fremdsprachenlernen." *Info DaF*, 25 (1), 3-20.

Rösler, Dietmar & Ulrich, Stefan (2003). „Vorüberlegungen zu einer Übungs- und Aufgabentypologie für internetgestütztes Fremdsprachenlernen." In: Michael K. Legutke & Dietmar Rösler (Hrsg.), *Fremdsprachenlernen mit digitalen Medien.* Tübingen: Narr, 115-144.

Warschauer, Mark; Shetzer, Heidi & Meloni, Christine (2000). *Internet for English Teaching.* Alexandria, VA: Teachers of English to Speakers of Other Languages.

Weskamp, Ralf (2003). *Fremdsprachenunterricht entwickeln: Grundschule – Sekundarstufe – Gymnasiale Oberstufe.* Hannover: Schroedel.

Westhofen, Andreas (2001). „Typologie von WWW-Übungsmaterialien im Bereich Deutsch als Fremdsprache." Online: http://www.klett-edition-deutsch.de/tipps/vortrag-westhofen-uebungstypologie.pdf (zuletzt eingesehen 10.1.2008).

Willis, Jane (1996). *A Framework for Task-based Learning*. Harlow: Longman.

Wolff, Dieter (1997). „Computer und sprachliches Lernen. Können die Neuen Medien den Fremdsprachenunterricht verändern?" In: Dieter Krause, Lienhard Legenhausen & Bernd Lüking (Hrsg.). *Multimedia – Internet – Lernsoftware*. Münster: Agenda-Verlag, 14-29.

Fremdsprachendidaktik
inhalts- und lernerorientiert

Herausgegeben von:
Gabriele Blell, Karlheinz Hellwig und Rita Kupetz

www.peterlang.de

Peter Lang · Internationaler Verlag der Wissenschaften

Anne Ingrid Kollenrott

Sichtweisen auf deutsch-englisch bilingualen Geschichtsunterricht

Eine empirische Studie mit Fokus auf interkulturelles Lernen

Frankfurt am Main, Berlin, Bern, Bruxelles, New York, Oxford, Wien, 2008.
301 S., zahlr. Tab. und Graf.
Fremdsprachendidaktik inhalts- und lernerorientiert.
Herausgegeben von Gabriele Blell, Karlheinz Hellwig und Rita Kupetz. Bd. 13
ISBN 978-3-631-57597-0 · br. € 51.50*

Die Studie erhebt und trianguliert das interkulturelle Potenzial deutsch-englisch bilingualen Geschichtsunterrichts in Niedersachsen aus Sicht der ihn erteilenden Lehrkräfte und mit Blick auf die verwendeten Materialien, nämlich das eigens für diese Unterrichtsform konzipierte Schulbuch *Spotlight on History*. Die Sichtweisen der Lehrkräfte wurden über einen Fragebogen und Leitfadeninterviews erhoben. Der Fokus der Untersuchung erklärt sich aus der unterrichtstheoretischen Annahme eines qualitativ besonderen interkulturellen Lernens in diesem bilingualen Geschichtsunterricht, im Ergebnis zeigt sich aber, dass unterrichtstheoretische Konzeptionen interkulturellen Lernens unterrichtspraktisch kaum Resonanz finden.

Aus dem Inhalt: Forschungsstand und Hypothesen · Methoden · Ergebnisse · Triangulation der Ergebnisse mit Fokus auf interkulturelles Lernen · Anfänge und Professionalisierung · Bewältigbarkeit des Unterrichts · Interkulturelles Lernen · Materialbereitstellung und Materialnutzung · Schülerinnen und Schüler · Wünsche und Notwendigkeiten · Reflexion der Methoden

Frankfurt am Main · Berlin · Bern · Bruxelles · New York · Oxford · Wien
Auslieferung: Verlag Peter Lang AG
Moosstr. 1, CH-2542 Pieterlen
Telefax 00 41 (0) 32 / 376 17 27

*inklusive der in Deutschland gültigen Mehrwertsteuer
Preisänderungen vorbehalten

Homepage http://www.peterlang.de